Schriftenreihe des
EUROPA-KOLLEGS HAMBURG
zur Integrationsforschung

Herausgegeben von
Prof. Dr. Peter Behrens
Prof. Dr. Thomas Bruha
Prof. Dr. Gert Nicolaysen
Prof. Dr. Stefan Oeter
Prof. Dr. Wolf Schäfer
Prof. Dr. Thomas Straubhaar

Band 43

Prof. Dr. Peter Behrens (Hrsg.)

Stand und Perspektiven des Schutzes Geistigen Eigentums in Europa

Wissenschaftliches Symposium
im Europa-Kolleg Hamburg

Nomos Verlagsgesellschaft
Baden-Baden

Bibliografische Information Der Deutschen Bibliothek

Die Deutsche Bibliothek verzeichnet diese Publikation in
der Deutschen Nationalbibliografie; detaillierte bibliografische
Daten sind im Internet über http://dnb.ddb.de abrufbar.

ISBN 3-8329-0901-X

1. Auflage 2004

Vorwort

Der Schutz des Geistigen Eigentums, insbesondere durch gewerbliche Schutzrechte, ist für das Funktionieren des Binnenmarktes von grundlegender Bedeutung. Die Gewährleistung dieses Schutzes obliegt grundsätzlich dem Recht der Mitgliedstaaten. Sowohl die Rechtsunterschiede zwischen den Mitgliedstaaten als auch die territorialen Grenzen der Schutzrechte stehen allerdings in einem Spannungsverhältnis zur Waren- und Dienstleistungsverkehrsfreiheit. Dieses Spannungsverhältnis zwischen dem Integrationsziel der Gemeinschaft und dem Schutz Geistigen Eigentums versucht die Gemeinschaft seit langem durch die Rechtsprechung des EuGH sowie durch legislatorische Akte der Gemeinschaftsorgane zur Rechtsangleichung bzw. Rechtsvereinheitlichung zu bewältigen. In jüngster Zeit hat die Gemeinschaft neue Initiativen ergriffen, um die Entwicklung weit voran zu treiben.

Ein Symposium, das am 20. Juni 2003 unter der wissenschaftlichen Leitung von Professor Dr. Peter Behrens (Europa-Kolleg Hamburg / Universität Hamburg) am Institut für Integrationsforschung des Europa-Kollegs Hamburg durchgeführt worden ist, sollte theoretisch fundiert und praxisnah den Stand und die Perspektiven des gewerblichen Rechtsschutzes im Europäischen Binnenmarkt ausleuchten. Als Referenten konnten hervorragende Sachkenner gewonnen werden, die aufgrund ihrer wissenschaftlichen und praktischen Erfahrungen zu den führenden Vertretern des Fachs gehören. Die Referate werden in diesem Band der interessierten Öffentlichkeit zugänglich gemacht.

Das Symposium ist durch die Unterstützung der Europäischen Kommission sowie der Anwaltsfirmen *Allen & Overy* und *Lovells* ermöglicht worden. Ihnen gilt der Dank des Veranstalters. Dank gebührt auch Herrn Dr. Carsten Nowak (Europa-Kolleg Hamburg / Universität Hamburg), in dessen Händen die Organisation und Koordination gelegen hat, sowie Frau Andrea Günther, die die Referate textverarbeitungstechnisch für die Veröffentlichung vorbereitet hat.

Hamburg, im Juni 2004

Prof. Dr. Peter Behrens

(Geschäftsführender Direktor am Institut für Integrationsforschung des Europa-Kollegs Hamburg)

Inhaltsverzeichnis

Die gemeinschaftsrechtliche Entwicklung des Rechts des Geistigen Eigentums

Hanns Ullrich[*]

A. Einleitung

B. Übersicht

- I. Prüfungsraster
- II. Sachstand
  - 1. Sektoral-vertikale Vergemeinschaftung
    - *a) Kennzeichenschutz*
      - (1) Rechtsangleichung
      - (2) Rechtsvereinheitlichung
      - (3) Verfahren
    - *b) Geschmacksmusterschutz*
      - (1) Rechtsangleichung
      - (2) Rechtsvereinheitlichung
    - *c) Erfindungsschutz*
      - (1) Patente
      - (2) Gebrauchsmuster
    - *d) Sortenschutz, Topographienschutz*
    - *e) Schutz schöpferischer Werke und verwandter Leistungen*
      - (1) Rechtsangleichung (sektoral-vertikal)
      - (2) Rechtsangleichung (sektoral-punktuell)
      - (3) Rechtsangleichung (horizontal)
  - 2. Horizontal gebietsübergreifende Vergemeinschaftung
    - *a) Gemeinsame Regelungsmuster*
      - (1) Einheit des Binnenmarkts
      - (2) Kumulation der Schutzrechte
      - (3) Vertragsrecht
      - (4) Verfahrensfragen
    - *b) Querschnittsregelung: Verletzungsfolgen und Rechtsdurchsetzung*

C. Die Gemeinschaftspolitik

- I. Regelungsgründe
  - 1. Markteinheit und Wahrung unverfälschten Wettbewerbs
  - 2. Modernisierung der Rahmenbedingungen des Binnenmarktes
    - *a) Nachvollzug gesellschaftlich-wirtschaftlichen Wandels*
    - *b) Technologischer Wandel und Förderung der internationalen Wettbewerbsfähigkeit*
      - (1) Patentrecht
      - (2) Urheberrecht
- II. Regelungsgrenzen
  - 1. Kompetenzschranken
    - *a) Rechtsangleichung und Regelungszweck*
    - *b) Souveränitätsschutz*
  - 2. Sachschranken
- III. Regelungszwänge
  - 1. Gemeinschaftsrechtliche Schutzrechtsregelung und internationales Schutzrechtssystem
  - 2. Nationale Schutzrechtssysteme und gemeinschaftliche Schutzrechtsregelung

D. Schlussbemerkung

---

[*] Erweiterte Fassung des am 20. Juni 2003 im Europa-Kolleg Hamburg gehaltenen Vortrags. Der Vortragsstil wurde im wesentlichen beibehalten.

A. Einleitung

Die Bemühungen um einen über internationale Schutzmaßstäbe hinausgehenden, gleichförmigen, auch vereinheitlichten Schutz des geistigen Eigentums in Europa reichen fast ein halbes Jahrhundert zurück.[1] Sie gelten zumindest im Patentrecht ganz Westeuropas,[2] nicht nur der - seinerzeitigen - Europäischen Wirtschaftsgemeinschaft, haben hier aber ihren Schwerpunkt. Dabei steht am Anfang nicht die Initiative der Gemeinschaft selbst, sondern die ihrer Mitgliedstaaten, die auf dem Wege internationaler Konventionen ein zentral verwaltetes, einheitliches Patent- und Markenrecht schaffen wollen.[3] Während dieses Unterfangen auf der europäischen Ebene mit der Errichtung der Europäischen Patentorganisation gelingt, scheitert es auf Gemeinschaftsebene. Hier muss die Gemeinschaft sich die Vereinheitlichungsvorhaben selbst zu eigen machen. Aber dies geschieht nur schrittweise zunächst beim Markenrecht.[4] So bleibt die Wachstums- und Expansionsrate gemeinschaftsgetragenen Rechtsschutzes des geistigen Eigentums bis in die 90iger Jahre hinaus gering, steigt dann aber rasant. 1988 ergeht nach einer Brutzeit von 15 Jahren die Rechtsangleichungsrichtlinie im Markenrecht,[5] 1994 die Gemeinschaftsmarkenverordnung[6] und die Verordnung über den Gemeinschaftssortenschutz.[7] Im Urheberrecht werden in rascher Folge die Richtlinien zum Schutz von Computerprogrammen,[8] zum Vermiet- und Verleihrecht und den verwandten Rechten,[9] zu Satellitenrundfunk und Kabelweiterverbreitung[10] und zur Schutzdauer[11] erlassen. Wenige Jahre später folgt die Richtlinie zum Schutz von Datenbanken[12] und es werden

---

1 Vgl. zur geschichtlichen Entwicklung im Patentrecht *Beier* in Beier, Haertel, Schricker (Hrsg.), Europäisches Patentübereinkommen, Münchener Gemeinschaftskommentar, 22. Lfg., Köln 1998, 90 ff. und ausführlich *Haertel*, das. 1. Lfg., Köln 1984, S. 9 ff..

2 Vgl. das Straßburger "Übereinkommen zur Vereinheitlichung gewisser Begriffe des materiellen Rechts der Erfindungspatente" vom 27. XI. 1963, BGBl 1976 II 658, und das - ihm im materiellen Recht folgende - Europäische Patentübereinkommen (dazu s. u. Anm. 33).

3 Registerrechte haben wegen der Vorteile der Zentralisierung des Erteilungsverfahrens eine Vorläuferfunktion, die auch für die Unterscheidung Rechtsangleichung/Rechtsvereinheitlichung bedeutsam ist, vgl. a. u. II B 1;III C 2.

4 Vgl. im Anschluss an die Erste Richtlinie des Rates zur Angleichung der Rechtsvorschriften der Mitgliedstaaten über die Marken (Nr. 89/104/EWG) v. 21.XII.1988 (ABlEG 1989 L 40, 1) die Verordnung (EG) Nr. 40/94 des Rates über die Gemeinschaftsmarke v. 20.XII.1993 (ABlEG 1994 L 11, 1) idF. der RatsVO (EG) Nr. 3288/94 v. 22.XII.1994 (ABLEG 1994 L 349, 83); zu den "Protokollerklärungen" zu diesen Texten vgl. *Gielen*, European Trade Mark Legislation: The Statements, Eur. Int. Prop. Rev. 1996, 83, 87 ff..

5 Vgl. Anm. 4.

6 Vgl. Anm. 4.

7 Verordnung (EG) Nr. 2100/94 des Rates über den gemeinschaftlichen Sortenschutz v. 27.VII.1994 (ABlEG 1994 L 227, 1) idF. der RatsVO (EG) Nr. 2506/95 v. 25.X.1995, (ABlEG 1995 L 258, 3).

8 Richtlinie des Rates (91/250/EWG) v. 14.V.1991 über den Rechtsschutz von Computerprogrammen, ABlEG 1991 L 122/42.

9 Richtlinie des Rates (92/100/EWG) v. 19.XI.1992 zum Vermietrecht und Verleihrecht sowie zu bestimmten dem Urheberrecht verwandten Schutzrechten im Bereich des geistigen Eigentums, ABlEG 1992 L 346, 61.

10 Richtlinie des Rates (93/83/EWG) v. 27.IX.1993 zur Koordinierung bestimmter urheber- und leistungsschutzrechtlicher Vorschriften betr. Satellitenrundfunk und Kabelweiterverbreitung, ABlEG 1993 L 248, 15.

11 Richtlinie des Rates (93/98/EWG) zur Harmonisierung der Schutzdauer des Urheberrechts und bestimmter verwandter Schutzrechte, ABlEG 1993 L 290, 9.

12 Richtlinie des Rates (96/9/EG) v. 11.III.1996 über den rechtlichen Schutz von Datenbanken, ABlEG 1996 L 77, 20.

die Arbeiten zur Anpassung des Urheberrechtsschutzes an die Bedürfnisse der Informationsgesellschaft aufgenommen. Zugleich werden Rechtsangleichung und –vereinheitlichung für den Geschmacksmusterschutz vorbereitet und es werden die seit Jahrzehnten vergeblichen, durch punktuelle Rechtsangleichungsmaßnahmen[13] kaum beförderten Anstrengungen für ein Gemeinschaftspatent[14] aufgegriffen. So kommt es Anfang dieses Jahrhunderts zu einem neuerlichen Angleichungs- und Vereinheitlichungsschub mit dem Erlass der Richtlinie über das Urheberrecht in der Informationsgesellschaft,[15] der Gemeinschaftsgeschmacksmusterverordnung[16] - nach 1998 vorausgegangener Rechtsangleichungsrichtlinie[17] - und dem im März dieses Jahres gefassten Beschluss des Ministerrats über die definitiven "Eckdaten" des Gemeinschaftspatents.[18] Entsprechende Vorhaben für Angleichung und Vereinheitlichung des Gebrauchsmusterschutzes stehen an.[19] Vorläufiger Höhepunkt aber ist der Vorschlag einer Richtlinie zur Angleichung der Rechtsfolgen und Rechtsbehelfe bei Verletzung gemeinschaftsrechtlich vereinheitlichter oder - sei es auch nur teilweise - angeglichener Schutzrechte.[20]

Diese Expansionsperiode fällt in eine Zeit allgemeiner Verstärkung und Ausweitung des Schutzes geistigen Eigentums, deckt sich aber nur teilweise mit den Gründen der

13 Verordnung des Rates (92/1768/EG) v. 18.VI.1992 über die Schaffung eines ergänzenden Schutzzertifikats für Arzneimittel (ABlEG 1992 L 182, 1); Verordnung des Rates (96/1610/EG) v. 23.VII.1996 über die Schaffung eines ergänzenden Schutzzertifikats für Pflanzenschutzmittel (ABlEG 1996 L 198, 30); Richtlinie des Europäischen Parlaments und des Rates (98/44/EG) v. 6.VII.1998 über den rechtlichen Schutz biotechnologischer Erfindungen, ABlEG 1998 L 213, 13.

14 Zur Entwicklung *Haertel* in Beier, Haertel, Schricker, Münchener Gemeinschaftskommentar, a.a.O. 1. Lfg. S. 31 ff.; *Ullrich*, Die gemeinschaftsrechtliche Gestaltung des Wettbewerbsrechts und des Rechts des geistigen Eigentums - Eine Skizze, in Müller-Graff (Hrsg.), Gemeinsames Privatrecht in der Europäischen Gemeinschaft, Baden-Baden 1999, 403, 420 ff.; *Remiche, Cassiers*, Brevet communautaire et modifications à la Convention sur le brevet européen, in Commission Droit et Vie des Affaires (Hrsg.), Droits Intellectuels: A la rencontre d'une stratégie pour l'entreprise, Brüssel 2002, 173, 1751, 206 ff..

15 Richtlinie (2001/29/EG) des Europäischen Parlaments und des Rats v. 22. Mai 2001 zur Harmonisierung bestimmter Aspekte des Urheberrechts und der verwandten Schutzrechte in der Informationsgesellschaft, ABlEG 2001 L 167, 10; kurz darauf folgte als punktuelle Maßnahme die Richtlinie 2001/84/EG des Europäischen Parlaments und des Rates v. 27.IX.2001 über das Folgerecht des Urhebers des Originals eines Kunstwerks, ABlEG 2001 L 272, 32.

16 Verordnung (2002/6/EG) des Rates v. 12.XII.2001 über das Gemeinschaftsgeschmacksmuster, ABlEG 2002 L 3, 1 (berichtigt ABlEG 2002 L 179, 31).

17 Richtlinie (98/71/EG) des Europäischen Parlaments und des Rates v. 13.X.1998 über den rechtlichen Schutz von Mustern und Modellen, ABlEG 1998 L 289, 28.

18 Council of the European Union, Common Political Approach, Brussels 3 March 2003 (Interinstitutional File: 2000/0177 (CNS), 6843/1/03, Rev. 1 = 2490th Council Meeting - Competitiveness - 6874/03 (Press 59), dt. F. abgedr. bei *Tilmann*, Gemeinschaftspatent mit einem zentralen Gericht, GRUR Int 2003, 381, 389; zum Textentwurf einer GemeinschaftspatentVO s.u. Anm. 76.

19 Vgl. *Kommission*, Geänderter Vorschlag einer Richtlinie zur Angleichung des Schutzes von Erfindungen durch Gebrauchsmuster v. 25.VI.1999, KOM (1999) 309 endg.; *id.*, Arbeitsdokument SEK (2001) 1307 v. 26.VII.2001: Sondierung der Auswirkungen des Gemeinschaftsgebrauchsmusters zur Aktualisierung des Grünbuchs über den Gebrauchsmusterschutz im Binnenmarkt (KOM (95) 370 endg.).

20 *Kommission*, Vorschlag für eine Richtlinie des Europäischen Parlaments und des Rates über Maßnahmen und Verfahren zum Schutz der Rechte des geistigen Eigentums v. 30.I.2003, KOM (2003) 46 endg. Der Richtlinienvorschlag ist inzwischen von den Gesetzgebungsorganen der Gemeinschaft bereits angenommen worden; die Richtlinie soll noch im Laufe des Jahres 2004 in Kraft treten (siehe dazu auch den Beitrag von *Harte-Bavendamm* in diesem Band).

"pro protection era".[21] Zwar hat die praktische Entwicklung der Gemeinschaftsmarke sicherlich von diesem Trend profitiert, aber der unglaubliche anfängliche Anmeldeandrang von im Jahresschnitt 42.000 Anmeldungen gegenüber zunächst vermuteten 15.000 Anmeldungen und die allmähliche Verstetigung der Anmelderate[22] weist doch auf einen spezifisch gemeinschaftlichen Nachholbedarf hin. Umgekehrt haben die hohen Anmeldezuwächse im Patentrecht – innerhalb von 5 Jahren eine Steigerung von 75.000 auf 110.000 Anmeldungen für den Bereich des europäischen Bündels nationaler Patente[23] – keinen ausreichenden Druck auf die Schaffung eines Gemeinschaftspatents auszuüben vermocht. Für das statistisch schwer zu erfassende Urheberrecht wiederum scheint eine technologisch bedingte Konvergenz mit der allgemeinen Schutzrechtsentwicklung vorzuliegen.[24]

Im folgenden wird nach einer knappen Übersicht über den Stand der gemeinschaftsrechtlichen Entwicklung des Schutzes geistigen Eigentums (sub. B.) versucht werden, zum einen die Gründe dieser Entwicklung (sub. C.I.) und zum andern ihre rechtliche Reichweite, nämlich ihre Grenzen (sub. C.II.) und das Verhältnis zum internationalen und zum einzelstaatlichen Recht des geistigen Eigentums aufzuzeigen (sub. C.III.). Die rechtspolitische Bewertung bleibt dem Schlussbeitrag von Hilty in diesem Tagungsband vorbehalten.

B. Übersicht

I. Prüfungsraster

Das Recht des geistigen Eigentums hat sich noch nicht zu einem umfassenden, in sich geschlossenen System des Schutzes geistiger Leistungen[25] entwickelt. Vielmehr zerfällt es in kontinentaleuropäischer Sicht in den gewerblichen Rechtsschutz und das Urheberrecht und gliedert sich dabei jeweils weiter nach den Schutzgegenständen - einerseits technische Erfindungen und kommerzielle Kennzeichen, andererseits verschiedene Werkkategorien - und unterschiedliche weitere Unterteilungen[26] auf. Die Schutz-

---

21 Der Ausdruck, "pro patent era" stammt wohl von *O. Granstrand*, The Economics and Management of Intellectual Property - Towards Intellectual Capitalism, Cheltenham 1999, 4 ff.. Die Gründe dieser Entwicklung sind vielfältiger (industrie- und handelspolitischer, unternehmensstrategischer, ökonomisch-institutioneller und wirtschafts- und technologiestruktureller) Art, vgl. *Riordan*, What's Driving Patent and Trademark Application Filings? Eur. Int. Prop. Rev. 2000, 349; *Kortum, Lerner*, What's behind the recent surge in patenting? 28 Res. Pol'y 1 (1999).

22 Vgl. *Harmonisierungssamt für den Binnenmarkt*, Tätigkeitsbericht 2002, Alicante 2003, S. 8, 52; id..

23 Vgl. *Europäisches Patentamt*, Jahresbericht 2001, München 2002, S. 10; zur leichten Abflachung seither *id.*, Jahresbericht 2002, München 2003, S. 10.

24 Zur Erweiterung des Urheberrechtsschutzes auf technologische Gegenstände (Computerprogramme, Datenbanken) und gegenüber technischen Verletzungsformen (Kopien, on-line Überspielungen etc.). s.u. II B 1 e.

25 Zu einem Versuch der Systembildung über einen informationellen Schutzgegenstandsbegriff *Wiebe*, Information als Schutzgegenstand im System des geistigen Eigentums, in Fiedler, Ullrich, Information als Wirtschaftsgut, Köln 1997, 93 ff., doch werden damit die klassischen Urheberrechtsbereiche schöpferischer Leistungen, bei denen die Kreativität nicht nur Schutzmaßstab, sondern eben auch Schutzgegenstand ist, nicht angemessen erfasst. Zur Systementwicklung auch *Ohly*, Geistiges Eigentum? JZ 2003, 545.

26 Das System von einerseits Erfindungsschutz durch Patent- und Gebrauchsmusterrecht und Kennzeichenschutz durch Marken-, Namens- und Herkunftsangabenrecht, andererseits Urheberrechtsschutz für die heterogenen Werkkategorien des § 2 UrhG (bzw. Art. 2 RBÜ) und schließlich Schutz für

gegenstandsunterschiede bestimmen sodann die Variation der Schutzformen und werden ihrerseits von der erreichbaren oder gewollten Schutzform aus festgelegt. Die Variabilität der Schutzausgestaltung bewegt sich aber in einem weithin gleichförmigen Raster von Schutzvoraussetzungen, Schutzumfang und -inhalt, von Schutzbeständigkeit und Schutzdurchsetzung.[27] Bezogen auf die möglichen Schutzgegenstände lässt sich so die gemeinschaftsrechtliche Vereinnahmung des Rechts des geistigen Eigentums nach Breite und Tiefe bemessen.

Analytisch ergiebig ist eine solche Aufteilung jedoch erst, wenn ihr das gemeinschaftsrechtliche Rechtsangleichungsraster von Teil- und Vollharmonisierung, offener Mindest- und abschließender -rechtsangleichung[28] und vor allem die Begriffspaare vertikal/sektorale und horizontale Harmonisierung sowie Rechtsangleichung contra Rechtsvereinheitlichung gegenüber gestellt werden. Sektoral/vertikal meint dabei die schutzgegenstandsspezifische Vergemeinschaftung innerhalb einzelner Gebiete des geistigen Eigentums - etwa biotechnologische Erfindungen im Patentrecht[29] - und die Ausbildung eigener Schutzgegenstandskategorien - beispielsweise Halbleitermasken, Datenbanken[30] - und die hierauf gerichtete Ausdifferenzierung der Schutzformen. Horizontal erfolgt die Vergemeinschaftung, wenn sie Querschnittsfragen innerhalb eines Gebiets des geistigen Eigentums - etwa die ja grundsätzlich nach Werkkategorien variable Schutzfrist im Urheberrecht[31] - oder gemeinsame Probleme aller Schutzgebiete - beispielsweise das Sanktionensystem[32] - betrifft.

Rechtsvereinheitlichung schließlich unterscheidet sich von Rechtsangleichung dadurch, dass sie gemeinschaftseigene, gemeinschaftsweit geltende, also territorial unteilbare Rechtstitel statt der bloßen Uniformisierung einzelstaatlicher Schutzrechte schafft. Solche vollständige Vergemeinschaftung des Rechtsschutzes ist eben durch die Gemeinschaftsmarke, den gemeinschaftlichen Sortenschutz und das Gemeinschaftsge-

---

Pflanzenarten, Geschmacksmuster oder Halbleiter ist ein "gewachsenes" System des Schutzes von Innovation (Erfindungs-, Pflanzensorten- und Halbleiterschutz, Urheberrechtsschutz für technologisch-informationelle Werke sowie wettbewerblicher Leistungs- und Betriebsgeheimnisschutz), Distribution (Kennzeichenschutz) und Variation (Urheber- und Geschmacksmusterschutz), das an sehr unterschiedliche Leistungen (Invention, Kreation, Organisation und Investition) nach dem Prinzip des sich ausbreitenden Wellenkreises anknüpft.

27 Der lauterkeitsrechtliche Leistungs- und Betriebsgeheimnisschutz fügt sich allenfalls teilweise in dieses Schema; er wird im Folgenden auch deshalb vernachlässigt, weil die Gemeinschaft sich nur des Werberechts wirklich angenommen hat (vgl. die Übersicht bei *Micklitz, Keßler*, Europäisches Lauterkeitsrecht - Dogmatische und ökonomische Aspekte einer Harmonisierung des Wettbewerbsverhaltensrechts im europäischen Binnenmarkt, GRUR Int 2002, 885; *Beater*, Europäisches Recht gegen unlauteren Wettbewerb - Ansatzpunkte, Grundlagen, Entwicklung, Erforderlichkeit, ZEuP 2003, 11; Vorschläge zum Leistungsschutz aber bei *Schricker, Henning-Bodewig*, Elemente einer Harmonisierung des Rechts des unlauteren Wettbewerbs in der Europäischen Union, WRP 2001, 1367, 1381 ff.). Eben deshalb können die Mitgliedstaaten seine Ergänzungsfunktion in Anspruch nehmen und ggf. ausnutzen, vgl. u. sub. II B 2 a (ii).

28 Vgl. dazu *Streinz*, Mindestharmonisierung im Binnenmarkt, in Everling, Roth (Hrsg.), Mindestharmonisierung im Europäischen Binnenmarkt, Baden-Baden, 1997, 9, 17 ff.; *Slot*, Harmonisation, 21 Eur. L. Rev. 378, 382 ff. (1996); *Hernfeld* in Schwarze (Hrsg.), EU-Kommentar, Baden-Baden 2000, Art. 94, Rd.nr. 42 ff.

29 Nachw. Anm. 13.

30 Nachw. Anm. 12; zum Halbleiterschutz Richtlinie des Rates (87/54/EWG) v. 16.XII.1986 über den rechtlichen Schutz der Topographien von Halbleitererzeugnissen, ABlEG 1987 L 24, 36.

31 Nachw. Anm. 11.

32 Nachw. Anm. 20.

schmacksmuster geschehen.[33] Für das Patentrecht steht sie bevor und wird dort in Gegensatz zu dem internationalen Einheitsrecht treten, das das Europäische Patentsystem seit über einem Vierteljahrhundert erfolgreich verwirklicht hat.[34] Auch Rechtsangleichung und Rechtsvereinheitlichung stehen in einem Spannungsverhältnis, denn sie verlaufen weder stets parallel oder wenigstens komplementär noch ist klar, wann welcher Weg warum gewählt wird, ja manchmal kreuzen sich ihre Wege, etwa wenn, wie bei dem den Patentschutz ergänzenden Schutzzertifikat, ein Gemeinschaftstitel auf ein einzelstaatliches Patentrecht aufgepfropft wird.[35]

II. Sachstand

1. Sektoral-vertikale Vergemeinschaftung

Mit der letzten Bemerkung ist auch schon gesagt, dass die folgende Übersicht über den Stand der gemeinschaftsrechtlichen Entwicklung des Rechts des geistigen Eigentums eben an Übersichtlichkeit verlieren würde, wenn sie der gemeinschaftlich naheliegenden Zweiteilung in Rechtsangleichung und Rechtsvereinheitlichung folgen würde. Vielmehr soll auf deren Bedeutung erst nach einer gebietsweisen Darstellung der Gemeinschaftsentwicklung des geistigen Eigentums eingegangen werden. Immerhin, diese Gebiete werden nicht entsprechend ihrer Stellung im System des Rechts des geistigen Eigentums,[36] sondern nach der "Intensität" ihrer Vergemeinschaftung erfasst.

a) Kennzeichenschutz

Folgerichtig muss die Übersicht mit dem Kennzeichenschutz beginnen, weil sein Kerngebiet,[37] das Markenrecht, in dem Sinne umfassend vergemeinschaftet worden ist, dass nationales Recht weithin angeglichen, ein Gemeinschaftsschutzsystem[38] geschaffen und zumindest auf dieser Ebene politischen Streitfragen nicht – wie später beim

---

33 Nachw. wie Anm. 4, 7, 16 und die jeweils sinngemäß gleichen Definitionen, etwa Art. 1 Abs. 2 Gem MarkenVO: "Die Gemeinschaftsmarke ist einheitlich. Sie hat einheitliche Wirkung für die gesamte Gemeinschaft. Sie kann nur für dieses gesamte Gebiet eingetragen oder übertragen werden oder Gegenstand eines Verzichts oder einer Entscheidung über den Verfall der Rechte des Inhabers oder die Nichtigkeit sein, und ihre Benutzung kann nur für die gesamte Gemeinschaft untersagt werden".

34 Übereinkommen über die Erteilung europäischer Patente (Europäische Patentübereinkommen) v. 5.X.1973 (BGBl 1976 II 826) idF. der Bekanntmachung v. 25.VI.1997 (BGBl II 1446); zum Charakter als Einheitsrecht näher *Ullrich*, Patent Protection in Europe: Integrating Europe into the Community or the Community into Europe? 8 Eur. L. J. 433, 437, 467 (2002).

35 Vgl. o. Anm. 13 und infra sub. II B1 c) (i) β).

36 Vgl. als Übersicht *Holweg*, Europäischer und internationaler gewerblicher Rechtsschutz und Urheberrecht - Tabellarischer Überblick und aktuelle Entwicklungen, GRUR Int. 2001, 141; *Ullrich* in Müller-Graff, a.a.O., 425 ff..

37 Zu geographischen Herkunftsangaben vgl. den Beitrag von *Ohlgart*, in diesem Band; die gemeinschaftsrechtliche Regelung war von Anfang an umstritten (vgl. nur *Beier, Knaak*, Der Schutz der geographischen Herkunftsangaben in der Europäischen Gemeinschaft - Die neueste Entwicklung, GRUR Int. 1993, 602), kann hier aber nicht behandelt werden; zum Stand und zur Reform, vgl. Verordnung (EWG) Nr. 2081/92 zum Schutz von geographischen Angaben und Ursprungsbezeichnungen für Agrarerzeugnisse und Lebensmittel, ABlEG 1992 L 208, 1 idF: VO (EG) No. 692/2003 v. 8.IV.2003, ABLEG 2003 L 99, 1. Der Schutz von Handelsnamen und Geschäftsbezeichnungen unterliegt einzelstaatlichem Recht (vgl. §§ 5, 15 MarkenG); zur zeichenrechtlichen Behandlung von domain names, deren Vergabe national und international, aber nicht speziell europarechtlich geregelt ist, vgl. *Fezer*, Markenrecht, 3. Aufl. München, 2001, § 3, RdNr. 303 ff..

38 Nachw. wie Anm. 4.; Überblick bei *Ann*, Die Europäisierung des Markenrechts, ZEuP 2002, 5; *Ullrich* in Müller-Graff, a.a.O. S. 435 ff.

Geschmacksmuster – ausgewichen wurde. Tatsächlich steht nach fast 10 Jahren Praxis nunmehr sogar ein ganz normaler Reformprozess[39] an.

(1) Rechtsangleichung

Die Zweigleisigkeit von Rechtsangleichung und Rechtsvereinheitlichung des Markenrechts hat ihren maßgeblichen rechtstechnischen Grund in den Besonderheiten des Schutzes von Marken. Die grundsätzliche Unvergänglichkeit des Schutzes, die Gefahr neuerlicher Aneignung bei seiner Aufgabe und die Abhängigkeit des Erwerbs, des Umfangs und des Bestands des Schutzes vom sprachlichen, sozialen und lokalen Verbraucherverständnis[40] verlangen einerseits die Aufrechterhaltung einzelstaatlicher Schutzmöglichkeiten, also die Koexistenz von gemeinschaftseigenem und einzelstaatlichem Markenschutz,[41] andererseits die wechselseitige Ordnung der Schutzsysteme im Hinblick auf die Gefahr zeitlicher und inhaltlicher Zeichenkollisionen. Die Richtlinie[42] legt deshalb in Art. 2 die schutzfähigen Markenformen für Waren und für Dienstleistungen, in Art. 3 die inhaltlichen Erwerbshindernisse, ın Art. 4 die kollisionserheblichen Zeichen und hier sowie in Art. 5 deren Schutzumfang in einem ausdifferenzierten System fest, das sowohl die Gleichrangigkeit einzelstaatlicher Schutzsysteme untereinander hinsichtlich Zugänglichkeit und Wertigkeit des Schutzes wie auch die innerstaatliche Anerkennung der Gemeinschaftsmarke im Prioritätskonflikt mit einzelstaatlich geschützten Marken sichert. Verwirkungsregelungen (Art. 9), Benutzungszwang (Art. 10, 11, 12 Abs .I) und Verfallsregelungen (Art. 12 Abs. II) dienen denselben allgemeinen Regelungszielen. Ebenso mag man die Festlegung der Schutzwirkungen der Marke im Verletzungsfall (Art. 5) und deren Grenzen (Art. 6), die ja die Natur der Marke als absoluten Ausschließlichkeits- und Ausschlussrecht bestimmen, solch allgemeinen Zielen zuordnen. Sie stehen aber in Verbindung zu den Regelungen über die Erschöpfung des Zeichenschutzes (Art. 7) und über die Folgen der Überschreitung von Lizenzbeschränkungen (Art. 8), die der Gemeinschaftsgesetzgeber zur Konkretisierung der Binnenmarktpflichtigkeit national territorialen Markenschutzes in die Richtlinie aufgenommen hat.[43]

---

39 Kommission, Vorschlag für eine Verordnung des Rates zur Änderung der Verordnung (EG) No. 40/94 über die Gemeinschaftsmarke, KOM (2002) 767 endg. v. 27.XII.2002; dazu *Bender*, Die Gemeinschaftsmarke in Rechtsprechung und Praxis, MarkenR 2003, 209.

40 Vgl. zur Illustration nur EuGH v. 19.IX.2002, RS C-104/00 P, DKV Deutsche Krankenversicherung AG, Slg. 2002 I 7561 - "Companyline"; EuG 1. v. 23.X.2002, RS T-6/01, Matratzen Concord/HABM, Slg. 2002 II 4335 und aus der Rechtsprechung zum freien Warenverkehr EuGH v. 22.VI.1976, RS 119/75, "Terrapin/Terranova" Slg. 1976, 1039; v. 30.XI.1993, RS C-317/91, Deutsche Renault/Audi, Slg. 1993 I 6227 ("Quattro/Quadra"); v. 12.X.1999, RS C-379/97, Pharmacia und Upjohn/Paranova, Slg. 1999 I 6927 ("Dalacin/Dalacine/Dalacin C").

41 Dazu *v. Mühlendahl*, Koexistenz und Einheitlichkeit im europäischen Markenrecht, GRUR Int. 1976, 27; *v. Mühlendahl*, a.a.O. S. 10 ff..

42 Dazu nur *Kunz-Hallstein*, Perspektiven der Angleichung des nationalen Markenrechts in der EWG, GRUR Int. 1992, 81; *Gielen*, Harmonisation of Trade Mark Law in Europe: The First Trade Mark Harmonisation Directive of the European Council, Eur. Int. Prop. Rev. 1992, 262; *Kur*, Die Harmonisierung der europäischen Markengesetze, Resultate - offene Fragen - Harmonisierungslücken, GRUR 1997, 241.

43 Dazu EuGH v. 11.VII.1996, RS C-427/93, C-429/93 und C-436/93, Bristol-Myers Squibb/Paranova, Slg. 1996 I 3457, RdNr. 29 ff. - st. Rspr.; zur Entwicklung dieser Rechtsprechung *Ullrich* in Immenga, Mestmäcker, EG-Wettbewerbsrecht, München 1997, 1146 ff.; neuerdings *Kommission*, Arbeitsdokument: Möglicher Mißbrauch von Rechten an Marken in der EU im Zusammenhang mit der gemeinschaftsweiten Erschöpfung, SEK (2003) 575 v. 21.V.2003; ferner infra sub. 2.a) (i).

(2) Rechtsvereinheitlichung

Die Gemeinschaftsmarkenverordnung besitzt, ihrem Zweck entsprechend, einen Markenschutz zu schaffen, der gemeinschaftsweit einheitlich entsteht, gilt, übertragen und durchgesetzt wird und untergeht, eine größere Regelungstiefe.[44] So tritt zu den Vorschriften, die sich in der Markenrechtsrichtlinie finden, und die nun hier optimiert werden, wo sie dort nur optional sind,[45] der Grundsatz der betriebsunabhängigen Übertragbarkeit hinzu (Art. 17).[46] Auch werden Regelungen zur Rechtsdurchsetzung im Verletzungs- und im Kollisionsfalle getroffen. In erster Hinsicht hat der Gemeinschaftsgesetzgeber Rücksicht auf den Zusammenhang mit einzelstaatlichem Recht genommen und nur das Unterlassungsgebot festgeschrieben (Art. 98 Abs. II), im übrigen aber, wie sonst bei Fragen des Vermögensrechts (Art 16), auf das einzelstaatliche (Marken)Recht verwiesen (Art. 98 Abs. II), weil insoweit das Prinzip der gemeinschaftsweit einheitlichen Ausschließlichkeits- und Ausschlusswirkung nicht in Frage steht. Bei der Regelung von Konflikten der Gemeinschaftsmarke mit einzelstaatlich verbürgtem Kennzeichenschutz gibt die Gemeinschaftsmarkenverordnung dem Grundsatz der Einheitlichkeit der Schutzausschließlichkeit und -ausschlusswirkung weithin Vorrang. Der Grundsatz versagt den Schutzrechtserwerb und -bestand, wenn in auch nur einem Mitgliedstaat ein Schutzhindernis besteht. Das gilt für die absoluten Schutzhindernisse, wo es ein schweres handicap namentlich für Wortmarken darstellt,[47] und es gilt für die relativen Schutzhindernisse prioritätsälterer Rechte (Art. 8 Abs. II). Lediglich verfahrenstechnisch werden hier vor allem nicht kennzeichnende Rechte auf die besondere Abwehr durch Nich-

---

44 Überblick bei *Ann*, a.a.O. ZEuP 2002, 8 ff.; *Knaak*, Grundzüge des Gemeinschaftsmarkenrechts und Unterschiede zum nationalen Markenrecht, GRUR Int. 2001, 665; *v. Mühlendahl*, Von der EWG-Marke zur Gemeinschaftsmarke - Teil II, in Schricker, Beier (Hrsg.), Die Neuordnung des Markenrechts in Europa, Baden-Baden 1997, 81; s. auch den Betrag von *v. Mühlendahl* in diesem Tagungsband.

45 Vgl. insbesondere zum erweiterten Schutz bekannter Marken die Kann-Vorschriften der Art. 4 Abs. IV, 5 Abs. II MarkenRL und den insoweit erweiterten Schutz der Gemeinschaftsmarke nach Art. 8 Abs. V, 9 Abs. I lit c GemMarkenVO; dazu *Kunz-Hallstein*, Verwechslungsgefahr; erweiterter Schutzbereich, in Schricker, Beier, Neuordnung, a.a.O. S. 123, 130 ff.; EuGH v. 14.IX.1999, RS C-375/97, General Motors/Yplon, Slg. 1999 I 5421 ("Chevy"); v. 9.I.2003, RS C-292/00, Davidoff/Gofkid, Slg. 2003 I 410 = (GRUR 2003, 240); v. 21.XI.2002 RS C-23/01 Robelco/Robeco, Slg. 2002 I 10913.

46 Dies hat Systemwirkungen, vgl. *Vanzetti*, Die Funktion der Marke in einem System der freien Übertragbarkeit, GRUR Int. 1999, 205.

47 Vgl. Anm. 40; namentlich die Beliebtheit der englischen Sprache führt nicht nur zur markenmäßigen Strapazierung, sondern auch zu vermeidbaren Verlusten, vgl. EuG 1. v. 26.X.2000, RS T-345/99, Harbinger/HABM, Slg. 2000 II 3525 ("Trustedlink"); v. 30.III.2000, RS T-91/99, Ford/HABM, Slg. 2000 II 1925 ("Options"); v. 31.I.2001, RS T-331/99, Mitsubishi HiTec Paper/HABM, Slg. 2001 II 433 ("giroforme"); v. 14.VI.2001, RS T-537-99 und T-538/97, Telefon u. Buch/HABM, Slg. 2001 II 1705 ("Universaltelefonbuch"); allgemein aber neigt die Rechtsprechung, wohl auch weil sonst der Grundsatz der gemeinschaftsweiten Unterscheidungskraft den Gemeinschaftsmarkenerwerb sehr erschweren würde, zur Großzügigkeit, vgl. inbesondere EuGH v. 20.IX.2001, RS C-383/99 P, Procter u. Gamble/HABM, Slg. 2001 I 6251 ("Baby-dry"), dazu etwa *Griffiths*, Modernising Trade Mark Law and Promoting Economic Efficiency: An Evaluation of the Baby-Dry Judgment and its Aftermath, Int. Prop. Qu. 2003, 1; allgemeine Rechtsprechungsübersicht bei *v. Bombhard*, Die Entscheidungspraxis des Gerichts erster Instanz in Markensachen und ihre Umsetzung durch das Harmonisierungsamt, MarkenR 2002, 374; *Bender*, a.a.O., MarkenR 2003, 209; *Bender, von Kapff*, Born to Be Free - The Community Trade Mark in Practice, 32 IIC 625 (2001) und zu allem *v. Mühlendahl*, in diesem Band.

tigkeitsklage (Art. 52 Abs. II), und lokale Rechte auf entsprechend gebietsmäßig beschränkte Verbotsbefugnisse verwiesen (Art. 107).

(3) Verfahren

Die Gemeinschaftsmarke ist auch verfahrensrechtlich weithin selbständig geregelt und dies wiederum ganz im Zeichen ihres Anspruchs auf einheitliche Geltung. Das gilt vor allem für den Aufbau eines eigenen, zentralen Erteilungsverfahrens, das allein die Hoffnung auf Überwindung der vielfältigen Sprach- und sonstigen Kontextabhängigkeiten der absoluten und relativen Schutzerwerbshindernisse in einer Mehrstaatengemeinschaft zu tragen vermag. Es gilt ferner für manche Besonderheiten dieses Verfahrens wie die - praktisch offenbar unbefriedigende - Amtsermittlung auch relativer Schutzhindernisse (Art. 39),[48] die halbformelle Beteiligung Dritter (Art. 41) und die Vermittlungsmöglichkeiten des Amtes in Konfliktfällen (Art. 43).[49] Im Verletzungs- und Nichtigkeitsverfahren und deren Verhältnis zueinander hat der Einheitlichkeitsanspruch zu einer komplexen Regelung geführt, die den Nichtigkeitseinwand auf die Widerklage beschränkt (Art. 95, 96), Aussetzungspflichten von Amt und Gerichten vorsieht (Art. 100) und dem einzelstaatlichen Kompetenzanspruch dadurch entgegenkommt, dass die Mitgliedstaaten die Gemeinschaftsmarkengerichte benennen können, die dann nach einzelstaatlichem Verfahrensrecht entscheiden.[50] Rechtsprechungseinheit wird dann erst erzielt, wenn der Gerichtshof über dieselben Fragen einerseits im Berufungsverfahren über das Urteil des Gerichts 1. Instanz entscheidet, das dieses aufgrund einer Anfechtungsklage gegen Entscheidungen der Beschwerdekammern des Amtes erlassen hat, und andererseits im Vorabentscheidungsverfahren auf Vorlage eines (letztinstanzlichen!) nationalen Gemeinschaftsmarkengerichts. Soweit Vorabentscheidungsverfahren künftig vom Gericht 1. Instanz entschieden werden, kann Rechtsprechungseinheitlichkeit schon auf dieser Ebene hergestellt werden.[51]

b) Geschmacksmusterschutz

Auch den Geschmacksmusterschutz hat die Gemeinschaft nacheinander durch Rechtsangleichungsrichtlinie und Vereinheitlichungsverordnung erfasst.[52]

48 *Kommission*, Mitteilung an den Rat über die Wirkungsweise des Recherchesystems nach Art. 39 Gemeinschaftsmarkenverordnung, KOM (2002) 754 endg..

49 Diese ist gegenüber ursprünglichen Vorschlägen stark eingschränkt worden, vgl. Kommission, Vorschlag v. 25.XI.1980 einer Verordnung des Rates über die Gemeinschaftsmarke, Bull EG, Beil. 5/1980, Art. 35 Abs. III.

50 Zu allem *Knaak*, Rechtsdurchsetzung im Markenrecht, in Schricker, Beier, Neuordnung, a.a.O. S. 157 ff.; *Rohnke*, Gemeinschaftsmarken oder nationale Marken? - Strategische Überlegungen zur Rechtsdurchsetzung, GRUR Int. 2002 979; zu dem Gemeinschaftsmarkengerichten auch *von Raden*, Community Trademark Courts - German Experience, 34 IIC 270 (2003).

51 Vgl. Art. 225 Abs. IV idF: von Art. 2, Nr. 31 Vertrag von Nizza (ABlEG 2001 C 80, 1); dazu *Lenz*, Die Gerichtsbarkeit in der Europäischen Gemeinschaft nach dem Vertrag von Nizza, EuG RZ 2001, 433, 436; *Lipp*, Europäische Justizreform, NJW 2001, 2657, 2661 ff..

52 Nachw. Anm. 16, 17; Übersichten bei *Kur*, Europäische Geschmackmusterrichtlinie verabschiedet; GRUR Int. 1998, 977; *Massa, Strowel*, Community Design: Cinderella Revamped, Eur. Int. Prop. Rev. 2003, 68; zur Entwicklung und den Grundproblemen vgl. *Max-Planck-Institut* für ausländ. u. int. Patent-, Urheber- und Wettbewerbsrecht, Auf dem Wege zu einem europäischen Musterrecht, Diskussionsentwurf und Tagungsbericht (Ritscher), GRUR Int. 1990, 559; *Dinwoodie*, Federalized Functionalism: The Future of Design Protection in the European Union, 25 AIPLA Qu. J. 611 (1996); rechtsvergleichend *Levin, Richman*, A Survey of Industrial Design Protection in the European Union and the United States, Eur. Int. Prop. Rev. 2003, 111.

(1) Rechtsangleichung

Wiederum beschränkt sich die Rechtsangleichung auf die Grundelemente des Schutzes, diesmal freilich nicht um die Bedingungen für die Erhältlichkeit eines einheitlichen Gemeinschaftsschutzes festzulegen, die im neuheitsabhängigen Geschmacksmusterschutz sowenig wie beim Erfindungsschutz gefährdet erscheint. Vielmehr soll die Richtlinie die zwischen den Mitgliedstaaten weit von urheberrechtlichen bis zu patentrechtlichen Regelungsansätzen variierenden Geschmacksmusterkonzepte zu einem gemeinsamen Grundmodell des Musterschutzes, dem "design approach", zusammenführen. Danach gilt der Musterschutz der Erscheinungsform eines Erzeugnisses oder eines Teils eines Erzeugnisse (Art. 1), die nicht ausschließlich durch dessen technische Funktion bedingt ist (Art. 7), sofern sie in ihren sichtbaren Merkmalen neu und eigenartig ist (Art. 3 - 5). Einerseits wird also, wie im Patenrecht, wenn auch in anderer Definition, Neuheit verlangt. Andererseits bedarf es, anders als im Urheberrecht, nicht der persönlichen schöpferischen Leistung, sondern der Eigenart im Verhältnis zum bekannten Formenschutz.[53] Hierin, vor allem aber in der Akzeptanz gerade auch der (nicht ausschließlich) funktionalen, nicht notwendig "ästhetischen" Erzeugnisgestaltung und in dem Ausschließlichkeitsanspruch auch gegenüber unabhängigen Doppelentwicklungen[54] drückt sich der zum absoluten Schutz geführte Design-Ansatz aus.[55] Seine Reichweite freilich vermochte die Gemeinschaft nicht mehr genau zu bestimmen. Zwar sind in ihrer Konfiguration technisch bedingte Verbindungs-, Anschluss- oder Umschlusselemente eines Erzeugnisses vom Schutz ausgenommen (Art. 7 Abs. II: must fit). Aber ob der Nachbau produktintegrierter Ersatzteile (must match) noch dem Schutz unterfallen sollte oder nicht, bildet eine rechts- und wirtschaftspolitische Streitfrage, der der Gemeinschaftsgesetzgeber nicht gewachsen zu sein scheint (Art. 18).[56]

(2) Rechtsvereinheitlichung

Diese Regelungsschwäche findet sich auch in der Verordnung über das Gemeinschaftsgeschmacksmuster wieder (Art. 110), die im übrigen, wie ihr markenrechtliches Gegenstück, die Grundsätze der Richtlinie detailgenau übernimmt, insbesondere auch die Regelung der Schutzdauer (Art. 10 bzw. 12: bis 25 Jahre), des Schutzumfangs (Art. 9 bzw. 10), der Schutzwirkung (Art. 12 bzw. Art. 19 Abs. I) und -beschränkung (Art. 13 bzw. Art. 20) sowie der Schutzrechtserschöpfung (Art. 15 bzw. Art. 21). Wie die Gemeinschaftsmarkenverordnung, so erfasst auch die Geschmacksmusterverordnung die Verletzungsfolge des Unterlassungs- und Beseitigungsanspruchs, freilich in größerem Detail (Art. 89) und verweist für weitere Rechtsfolgen auf das einzelstaatliche Recht.

---

53 Dazu *Eichmann*, Schutz von industriellem Design: Stand der europäischen Rechtsentwicklung, Mitt. dt. PatAnw. 1998, 252, 258 ff. (Abgrenzung des geschmacksmusterrechtlichen Eigenartsbegriffs von zeichenrechtlichen Unterscheidungskraftkonzepten).

54 Vgl. das Prioritätsprinzip in Art. 4, 5 sowie Art. 12, der, wie die Schutzeinschränkungen des Art. 13 Abs .I lit. a, b, den entsprechenden Regelungen des Patentrechts (vgl. §§ 9, 11 PatG) nachgebildet ist; *Eichmann*, a.a.O. Mitt. 1998, 259.

55 Vgl. Erwägungsgrund 14; Max-Planck-Institut, a.a.O. GRUR Int. 1990, 57 ff.; *Dinwoodie*, a.a.O. 24 AIPPLA Qu. J. 646 ff (1996); *Eck*, Neue Wege zum Schutz der Formgebung, Köln 1993, 131 ff..

56 Vgl. die "Erklärung der Kommission zu Art. 18" im Anhang zur GeschMRL, ABlEG 1998 L 289, 35; aus der umfangreichen Literatur nur *Klawitter*, Die Ersatzteilfrage in der EG-Geschmacksmusterrichtlinie, EuWiStR 2001, 157; *Schovsko*, As If Made for Each Other - Intellectual Property Rights and Protection of Compatible Products, 29 IIC 510 (1998); *Riehle*, Kapituliert Europa vor der Ersatzteilfrage? "Free for all" und das künftige europäische Musterrecht, EuWiStR 1997, 361 m. weit. Nachw..

Ebenso wird für sonstige Vermögens- und Vertragsrechtsfragen insoweit auf das einzelstaatliche Recht verwiesen (Art. 14 Abs. III, Art. 27) als sie nicht von der Bestimmung der Reichweite der Ausschlusswirkung abhängen, wie das etwa bei der Lizenz der Fall ist (Art. 32). Schließlich folgt das Gemeinschaftsgeschmacksmuster auch bei der Regelung von Erteilungs-, Nichtigkeits- und Verletzungsverfahren und deren Zusammenspiel dem schwerfälligen Vorbild der Gemeinschaftsmarke, freilich mit einer Besonderheit: Im Erteilungsverfahren findet, wie in vielen nationalen Geschmacksmustersystemen, lediglich eine Form- und Eignungs- aber keine Sachprüfung statt (Art. 45, 47). Da auch keine Amtsrecherche vorgesehen ist, erhält der Rechtserwerber nur ein einfaches Registerrecht, bei dem er das Risiko, ob das Muster den Neuheits- und Eigenartsanforderungen tatsächlich genügt, bis zur Klärung im Nichtigkeits- oder Verletzungsverfahren selbst einschätzen und eben tragen muss. Der Rechtsschutz bietet ihm also keine Investitionssicherheit.

Um so interessanter ist deshalb, dass die Geschmacksmusterverordnung neben dem Schutz des eingetragenen auch einen neuartigen Schutz des nicht eingetragenen Geschmacksmusters vorsieht.[57] Auf 3 Jahre befristet (Art. 11) richtet sich dieser, nach sachlichen Voraussetzungen und Umfang wie der Registerrechtsschutz definierte Schutz allein gegen solche Verletzungshandlungen, die ein Nachahmer, also ein scienter handelnder Verletzer, begeht (Art. 19 Abs. II). Das ist, weil es auf sonstige Unlauterkeitsmerkmale nicht ankommt, mehr als ein wettbewerbsrechtlicher, nämlich ein urheberrechtsgleicher Nachahmungsschutz, der in seinem Umfang demgemäss wettbewerbsrechtliche Leistungsschutzansprüche "überholt".[58] Die Gemeinschaft, die sich bislang der Rechtsangleichung auf dem Gebiet des lauterkeitsrechtlichen Leistungsschutzes enthalten hat, schafft hier ein einzelstaatliches Recht de facto aushebelndes "präemptives" Schutznovum, nämlich ein absolutes Leistungsschutzrecht, das unmittelbar kraft Gemeinschaftsrecht und gemeinschaftsweit gilt.

c) Erfindungsschutz

(1) Patente

Die gemeinschaftsrechtliche Entwicklung des Erfindungsschutzes durch Patente, die ursprünglich Priorität vor Marken- und Geschmacksmusterschutz genoss, ist früh in der Europäisierung der Bedingungen und des Verfahrens der Patenterteilung steckengeblieben. Deren moderne Ausgestaltung und praktischer Erfolg haben der Gemeinschaft wohl den Wind aus den Segeln genommen, dessen sie für die Einführung des immer wieder zu schwerfällig konstruierten Gemeinschaftspatents bedurft hätte.

Übereinkommen

So hat zum einen das Europäische Patentübereinkommen,[59] zu dessen Mitgliederkreis außer allen gegenwärtigen und künftigen EU-Staaten weitere 5 europäische Staa-

---

57 Näher und im Vergleich mit dem britischen *Vorbild Saez*, The Unregistered Community Design, Eur. Int. Prop. Rev. 2002, 585; ferner *Bulling*, Ein neues Schutzrecht entsteht: Das nicht eingetragene Gemeinschaftsgeschmacksmuster, Mitt. PatAnw. 2002, 170.

58 Vgl. schon *Max-Planck-Institut*, a.a.O. GRUR Int. 1990, 580; *v. Gamm*, Das Gemeinschaftsgeschmacksmuster, Festschr. Gaedertz, München 1992, 197, 206 ff.; *Traub*, Zur Ausweitung des Innovationsschutzes durch Immaterialgüterrechte im europäischen Bereich: Gibt es Auswirkungen dieser Tendenz bei dem ergänzenden wettbewerbsrechtlichen Leistungsschutz? Festschr. Söllner, München 2000, 1213, 1226.

59 Nachw. Anm. 34.

ten gehören,[60] den Erfindungsbegriff (Art. 52), die Schutzwürdigkeitskriterien (Art. 54 - 57), die Schutzdauer (Art. 63) und den sachlichen Schutzumfang (Art. 69), also die Grundelemente des Schutzes, modernisiert und für alle nationalen Patente des europäisch zentral erteilten Schutzrechtsbündels uniformisiert. Die Mitgliedstaaten sind dem für ihre einzelstaatlich erteilten Patente teils freiwillig, teils gebunden durch die ältere Straßburger Konvention zur Vereinheitlichung gewisser Begriffe des materiellen Rechts der Erfindungspatente,[61] weithin gefolgt.[62] Damit entfiel der gemeinschaftsrechtliche Angleichungsbedarf und trat erst dort wieder auf, wo das EPÜ seine abstrakt allgemeinen Rechtsschutzbedingungen wieder technikspezifisch eingeschränkt und deshalb der Anpassung an den technologischen Wandel entzogen hatte.[63] Zum andern hat das zentralisierte, eine unverzügliche und volle Sachprüfung gewährleistende Erteilungsverfahren der Europäischen Patentorganisation die Rechtssicherheitsvorteile und offenbar auch einen wesentlichen Teil der Transaktionskostenersparnisse vorweggenommen, welche die bloßen Registerpatentstaaten[64] suchten, und die ein Gemeinschaftspatent versprochen hätte. Dies gilt um so mehr als das Europäische Patentamt sich in Verfahrens- und Kostengestaltung von allein zunehmend als die Erteilungsbehörde für die Gemeinschaft verstand als die es ja auch vorgesehen war,[65] und als die erteilungsweise bloße Bündelung einzelstaatlicher Schutzrechte dem Patentinhaber auch schutztaktische Vorteile eröffnen kann.[66]

---

60 Bulgarien, Liechtenstein, Rumänien, Schweiz, Türkei.

61 Nachw. Anm. 2.

62 Zu dieser früh beginnenden Anpassung (kalte oder "soft" Harmonisierung) *Haertel*, Die Harmonisierung des nationalen Patentrechts durch das europäische Patentrecht, GRUR Int. 1983, 2000; zum aktuellen Stand nationaler Patentrechtssysteme vgl. *Europäisches Patentamt*, Das nationale Recht betreffend das EPÜ, München 2003, 5 ff..

63 Gemeint ist der grundsätzliche Ausschluss von Datenverarbeitungsprogrammen durch Art. 52 Abs. II EPÜ bzw. § 1 II PatG, der aber - nicht nur wegen Art. 52 Abs. III bzw. § 1 III PatG - praktisch nur begrenzt wirksam geworden ist (vgl. *Tauchert*, Patentschutz für Computerprogramme - Sachstand und neue Entwicklungen, GRUR 1999, 827; *Kraßer*, Erweiterung des patentrechtlichen Erfindungsbegriffs? GRUR 2001, 959) und von biotechnologischen, insbes. gentechnologischen Erfindungen aufgrund eines engen Erfindungsbegriffs und des Patentierungsverbots für "im wesentlichen biologische Verfahren zur Züchtung von Pflanzen und Tieren" (Art. 53 lit. b bzw. § 2 Nr. 2 PatG), der ebenfalls nur eingeschränkte Bedeutung hat (vgl. *Schatz*, Zur Patentierbarkeit gentechnischer Erfindungen in der Praxis des Europäischen Patentamts, GRUR Int. 1997, 588; *Busche*, Die Patentierung biologischer Erfindungen nach Patentgesetz und EPÜ, GRUR Int. 1999, 299; *Goebel*, Bio-/Gentechnik und Patentrecht - Anmerkungen zur Rechtsprechung, Mitt. PatAnw. 1999, 173; *Schertenleib*, The Patentability and Protection of DNA based Inventions in the EPO and the European Union, Eur .Int. Prop. Rev. 2003, 125); zur weiteren Entwicklung s. u. Text bei Anm. 70 ff., und sub. III A 2 b.

64 Namentlich Belgien, Frankreich und Italien, nachdem der Aufbau eigener Prüfsysteme zu aufwendig und eine gemeinsame Dokumentations- und Recherchenstelle, die sie in Den Haag unterhielten, nicht ausreichend war, vgl. *Haertel*, Münchener Gemeinschaftskommentar, a.a.O., S. 11 ff., 25 ff.. Die in der Folge schwindende Rentabilität nationaler Ämter hat bis zu deren teilweiser Verdrängung durch das EPA und zu bürokratischem Widerstand gegen das Gemeinschaftspatent geführt, vgl. *Ullrich*, a.a.O. 8 Eur. L.J. 448, 460 ff. (2002) m. Nachw..

65 Vgl. *Ullrich*, loc .cit., 8 Eur. L.J. 443, Anm. 52 (2002); bemerkenswert insoweit auch die vorauseilende Übernahme gemeinschaftlicher Rechtsangleichungsmaßnahmen, vgl. Anm. 70.

66 Vgl. *Ullrich*, Patentschutz im europäischen Binnenmarkt, GRUR Int. 1991, 1, 7 ff. Solche "forum shopping"-Vorteile betreffen u.a. Nichtigkeits- und Schutzumfangsrisiken sowie sonstige Rechtswahrungsvorteile und bleiben auch bei Einrichtung einer zentralisierten Gerichtsbarkeit des EPO (s.u. Anm. 78) erhalten ,wenn diese fakultativ und auf einige EPO-Staaten beschränkt bleibt. Außerdem erlaubt das EPO-System die territorial begrenzte Schutzrechtsnahme und -übertragung und er-

Rechtsangleichung

Gemeinschaftsinitiativen waren so durch das EPÜ in doppelter Weise erschwert. In sachlicher Hinsicht schienen sie meist gerade dort veranlasst, wo das EPÜ schon eine Regelung getroffen hatte. Sie waren damit nicht ausgeschlossen, aber auf die Einflussnahme auf das einzelstaatliche "Lokalpatent" beschränkt und für ihre volle Wirkung auch für europäisch zentral erteilte Patente auf die Mitwirkung der EPO angewiesen. Diese Schwierigkeiten ließen sich bei der Schutzfristverlängerung für Patente auf Erzeugniserfindungen, die wegen arzneimittelrechtlicher oder pflanzenschutzrechtlicher Zulassungspflichtigkeit die Schutzfrist nicht ausreichend ausschöpfen können, noch verhältnismäßig einfach dadurch bewältigen, dass ein sog. ergänzendes Schutzzertifikat[67] auf alle Patente, seien sie dezentral oder zentral erteilt, aufgepfropft wurde, denn alle Patente waren ja gleichermaßen national. Aber schon hierfür musste das EPÜ geändert[68] und eine hybride Konstruktion gewählt werden. Das nationale Patent wurde - mit Billigung durch den EuGH[69] - partiell in einen Gemeinschaftstitel überführt.

Bei dem Schutz biotechnologischer Erfindungen dagegen, der sowohl der Erteilung wie der Durchführung nach streitig ist, muss Rechtsangleichung von vornherein sowohl die europäische wie die nationale Ebene berücksichtigen. Dabei kam die EPO dem Gemeinschaftsgesetzgeber teils mit einer authentischen Interpretation des Übereinkommens entgegen, teils hat sie ihn auf eine spätere Revisionskonferenz des EPÜ vertröstet und damit auf die Harmonisierung nur der national zu erteilenden Patente, also auf die "untere Ebene", verwiesen.[70] Selbst da harrt freilich seine Richtlinie noch immer der allseitigen Umsetzung.[71] Ganz ähnlich betrifft der neuere Richtlinienvorschlag für

leichtert so die Aufteilung gemeinsam erstellter Technologien und den Abschluss von Abgrenzungsvereinbarungen ohne Rückgriff auf andauernde Lizenzbindungen.

67 Nachw. Anm. 13; im einzelnen *Scheil*, Das ergänzende Schutzzertifikat, Mitt. PatAnw. 1997, 55; *Kellner*, Salz in der Suppe oder Sand im Getriebe - Anmerkungen zu Schutzrechtszertifikaten, GRUR 1999, 805; zur Problematik rechtsvergleichend *Hoyng, Fink-Hooijer*, The Patent Term of Pharmaceuticals and the Legal Possibilities of its Extension, 21 IIC 161 (1990); kritisch *Engelberg*, Special Patent Provisions for Pharmaceuticals: Have They Outlived Their Usefulness? 39 IDEA J. Law. Tech'y 389 (1999); *Pontani, Rozek*, Das US-Gesetz über Arzneimittelpreiswettbewerb und Patentlaufzeitverlängerung - 10 Jahre danach, Mitt. PatAnw. 1995, 159 (Teil 1), 1997, 41 (Teil 2).

68 Vgl. *Pagenberg*, DIe Münchener Diplomatische Konferenz zur Revision von Artikel 63 EPÜ, GRUR Int. 1992, 224 (mit Text der Revisionsakte, s. a. BlPMZ 1993, 190); zur Problematik die Aufzeichnung des Bundesjustizministeriums v. 15.X.1990 "Zur Schaffung eines ergänzenden Schutzzertifikats für Arzneimittel", GRUR Int. 1991, 32.

69 EuGH v. 13.VII.1995, RS C-350/92, Spanien/Rat, Slg. 1995 I 1985; s. noch infra sub. III B 1b).

70 Zu ersterem vgl. die Änderung ihrer Ausführungsordnung (Regel 23 b ff.) im Wege einer authentischen Interpretation im Sinne der EU-RL (o. Anm. 13), um eine "europaweit einheitliche Auslegung zu fördern, vgl. Erläuterung zur Regel 23 b, ABl EPA 1999, 576, 578; zu letzterem EPA, Press release v. 29.XI.2000, Statement Dr. R. Grossenbacher (http://www.european-patent-office.org/news/pressrel2000_11_29_e.htm); *Körber*, Bericht über die Diplomatische Konferenz zur Revision des Europäischen Patentübereinkommens v. 20. - 29. November 2000 in München, VPP-Rundbrief 1/2001, 20.

71 Zur Richtlinie s.a. Anm. 13. Nach *Kommission*, Pressemitteilung v. 28.I.2003 (IP/03/127) haben zwar 6 Mitgliedstaaten die Richtlinie umgesetzt, mit den anderen wird unter Androhung einer Klage wegen Vertragsverletzung verhandelt; id., Bericht an das Europäische Parlament und den Rat über "Entwicklung und Auswirkungen des Patentrechts im Bereich der Biotechnologie und der Gentechnik, KOM (2002) 545 endg. v. 7.X.2002; vgl. auch zur Richtlinie und ihren Umsetzungsschwierigkeiten - es liegt ein echtes politisches Akzeptanzproblem vor - *Gold, Gallochat*, The European Biotech Directive: Past as Prologue, 7 Eur. L. J. 331 (2001); *Sellnick*, Erfindung, Entdeckung und die

die harmonisierende Regelung des Schutzes computer-implementierter Erfindungen nur die wirtschaftlich unwichtigere einzelstaatliche Ebene und ist ungewiss, wie die insoweit stets schutzfreundliche Europäische Patentorganisation auf die Verabschiedung der noch kontroversen Richtlinie reagieren wird, denn diese soll gerade eine ausufernde Schutzausweitung begrenzen helfen.[72]

Rechtsvereinheitlichung

Solche Abhängigkeit der Gemeinschaft von der Europäischen Patentorganisation lässt sich nur durch die Einrichtung eines eigenen Gemeinschaftspatentsystems überwinden. Hierfür aber muss, das ist die zweite Erschwernis, ein Mehrwert gegenüber dem Europäischen Patent geschaffen werden. Dieser wird, das ist durch das Scheitern der verschiedenen Konventionsentwürfe der EU-Mitgliedstaaten bewiesen,[73] nicht schon durch die formal-territoriale Einheit des Schutzrechts mit der Vereinheitlichung des Umfangs der Ausschlussbefugnisse und durch die bloße Koordinierung der Kompetenzen bei Erteilungs-, Nichtigkeits- und Verletzungsverfahren, wie das bei Gemeinschaftsmarke und Gemeinschaftsgeschmacksmuster der Fall ist, geschaffen. Inhaltlich sind die Festlegung der Ausschlussbefugnisse und ihrer Beschränkungen (mit Ausnahme der Zwangslizenzregelung) von den Mitgliedstaaten meist ohnehin und früh aus den Konventionsentwürfen in das einzelstaatliche Recht übernommen worden. Die komplizierten Kompetenzregelungen von Gemeinschaftsmarke und Gemeinschaftsgeschmacksmuster wiederum entstammen ihrerseits der "second best"-Lösung, die das Streitbeilegungsprotokoll von 1985/89 nach dem Verzicht auf das ehrgeizige Vorhaben eines für alle Streitfragen des Gemeinschaftspatents zuständigen Community Patent Appeals Court vorsah.[74] Sie genügen anscheinend nicht den Streitbeilegungsbedürfnissen des technisch geprägten, auf Rechtssicherheit und -einheitlichkeit angewiesenen Patentschutzes; jedenfalls sind sie von den betroffenen Kreisen als unzureichend empfunden worden.

Auseinandersetzung um die Umsetzung der Biopatentrichtlinie der EU, GRUR 2002, 121; *Albers*, "Patente auf Leben", JZ 2003, 275 alle m. weit. Nachw..

72 *Kommission*, Vorschlag für eine Richtlinie des Europäischen Parlaments und des Rates über die Patentierbarkeit computerimplementierter Erfindungen, KOM (2002) 92 endg. v. 20.II.2002; dazu Europäisches Parlament, Generaldirektion Wissenschaft, Arbeitsdokument: Die Patentierbarkeit von Computerprogrammen (Reihe Rechtsfragen JUR/107 DE, Luxemburg 2002 (Gutachten erstattet von *Bakiels, Hugenholtz*); *Howard*, Patentability of Computer-Implemented Inventions, CRi 2002, 97; *Metzger*, Softwarepatente im künftigen europäischen Patentrecht, CR 2003, 313; der Richtlinienvorschlag ist vor dem Hintergrund einerseits entsprechender, aber aufgeschobener Revisionsbemühungen des EPÜ (vgl. *Nack, Phélip*, Bericht über die Diplomatische Konferenz zur Revision des Europäischen Patentübereinkommens, München 20 - 29. November 2000, GRUR Int. 2001, 322, 323 ff.) und andererseits der Tendenzen zur Ausweitung des patentrechtlichen Computerprogrammschutzes auf Geschäftsmethoden zu sehen, dazu *Jänich*, Sonderrechtsschutz für geschäftliche Methoden, GRUR 2003, 483; ferner u. Anm. 201.

73 Vgl. *Haertel*, Die Luxemburger Konferenz über das Gemeinschaftspatent 1985 und ihre wesentlichen Ergebnisse, GRUR Int. 1986, 293; *Krieger, Brouër, Schennen*, Die dritte Luxemburger Konferenz über das Gemeinschaftspatent vom 11. - 15. Dezember 1989, GRUR Int. 1990, 173; GRUR Int. Aktuell: Europäische Gemeinschaften - Lissabonner Gemeinschaftspatent Konferenz gescheitert, GRUR Int. 1992, 560; *Burnside*, The Community Patent Convention: Is it Obsolete in its Present Form, Eur. Int. Prop. Rev. 1992, 285; Texte der Konventionen von 1975 und 1985/89 in ABlEG 1976 L 17, 1; bzw. 1989 L 401, 1.

74 Vgl. *Stauder*, Die Vereinbarung über Gemeinschaftspatente, das Streitregelungsprotokoll und das Änderungsprotokoll, GRUR Int. 1986, 302.

Die Gemeinschaft hat deshalb, nachdem sie 1997 die Initiative zur Errichtung eines Gemeinschaftspatentsystems an sich gezogen hatte,[75] einen Verordnungsvorschlag vorgelegt,[76] der drei Schwerpunkte hat. Zum einen die Vollendung der Rechtsvereinheitlichung über die Bestimmung der Ausschluss- und Vermögens- bzw. Vertragsrechtsbefugnisse hinaus (Art. 4 ff., 7 ff., 14 ff) durch Einführung eines gemeinschaftlichen Sanktionensystems für Schutzrechtsverletzungen (Art. 42 - 45) und einer ausdifferenzierten Zwangslizenzregelung (Art. 21 ff.). Diese Vorschläge sind im Grundsatz, wenn auch nicht in allen Details allgemein akzeptiert.[77] Sehr strittig wurde dagegen der weitere Vorschlag, für Nichtigkeits- und Verletzungsverfahren über alle Instanzen hinweg ein einheitliches, zentrales System einer Gerichtsbarkeit für geistiges Eigentum aufzubauen (Art. 40 Abs. III, 39). Über diesen Streit, in dem es um Kompetenz- und Kapazitätsprobleme, Zugangsgleichheit für die Rechtsschutzsuchenden und berufliche Chancengleichheit für deren Vertreter und eine versteckte Rivalität zu Initiativen der Europäischen Patentorganisation für die Schaffung eines eigenen Streitbeilegungsprotokolls geht,[78] ist hier nicht zu berichten.[79] Am Ende wird, so hat der Ministerrat im März diesen Jahres beschlossen, ein an den Europäischen Gerichtshof angelehntes, zentrales Gerichtssystem stehen, wie es der Vertrag von Nizza nahe legt.[80]

---

75 Vgl. *Kommission*, Grünbuch über das Gemeinschaftspatent und das Patentschutzsystem in Europa - Förderung der Innovation durch Patente, KOM (97) 314 endg.; id. Förderung der Innovation durch Patente - Follow-up zu dem Grünbuch, KOM (1999) 42 endg..

76 *Kommission*, Vorschlag für eine Verordnung des Rates über das Gemeinschaftspatent, KOM (2000) 412 endg. (ABlEG 2000 C 337, 278); dazu *Europäisches Parlament*, Rechts- und Binnenmarktausschluß, Bericht Vallelersundi v. 26.II. 2002 (A5-0059/2002 endg.) und revidierter Text des Rates v. 11.VI.2003, Interinst. Dossier 2000/0177 (CNS) 10404/03 (vgl. o. Anm. 18).

77 Etwa nicht bei der Regelung der Zwangslizenzen, deren Erteilung durch die Kommission statt durch das Gemeinschaftspatentgericht in der Literatur angegriffen wurde (vgl. *Ullrich*, a.a.O. 8 Eur. L.J. 472 (2002) m. Nachw.) und nun auch vom Rat zur Diskussion gestellt wird (vgl. Art. 22 idF: v. 11.VI.2003, o. Anm. 76).

78 Gegenüber dem Auftrag der "Regierungskonferenz der Mitgliedstaaten der Europäischen Patentorganisation über die Reform des Europäischen Patentsystems", Paris, 24. und 25. Juni 1999 (GRUR Int. 1999, 722) hat sich das Vorhaben rasch verselbständigt (vgl. The First Steps Towards an Optional Protocol Under the European Patent Convention on the Settlement of Litigation Concerning European Patents (EPLP) 31 IIC 560 (2000) und zwar zu einem Entwurf eines konferenzfähigen European Patent Litigation Agreement, das auch ein eigenes System der Verletzungstatbestände und -folgen, also materielles Einheitsrecht, bringen würde (abrufbar unter www.ige.ch/D/jurinfo/j1102.htm), vgl. dazu *Cole*, Centralised Litigation for European Patents: New Proposals for Inclusion in the EPC Revision Package, Eur. Int. Prop. Rev. 2001, 219; *Luginbuel*, A Stone's Throw Away from a European Patent Court: The European Patent Litigation Agreement, Eur. Int. Prop. Rev. 2003, 256; *Ullrich*, a.a.O. 8 Eur. L.J. 477 ff. (2002) m. weit. Nachw.; zum Verhältnis zur Gemeinschaftspatentgerichtsbarkeit insbes. auch *Schade*, Gerichtliche Regelung der Patentschutzsachen in Europa, GRUR 2000, 101.

79 Vgl. nur *Sydow*, Die Ausdifferenzierung des Gerichtssystems in Europa - Zur Struktur der künftigen europäischen Patentgerichtsbarkeit, GRUR 2001, 689; *Schade*, Das Streitregelungssystem zum Gemeinschaftspatent nach dem Verordnungs-Vorschlag der Kommission, GRUR 2000, 827; *Dreiss, Keussen*, Zur Streitregelung beim Gemeinschaftspatent, GRUR 2001, 891; *Dreiss*, Zehn Gründe für eine Vertretungsbefugnis der Patentanwälte in Europa vor einem künftigen Europäischen Patentgericht, Mitt. Pat.Anw. 2000, 475; *Tilmann*, Die Zukunft der Patent-Streitregelung in Europa, GRUR 2001, 1079; *ders.*, a.a.O, GRUR Int. 2003, 381; *ders.*, Beitrag in diesem Band; *Ullrich*, 8 Eur. L.J. 473 ff. (2002) m. weit. Nachw.-

80 Vgl. o. Anm. 18 und Erwägung 7 revidierter Text Vorschlag GemPat VO v. 11.VI.2003 (o. Anm. 76), wonach Rechtsgrundlage der Gemeinschaftspatentgerichtsbarkeit Art. 225 idF. des Vertrags von Nizza (s. o. Anm. 51), also ein dem EuG1 beigeordnetes Kammersystem, sein soll. Vorgängig

Nicht weniger strittig wurde schließlich, drittens, die Sprachenfrage als eine solche vor allem der Kosten erörtert, nachdem die Kommission einen "relativ radikalen" Vorschlag dadurch gemacht hatte, dass sie einfach an den Ursprung des Gemeinschaftspatents anknüpfte. Da dieses vom Europäischen Patentamt für die Gemeinschaft erteilt wird, sollte dessen Verfahrenssprachenregelung (Art. 14 EPÜ) gelten,[81] das Patent also im Volltext wahlweise in Deutsch, Englisch oder Französisch in der ganzen Gemeinschaft gelten und eine Übersetzung in die Amtssprache der Mitgliedstaaten nur mittelbar dann nötig werden, wenn anders verschuldensabhängige Schadensersatzansprüche nicht gegeben wären (Art. 1, 44 Abs. III). Auch diesen Streit zwischen Ein-, Mehr- und Allsprachigkeit, zwischen Übersetzung nur der Patentansprüche oder auch der eigentlichen Erfindungsoffenbarung in der Patentschrift,[82] hat der Ministerrat in seinem Eckpunktbeschluss entschieden, und zwar zugunsten eines Kompromisses. Danach gilt bis zur Erteilung das einfachere europäische Sprachenregime, nach Erteilung aber die Allsprachigkeit, allerdings beschränkt auf die Patentansprüche.[83]

Das Gemeinschaftspatentsystem ist mit dem Europäischen Patentsystem dadurch eng verknüpft, dass es dessen Erteilungssystem in Anspruch nehmen wird. Dies war stets so beabsichtigt, wirft aber eine Reihe von administrativen, organisatorischen und institutionellen Fragen auf, die hier nicht behandelt werden sollen.[84] Zum materiell-rechtlichen Verhältnis von Gemeinschafts- zu Europapatent ist aber darauf hinzuweisen, dass die

---

muss aber noch die Kompetenzübertragung auf dem EuGH gemäß Art. 229 EU-V (idF. von Nizza) erfolgen, vgl. zu allem *Kommission*, Vorschlag für einen Beschluss des Rates zur Übertragung der Zuständigkeit in Gemeinschaftspatentsachen auf den Gerichtshof vom 23.12.2003, KOM (2003)827end.; dies., Vorschlag für einen Beschluß des Rates zur Errichtung des Gemeinschaftspatentgerichts und betr. das Rechtsmittel vor dem Gericht 1. Instanz vom 23.12.2003, KOM (2003) 828 endg. Die im Ministerratsbeschluss, das., vorgesehene Übergangsfrist bis 2010 zur Schonung (vor allem deutscher) einzelstaatlicher Spezialgerichtsbarkeitsinteressen ist entweder illusorisch oder schon jetzt änderungsbedürftig, denn vorher werden kaum erhebliche Zahlen verletzungsgefährdeter Gemeinschaftspatente erteilt sein.

81 Art. 14 EPÜ betrifft freilich nur die Amtssprache des EPA, die sprachliche Geltung der Patente in den EPÜ-Mitgliedstaaten ist von deren Anforderungen abhängig (Art. 65 EPÜ). Über deren Handhabung haben eine Reihe von EPÜ-Mitgliedstaaten im Mai 2000 ein "Abkommen über die Anwendung des Art. 65 des Europäischen Patentübereinkommens" geschlossen, das einen weitgehenden Verzicht auf Übersetzungserfordernisse vorsieht, vgl. *Remiche, Cassiers*, in Commission Droit et Vie des Affaires, a.a.O. S. 195 ff. (s.a. S. 190); Text des Abkommens aufrufbar unter http://www.ige.ch/D/jurinfo/j14106htm.und in ABlEP 2001, 549.

82 Zu den Varianten und Kostenfolgen vgl. *Kommission*, Vorschlag GemPatVO a.a.O. KOM (2000) 42 endg. sub. 2.4.3.1 (das. sub. 2.4.4 Begründung zur Übernahme des EPÜ-Sprachenregimes); *Ostenwalder*, Kosten des Patentschutzes in Europa, GRUR Int. 1995, 579; zu den weiteren Implikationen der Sprachenfrage die Nachw. bei *Ullrich*, a.a.O. 8 Eur. L.J. 468 ff. (2002).

83 Nachw. Anm. 18 und Erwägungen 2ter, 5 sowie Art. 7, 24 bis revidierter Text Vorschlag GemPat VO) v. 11.VI.2003 (s. o. Anm. 76). Es bleibt abzuwarten, inwieweit die Kostenträchtigkeit dieses Kompromisses die Attraktivität des Gemeinschaftspatents im Verhältnis zum sprachlich liberalisierten europäischen Patent (s. o. Anm. 81) mindert, denn die Mehrkosten könnten durch eine Minderung der Aufrechterhaltungsgebühren des Gemeinschaftspatents aufgefangen werden, welche die Aufrechterhaltungsgebühren der europäisch erteilten nationalen Patente unterbietet.

84 Zur Wahl zwischen Beauftragung der EPO mit der Verwaltung des Gemeinschaftspatents oder des Beitritts der Gemeinschaft zur EPO und ihrer Rolle dort, zum Verhältnis zwischen EPA und nationalen Patentämtern einschließlich der Fragen der Gebührenfestsetzung und -verteilung näher *Ullrich*, a.a.O. 8 Eur. L.J. 455 ff. (2002) m. Nachw.; *Gaster*, European Community Patent - The quest for a common approach on the revision of the European Patent System, CRi 2002, 33, 35 ff.; zur Beteiligung nationaler Patentämter am Gemeinschaftspatenterteilungsverfahren Erwägungen 2ter ff. revidierter Text Vorschlag GemPat VO, a.a.O. Anm. 76.

Gemeinschaft den in den Konventionsentwürfen der Mitgliedstaaten stets erhobenen Anspruch auf Alleinherrschaft des Gemeinschaftspatents im Gemeinsamen Markt, mit dem die gemeinschaftsweite Einheitlichkeit des Schutzes sichergestellt werden sollte, aufgegeben hat. Nunmehr wird den Anmeldern eine Wahlmöglichkeit zwischen Gemeinschaftspatent und europäischem Bündelpatent eingeräumt. Allerdings wird dieses Bündelpatent dem gesamten acquis communautaire unterworfen,[85] insoweit also zusätzlich Rechtsangleichung betrieben. Diese wiederum entspringt zumindest nicht nur dem Selbstschutzinteresse der Gemeinschaft - einzelstaatlich erteile Patente bleiben ohnehin unberührt - , sondern einer Rivalität zum europäischen Patentsystem, das es sonst erlauben würde, ein entsprechend dem tatsächlichen Marktgebiet des Patentanmelders definiertes, rein europäisches Schutzbündel zu schnüren.[86] Daran könnte um so größeres Interesse bestehen als die Europäische Patentorganisation ihrerseits versucht, kooperationswilligen Mitgliedstaaten im Konventionswege ein vollharmonisiertes Schutzrechtsbündel bereitzustellen, das vor einer eigenen "European Patent Judiciary" durchgesetzt werden könnte.[87] Die Gemeinschaft gibt sich größte Mühe, der EPO diesen Weg dadurch abzuschneiden oder sie doch in die Reihe hinter sich zu verweisen, dass sie auch für dieses Bündel nationaler Schutzrechte international die ausschließliche justizielle Verhandlungskompetenz in Anspruch nimmt.[88] Jedoch stellt dies jedenfalls

---

85 Vgl. zur Optionalität *Kommission*, Begründung sub. 2.4.6 sowie Erwägung 4 Vorschlag GemPat VO (Anm. 18 bzw. 76) und dessen Art. 1, wonach nur bei Benennung der Gemeinschaft ein Gemeinschaftspatent erteilt wird (anders nach Art. 3 GPÜ 1989 (o. Anm. 73): Benennung auch nur eines EU-Staates führt zu Gemeinschaftspatent, zur kontinuierlichen Aufweichung seit 1975 *Ullrich*, a.a.O. GRUR Int. 1991, 11 ff.); die Option soll auch noch nach Anmeldung gemäß Regeln ausgewiesen werden können, die beim Beitritt der Gemeinschaft zum EPÜ festgelegt werden sollen. Zur Unterwerfung des europäischen Bündelpatents unter den acquis communautaire vgl. *Kommission*, Arbeitsdokument: Eine Gemeinschaftsstrategie zur Einführung des Gemeinschaftspatents im Rahmen einer Revision des Europäischen Patentübereinkommens, SEK (2001) 744 v. 7.V. 2001; dazu *Gaster*, a.a.O., CRi 2002, 36 ff.; *Ullrich*, a.a.O. 8 Eur. L. Rev. 465 ff. (2002).

86 Das Bedürfnis nach territorial engeren Schutzgebieten anerkennt Erwägung 4 Vorschlag GemPat VO (wie Anm. 18, 76) ausdrücklich, doch kann das nur Folge überhöhter Gemeinschaftspatentkosten sein (s.u. III A 1) und ist unter dem Blickwinkel des Vertragsziels der Marktintegration (Art. 2, 3 Abs. I lit. c)) bedenklich (näher *Ullrich*, a.a.O., GRUR Int. 1991, 10 ff.). Die Unterbindung von Ausweichmanövern auf "günstigeres" nationales Patentrecht ist zwar nach Art. 95 EG-V ebenso begründbar wie das Interesse an Systemrivalität (*Ullrich*, das. S. 10 ff; der. 8 Eur. L.J. 480 ff (2002), aber ihr Erfolg ist selbst dann ungewiss, wenn sich die Gemeinschaft über ihre punktuellen Patentrechtsangleichungsmaßnahmen hinaus mit der Angleichung auch der Schutzrechtssanktionen und -rechtsbehelfe (s. u. 2 b) durchsetzt: es bleiben wesentliche Rechtsunterschiede im Verhältnis zum Gemeinschaftspatent (etwa die Regelung von Zwangslizenzen) und zwischen den nationalen Rechten (vgl. *Heath*, Harmonizing Scope and Allocation of Patent Rights in Europe - Towards a New European Patent Law, 6 Marquette Int. Prop. L .Rev. 11, 17 ff. (2002) und es sind Auslegungs- und Anwendungsunterschiede zu erwarten, vgl. *Keukenschrijver*, Europäische Patente mit Wirkung für Deutschland - dargestellt anhand jüngerer Entscheidungen des BGH, GRUR 2003, 177), die im Patentrecht, das über die Zuordnung von Märkten entscheidet, auch dann nicht marginal sind, wenn sie Grenzfragen betreffen.

87 Vgl. Anm. 78.

88 Dies aufgrund der Übernahme des Europäischen Gerichtsstands- und Vollstreckungsübereinkommens durch VO 44/2001 (ABlEG 2001 L 12, 1) in Gemeinschaftsrecht gemäß Art. 65 EU-V und damit der Beanspruchung der alleinigen völkerrechtlichen Verhandlungs- und Vertragsschlusskompetenz, vgl. *Wiesner*, Neues vom EU-Wirtschaftsrecht, VPP-Rundbrief 1/2001, 23; *Luginbuehl*, a.a.O., Eur. Int. Prop. Rev. 2003, 268/269; allgemein *Geschke*, Vom EuGVÜ zum EuGVVO - ein Überblick, Mitt. Pat.Anw. 2003, 249; *Grabinski*, Zur Bedeutung des Europäischen Gerichtsstands- und Vollstreckungsübereinkommens (Brüsseler Übereinkommen) und des Lugano-

rechtspolitisch nichts anderes als die Austreibung des Teufels durch den Belzebub dar, denn für die Wahl des Bündels statt des Gemeinschaftspatents könnte leicht die prozesstaktische Vorteilhaftigkeit mancher nationaler gegenüber der Gemeinschaftsgerichtsbarkeit sprechen.[89]

(2) Gebrauchsmuster

Statt durch geprüfte, deshalb rechtsbeständige und langlebige, aber teuere Patente können Erfindungen auch durch reine Registerrechte geschützt werden. Diese können gleichfalls als Patentrechte ausgestaltet sein, wie das in vielen Mitgliedstaaten der Fall ist, treten dann aber auch dort, wo wenigstens zusätzlich eine Neuheitsrecherche erfolgt, in ihrer Bedeutung klar hinter europäisch erteilte Patente zurück.[90] Reine Registerrechte sind auch die deutscher Rechtstradition entspringenden Gebrauchsmusterrechte. Sie spielen hier wie in anderen Staaten mit Prüfsystemen für den Patentschutz eine erhebliche Rolle, kommen aber auch in den meisten übrigen Staaten vor, sind dort dann aber bedeutungslos.[91] Ihre unterschiedliche Ausgestaltung[92] und Rolle hat die Kommission veranlasst, einen Rechtsangleichungsvorschlag vorzulegen und sogar die Schaffung eines Gemeinschaftsgebrauchsmusters zur Erörterung zu stellen.[93] Die Arbeiten an diesen Vorhaben sind wegen der Vorbereitung des Gemeinschaftspatents zurückgestellt worden;[94] ihre rechtspolitische Dringlichkeit ist auch sonst umstritten.

Die Angleichungsrichtlinie würde alle Mitgliedstaaten zwingen, einen mit ihren unterschiedlichen Patentsystemen konkurrierenden Gebrauchsmusterschutz mit einer Schutzfrist von höchstens 10 Jahren (Art. 19) und auf reiner Registrierbasis für alle Ar-

---

Übereinkommens in Rechtsstreitigkeiten über Patentverletzungen, GRUR Int. 2001, 199; *Barbosa*, From Brussels to the Hague - The Ongoing Process Towards Effective Multinational Patent Enforcement, 32 IIC 729 (2001). Angesichts des großen Bestands europäisch erteilter Patente und der Künftigen Optionalität des Gemeinschaftspatents im Verhältnis zum Europäischen Bündelpatent ist die Haltung der Kommission auch rechtlich nicht ohne weiteres einsichtig.

89 Insoweit wird die Sprachenregelung für das Gemeinschaftspatentgericht (Landessprache des Beklagten) eigene Bedeutung erlangen, vgl. Erwägung 7 quater revidierter Text Vorschlag GemPatVO v. 11.VI.2003 (o. Anm. 76).

90 Das gilt z.B. für Frankreich nach Art. L 611-1 ff. (L 612-14) c. prop. int., denn dort stehen 11289 inländischen Patenterteilungen (davon 9155 französischen Ursprungs) 31674 europäische Patenterteilungen für Frankreich (davon 1930 französischen Ursprungs) gegenüber (bzw. 17114 Anmeldungen in Frankreich gegenüber 110025 europäischen Anmeldungen mit Benennung Frankreichs), vgl. Institut National de la Propriété Industrielle, Statistiques 2001, Brevets, Tabellen 1, 2, 5, 6, (abrufbar über http://www.inpi.fr/inpi/html/actu/index_parutions.htm).

91 In Deutschland wurden 20285 Gebrauchsmuster im Jahr 2001 und 23428 im Jahre 2002 angemeldet (Eintragungen: 18556 bzw. 17188; Gesamtbestand 115196 bzw. 110962), Deutsches Patent- und Markenamt, Tätigkeitsbericht 2002, München 2003, 16; empirisch vergleichend *Weitzel*, Die wirtschaftliche Bedeutung des Gebrauchsmusterschutzes im Europäischen Binnenmarkt, Ifo-Schnelldienst 16/1995, 6; *Kommission*, Vorschlag GebM-RL, KOM (97) 691 endg. (ABlEG 1998 C 36, 13), sub. Nr. 9, 30, kann außer für Deutschland erhebliche Zahlen nur noch für Spanien (3519 Anmeldungen im Schnitt 1987 - 1990) angeben.

92 Vgl. *Goebel*, Schutzwürdigkeit kleiner Erfindungen in Europa - die materiellen Schutzvoraussetzungen für Gebrauchsmuster in den nationalen Gesetzen und dem EU-Richtlinienvorschlag, GRUR 2001, 916; *Kraßer*, Neuere Entwicklungen des Gebrauchsmusterrechts in Europa, GRUR 1999, 527.

93 Vgl. o. Anm. 19; dazu *Th. Bodewig*, The EC Proposal for a Utility Model Directive, in Dessemontet, Gani, Creative Ideas for Intellectual Property - ATRIP-Papers 2000 - 2001, Lausanne 2002, 339 ff..

94 Vgl. *Kommission*, Arbeitsdokument: Sondierung der Auswirkungen des Gemeinschaftsgebrauchsmusters, a.a.O., S. 2.

ten von Erfindungen[95] mit Ausnahme solcher einzuführen, die biologisches Material oder chemische oder pharmazeutische Stoffe oder Verfahren betreffen (Art. 1 Abs. 1 mit Art. 4 lit b) und c)). Bis auf diese strittige Einschränkung[96] und geringere Anforderung an die Erfindungshöhe (Art. 6) soll der Gebrauchsmusterschutz nach Voraussetzungen und Inhalt im wesentlichen dem Patentschutz entsprechen. Die Vorteile dieses noch immer irreführend als Gebrauchsmuster statt als "petty patent" bezeichneten Schutzes lägen in der schnelleren und billigeren Erhältlichkeit.

Entsprechende Gründe werden auch für die Schaffung eines Gemeinschaftsgebrauchsmusters angeführt. Dessen Einführung hängt nicht nur von der Hartnäckigkeit des Widerstands mancher betroffener Kreise[97] und der Frage ab, wie die Kostenvorteile angesichts des auch hier bestehenden Sprachenproblems gewahrt werden können,[98] sondern auch von der Art der politischen Kompromisse, die hinter verschlossenen Türen bei der Einführung des Gemeinschaftsgeschmacksmusters und des Gemeinschaftspatents zur Befriedigung von einzelstaatlichen Bürokratie- und Standortinteressen geschlossen wurden bzw. werden.[99] Darüber hinaus wird es schwierig sein, die Einheitlichkeit des Schutzes auch in der Rechtsanwendung mit der für den mittelständischen Adressatenkreis notwendigen Dezentralisierung der Rechtsdurchsetzung zu verbinden.[100]

d) Sortenschutz, Topographienschutz

Auf die gemeinschaftsrechtliche Entwicklung des Schutzes so unterschiedlicher Innovationen wie einerseits der Auffindung neuer Pflanzensorten und andererseits der Entwicklung eigenartiger Topographien von Halbleitererzeugnissen soll hier nur der Vollständigkeit halber und deshalb hingewiesen werden, weil gerade diese gemeinschaftsrechtliche Entwicklung nicht unterschiedlicher sein könnte. Zwar handelt es sich

95 Also sowohl Erzeugnis- wie Verfahrenserfindungen und auch die dem Patentschutz nur eingeschränkt (s.o. Anm. 63) zugänglichen, technik-bezogenen Computerprogramme, vgl. die Streichung der entsprechenden Ausnahme in Art. 4 lit. d) im ursprünglichen Richtlinienvorschlag (s.a. Anm. 91) durch den geänderten Vorschlag (wie Anm. 19). Allgemein wird damit, weitergehend als im deutschen Recht §(§ 2 Nr. 4: Ausschluß von Verfahren), das Erfordernis eines raumförmigen Musters (also der Gebrauchsgeräte-Ansatz) aufgegeben, *Kommission*, wie Anm. 91, sub. Nr. 52.

96 Vgl. *König*, Die Verweigerung des Gebrauchsmusterschutzes für Verfahrenserfindungen durch den Gesetzgeber im Lichte des Willkürverbots, GRUR 2001, 948; *Goebel*, a.a.O., GRUR 2001, 918; *Kraßer*, a.a.O., GRUR 1999, 531; die Haltung der Industrie und der Patentanwaltschaft zu dieser Frage ist gespalten.

97 Vgl. *Kommission*, Summary report of replies to the questionnaire on the impact of the Community utility model with a view to updating the Green Paper on protection by the utility model in the internal market (SEC (2001) 1307) v. 1.III.2002; dieses Dokument ist im Internet abrufbar unter http//europa.eu.int/comm/internal_market/de/indprop/model.

98 Auf dieses Problem haben die betroffenen Kreise früh hingewiesen, die Kommission aber ist der Frage ausgewichen (vgl. *Kommission*, Sondierung der Auswirkungen wie Anm. 94, sub. 3, und die Enthaltsamkeit des Fragebogens das. sub. 5.). Die Übernahme der Sprachregelung des Gemeinschaftspatents (s.o. Anm. 83) würde wohl prohibitiv für den mittelständischen Interessentenkreis wirken, dem das GemGebrM dienen soll.

99 So ist die Einrichtung eines vom HABM (in Alicante) verwalteten Gemeinschaftsgebrauchsmusters zum Gegenstand der Verhandlungen um die Ausgestaltung des Gemeinschaftspatents gemacht (vgl. *Wiesner*, Neues vom Wirtschaftsrecht, VPP-Rundbrief 2/2001, 63) und die Sprachenfrage beim Gemeinschaftsgeschmacksmuster in Zusammenhang mit der Aufgabenverteilung zwischen EPA und nationalen Patentämtern beim Gemeinschaftspatent gebracht worden (*Wiesner*, Neues vom Wirtschaftsrecht, VPP-Rundbrief 1/2001, 24).

100 Abw. Kraßer, a.a.O. GRUR 1999, 532, der eine zentrale Gültigkeitsprüfung empfiehlt.

jeweils um sektorale Schutz- und Vergemeinschaftssachverhalte. Aber für den in seiner wirtschaftlichen Bedeutung gern unterschätzten Sortenschutz hat die Gemeinschaft ohne vorherige oder parallele Rechtsangleichung ein eigenes, einheitliches Schutzsystem eingerichtet,[101] das in sachlicher Konkurrenz und administrativer Kooperation mit den einzelstaatlichen Schutzsystemen offenbar zufriedenstellend, weil unauffällig arbeitet.[102] Dabei folgt es weitgehend dem Regelungsmuster von Gemeinschaftsmarke und Gemeinschaftsgeschmacksmuster, regelt aber etwa die Verletzungssanktionen in Art. 94 ff. schon so vollständig wie erst später wieder das Gemeinschaftspatent.

Umgekehrt hat die Gemeinschaft die Entwicklung des Topographienschutzes nur durch eine Richtlinie[103] zur Mindestrechtsangleichung zu steuern versucht, die Gegenstand, Voraussetzungen und Inhalt des Schutzes durch ein urheberrechtsähnliches Ausschließlichkeitsrecht betraf. Anlass der Rechtsangleichung waren handelspolitische Erwägungen der Reziprozitätskontrolle, wie sie die USA vorgegeben hatten.[104] Sie haben längst ihre Bedeutung verloren, weil der Topographienschutz infolge der technologischen Entwicklung alsbald zur bloßen Randerscheinung verkümmert ist.[105]

e) *Schutz schöpferischer Werke und verwandter Leistungen*

Der ex lege ohne irgendeinen Registerzwang entstehende Urheberrechtsschutz schöpferischer Werke und verwandter Leitungen, dessen Entwicklung sich die Gemeinschaft erst in der Zeit der Verwirklichung des einheitlichen Binnenmarkts angenommen hat,[106] ist das Hauptfeld der bloßen Angleichung des Rechts des geistigen Eigentums geworden. Dabei hat die durch die verschiedenen Werkkategorien wenigstens indizierte Unterschiedlichkeit der betroffenen Wirtschaftsbereiche und Verwertungsformen einerseits und der wegen der Formlosigkeit des Schutzes geringere Zentralisierungs- und

101 Nachw. Anm. 7; dazu *Millett*, The Community system of plant variety rights, 24 Eur. L. Rev. 231 (1999); EuGH v. 10.IV.2003, RS C-305/00, Schulin/Saatgut-Treuhandverwaltungsgesellschaft, Slg. 2003 I 3525.

102 Vgl. Gemeinschaftliches Sortenschutzamt, Tätigkeitsbericht 2001, Luxemburg 2002: Schutzanträge sind von 1384 auf 2157 im Jahr 2001 gestiegen, der Schutzbestand beträgt 6867 Sorten.

103 Nachw. Anm. 30; dazu *Flamée, Vankees*, Une approche européenne de la protection des chips, Revue int. dr. écon. 1989, 51; zur deutschen Umsetzung *Heilein*, Die Bedeutung des Rechtsschutzes für integrierte Halbleiterschaltkreise in der Praxis, Frankfurt 2003, 91 ff..

104 Vgl. *Laurie*, The Semiconductor Chip Protection Act of 1984: Statutory Framework, Copyright Office Regulations, and Effect on International Protection of Chip Designs, Ind. Prop. 1986, 115; *Heilein*, a.a.O. 74 ff, 84 ff..

105 Vgl. *Heilein*, a.a.O. S. 105 ff; der Schutzrechtsbestand ist seit 1996 von 824 auf 560 Eintragungen bei 41 Neuanmeldungen im Jahr 2002 zurückgegangen, vgl. *DPMA*, Jahresbericht 2002, München 2003, 102; krit. ferner *Karnell*, Protection of Layout Designs (Topographies) of Integrated Circuits - R.I.P.? 32 IIC 648 (2001).

106 Ausgangspunkt ist *Kommission*, Grünbuch, Urheberrecht und die technologische Herausforderung - Urheberrechtsfragen, die unmittelbare Tätigkeit verlangen, KOM (88) 172 endg. v. 7.VI.1988, wo sub. 1.3 insbesondere die Verwirklichung des Binnenmarktes und die Förderung der internationalen Wettbewerbsfähigkeit sowie der Schutz gegenüber dem Wissensabfluss in Drittstaaten, im weiteren kulturpolitische Belange (sub. 1.4) hervorgehoben werden. Vgl. sodann *Kommission*, Initiativen zum Grünbuch, Arbeitsprogramm der Kommission auf dem Gebiet des Urheberrechts und der verwandten Rechte, KOM (90) 584 endg. v. 5.XII.1990; zur Entwicklung allgemein *Reinbothe*, Geistiges Eigentum und die Europäische Gemeinschaft, ZEuP 2000, 5; *Röttinger*, Urheberrecht und Europarecht: Rechtspolitik und Rechtsetzung der Europäischen Gemeinschaft, ZEu Stud. 2001 (2) 285; *Cook*, Copyright in the European Community, Leg. Iss. Eur. Integr. 1992 (2) 67; kulturpolitisch euphemistisch *Rodriguez Pardo*, Highlights of the Origins of the European Union Law on Copyright, Eur. Int. Prop. Rev. 2001, 238.

damit Vereinheitlichungsdruck zu einer speziellen Angleichungssystematik geführt. Diese entspricht nicht notwendig derjenigen des Urheberrechts selbst und erfasst dieses vor allem in seiner typischen Form der Fremdverwertung durch vertragliche Rechtseinräumung an Dritte als eigentliche wirtschaftliche Wertvermehrer oder sonst als geschäftliche Nutzer nur ansatzweise in besonderen Teilbereichen.[107]

(1) Rechtsangleichung (sektoral-vertikal)

Am Anfang steht die sektoral-vertikale Rechtsangleichung. Sie wird durch das Auftreten eines Regelungsbedarfs für neue Schutzgegenstände ausgelöst, die aufgrund ihrer technologischen Natur und unkörperlichen Verwertungsformen einerseits zwischen die herkömmlichen Kategorien des geistigen Eigentums fallen und andererseits von evident gemeinschaftsweiter Bedeutung sind: Computerprogramme und Datenbanken.[108] Für beide wird ein – aus der kontinentaleuropäischen Sicht des droit d'auteur – banalisierter Urheberrechtsschutz geschaffen, der bei der "Schöpfungshöhe",[109] der Rechtszuordnung[110] und durch Verzicht auf urheberpersönlichkeitsrechtliche Befugnisse an copyright-Prinzipien angelehnt, im übrigen aber schutzgegenstandsspezifisch durchgeformt ist. Einer breiten Bestimmung der Ausschlussbefugnisse, insbesondere des Vervielfältigungsbegriffs, werden nur enge "Ausnahmen" gegenübergestellt, die den an sich urheberrechtstypischen Zugang zu dem in Werkform gebrachten, informationellen Inhalt des Computerprogramms oder der Datenbank erschweren.[111] Das entspricht dem Interesse des Schutzrechtsinhabers an einer Kontrolle über die Nutzung eben dieses Wissens (und nicht etwa seiner werkförmigen Fassung), erfordert dann aber wieder Zusatzausnahmeregelungen[112] und führt, wo der Urheberrechtsansatz überhaupt versagt, weil statt der Individualität der Leistung nur noch die Investition als Leistung geboten wird, zur Entwicklung eines ergänzenden Sonderrechtsschutzes, dem sui generis Schutz gegen die

107 Vgl. *Ullrich* in *Müller-Graff*, a.a.O. S. 443 ff. mit Nachw. über frühe Ansätze zur Harmonisierung des Urhebervertragsrechts. Zu punktueller Angleichung vgl. zum Arbeitsvertrag Art. 2 Abs. III Computerprogramm RL (o. Anm. 8), zum Vergütungsschutz Art. 4, 8 Vermiet- und Verleihrecht RL (o. Anm. 9) und dazu EuGH v. 6.II.2003, RS C-245/00, SENA/NOS, Slg. 2003 I 1269 (= JZ 2003, 676 m. krit. Anm. Heinemann); zur Verwertungsgesellschaftspflichtigkeit Art. 3, 8, 9 Satelliten- und Kabelfernseh RL (o. Anm. 10); zur vertraglichen Unabdingbarkeit von Urheberrechtsgrenzen Art. 9 Abs. 1, Satz 2 Computerprogramm RL (o. Anm. 8); im übrigen wird Vertragsrecht ausdrücklich ausgeklammert, vgl. Art. 13 Datenbank RL (o. Anm. 12), Art 9 RL UrhR Info Ges. (o. Anm. 15); s. auch infra sub. 2 a) (iii).

108 O. Anm. 8, 12.

109 Vgl. Art. 1 Abs. III Computerprogramme RL, Art. 3 Abs. I Datenbank RL; dazu *Cohen, Jehoram*, The EC Copyright Directives, Economics and Author's Rights, 27 IIC 821, 828 ff. (1994).

110 Art. 2 Abs. III Computerprogramm RL; dazu ausführlich *Zirkel*, Das Recht des angestellten Urhebers und das EU-Recht - Rechtsangleichung und Systembrüche dargestellt am Beispiel des angestellten Softwareentwicklers, München 2002, passim.

111 Vgl. Art. 4 - 6 Computerprogramm RL (dazu *Ullrich* in Ullrich, Körner, Der internationale Softwarevertrag, Heidelberg 1995, Rd.nr. 22 ff., 25 ff.), Art. 5, 6 Datenbank RL (dazu *Leistner*, Der Rechtsschutz von Datenbanken im deutschen und europäischen Recht, München 2000, 88 ff., 112 ff.) und s. jetzt Art. 2 RL UrhR InfoGes (o. Anm. 15) mit dem allgemein der Wandel zur Zugangskontrolle bzw. umgekehrt dem Zugangsrecht vollzogen wird, vgl. *Heide*, Copyright in the E.U. and United States: What "Access Right"? Eur. Int. Prop. Rev. 2001, 469 und zur Grundsatzkontroverse, die hier noch nicht einmal recht angedeutet werden kann, nur *Hoeren*, Urheberrecht in der Informationsgesellschaft, GRUR 1997, 866 m. Nachw.; *Dreier*, Urheberrecht auf dem Weg zur Informationsgesellschaft, GRUR 1997, 859.

112 Nämlich die Programmanalyseregelungen des Art. 5 Abs. III, Art. 6 Computerprogramm RL, Art. 5 Abs. I Datenbank RL, dazu die Nachw. in Anm. 111.

Entnahme und/oder Weiterverbreitung der Gesamtheit oder wesentlicher Teile unorigineller Datenbanken.[113]

Im Ergebnis ist nicht nur der sui generis-Schutz international sehr strittig,[114] sondern es hat überhaupt innerhalb des Urheberrechts eine Verbesonderung dieser Technologieschutzformen stattgefunden, die sich im hohen Detaillierungsgrad der Rechtsangleichung ausdrückt. Das mag seine Ursache in der Komplexität der Verwertungs- und Imitationszusammenhänge dieser leicht "verletzlichen" Schutzgegenstände, vielleicht auch in der Unfähigkeit des Gemeinschaftsgesetzgebers haben, sich über das Argumentationslabyrinth zu erheben, das eine vielfältige Legislativlobby[115] unentwegt verfeinert. Für den einzelstaatlichen Gesetzgeber hat es jedenfalls den Zwang zur wortwörtlichen Übernahme und damit zum Bruch mit der eigenen Schutzsystematik bedeutet.[116]

(2) Rechtsangleichung (sektoral-punktuell)

Sodann hat die Gemeinschaft eine gewissermaßen sektoral-punktuelle Rechtsangleichung in zwei ganz unterschiedlichen Urheberrechtsbereichen unternommen. Zum einen musste sie auf die Herausforderung reagieren, welche die technische Neuerung des Kabel- und des Satellitenrundfunks für das urheberrechtliche Verbreitungsrecht darstellte. Im ersten Fall ging es um eine rechtliche Bündelung der Verwertungsbefugnisse dergestalt, dass dem Kabelbetreiber die Übernahme ganzer Rundfunk- und Fernsehpro-

113 Art. 7 ff. Datenbank RL, dazu *Leistner*, a.a.O. 126 ff.; *Bensinger*, Sui generis Schutz für Datenbanken, München 1999, 83 ff.; *Gaster*, Zwei Jahre sui generis-Rechte: Europäischer Datenbankschutz in der Praxis der EG-Mitgliedstaaten, CRi 2000, 38; *Hugenholtz*, The Database Right File, Datenbank zur Rechtsprechung in den EU-Mitgliedstaaten zur Datenbank RL, abrufbar unter www.ivir.nl/files/database/index.html; zur deutschen Umsetzung in §§ 87a ff. UrhG vgl. *Milbradt*, Urheberrechtsschutz von Datenbanken, CR 2002, 710.

114 Vgl. *Reichman, Samuelson*, Intellectual Property Rights in Data? 50 Vanderbilt L. Rev. 51 (1997); *Reichman*, Database Protection in a Global Economy, Rev. int. dr. écon. 2002, 455; *Studer*, The Quest for Legal Protection of Databases in the Digital Age, 4 (5) J. World Int. Prop. 653 (2001); *Sullivan*, When the Creative is the Ennemy of the True: Database Protection in the US and Abroad, 29 AIPLA Qu. J. 317 (2001); *Suthersanen*, A Comparative View of Database Protection in the European Union and the United States, in Dessemontet, Gani (ed.), a.a.O. S. 49 ff; *Lipton*, Databases as Intellectual Property: New Legal Approaches, Eur .Int. Prop. Rev. 2003, 139.

115 Illustrativ der Streit um die Regelung der Programmanalyse in der Computerprogrammschutz RL, dazu *Magra*, Computer Software Protection in Europe and the EC Parliamentary Directive on Copyright for Computer Software, 23 L. Pol'y Int'l. Bus. 709, 714 ff. (1992); *Beer-Gabel, Chemain*, La décompilation des logiciels: l'industrie européenne face au droit d'auteur, Rev. trim. dr. eur. 1991, 363, 367 ff.; *Colombe, Meyer*, Interoperability Still Threatened by EC Software Directive: A Status Report, Eur. Int. Prop. 1990, 325; *Vinje*, Die EG-Richtlinie zum Schutz von Computerprogrammen und die Frage der Interoperabilität, GRUR Int. 1992, 250 m. Nachw. Die Unlösbarkeit der Ersatzteilfrage bei der Geschmacksmusterrichtlinie, die staatenspezifisch verzögerte Einführung des Folgerechts (s. o. Anm. 121) oder die schleppende Einführung eines Gemeinschaftspatents sind nur andere, offenbare Beispiele für die vielen Lobby-Kampfschauplätze der Vergemeinschaftung des geistigen Eigentums.

116 Vgl. die isolationistische Bildung eines eigenen Abschnitts für die Werkkategorie "Computerprogramme" (§ 1 Abs I Nr. 1 UrhRG) im deutschen UrhRG (8. Abschnitt, §§ 69a ff.) und dort die wörtliche Übernahme der EG-RL, dazu *Bundesregierung*, Entwurf eines 2. Gesetzes zur Änderung des Urheberrechtsgesetzes, BT-Drucks. 12/4022, sub. A2. Zu solch wörtlicher Übernahme hält letztlich die EU auch die Mitgliedstaaten bei ihrer "Tranformations-Kontrolle" an, vgl. *Kommission*, Bericht an den Rat, das Europäische Parlament und den Wirtschafts- und Sozialausschuß über die Umsetzung und die Auswirkungen der Richtlinie 91/250 EWG über den Rechtsschutz von Computerprogrammen v. 10.IV.2000 (KOM (2000) 199 endg.).

gramme mit ihren vielfältigen Urheberrechtsinhalten ermöglicht wird. Dies geschah mit der Richtlinie zur Koordinierung bestimmter urheber- und leistungsschutzrechtlicher Vorschriften betreffend Satellitenrundfunk und Kabelweiterverbreitung[117] durch Einführung der Verwertungsgesellschaftspflichtigkeit der entsprechenden Weiterverbreitungsrechte unter Wahrung weitestmöglicher allseitiger Verhandlungsfreiheit (Art. 9). Im zweiten Fall war die kollisionsrechtliche Diskrepanz zwischen der Territorialität des Urheberrechtsschutzes und der Internationalität der Satellitenausstrahlung von geschützten Rundfunk- und vor allem Fernsehprogrammen aufzulösen. Die Lösung bringt Art. 1 Abs. II durch Reduktion der Ausschlussbefugnis der öffentlichen Wiedergabe auf das Land, in dem die programmtragenden Funksignale in eine ununterbrochene Kommunikationskette eingespeist werden wobei darauf vertraut wird, dass trotzdem der Programmwert im Verhandlungswege nach Zahl und Ertragspotential der Empfangsländer bestimmt werden könnte,[118] d. h. die Marktvielfalt wurde erst hinaus- und dann durch die Hintertür wieder herein komplimentiert.

Zum andern hat der Gerichtshof[119] die Gemeinschaft dort zur Rechtsangleichung im Urheberrecht gezwungen, wo die Mitgliedstaaten ihren im internationalen Vergleich weitergehenden Schutz entgegen dem Diskriminierungsverbot des Art. 12 den eigenen Staatsangehörigen nach Reziprozitätsregeln vorbehielten. Eine gemeinschaftsrechtlich ungläubige Urheberrechtsgemeinde[120] musste dies für das dem Urheberrecht verwandte öffentliche Aufführungsrecht des ausübenden Künstlers akzeptieren, sah sich in ihrem Unglauben durch die tatsächlich mageren Ergebnisse der Richtlinie zur Angleichung der sog. Folgerechts der Urheber des Originals eines Kunstwerks,[121] dem sich vor allem Großbritannien zum Schutz seines Londoner Auktionsplatzes versperrte, bestätigt, kann sich aber durch die alle Schutzfristvergleiche[122] innerhalb der Gemeinschaft ausschal-

117 O. Anm. 10; dazu *Dreier*, Die Umsetzung der Richtlinie zum Satellitenrundfunk und zur Kabelweiterleitung, ZUM 1995, 458; *Doutrelepont*, La libre circulation des émissions de radiodiffusion dans l'Union européenne, Rev. Marché Unique 1994, 83.

118 Vgl. Erwägungen 15 - 18 der Richtlinie und *Castendyk, v. Albrecht*, Der Richtlinienvorschlag der EG-Kommission zum Satellitenfernsehen, GRUR Int. 1992, 734; *Rumphorst*, Erwerb des Satellitensenderechts für ein bestimmtes Territorium? GRUR Int. 1993, 934.

119 EuGH v. 20.X.1993, RS C-92/92 und C-326/92, Phil Collins/Imtrat, Slg. 1993 I 5145; v. 6.VI.2002, RS C-360/00 Land Hessen/Ricordi, Slg. 2002 I 5089.

120 Vgl. *Schack*, Urheber- und Urhebervertragsrecht, Tübingen 1997, Nr. 872 ff.; *Karnell*, Wer liebt Phil Collins? GRUR Int. 1994, 733; *Loewenheim*, Gemeinschaftsrechtliches Diskriminierungsverbot und nationales Urheberrecht, NJW 1994, 1046; selbst das Verfassungsrecht wurde bemüht, aber vergeblich (BGH v. 21.IV.1994, NJW 1994, 2607 = GRUR Int. 1995, 65; BVerfG v. 15.II.2001, NJW 2001, 2323), denn die EuGH-Rechtsprechung war im Grunde selbstverständlich. Das Reziprozitätsprinzip, das hinter der Ausländerdiskriminierung steht, widerspricht dem für die EWG als einer selbständigen und vollkommenen Rechtsgemeinschaft konstitutiven Prinzip der gerade nicht auf Gegenseitigkeit beruhenden Gemeinschaft.

121 O. Anm. 15, dazu die Erklärung der Kommission zum Protokoll des Rates über die Richtlinie "Folgerecht" (ABlEG 2001 C 208, 2) mit der sie die staatenspezifische Übergangsfrist des Art. 8 (10 Jahre; die allgemeine Umsetzungsfrist beträgt schon ungewöhnliche 4 Jahre) rügt; vgl. auch *Zimmerling, Telsmann*, Die Rechtsfolgen des Folgerechts, EuZW 2002, 267; allgemein *Pfennig*, Die Harmonisierung des Folgerechts in der EU, ZUM 2002, 95; *Schmidt-Werthern*, Die Richtlinie über das Folgerecht des Urhebers des Originals eines Kunstwerks, Baden-Baden 2003.

122 Wie sie Art. 7 Abs. 8 Rev. Berner Übereinkunft zum Schutz von Werken der Literatur und Kunst erlaubt; zu den ursprünglichen Schutzfristunterschieden in der EU vgl. *Cook*, a.a.O. Leg .Iss. Eur. Integr. 1992 (2) 75; zum Diskriminierungsproblem *Dworkin, Sterling*, Phil Collins and the Term Directive, Eur. Int. Prop. Rev. 1994, 187.

tende Verlängerung der Frist allen Urheberrechts auf 70 Jahre p.m.a. durch die Richtlinie zur Harmonisierung der Schutzdauer des Urheberrechts und bestimmter verwandter Schutzrechte von 1993[123] wieder besänftigt fühlen.

(3) Rechtsangleichung (horizontal)

Tatsächlich stellt die Schutzdauerangleichung eine Maßnahme horizontaler, aber spezifisch nur das Gebiet des Urheberrechts betreffender Rechtsangleichung dar, ist aber nicht deswegen, sondern wegen der mangelnden Werk-Spezifizität der Rechtsangleichungsregel selbst strittig geblieben. Alle Werkkategorien sind über denselben Kamm der international völlig unüblichen Frist von 70 (statt 50) Jahren p.m.a. geschoren worden. Für die Wahl dieser langen Frist konnte es ja noch gemeinschaftsrechtlich plausible, wenn auch schlecht plausibilisierte Gründe geben.[124] Aber auch technologische Schutzgegenstände mit derselben Schutzdauer auszustatten wie traditionelle Werkkategorien, obwohl bei ihnen rechtlich wie faktisch der für die generationenüberschreitende Fristbestimmung maßgebliche, persönlichkeitsrechtlich motivierte Partizipationsgedanke nicht greift, war weder rechtspolitisch noch konventionsrechtlich veranlasst.[125]

Demgegenüber hat kurz zuvor die Richtlinie über das Vermiet- und Verleihrecht[126] die Einbeziehung der Leistungen der ausübenden Künstler, der Tonträgerhersteller und der Filmhersteller in das Urheberrecht als verwandte Rechte insofern eher konventionell vorgenommen, als sie mit der Einführung des Verleih- und vor allem des Vermietrechts den neueren Marktgegebenheiten der Verbreitung von Werken der Unterhaltungsindustrie durch zeitweise Überlassung statt durch Übertragung von Belegstücken gerecht zu werden versuchte.[127] Erst durch die jüngste Richtlinie über das Urheberrecht in der In-

123 O. Anm. 11.

124 Vgl. *Dietz*, Die Schutzdauer-Richtlinie der EU, GRUR Int. 1995, 670; *v. Lewinski*, Der EG-Richtlinienvorschlag zur Harmonisierung der Schutzdauer im Urheber- und Leistungsschutzrecht, GRUR Int. 1992, 724; *Parrinder*, The Dead Hand of European Copyright, Eur. Int. Prop. Rev. 391; *Maier*, L'harmonisation de la durée de protection du droit d'auteur et de certains droits voisins, Rev. Marché Unique 1994 (2) 49. Kritisch zu Recht im Blick auf internationale Folgen *Hilty*, Eldred v. Ashcroft: Die Schutzfrist im Urheberrecht - eine Diskussion, die auch die Europäer interessieren sollte (dazu Eldred v. Ashcroft, U.S.-Surpreme Court v. 15.I.2003, GRUR Int. 2003, 264).

125 Näher *Ullrich*, Grenzen des Rechtsschutzes: Technologieschutz zwischen Wettbewerbs- und Industriepolitik, in Schricker, Dreier, Kur, Geistiges Eigentum im Dienste der Innovation, Baden-Baden 2001, 83, 115 ff.; die konventionsrechtliche Fristenbindung nach Art. 7 RBÜ beruht auf der hypokritischen Einordnung der Computerprogramme in das Urheberrecht (vgl. o. Anm. 116) und wäre international zu verhandeln gewesen (vgl. Art. 7 Abs. IV), wäre man nicht so vorbehaltlos auf das seinerzeit noch nicht unterzeichnete TRIPs-Abkommen (vgl. Art. 10, 12) zugegangen. Frankreich hatte ursprünglich eine - immer noch reichliche - Schutzfrist von 25 Jahren vorgesehen, vgl. *Hauser*, in Ullrich, Körner, a.a.O. S. 531.

126 O. Anm. 9; dazu *v. Lewinski*, Vermieten, Verleihen und verwandte Schutzrechte - Der zweite Richtlinienvorschlag der EG-Kommission, GRUR Int. 1991, 104; *dies.*, Die Umsetzung der Richtlinie zum Vermiet- und Verleihrecht, ZUM 1995, 442; *Rehbinder*, Die urheberrechtlichen Verwertungsrechte nach Einführung des Vermietrechts ZUM 1996, 349; *Kommission*, Bericht an den Rat, das Europäische Parlament und den Wirtschafts- und Sozialausschuß zum Verleihrecht in der Europäischen Union v. 12.IX. 2002, KOM (2002) 502 endg..

127 Vgl. EuGH v. 12.V.1988, RS 158/86, Warner Brothers/Cristiansen, Slg. 1988, 2605; v. 28.IV.1998, RS C-200/96, Metronome Musik/Music Point Hokamp, Slg. 1998 I 1953; v. 22.IV.1998, RS C-61)97, FDV/Laserdisken, Slg. 1998 I 5171; allgemein *Rehbinder*, a.a.O., ZUM 1996, 349.

formationsgesellschaft,[128] mit der dem neuerlichen Wandel der Verwertung der Werke "on-line" und "interaktiv" in digitalisierter Form, d.h. mit originalgleicher Wiedergabe, Rechnung getragen werden soll, hat durch die durchgängige Sicherung der dem Rechtsinhaber vorbehaltenen Verwertungshandlungen durch ein Ausschlussrecht eine gewisse Angleichung der Rechtspositionen von Urhebern und Leistungsschutzberechtigten[129] und insgesamt wiederum eine Schutzausdehnung stattgefunden. Diese lag für die Erstreckung des Ausschließlichkeitsrechts der öffentlichen Wiedergabe (Art. 3) auf die bloße "öffentliche Zugänglichmachung", d.h. die Bereitstellung von Werken für den Abruf durch Mitglieder der Öffentlichkeit (statt der unmittelbar aktiven Kommunikation an die Öffentlichkeit) wohl in der technischen Entwicklung begründet.[130] Sie trägt aber, ebenso wie die Erweiterung des Begriffs der dem Rechtsinhaber vorbehaltenen Vervielfältigungsbefugnis (Art. 2) auf noch jede bloß technisch-inzidente Reproduktion des Werks,[131] noch zur Komplexität eines alles für alle regeln wollenden, limitativ-optionalen Katalogs von über 20 Ausnahme- und Beschränkungstatbeständen bei. Dieser ist dann trotz oder wegen solcher Verklauselierung nochmals unter einen - dem Konventionsrecht entnommenen und dort für ausreichend gehaltenen - Generalvorbehalt gestellt werden.[132]

Natürlich ist diese schon im Gesetzgebungsverfahren viel kommentierte Richtlinie[133] nicht ohne akademische Schelte[134] geblieben. Ein Schwerpunkt einer gerade auch von

---

128 O. Anm. 15; dazu *Bayreuther*, Europa auf dem Weg zu einem einheitlichen Urheberrecht, EuWiSt R 2001, 422; *Flechsig*, Grundlagen des Europäischen Urheberrechts, ZUM 2002, 1; *Kröger*, Die Urheberrechtsrichtlinie für die Informationsgesellschaft - Bestandsaufnahme und kritische Bewertung, CR 2001, 316; *Reinbothe*, Die EG-Richtlinie zum Urheberrecht in der Informationsgesellschaft, GRUR Int. 2001, 733; *Spindler*, Europäisches Urheberrecht in der Informationsgesellschaft, GRUR 2002, 105; zur Umsetzung *Bundesregierung*, Entwurf eines Gesetzes zur Regelung des Urheberrechts in der Informationsgesellschaft, BT-Drucks. 15/38; Beschlußempfehlung BT-Drucks. 15/837; *Dreier*, Die Umsetzung der Urheberrechtsrichtlinie 2001/29/EG in deutsches Recht, ZUM 2002, 28; *Reinbothe*, Die Umsetzung der EU-Urheberrechtsrichtlinie in deutsches Recht, ZUM 2002, 43; jetzt Gesetz v.10.9.2003, BGBl. I 1774.

129 Vgl. *Bayreuther*, a.a.O. EuWiSt R 2001, 425.

130 Dieser ist schon vorgängig durch neues internationales Konventionsrechts, an dem die EU mitgewirkt und das dann die Rechtsangleichung mitbestimmt hat, Rechnung getragen worden, vgl. den WIPO-Urheberrechtsvertrag (WIPO World Copyright Treaty, WCT) wie durch den Rat am 16.III.2000 angenommen (ABlEG 2000 L 89, 6), dazu *v. Lewinski*, Die diplomatische Konferenz der WIPO 1996 zum Urheberrecht und zu verwandten Schutzrechten, GRUR Int. 1997, 667; *Reinbothe, v. Lewinski*, The WIPO Treaties 1996: Ready to Come into Force, Eur. Int. Prop. Rev. 2002, 199; zu internationalen Reaktionen nur *Kimberlee Weatherall*, An End to Private Communications in Copyright? The Expansion of Rights to Communicate Works to the Public: Part I, Eur. Int. Prop. Rev. 1999, 342; und das. Part II. S. 398; *Fitzpatrick*, Copyright Imbalance: U.S. and Australian Responses to the WIPO Digital Copyright Treaty, Eur. Int. Prop. Rev. 2000, 214.

131 Vgl. o. Anm. 111, und *Kröger*, a.a.O. CR 2001, 317; Art .5 Abs .I versucht die Einschränkungen vorzunehmen, die sich bei vernünftiger Auslegung des Vervielfältigungsbegriffs ohnehin ergeben hätten (treffend *Hugenholtz*, Why the Copyright Directive is Unimportant, and Possibly Invalid, Eur. Int. Prop. Rev. 2000, 499, 501); zur alten deutschen Kontroverse *Ullrich* in Ullrich, Körner, a.a.O. S. 67 ff..

132 Zur Systematik *Reinbothe*, a.a.O. GRUR Int. 2001, 737, der (das. S. 735) auch die 61 Erwägungsgründe der Richtlinie für 15 Artikel für eine gesetzgeberisch bedeutende Leistung hält; prägnant kritisch zu Art. 5 *Cohen-Jehoram*, Einige Grundsätze zu den Ausnahmen im Urheberrecht, GRUR Int. 2001, 807, 809 ff.; *Heide*, The Berne Three-Step Test and the Proposed Copyright Directive, Eur. Int. Prop. Rev. 1999, 105.

133 Nachw. bei *Reinbothe*, a.a.O. ZEuP 2000, 15; *Spindler*, a.a.O. GRUR 2002, 15.

urheberrechtlicher Seite vorgetragenen Grundsatzkritik richtet sich dabei gegen die Verpflichtung der Mitgliedstaaten, "einen angemessenen Rechtsschutz gegen die Umgehung wirksamer technischer Maßnahmen durch eine Person" vorzusehen, "der bekannt ist oder den Umständen nach bekannt sein muss, dass sie dieses Ziel verfolgt". Befürchtet wird, dass dieser rechtliche Schutz für faktisch-technische, ja als schon wirksam vorausgesetzte Schutzmaßnahmen zur Sicherung bestehender urheberrechtlicher Kontrollbefugnisse, im Ergebnis zur praktischen Unwirksamkeit der Beschränkungen eines sich ohnehin immer weiter zur Nutzungskontrolle verabsolutierenden Urheberschutzes führt, insbesondere dann, wenn er mit einer Urheberrechtsgrenzen überschreitenden Gestaltung von Nutzungsverträgen verbunden wird.[135]

2. Horizontal gebietsübergreifende Vergemeinschaftung

a) Gemeinsame Regelungsmuster

Die Gemeinschaft hat einen wettbewerbsrechtlichen Leistungsschutz als Auffangposition bei Schutzrechtslücken und Ausgangspunkt für die Ausformung neuer Schutzformen nicht entwickelt.[136] Vielmehr muss insoweit auf einzelne Rechtsschutzfiguren, wie das nicht eingetragene Geschmacksmuster, den Datenbankschutz sui generis oder den Topographienschutz, zurückgegriffen und gesehen werden, dass etwa bei den technologischen Schutzgegenständen der Urheberrechtsschutz, entsprechend seinem britischen Konzept als copyright, zur Lösung von "misappropriation"-Fällen herangezogen und deshalb überzogen worden ist. Im übrigen gilt einzelstaatliches Recht und hier auf

134 Vgl. nur *Hugenholtz*, a.a.O. Eur. Int. Propr. Rev. 2000, 499; eingehend *Bonofacio*, The Information Society and the Harmonisation of Copyright and Related Rights: (Over) Stretching the Legal Basis of Article 95 (100 A)?, 26 Leg. Iss. Eur. Integr. 1 (1999). Tatsächlich geht es um einen - das herkömmliche Verwertungs- und Schutzsystem überlagernden, aber nicht überall verdrängenden - grundlegenden Wandel des Urheberrechts nicht nur vom Darstellungsschutz zur Zugangskontrolle (s.o. Anm. 111 und *Kröger*, Urheberrecht und Informationsfreiheit, München 2002, 4 ff. et passim), sondern damit zusammenhängend auch von der Enumeration der ausschließlichen Verwertungsrechte zum allgemeinen, auch den Werkgebrauch, ja die Informationsnutzung umfassenden Ausschlussrecht. Die weltweit geführte Diskussion kann hier noch nicht einmal richtig angedeutet werden (vgl. nur *Kommission*, Grünbuch Urheberrecht und verwandte Schutzrechte in der Informationsgesellschaft v. 19.VII.1995, KOM (95) 382 endg.; *dies.* Mitteilung, Initiativen zum Grünbuch über Urheberrecht und verwandte Schutzrechte in der Informationsgesellschaft v. 20.XI.1996, KOM (96) 568 endg.); die Stichworte geben die neuen Vermittlungs- und Nutzungswege (vgl. nur *Koch*, Grundlagen des Urheberrechtsschutzes im Internet und in Online-Diensten, GRUR 1997, 417; *ders.* Software-Urheberrechtsschutz für Multimedia-Anwendungen, GRUR 1995, 459) und die durch die Entmaterialisierung des Informationsvorgangs veränderten Kontrollbedürfnisse und -möglichkeiten, vgl. *Bechtold*, Vom Urheber- zum Informationsrecht - Implikationen des Digital Rights Management, München 2002, passim; ferner Nachw. Anm. 135.

135 Vgl. grundlegend *Hugenholtz*, Code as Code, Or the End of Intellectual Property as We Know It, 6 Maastricht J. Eur. Compar. L. 308 (1999); eingehend *Wand*, Technische Schutzmaßnahmen und Urheberrecht, München 2001, passim; rechtsvergleichend für die EU-Staaten *Petzer*, On the Technical Protection of Copyright, CRi 2002, 134; ferner *Kielman*, A Hard Nut to Crack: The Protection of Technological Measures, Eur. Int .Prop. Rev. 2000, 272; *Marks,_Turnbull*, Technical Protection Measures: The Intersection of Technology, Law and Commercial Licenses, Eur. Int. Prop. Rev. 2000, 198; *Vinje*, Copyright Imperilled? Eur. Int. Prop. Rev. 1999, 192. Die Kritik war freilich völlig erfolglos. Art. 21 der Sanktionen RL (u. 2 b) verallgemeinert den rechtlichen Schutz technischer Schutzmechanismen.

136 Vgl. o. Anm. 27.

einzelnen Schutzgebieten eine systematische Verknüpfung zwischen gemeinschaftseigenem und angeglichenem oder nicht angeglichenem nationalen Recht.[137]

Dennoch, die gemeinschaftsrechtliche Entwicklung des Rechts des geistigen Eigentums hat eine Vielfalt und ein Ausmaß erreicht, dass der Eindruck der Herausbildung eines eigenen Schutzsystems erweckt und die Frage nach dessen Kohärenz unumgänglich wird. Dabei kann es nicht um einen Vergleich mit einzelstaatlichen Systemen des Rechts des geistigen Eigentums, sondern nur um die Frage gehen, ob die Vergemeinschaftung selbst systematisch folgerichtig und geschlossen erfolgt ist.[138] Im historischen Ursprung der einzelnen Maßnahmen, das sollte nach der vorangegangenen Übersicht deutlich sein, wurden die Weichen dafür nie gestellt. Es haben sich aber auch im weiteren Verlauf nur wenige gemeinsame, die einzelnen Schutzrechtsgebiete überspannende Regelungsgrundsätze oder -muster herausgebildet, obwohl ja insgesamt eine ständige Konvergenz der Schutzformen nicht zu verkennen ist. Nicht nur kommen sich auf dem zentralen Gebiet des software-Schutzes Patent- und Urheberrecht gegenständlich immer näher.[139] Vielmehr hat gerade die Gemeinschaft die zwei Haupttrends in der Entwicklung des geistigen Eigentums, nämlich die schrittweise Umwandlung des Urheberrechts vom Darstellungs- zum Zugangs- und damit zum Inhaltsschutz[140] und die Ausformung aller Ausschließlichkeitsrechte zur absoluten Ausschlussbefugnis befördert, die entsprechend patentrechtlichem Vorbild noch jedes Nutzungsinteresse am Schutzgegenstand dem Rechtsinhaber zur alleinigen Ausnutzung zuweist.[141]

(1) Einheit des Binnenmarkts

Eben diese Verabsolutierung des Schutzes hat dann zu Konflikten mit dem einzigen Regelungsgrundsatz geführt, den die Gemeinschaft kraft primären Gemeinschaftsrechts über alle Schutzrechtsgebiete hinweg durchhalten musste, nämlich der Wahrung der Einheit des Binnenmarkts wenigstens auf der Zwischenhandelsebene gegenüber der Territorialität und der in-rem-Teilbarkeit der Schutzrechte. So wird zwar in allen Angleichungsrichtlinien und Vereinheitlichungsverordnungen in gleicher Weise bestimmt,

---

137 Das ist in den Rechtsangleichungsmaßnahmen einerseits bei den Konkurrenzregelungen, insbesondere dem Grundsatz der Schutzkumulation (s.u. (ii)), andererseits durch die Rückfallmöglichkeit in nationales Recht bei Scheitern des Erwerbs eines Gemeinschaftsschutzrechts ausdrücklich vorgesehen, vgl. Art. 108 ff. GemMarken VO, Art. 24ter revidierter Text GemPat VO. Im übrigen können Gemeinschafts- und nationaler Schutz gleichzeitig bestehen, etwa Gemeinschaftsmarke oder –geschmacksmuster und nationale Marke oder Geschmacksmuster (vgl. Art. 105 GemMarken VO, Art. 95 GemGeschmM VO), nicht aber im Verhältnis von Gemeinschafts- zu nationalem Patent (vgl. Art. 54 revidierter Text GemPat VO).

138 Siehe zur Bewertung, die nicht Gegenstand der vorliegenden Übersicht ist, den Beitrag von *Hilty* in diesem Band.

139 Nicht nur durch einerseits die Computerprogrammschutz RL (o. Anm. 8) und andererseits den bevorstehenden Erlass einer Richtlinie über den Schutz computer-implementierter Erfindungen (o. Anm. 72) mit der trennungsschwachen und zukunftslosen Technikbegrenzung (vgl. o. Anm. 63, 72 und *Jänich*, Sonderrechtsschutz für geschäftliche Methoden, GRUR 2003, 483), sondern auch durch den etwaigen Schutz über Gebrauchsmuster (vgl. o. Anm. 19, 95).

140 Vgl. o. Anm. 111, 134.

141 So im Markenrecht (Art. 5 Abs. I, III Marken RL, Art. 9 Abs. I, II GemMarken VO im Vergleich zu § 24 dt. MarkenG a.F. bis 1994; dazu *Lehmann, Schönfeld*, Die neue europäische und deutsche Marke: Positive Handlungsrechte im Dienste der Informationsökonomie, GRUR 1994, 481), im Geschmacksmusterrecht, zumal mit dem Ausschluss der unabhängigen Doppelentwicklung (vgl. Art. 9, 12 GeschmM RL, Art. 10, 19 GemGeschmM VO und o. Anm. 54) und im Urheberrecht über den erweiterten Vervielfältigungsbegriff, vgl. o. Anm. 111, 131 m. Nachw..

dass sich das ausschließliche Vertriebsrecht des Schutzrechtsinhabers innerhalb des Gemeinschaftsgebiets erschöpft, wenn schutzgegenständliche Belegstücke von ihm selbst oder mit seiner Zustimmung hier in den Verkehr gebracht wurden.[142] Der Gerichtshof musste dann zunächst in den sog. Umpackfällen gegenüber ergänzenden Ausnahmeregeln in der Markenrechtsrichtlinie klarstellen, dass der Erschöpfungsgrundsatz hier wenn auch selbständig, so doch nur durch sekundäres Gemeinschaftsrecht gerade zur Wahrung des Binnenmarkts geregelt ist und deshalb im Sinne seiner eigenen Rechtsprechung auszulegen sei, also kein Grund bestehe, diese zeichenrechtlichen Grenzfälle neu und abweichend zu beurteilen.[143] Vor allem aber musste der Gerichtshof die Reichweite der Freiverkehrsgrundsätze gegenüber zeichenrechtlichen Marktaufteilungsansprüchen durchsetzen, die sich unter Anerkennung des Erschöpfungsprinzips auf erweiterte Schutzfunktionen der Marke, nämlich die Werbe- und die Reputationsschutzfunktion, und in ersterer Beziehung formal zu Recht auf die Verbesonderung des Markengebrauchs zu Werbezwecken als eigenständig geschützter Nutzungshandlung stützen.[144] Die Folge dieser Konflikte von gemeinschaftsrechtlich erweitertem Schutz und hartnäckigen Freiverkehrsinteressen ist eine filigrane Grenzlinien ziehende Rechtsprechung, die Gerichtshof und nationale Gerichte zu schwierigen Balanceakten zwingt.[145]

Im übrigen beschränkt das genannte Sekundärrecht den innergemeinschaftlichen[146] Erschöpfungsgrundsatz strikt auf das Vertriebsrecht und hier auf die Veräußerung kör-

142 Art. 7 Marken RL, Art. 13 GemMarken VO; Art. 15 GeschM RL, Art. 21 GemGeschmM; Art. 10 revidierter Text GemPat VO; Art. 21 Vorschlag GebrM RL (mit einem - überflüssigen - besonderen Ausschluss der Drittlandserschöpfung); Art. 16 GemSorten VO (mit - sachlich berechtigtem und eigentlich immanenten - Vorbehalt der Weitervermehrung und - unberechtigtem - Ausschluss der Erschöpfung auch bei inländischen Ausfuhrhandlungen, dagegen schon RG v. 26.III.1902, RGZ 51, 139); Art. 4 lit. c) Satz 2 Computerprogrammschutz RL (mit ausdrücklichem Vorbehalt der Vermietung); Art. 5 lit. c) Satz 2 und Art. 7 Abs. II lit. b) Satz 2 Datenbank RL, Art. 9 Abs. II RL Vermiet- und Verleihrecht (in negativer Formulierung); Art. 4 Abs. II RL UrhR InfoGes (ebenfalls in negativer Formulierung, dazu s.u. EuGH wie Anm. 143); Überblick bei *Gaster*, Die Erschöpfungsproblematik aus der Sicht des Gemeinschaftsrechts, GRUR Int. 2000, 571.

143 Nachw. wie Anm. 43; zuletzt (zur Beweislasterteilung) EuGH v. 8.IV.2003, RS C-244/00, Van Doren/Lifestyle sports, Slg. 2003 I 3078 = GRUR 2003, 512; zusammenfassend *Spennemann*, Die markenrechtliche Beurteilung von Parallelimporten im EG-Recht, ZEuStud. 2001, 499; *O'Toole, Treanor*, The European Union's Trade Mark Exhaustion Regime, 25 (3) World Competition 279 (2002).

144 EuGH v. 4.XI.1997, RS C-337/95, Dior/Evora, Slg. 1997 I 6013, zu urheberrechtlichen Weiterungen BGH v. 4.V.2000, JZ 2001, 461 m. Anm. Schricker; *Kur*, Mehr als nur "ein Hauch von Dior"? - Das Urheberrecht und die Präsentation von Waren, Festschrift Dietz, München 2001, 253.

145 Vgl. o. Anm. 43 und zuletzt EuGH v. 19.IX.2002, RS C-433/00, Aventis Pharma/Kohlpharma, Slg. 2002 I 7761; v. 23.IV.2002, RS C-443/99, Merck, Sharp u. Dohme/Paranova, Slg. 2002 I 3703; v. 23.IV.2002, RS C-143/00, Boehringer Ingelheim/Swingward, Slg. 2002 I 3759; v. 12.X.1999, RS C-379/97, Pharmacia u. Upjohn/Paranova, Slg. 1999 I 6927; zu allem *Gross, Harrold*, Fighting for Pharmaceutical Profits, Eur. Int. Prop. Rev. 2002, 497; *Subiotto, Annacker*, Free Movement of Goods and the Protection of Trademarks - Current Issues Concerning Repackaging, Relabelling and Rebranding in EC-Law, 5 J. World Int. Prop. 933 (2002); aus der deutschen Rechtsprechung nur BGH v. 11.VII.2002, GRUR Int. 2003, 67 - Zantac/Zantic (Markenersetzung); v. 11.VII.2002, GRUR Int. 2003, 250 - Aspirin (Umpacken); v. 12.XII.2002, JZ 2002 (8) 12 - Pulmicort (Leitsatz).

146 Zur Ablehnung bzw. Begrenzung der internationalen (extraterritorialen) Erschöpfung EuGH v. 16.VII.1998, RS C-355/96, Silhouette International Schmied/Hartlauer, Slg. 1998 I 4799; v. 1.VII.1999, RS C-173/98, Sebago/G-B Unic, Slg. 1999 I 4103; v. 20.XI.2001, Verb. RS C-414/99 - 416/99, Davidoff/A u. G Imports, Slg. 2001 I 8691; dazu *Ullrich*, International Exhaustion of Intel-

perlicher Belegstücke, schließt also alle Nutzungshandlungen der öffentlichen Wiedergabe, der bloßen Vermietung und der unkörperlichen Weitergabe online[147] von seiner Anwendung aus. Ob sich diese Eingrenzung, die sich in ihren Ansätzen auf die Rechtsprechung des EuGH stützt,[148] in dieser Rigorosität als sachgerecht und gegenüber freiem Waren- und Dienstleistungsverkehr sowie allgemeiner Wettbewerbsfreiheit beständig erweisen wird,[149] bleibt abzuwarten.

(2) Kumulation der Schutzrechte

Ein weiteres durchgängiges Regelungsmuster der Rechtsangleichung bzw. –vereinheitlichung betrifft die Festlegung des Verhältnisses der einzelnen Schutzrechte zueinander. Der Gemeinschaftsgesetzgeber geht grundsätzlich von der Funktionsverschiedenheit der einzelnen Schutzformen aus und löst deshalb die Schutzrechtskonkurrenz zugunsten der Kumulation.[150] Das führt in der Regel zu einer Schutzverstärkung, etwa wenn bei Computerprogrammen oder Datenbanken Urheberrecht dem gleichzeitigen Schutz als Betriebsgeheimnis nicht entgegenstehen[151] oder bei Geschmacksmustern nicht durch deren spezifischen Schutz zeitlich begrenzt sein soll.[152] Insoweit ist dann auch zusätzlich dem einzelstaatlichen, noch nicht (voll)angeglichenen Recht eine Gestaltungsmöglichkeit eröffnet, und zwar auch im Verhältnis zum gemeinschaftseigenen Schutz. Im einzelnen sind dies aber eher Systemkonsistenzfragen, die zwar gemeinschaftsrechtserheblich werden können,[153] allgemein aber Folge der stetigen Schutzrechtsausdehnung und -differenzierung sind.[154]

---

lectual Property Rights: Lessons from European Economic Integration, Mélanges Waelbroeck, Brüssel 1999, 205; *Freytag*, Parallelimporte nach EG- und WTO-Recht - Patente und Marken versus Handelsfreiheit, Berlin 2001, 81 ff., 155 ff.; je m. weit. Nachw..

147 Wie Anm. 7, insbes. die Unterscheidungen in Art. 5 lit. b) und c) bzw. Art. 7 Abs. II lit. b) Satz 1 und 2 Datenschutz RL mit das. - zirkulärer - Begründungserwägung 33; Art. 3 Abs. III gegenüber Art. 4 Abs. II RL UrhR InfoGes, sowie dort Begründungserwägung 29.

148 Vgl. zum Vermietrecht Nachw. wie Anm. 127; zum Verhältnis territoriale Ausschließlichkeit/Dienstleistungsfreiheit EuGH v. 18.III.1980, RS 62/79, Coditel/Ciné Vog, Slg. 1980, 881.

149 Kritisch *Berger*, Urheberrechtliche Erschöpfungslehre und digitale Informationstechnologie GRUR 2002, 198; *Tjong Tjin Tai*, Exhaustion and Online Delivery of Digital Works, Eur. Int. Prop. Rev. 2003, 207.

150 Vgl. Begründungserwägung 7 Marken RL; Art. 16, 17 GeschmM RL, Art. 86 GemGeschmM; Art. 22 Vorschlag GebrM RL ("unechte", da nicht konkurrierende Kumulation von Gebrauchsmuster- und Patentschutz); Art .9 Abs. I Computerprogrammschutz RL; Art 13 Datenbankschutz RL; Art. 9 RL UrhR InfoGes.

151 Vgl. zur Schutzkonkurrenz bei Computerprogrammen *Ullrich* in Ullrich, Körner, a.a.O. S. 128 ff.; bei Datenbanken erlaubt Art. 14 Abs. II Datenbankschutz RL übergangsweise den Schutz nach nationalen Urheberrechtsfristen für Datenbanken, die die Richtlinienanforderungen nicht erfüllen, vgl. dazu das. Begründungserwägung 60. Dies ist eine Folge der Qualifikation von Schutzrechten als Eigentum und zeigt deutlich die Grenzen gesetzgeberischer Schutzrechtspolitik auf. Alle Veränderungen treten nur mit generationenlangem Verzögerungseffekt ein.

152 Art. 17 GeschmM RL, Art. 86 Abs. II GemGeschmM VO tragen damit dem Grundsatz der "unité de l'art" des romanischen Rechtskreises Rechnung, vgl. *Kamina*, La directive No. 98/71/CE du 13 octobre 1998 sur la protection juridique des dessins ou modèles, JCP éd E 1999, 358, 364, und allgemein *Dinwoodie*, a.a.O. 24 AIPLA Qu. J. 710 ff. (1996); zur Schutzformenwahl *Massa, Strowel*, a.a.O. Eur. Int. Prop. Rev. 2003, 76 ff..

153 So bei Kumulation von Marken- und Urheberrecht zur Kontrolle von Parallelhandel, vgl. o. Anm. 144.

154 Das gilt für die vorrangigen, aber eben immer häufigeren Abgrenzungsprobleme etwa von Sorten- zu Patentschutz, Marken- zu Geschmacksmusterschutz (dazu jüngst *Eichmann*, Gemeinschaftsgeschmacksmuster und Gemeinschaftsmarken: Eine Abgrenzung, Marken R 2003, 10), Patent- und

(3) Vertragsrecht

Ansonsten aber hat der Gemeinschaftsgeber in anderen zentralen Querschnittsfragen der materiell-rechtlichen Schutzrechtsausgestaltung, die auch das einzelstaatliche Recht berühren, (noch) nicht zu gemeinsamen Regelungsgrundsätzen gefunden. Beispiel eines solchen Regelungsmusters der Unschlüssigkeit ist das schutzrechtsspezifische Vertragsrecht, über das zum einen die Zuordnung des Rechts auf das Schutzrecht im Auftrags-, Dienst- und Arbeitsverhältnis bestimmt und zum andern Umfang und Kontrolle der Schutzgegenstandsverwertung geregelt werden kann. In ersterer Beziehung hat der Gemeinschaftsgesetzgeber es trotz mehrerer Anläufe bis heute nicht fertig gebracht, im Patentrecht wenigstens einen Mindestangleichungsvorschlag für das für die Anmeldestrategien, für Arbeitnehmerfreizügigkeit und -verselbständigung, für die Niederlassungsfreiheit und die Kooperationsbereitschaft der Unternehmen sowie für die innerbetrieblichen Leistungsmotivationsregeln zentrale Arbeitnehmererfinderrecht vorzulegen.[155] Bei den technologischen Urheberrechten dagegen hat er voreilig, wie auch schon beim Topographienschutz und dann wieder beim Gemeinschaftsgeschmacksmuster,[156] eine arbeitgeberfreundliche, von allgemeinen Grundsätzen des Arbeitnehmerurheberrechts abweichende Regelung getroffen, um beim Datenbankschutz zu Recht auf solch punktuellen Eingriff in einzelstaatliches Urhebervertragsrecht wieder zu verzichten.[157]

Im Recht der Verwertungsverträge wiederum hat der Gemeinschaftsgesetzgeber insoweit ein schlüssiges Regelungsmuster durchgehalten als er für alle Nutzungsüberlassungs- bzw. Lizenzverträge eine Bestimmung darüber getroffen hat, welche Beschränkungen der vertraglichen Nutzung dingliche Wirkung (in rem) haben können.[158] Aber er ist dabei nicht konsequent vorgegangen, denn seine Festlegung ist teils als abschließend, teils nur als beispielhaft[159] zu verstehen. Überhaupt nur punktuell ist die Problematik

---

Urheberrechtsschutz von Computerprogrammen (dazu *Jänich*, a.a.O. GRUR 2003, 483), und es gilt für die Konkurrenzfrage, dazu *Kur*, a.a.O. Festschrift Dietz, S. 265 ff.; *dies.*, Funktionswandel von Schutzrechten: Ursachen und Konsequenzen der inhaltlichen Annäherung und Überlagerung von Schutzrechtstypen, in Schricker, Dreier, Kur, a.a.O. S. 23 ff..

155 Während *Kommission*, Grünbuch Förderung der Innovation durch Patente a.a.O. sub. 4.3 in dieser bereits einmal Ende der 70iger Jahre aufgegriffenen Frage noch Rechtsangleichungsbedarf im Innovationsförderungsinteresse vermutete, hat sie die Initiative sogleich wieder aufgegeben (*dies.*, Folgemaßnahmen, a.a.O. sub. 3.3) und sich mit der Ankündigung der Vergabe einer Studie zur Ermittlung der Rechtspraxis begnügt. Diese ist, falls durchgeführt, offenbar folgenlos geblieben.

156 Art. 3 Abs. II lit. a), b) Halbleitersch RL (o. Anm. 30); Art. 14 Abs .III GemGeschmM VO.

157 Vgl. Nachw. o. Anm. 110; vorbehaltlich besonderer vertraglicher Abrede sind damit ohne weiteres der Zweckübertragungsgrundsatz des Urhebervertragsrechts und Zusatzvergütungen ausgeschlossen, vgl. auch BGH v. 24.X.2000, NJW-RR 2001, 626 - Wetterführungspläne I; v. 23.X.2001, NJW-RR 2002, 339 - Wetterführungspläne II; zu Dogmatik und Folgen auch *Sack*, Arbeitnehmer-Urheberrecht an Computerprogrammen nach der Urheberrechtsnovelle, 121 UFITA 15 (1993); spezieller zum deutschen Recht *Bayreuther*, Zum Verhältnis zwischen Arbeits-, Urheber- und Arbeitnehmererfinderrecht, GRUR 2003, 570 und grundsätzlich *Quaedvlieg*, Denker im Dienstverhältnis, Kernfragen des Arbeitnehmer-Immaterialgüterrechts (Eine Analyse nach niederländischem Recht) GRUR Int. 2002, 901.

158 Zu dieser vor allem für die Begrenzung der Erschöpfungswirkung von Lizenznehmerhandlungen und damit für die Rechtsverfolgung als Vertrags- oder als Schutzrechtsverletzung bedeutsamen Unterscheidung *Ullrich* in Immenga, Mestmäcker (Hrsg.), EG-Wettbewerbsrecht, München 1997, 1179 ff. m. Nachw..

159 Vgl. einerseits wohl abschließend Art. 8 Abs .II Marken RL, Art. 22 Abs II GemM VO; Art. 32 Abs .I, II GemGeschmM VO; andererseits wohl nur illustrativ, da z.B. Mengenbeschränkungen und An-

der vertraglichen Erweiterung oder Verkürzung von Schutzrechtsbefugnissen geregelt. So enthält Art. 9 Abs. I 2 Richtlinie Computerprogrammschutz ein Abdingungsverbot für das Recht zur Programmanalyse, um einen Mindestzugang zu den Programmschnittstellen zu gewährleisten,[160] und Art. 4 der Vermiet- und Verleihrechtsrichtlinie sichert den Urhebern und ausübenden Künstlern wenigstens einen angemessenen Ausgleich bei Inanspruchnahme ihres Vermietrechts durch Film- oder Tonträgerhersteller.[161] Dagegen klammern Art. 13 Datenbankrichtlinie ebenso wie Art. 9 Richtlinie über den Urheberrechtsschutz in der Informationsgesellschaft Vertragsrecht und damit die aus den USA bekannte Problematik der Verschiebung von Urheberrechtsfreiheitsgrenzen durch allgemeine Geschäftsbedingungen in (Massen-)Verträgen aus.[162]

(4) Verfahrensfragen

Schließlich ist der Anschein, es werde sich bei den einheitlichen Gemeinschaftsschutzrechten ein gemeinsames Muster der Verfahrens- und Zuständigkeitsregelung für Nichtigkeits- und Verletzungsverfahren herausbilden, nach den neuen Vorschlägen für das Gemeinschaftspatent verflogen. Während für dieses eine durchgängig zentrale Patentgerichtsbarkeit für die ganze Gemeinschaft beim Europäischen Gerichtshof eingerichtet werden wird,[163] bleibt es für Gemeinschaftsmarke und Gemeinschaftsgeschmacksmuster vermutlich auf absehbare Zeit bei den dezentralen nationalen Gemeinschaftsgerichten.[164] Hierfür sprechen einerseits Kapazitätsüberlegungen, Zugangs-, Standort- und berufsständische Interessen und anderseits der geringere Bedarf an einer Konzentration der Sachkompetenz sowie, zumindest im Markenrecht, die Anbindung an den national und lokal bestimmten Kontext von Zeichenerwerb und -verletzung und die vielfach zu erwartende Parallelität oder Ergänzungsfunktion nationalen Marken- und Wettbewerbsrechtsschutzes.

b) Querschnittsregelung: Verletzungsfolgen und Rechtsdurchsetzung

Anfang des Jahres hat der Gemeinschaftsgesetzgeber erstmals einen Richtlinienvorschlag zur Angleichung eines alle Gebiete des Schutzes geistigen Eigentums betreffenden Regelungskomplexes gemacht, nämlich dem der Rechtsfolgen der Verletzung von Schutzrechten und ihrer verfahrensmäßigen Durchsetzung.[165] Der Vorschlag, der einerseits deutlich über den Schutz eigentlichen geistigen Eigentums hinausgeht[166] und ande-

---

wendungsbeschränkungen nicht genannt sind, Art. 27 Abs. I, II GemSortenschutz VO, Art. 19 Abs. I und II rev. Text GemPat VO.

160 Dazu *Ullrich* in Ullrich, Körner, a.a.O. S. 80 ff. m. weit .Nachw..

161 Nachw. o. Anm. 107.

162 Dazu *Dreier*, Das Verhältnis des Urheberrechts zum Vertragrecht - Grenzen des Vertragsrechts durch Intellectual Property Law, in *Lejeune* (Hrsg.), Der E-Commerce-Vertrag nach amerikanischem Recht, Köln 2001, 81 ff. mit weit .Nachw..

163 Vgl. o. 1c) (i) β) und Anm. 79, 80.

164 Vgl. o. 1 a) (ii) und Anm. 50, 51; sowie 1 b) (ii).

165 O. Anm. 20; in der englischen Fassung wird richtig von "enforcement" of intellectual property rights, in der französischen Fassung von "assurer le respect" des droits de propriété intellectuelle gesprochen.

166 Gemäß Artikel 2 mit Anhang soll die Richtlinie nicht nur für Ausschließlichkeitsrechte, sondern auch für Kennzeichnungsregeln von Spirituosen gelten. Tatsächlich stellt schon die Ausdehnung auf geographische Angaben und Ursprungsbezeichnungen eine Erweiterung gegenüber der VO (EG) Nr. 3295/94 des Rats v. 22.XII.1994 über Maßnahmen zum Verbot der Überführung nachgeahmter Waren und unerlaubt hergestellter Vervielfältigungsstücke in den zollrechtlich freien Verkehr (ABlEG 1994 L 341, 8) idF. VO (EG) 241/1999 v. 25.I.1999 (ABlEG 1999 L 27, 1), der sog. Antipiraterie

rerseits mit der ausdrücklichen Zurückhaltung kontrastiert, die der Gemeinschaftsgesetzgeber in dieser Frage bis in jüngere Zeit zum Ausdruck gebracht hat,[167] wird an anderer Stelle im einzelnen erläutert.[168] Aus gemeinschaftsrechtlicher Sicht ist nur auf den erheblichen Klärungsbedarf hinzuweisen, den der exzessive Regelungswille[169] und die geringe Rücksichtnahme auf die Zusammenhänge hervorruft, die zwischen angeglichenen oder vereinheitlichten und einzelstaatlichen Schutzrechtssystem und mit dem nationalen Deliktsrecht bestehen. Auch ist weder zu erkennen, dass die punktuelle Harmonisierung im Patent- oder im Urheberrecht die Angleichung des gesamten Verletzungsrechts des betreffenden Rechtsgebiets rechtfertigen oder aber auf den angeglichenen Bereich beschränkt werden könnte[170] noch ist zu übersehen, dass die Angleichungsmaßnahme die Mitgliedstaaten politisch zur Anpassung des Verletzungsrechts auch ihrer rein nationalen Schutzsysteme zwingen wird.[171]

VO, dar, die dort nunmehr gleichfalls mit Bezug auf den Drittlandshandel erfolgen soll, vgl. *Kommission*, Vorschlag für eine Ratsverordnung zur zollrechtlichen Behandlung von Waren, die im Verdacht stehen, bestimmte Rechte des geistigen Eigentums zu verletzen und der Maßnahmen, die gegen Waren zu treffen sind, die solche Rechte verletzen KOM (2003) 20 endg.v. 20.I.2003.

167 So heißt es in Erwägung 5 der GeschmM RL von 1998 "Es ist ausreichend, wenn sich die Angleichung auf diejenigen innerstaatlichen Rechtsvorschriften beschränkt, die sich am unmittelbarsten auf das Funktionieren des Binnenmarktes auswirken. Bestimmungen über Sanktionen und Rechtsbehelfe sowie Vollzugsbestimmungen sollten Sache des innerstaatlichen Rechts bleiben". Was hat sich seither geändert? Anderes mag für Gemeinschaftsschutzrechte gelten, deren Einheitlichkeit in den materiell-rechtlichen Schutzfolgen zu wahren ist, vgl. Vorschlag GemPatent, a.a.O. KOM (2000) 412 endg., Begründung zu Art. 44.

168 Vgl. den Beitrag von *Harte-Bavendamm* in diesem Band; grundsätzlich kritisch *Cornish, Drexl, Hilty, Kur*, Procedures and Remedies for Enforcing IPRs: the European Commission's Proposed Directive, Eur. Int Propr. Rev. 2003, 447; über die Angemessenheit der im Richtlinienvorschlag für die imitiatorische wie für die äquivalente Schutzrechtsverletzung gleichermaßen vorgesehenen Durchsetzungsmechanismen und Sanktion ist dabei noch gar nicht gesprochen und erst recht nicht über den Sinn eines pönal-präventiven Sanktionenarsenals für Schutzrechtssysteme, die in der Wettbewerbsordnung funktionieren, also zu substitutiven Inventionen und Kreationen mit ihrer notwendigen Annäherung der Schutzgegenstände anregen sollen.

169 So ist etwa zu fragen, ob, wie und warum das urheberrechtliche Folgerecht, das unter die Richtlinie fallen soll (Art. 2 mit Anhang), bei Nichtbeachtung Anlass zu den dort genannten Sanktionen geben soll und in der Praxis geben wird. Soweit ersichtlich ist es nicht als Verbots-, sondern als Kompensationsrecht mit feststehenden Sätzen und eigenem Auskunftsanspruch ausgestattet.

170 So ist im Patentrecht nur der Schutz biotechnologischer Erfindungen und - künftig - computerimplementierter Erfindungen Gegenstand gemeinschaftlicher Rechtsangleichung. Gilt die vorgeschlagene Richtlinie dann nur für den Schutz dieser oder auch für den Schutz aller anderen Erfindungen? Ergänzende Schutzzertifikate, ebenfalls von dem Richtlinienvorschlag erfasst, knüpfen an nationale, aber ausgelaufene Patente an. Gilt jetzt für das "Restpatent" der erweiterte Schutz der Richtlinie, der vorher für das eigentliche Patent nicht erhältlich war? Wie aber könnten gleiche Rechtsfolgen für einzelstaatlich unterschiedlich definierte, nach unterschiedlichen Verfahren (z.B. bloße Registriersysteme) erteilte und im Folgenden - etwa hinsichtlich des Schutzumfangs - unterschiedlich verstandene Schutzrechte gelten? Die gleichen Fragen stellen sich für das Urheberrecht, wo der zentrale Werkbegriff nicht harmonisiert und die Grundlagen unterschiedlich gesehen werden oder für das Markenrecht, wo das Recht der Kraft Benutzung erwerbbaren Marke und das der sonstigen Kennzeichen nicht angeglichen ist, aber die Schutzzusammenhänge offensichtlich sind.

171 Das europäisch erteilte Patent, dessen materiell-rechtlicher Inhalt sich nach einzelstaatlichem Recht richtet, wird von dem Richtlinienvorschlag ausdrücklich erfasst, also gewissermaßen auf der Erteilungs- und der Rechtsfolgenseite gemeinschaftsrechtlich umzingelt. Zur Verengung mitgliedstaatlicher Gestaltungsspielräume durch angrenzende Rechtsangleichung und -vereinheitlichung *Ullrich*, a.a.O. 2 Eur. L. J. 482 ff. (2002). Auch hier wirken Sachzusammenhänge verschärfend, etwa beim Schutz einheitlicher Technologien nach teils gemeinschaftlichem, teils nationalem Patentrecht.

C. Die Gemeinschaftspolitik

I. Regelungsgründe

Die Festlegung von ausschließlichen Ausschlussrechten für die Aneignung informationeller Schutzgegenstände, die von Haus aus öffentliche Güter im ökonomischen Sinne darstellen, verlangt eine komplexe wirtschafts- und rechtspolitische Entscheidung, bei der einerseits die Förderung der Bereitschaft zur Investition in die Hervorbringung und Verwertung der schutzgegenständlichen Erzeugnisse und Leistungen im Wettbewerb und andererseits vielfältige Interessen an der freien Zugänglichkeit und Nutzbarkeit eben dieser Schutzgegenstände, insbesondere auch das Interesse an ihrer optimalen Ausnutzung und Verbreitung und das Interesse an ungehinderter Innovation gegeneinander abzuwägen sind.[172] Der Gesetzgeber kann diese Entscheidung nur im Hinblick auf die sachlichen und geographischen Märkte treffen, deren Bedingungen er gestalten und kontrollieren kann. Rechtsangleichung und Rechtsvereinheitlichung, die das Schutzrechtssystem in seiner Funktionalität auf einen erweiterten und integrierten Markt beziehen, bedeuten deshalb allemal einen erheblichen Eingriff nicht nur in die mitgliedstaatliche Gesetzgebungshoheit, sondern in die Bedingungen der nationalen Märkte selber.[173] Die Schärfe dieses Eingriffs lässt sich unter anderem am Beispiel der bislang missglückten Bemühungen um die Angleichung und Vereinheitlichung des Geschmacksmusterschutzes für Ersatzteile erkennen, wo konträre, an den nationalen, jeweils wettbewerbsintensiven Industriestrukturen ausgerichtete Schutzrechtspolitiken Frankreichs und Italiens im Gesetzgebungsprozess ebenso wie wiederholt vor Gericht aufeinander stießen.[174] Die mit der Angleichung oder Vereinheitlichung von Schutzrechtssystemen verbundene Umverteilung nationaler Vor- und Nachteile im Wettbewerb verlangt deshalb, dass für die (Weiter-)Entwicklung der Schutzrechte gerade durch die Gemeinschaft ausreichende Gründe bestehen. Dies und die Neuausrichtung des Schutzes auf einen erweiterten und integrierten Markt zwingt den Gemeinschaftsgesetzgeber jeweils erneut, im Hinblick auf den Gemeinsamen Markt und dessen internationale Positionierung eine Grundentscheidung über Art, Gestalt und Reichweite des Schutzes zu treffen. Dementsprechend sind die bisher von ihm angeführten Regelungsgründe ausgefallen.[175]

---

172 Dazu m. Nachw. *Ullrich*, Wissenschaftlich-technische Kreativität zwischen privatem Eigentum, freiem Wettbewerb und staatlicher Steuerung, in Harabi (Hrsg.), Kreativität-Wirtschaft-Recht, Zürich 1996, 203; *ders.* in Schricker, Dreier, Kur, a.a.O. S. 83 ff..

173 So hat es wohl einen inneren, wirtschaftspolitischen Grund, dass sich gerade Spanien und Griechenland, Staaten ohne innovative pharmazeutische Industrie, gegen die Einführung ergänzender Schutzzertifikate für Arzneimittel (s.o. Anm. 13, 67) vor dem EuGH wehrten, vgl. o. Anm. 69; zur wirtschaftlichen Problematik auch der Parteivortrag, wie zusammengefasst von Generalanwalt Fenelly, in EuGH v. 5.XII.1996, Verb. RS C-267/95 und C-268/95, Merck/Primecrown, Slg. 1996 I 6285, 6304 ff. und die abgewiesenen Anträge Belgiens, Dänemarks, Deutschlands, Frankreichs und Irlands auf Genehmigung von Schutzmaßnahmen gegenüber Arzneimittel (parallel-)einfuhren aus Spanien, ABlEG 1996 L 122, 21 ff..

174 Vgl. EuGH v. 5.X.1988, RS 53/87, CICRA/Renault, Slg. 1988, 6039; v. 11.V.2000, RS C-38/98, Renault/Maxicar, Slg. 2000 I 2973; v. 26.IX.2000, RS C-23/99, Kommission/Frankreich, Slg. 2000 I 7653.

175 Siehe zur Bewertung den Beitrag von *Hilty* in diesem Band; allgemein vgl. die Beiträge von *Cornish, Kur, Dreier, Ullrich* in Schricker, Dreier, Kur, a.a.O. S. 9, 23, 61, 83; *Maskus, Reichman* (ed.), International Public Goods and Transfer of Technology under a Globalized Intellectual Property Regime, Oxford 2003 (in Vorbereitung).

1. Markteinheit und Wahrung unverfälschten Wettbewerbs

Entsprechend der Zielvorgabe der Verwirklichung eines einheitlichen Binnenmarkts, die Art. 95 (ex Art. 100a) EG-V der Rechtsangleichung und Rechtsvereinheitlichung setzt, berufen sich wohl alle Richtlinien und Verordnungen fast schon stereotyp auf die doppelte Notwendigkeit, die Freiverkehrsgrundsätze zu gewährleisten und Wettbewerbsverzerrungen durch Schutzrechtsunterschiede zu vermeiden.[176] Beide Ziele lassen sich freilich durch Rechtsangleichung und -vereinheitlichung nicht in gleichem Maße erreichen. Nachdem der Erschöpfungsgrundsatz schon primärrechtlich gesichert ist,[177] kann Rechtsangleichung kaum die territoriale Marktaufspaltung, sondern nur (und immerhin[178]) die Gleichheit des Marktzugangs durch gleiche Schutzrechtserwerbsmöglichkeiten sichern und Wettbewerbsverzerrungen abbauen, die sich bei ungleichen Schutzniveaus einstellen könnten.[179] Insoweit hat der Gemeinschaftsgesetzgeber wiederholt auch vorbeugend eingegriffen, wenn neue Technik- oder Marktentwicklungen die Mitgliedstaaten zur Einführung neuer, unterschiedlicher Schutzformen veranlassten.[180]

---

176 Vgl. nur 1. Begründungserwägung Marken RL, 1. Begründungserwägung GemMarken VO, ferner *Kommission*, Begründung für den Richtlinienvorschlag, Bull EG 1980, Beil. 5, S. 14; 1. Begründungserwägung GeschmM RL; 1. und 3. Begründungserwägung GemGeschmM VO, ferner *Kommission*, Grünbuch über den rechtlichen Schutz gewerblicher Muster und Modelle, Arbeitsdokument Mai 1991, III/F/5131/91-DE, S. 11 (allerdings mit Betonung auf allgemeinen Problemen des Nachahmungsschutzes); 4. Begründungserwägung RL biotechnologische Erfindungen (nachrangig zur industriepolitischen Begründung); 6. Begründungserwägung VO ergänz. Schutzzertifikat med. Erzeugnisse (nachrangig zur industriepolitischen Begründung); 1. Begründungserwägung rev. Text Vorschlag GemPat VO s. aber die Betonung auf Innovationsförderung allgemein in Kommission, Grünbuch zum Gemeinschaftspatent, a.a.O. sub. 1. und 2.; 3. Begründungserwägung geänd. Vorschlag GebrM RL (nachrangig zur industriepolitischen Begründung); im Urheberreht: 3./4. Begründungserwägung Computerprogrammschutz RL (nachrangig zum Innovationsförderungszweck); 1. Begründungserwägung RL Vermiet-VerleihR; 1./2. Begründungserwägung RL Satelliten- u. Kabel TV; 1./2. Begründungserwägung Schutzfristen RL; 2. - 4. Begründungserwägung Datenbank RL; 1. u. 3. Begründungserwägung RL UrhR InfoGes (vermengt mit weiteren Zwecken), 8. Begründungserwägung FolgeRRL (nachrangig zu allgemeinen kulturpolitischen Zielen); 1. Begründungserwägung Vorschlag Sanktionen RL (vermengt mit allgemeinen Gesichtspunkten), vgl. auch die - wortreiche - Begründung, das. sub. I B, während bei *Kommission*, Grünbuch Urheberrecht und die technologische Herausforderung, a.a.O. sub. 1.3 die Prioritäten noch klar sind.

177 Vgl. o. sub. II 2 a) (i).

178 Beispiele bilden die Differenzen im urheberrechtlichen Vermietrecht (o. Anm. 127, 148), aber auch Unterschiede in den Schutzvoraussetzungen (vgl. nur EuGH v. 30.VI.1988, RS 35/87, Thetford/fiamma, Slg. 1988, 3585; v. 9.IV.1987, RS 402/85 Basset/SACEM, Slg. 1987, 1747), welche die Rechtsprechung, anders als etwa gemeinschaftswidrige Heimatmarktbindungen des Schutzrechtsinhabers (vgl. zum nationalen Ausübungszwang EuGH v. 18.II.1992, RS C-30/90, Kommission/Vereinigtes Königreich, Slg. 1992 I 829; v. 27.X.1992, RS C-191/90 Generics/Smith Kline and French Lab., Slg. 1992 I 5335) nicht Kraft Primärrechts auffangen kann.

179 Deutlich ist die Gefahr der Entwicklung und Bewahrung geschützter Heimatmärkte mit ihrem Potential der Wettbewerbsverzerrung durch offene oder verdeckte, dumpingähnliche Wettbewerbspraktiken auf den Märkten anderer Mitgliedstaaten bei Schutzfristenunterschieden (vgl. EuGH v. 24.I.1989, RS 341/87, EMI/Patricia Im- und Export, Slg. 1989, 89) oder Schutzdivergenzen wie im Fall des Geschmacksmusters für Ersatzteile (o. Anm. 174).

180 Vgl. 4. Begründungserwägung Halbleiterschutz RL; 4. Begründungserwägung Computerprogrammschutz RL; 6. Begründungserwägung RL UrhR InfoGes.; 6. Begründungserwägung RL biotechnologische Erfindungen; gebilligt durch EuGH v. 9.X.2001, Niederlande/Parlament und Rat, Slg. 2001 I 7079, Nr. 15 ff, 33.

Volle Markteinheit dagegen ist nur über gemeinschaftseigene Schutzsysteme herzustellen. Dies war angesichts offenkundiger und weiter zu erwartender Konflikte zwischen einzelstaatlich-territorialen Marken auch das vorrangige Ziel der Einführung der Gemeinschaftsmarke.[181] Hinzu kam, dass gemeinschaftsweit einheitlicher Einsatz als Marketing-Instrument zur Marktintegration in ebenso besonderer Weise beitragen kann wie der – oft auch nach angeglichenem nationalen Recht unvermeidliche – uneinheitliche Gebrauch von Marken zur Marktaufspaltung.[182] Auch das Gemeinschaftsgeschmacksmuster kann sich wenigstens der praktischen Vorteile eines einheitlichen Rechtserwerbs berühmen.[183]

Beim gemeinschaftlichen Sortenschutz dagegen fehlt eine schlüssige Begründung für die Rechtsvereinheitlichung[184] – sie wird gewissermaßen optional für den Verzicht auf Rechtsangleichung angeboten –, und beim Gemeinschaftspatent stehen innovationspolitische und transaktionsökonomische Gesichtspunkte der Zweckmäßigkeit eines einheitlichen, besser eines voll zentralisierten Schutzsystems ganz im Vordergrund.[185] In der Tat wird ja die Einheitlichkeit des Schutzes als Regelungsziel letztlich überhaupt aufgegeben. Gewiss soll das Anreizpotential des größeren Binnenmarktes besser erschlossen werden, aber das mag auch ohne Gemeinschaftspatent ausreichend gelingen. So können sich die Patentanmelder von vornherein oder durch Missachtung der Übersetzungserfordernisse für den gemeinschaftsweiten Schutz durch das territorial nur gebündelte Europäische Patent entscheiden,[186] also Schutzrechte auch staatenweise separat erwerben, übertragen, aufrechterhalten oder durchsetzen, und der mutmaßliche Verletzer muss sich entsprechend staatenweise wehren. Der Anmelder wird von solch territorialer Fokussierung des Schutzes auch nicht durch national unterschiedliche Schutzausgestaltung abgehalten, denn für Europäische Patente, für die er EU-Mitgliedstaaten als Schutzland benannt hat, soll der "aquis communautaire" gelten.[187] Infolge dessen geht es - scheinbar legitim - vor allem um die Berücksichtigung regional begrenzter Schutzbedürfnisse, die sich aus Kostenüberlegungen ergeben.[188] Aber am Binnenmarktziel gemessen ist es eben doch nur eine scheinbar legitime Regelung. Zum einen sollte ein Gemeinschaftspatent doch so konzipiert sein, dass es dem Anmelder die gemein-

---

181 Vgl. 3. Begründungserwägung GemM VO und eindringlich zu dem Konfliktpotential territorial-einzelstaatlich definierter Marken *Kommission*, Begründung Vorschlag GemM VO, a.a.O. Bull. EG 1980, Beil. 5, 55; *Kommission*, Denkschrift zur Schaffung einer EWG-Marke, Bull. EG 1976 Beil. 8, Nr. 22 ff.; *dies.*, Arbeitsdokument "Zuständigkeit der Gemeinschaft zur Schaffung eines europäischen Markensystems und Notwendigkeit ihres Tätigwerdens, GRUR Int. 1980, 33 (34); illustrativ EuGH v. 22.VI.1976, RS 119/75, Terrapin/Terranova, Slg. 1976, 1039; ferner EuGH v. 22.VI.1994, RS C-9/93, IHT Internationale Heiztechnik/Ideal-Standard, Slg. 1994 I 2789.

182 Vgl. einerseits prägnant *Kommission*, Begründung Vorschlag GemM VO a.a.O. Bull. EG 1980 Beil. 5, S. 56 (Gemeinschaftsmarke als "zusätzliche Methode zur Erschließung neuer europäischer Märkte ......" und als "erstrangiges" Instrument der wirtschaftlichen Integration, weil sie nämlich gemeinschaftsweit Produktgleichheit signalisiert), andererseits die "rebranding"-Fälle des Parallelhandels, o. Anm. 145.

183 5. Begründungserwägung GemGeschmM VO; ferner *Kommission*, Grünbuch Geschmacksmuster, a.a.O. sub. 3.9.

184 2./3. Begründungserwägung GemSortenschutz VO schließt von mangelnder Harmonisierung auf die Zweckmäßigkeit der Vereinheitlichung, läßt aber den "parallelen" Fortbestand unterschiedlichen nationalen Rechts zu.

185 Vgl. *Kommission*, Grünbuch Förderung der Innovation durch Patente, a.a.O. sub. 3.1, 3.2.

186 Vgl. o. Anm. 85 und Art. 24ter rev. Text Vorschlag GemPat VO.

187 Nachw. wie Anm. 85.

188 4. Begründungserwägung Vorschlag GemPat VO (alle F.).

schaftsweite Innovation gerade auch dann sichert und erleichtert, wenn er das Marktpotential seiner Erfindung zu Anfang unterschätzt hat. Zum andern steht die Option allen Unternehmen für alle schutztaktischen Manöver offen. Letztlich ist sie nicht das Ergebnis von Subsidiaritätsüberlegungen, sondern das Eingeständnis des gesetzgeberischen Versagens in der Sprach- und Kostenfrage.

2. Modernisierung der Rahmenbedingungen des Binnenmarktes

a) Nachvollzug gesellschaftlich-wirtschaftlichen Wandels

Die vorstehenden Bemerkungen werfen natürlich die Frage nach dem Verhältnis von Rechtsvereinheitlichung zu Rechtsangleichung auf, die ein Teil der Problematik der Beziehung zwischen gemeinschaftlichem und einzelstaatlichem Recht des geistigen Eigentums ist.[189] Sie spielt aber auch bei den Gründen eine Rolle, die über die Binnenmarktzielsetzung hinaus die inhaltliche Ausrichtung der Schutzrechtssysteme bei ihrer Angleichung oder Vereinheitlichung bestimmen und, so scheint es, zunehmend an Gewicht gewinnen[190]. Für die Gemeinschaft ist die Einrichtung des Binnenmarktes in der Tat kein Selbstzweck, sondern ihrerseits Mittel für die Erreichung weiterer Ziele, denen die Rechtsangleichung in Verbindung auch mit anderen Gemeinschaftspolitiken zu dienen hat.[191]

So hat die Richtlinie zur Angleichung des Markenrechts die spätere Gemeinschaftsmarke nicht nur rechtstechnisch[192] vorbereitet, sondern vor allem durch den weiten Markenbegriff,[193] die - heute fast selbstverständlich erscheinende - Einführung der Dienstleistungsmarke, das neue Konzept zur Bestimmung der Verwechslungsgefahr,[194] die Ausdehnung des Schutzes auf alle Nutzungs-, insbesondere auf Werbehandlungen und durch die Option für den erweiterten Schutz bekannter Marken einen Modernisierungsschub[195] vollzogen, der sich in einzelnen nationalen Rechtsordnungen schon anbahnte und später für die Gemeinschaftsmarke gebraucht wurde. Diese hat dann mit der

---

189 Dazu s. u. C.

190 Vgl. Anm. 176.

191 Das kommt freilich in der Kompetenzbegründung der Rechtsangleichungs- und –vereinheitlichungsmaßnahmen nur sehr ungenügend zum Ausdruck, s.o. sub. B.1..

192 Vor allem durch die Festlegung der rechtserwerbshinderlichen Kennzeichen und deren zahlenmäßige Beschränkung durch den Benutzungszwang vgl. o. II B 1 a (i).

193 Die Grenzen zeigen einerseits für dreidimensionale Erzeugniskonfigurationen als Marke EuGH v. 18.VI.2002, RS C-299/99, Philips/Remington, Slg. 2002 I 5475; v. 8.IV.2003, verb. RS C-53/01 - 55/01, Linde u.a., Slg. 2003 I 3177 = GRUR 2003, 514; EuGI. v. 19.IX.2001, RS T-119/00, Procter + Gamble/HABM, Slg. 2001 II 2735; v. 19.IX.2001, RS T-337/99, Henkel/HABM, Slg 2001 II 2601; andererseits für (graphisch nicht darstellbare) Geruchsmarken EuGH v. 12.XII.2002, RS 273/00, Sieckmann, Slg. 2002 I 11754 = EuWiStR 2003, 286; zu Farbmarken s. den Beitrag von *v. Mühlendahl* in diesem Band.

194 Art. 4 Abs. I lit .b), Art. 5 Abs. I lit. b) Marken RL bzw. Art. 8 Abs. I lit. b), Art. 9 Abs. I lit. b GemM VO; dazu *Kunz-Hallstein*, a.a.O. S. in Schricker, Beier, Neuordnung des Markenrechts, a.a.O. S. 123 ff; *v. Mühlendahl, Ohlgart*, a.a.O. S. 40 ff.; *Jaffey*, The New European Trademark Regime, 28 IIC 153, 162 ff. (1997); EuGH v. 29.IX.1998, RS C-39/97, Canon/MGM Slg. 1998 I 5507 (Canon/Cannon); v. 22.VI.1999, RS C-342/97, Lloyd/Klijsen, Slg. 1999 I 3819 (Lloyds/Loint's) und die Rechtsprechungsberichte wie o. Anm. 47.

195 Zum Schutz bekannten Marken s. o. Anm. 45; zur inhaltlichen Schutzausdehnung o. Anm. 141 und EuGH v. 12.XI.2002, RS C-206/01, Arsenal Football/Matthew Reed, Slg. 2002 I 10273 = GRUR Int. 2003, 229; überzogen *Fezer*, Entwicklungsrichtlinien und Prinzipien des Markenrechts in Europa, GRUR 2003, 457; differenzierend *Riehle*, Funktion der Marke und europäisches Markenrecht, Festschrift Koppensteiner, Wien 2001, 479.

betriebsunabhängigen Markenübertragung nur die faktisch schon bestehende und jetzt rechtlich eingeleitete Funktionserweiterung der Marke vom Produktkennzeichen zum Reputationsträger für jede wettbewerbliche Leistung, insbesondere für – zusätzliche oder selbständige – Dienstleistungen weitergeführt.[196] Die gegenwärtigen gerichtlichen Auseinandersetzungen um die Zulässigkeit sog. Händlermarken für "Handelsdienstleistungen" bestätigen nur diesen Trend.[197] Er spiegelt zwar zunächst nur den Wandel zu einer Wirtschaft, die Mehrwert aus Dienstleistungen schöpft, entspricht aber zugleich dem Interesse der Gemeinschaft an der Förderung der Marke als Mittel, Verbrauchertreue nicht nur national, sondern über die Grenzen hinweg zu schaffen.

In ähnlicher Weise ist die gemeinschaftsrechtliche Entwicklung des Designschutzes zu einer neben Patent- und Urheberrecht selbständigen Schutzform, die sich auf die im Wettbewerb hervortretende Eigenart sonst nicht (mehr) innovativer Erzeugnisse stützt, nur die rechtliche Reaktion auf Differenzierungsbedürfnisse bei Leistungserbringung und -nachfrage. In dem Maße, in dem das Design zum Absatzförderungsmittel geworden ist, dient sein absoluter Schutz der Sicherung des Unterscheidungswerts der Ware und seiner Übertragbarkeit auf andere Erzeugnisse.[198] Nicht ohne Grund gehen Marke und Design so häufig zusammen und gelegentlich in einander über.[199]

b) Technologischer Wandel und Förderung der internationalen Wettbewerbsfähigkeit

(1) Patentrecht

Die Förderung des technischen Fortschritts und der von ihm ausgehenden Wachstum- und Wohlstandsimpulse bilden zwar die raison d'être des Patentschutzes.[200] In der Gemeinschaft aber hat es hier nur punktueller inhaltlicher Neuorientierung bedurft, wenn auch an der neuralgischen Stelle des Übergangs des Begriffs der für den Schutz qualifizierenden Erfindung als technischer Handlungsanweisung zur zweckfreien Entdeckung bzw. zum technikunabhängigen Problemlösungsverfahren.[201] Andere Desiderata betreffen eher Rand- als Grundfragen.[202] Zum einen läuft das Patentrecht der Mit-

---

196 Vgl. o. Anm. 46.

197 Vgl. den Vorlagebeschluß BPatG v. 15.X.2002, GRUR 2003, 152 "Praktiker" (EuGH RS C-418/02); dazu *Grabrucker*, Zur Praxis der Eintragung von Dienstleistungsmarken für den Einzelhandel - ein internationaler Überblick, GRUR Int. 2002, 979, tatsächlich war da Problem bei Erlaß der Marken RL bekannt und wurde negativ beschieden, vgl. *Gielen*, European Trade Mark Legislation: The Statements, Eur. Int. Prop. Rev .1996, 83, 88 (Protokollvermerk B2).

198 Dies gemäß einem "marketing"-Ansatz zum Designschutz, dazu *Max-Planck-Institut*, a.a.O. GRUR Int. 1990, 560, 574.

199 Vgl. *Eichmann*, a.a.O. MarkenR 2003, 10.

200 Nachw. wie Anm. 172.

201 Dazu o. sub. II B 1 c) (i) β); in Wahrheit droht hier ein Dammbruch mit der Folge teils weiterer Vorverlegung des Schutzes über den Bereich der angewandten Forschung und Entwicklung hinaus in den der phänomenorientierten Forschung (mit den dann zu erwartenden Forderungen nach Schutzfristverlängerung), teils einer tendenziell ineffizienten Ausweitung des in einer Hand aneignungsfähigen Wissens, vgl. zur Problematik nur *Nack*, Die patentierbare Erfindung unter den sich wandelnden Bedingungen von Wissenschaft und Technologie, Köln 2002 passim m. Nachw.; ferner *Krefft*, Patente auf human-genomische Erfindungen, Köln 2003 passim.

202 Insbes. geht es um die Einführung einer die Neuheitsschädlichkeit erfindereigener Vorveröffentlichungen aufschiebenden sog. Neuheitsschonfrist, wie sie im deutschen Recht § 3 abs. I Satz 3 GebrMG, nicht aber das deutsche oder europäische Patentrecht vorsieht. Zu dem Problem, das wiederum durch die Einbeziehung der Ergebnisse öffentlicher Forschung in die staatliche Patenpolitik verschärft worden ist, vgl. *Kommission*, Folgemaßnahmen zum Grünbuch über das Gemeinschafts-

gliedstaaten und der Europäischen Patentorganisation ohnehin zumindest in den Grundlinien gleich.[203] Zum andern scheinen die Grundbegriffe des Patentrechts abstrakt und technikneutral genug zu sein oder ausgelegt und angewandt werden zu können, um neuen Entwicklungen Rechnung zu tragen.[204] Die Vereinheitlichung ohne Rechtsangleichung kann sich so mit der effizienteren Ausnutzung der Ergiebigkeit des größeren Binnenmarkts begnügen.

(2) Urheberrecht

Im Urheberrecht dagegen ist es gerade der technische Wandel, der einen hohen Druck auf die Rechtsangleichung ausübt.[205] So führen zunächst die neuen Reproduktionstechniken zu veränderten Formen der Verwertung, denn an die Stelle des Verkaufs von Belegstücken tritt deren zeitweise Überlassung und macht die Einführung des Vermietrechts notwendig.[206] Ebenso ist es die verbesserte Kabel- und Satellitenübertragungstechnik, die zur Regelung von Kollisionsrechtsfragen und solchen der kollektiven Werkverwertung zwingt.[207] Mit Computerprogrammen und Datenbanken kommen neue Werkformen auf und schließlich verändert die Digitalisierungstechnologie das Kommunikationsverhalten dergestalt, dass die Rechte des Urhebers im allgemeinen neu bestimmt werden müssen.[208] Erst jetzt wird wegen des Übergangs zur Werkverwertung und -übernahme in immaterieller Form das Problem unkontrollierbarer Kopien, das zu Fotokopierzeiten schon einmal auf die Tagesordnung gesetzt war,[209] durch den Schutz eingebauter technischer Schutzmechanismen gewissermaßen an seiner Wurzel gefasst.[210] Solche Reajustierung des Urheberrechtsschutzes ist gern mit Gründen des Schutzes künstlerischen Werkschaffens und der Wahrung kultureller Identität ummantelt worden.[211] Aber im Grunde stellte sie keine Maßnahme neuer und besonderer kul-

---

patent, a.a.O. sub. 3.7.3; EPÜ Regierungskonferenz Paris, a.a.O. GRUR Int. 1999, 723 sub. 4.; dazu *Straus*, Grace period and the european and international patent law, München 2001, passim; *Götting*, Die Neuheitsschonfrist im Patentrecht, Mitt. PatAnw. 1999, 81 je m. Nachw.; *Godt*, Patentschutz für Forschungsergebnisse, WissR 2003, 24, 32.

203 Vgl. o. II B 1 a) (i) χ).

204 Im Unterschied etwa zum Gebrauchsmusterrecht mit seinem ursprünglich viel zu engen Schutzgegenstandsbegriff und einengenden Schutzfähigkeitsausnahmen, vgl. o. II B 1 c (ii).

205 Deutlich *Kommission*, Grünbuch "Urheberrecht und die technologische Herausforderung", a.a.O., wo die Beantwortung fast aller im Text angeschnittenen Fragen (Vermietrecht, Computerprogramme, Datenbanken) zum Programm erhoben wurde.

206 Vgl. Nachw. o. Anm. 127.

207 Vgl. *Kommission*, Rundfunk und Urheberrechte im Binnenmarkt, Grundsatzpapier vom November 1990 III/F/5263/90-DE, S. 17 ff. et passim und o. Text bei Anm. 117 sowie Nachw. das..

208 Vgl. o. II B 1 e) (i), (iii), und Nachw. wie Anm. 134.

209 *Kommission*, Grünbuch "Urheberrecht und die technologische Herausforderung, a.a.O. Kap. 2, 3.

210 Vgl. Art. 7 Abs. I lit. c) Computerprogrammschutz RL, Art. 6 ff. RL UrhR InfoGes. u. Nachw. o. Anm. 135.

211 Vgl. 9. Begründungserwägung RL UrhR InfoGes.; *Kommission*, Grünbuch "Urheberrecht in der Informationsgesellschaft", a.a.O. RdNr. 13 ff, etwa *Rodriguez Pardo*, a.a.O. Eur. Int. Propr. Rev. 2001, 238. Der *Kommission*, Grünbuch "Urheberrecht und die technologische Herausforderung", a.a.O. ist demgegenüber gerade der utilitaristisch ökonomie-orientierte Ansatz vorgeworfen worden (vgl. Deutsche Vereinigung für Gewerblichen Rechtsschutz und Urheberrecht, Stellungnahme zum Grünbuch, GRUR 1989, 183) und ihr Grünbuch "Urheberrecht in der Informationsgesellschaft", das. folgt, von den genannten Ausschmückungen abgesehen, demselben Ansatz, insbesondere ist die Reglung des Urheberpersönlichkeitsrechts früh und wie vorausgesagt (*Hoeren*, The Green Paper on Copyright and Related Rights in the Information Society, Eur. Int. Prop. Rev. 1995, 511, 514) steckengeblieben (s. *Kommission*, Initiativen zum Grünbuch, das. S. 27 ff.). Außer der mageren Folge-

turpolitischer Förderung, sondern schlicht die Anpassung des Urheberrechtsschutzes an veränderte wirtschaftlich-technische Verwertungs- und Verletzungsformen dar.[212] Allenfalls wurde die Stellung der Träger der Unterhaltungsindustrie durch die allgemeine Einführung der urheberrechtsverwandten Leistungsschutzrechte gestärkt, teilweise gerade auch im Verhältnis zu den Werkschöpfern.[213]

Anders liegt es nur bei dem Schutz der technologischen Werkformen, für die auf die Anreizargumentation zurückgegriffen wird, die allgemein vom Patentschutz her bekannt ist und nun die hier getroffenen Einzelmaßnahmen der Rechtsangleichung[214] stützen soll. Ebenso wird sie dem neu-definierten Schutz des Geschmacksmusters, insbesondere im Hinblick auf die Einbeziehung gerade auch des "funktionalen Designs", unterlegt.[215] Allemal geht es um den Einsatz des Ausschließlichkeitsschutzes zur Steigerung der internationalen Wettbewerbsfähigkeit der europäischen Industrie,[216] letztlich also um eine industriepolitische Instrumentalisierung des geistigen Eigentums durch seine politisch bestimmte Ausgestaltung, die durch handelspolitisch motivierte Rivalitäten noch verstärkt wird.[217]

II. Regelungsgrenzen

1. Kompetenzschranken

a) Rechtsangleichung und Regelungszweck

Mangels einer besonderen Ermächtigungsgrundlage stützt die Gemeinschaft seit der Einheitlichen Europäischen Akte[218] ihre Rechtsangleichungsmaßnahmen auf dem Gebiete des geistigen Eigentums auf Art. 95 (ex Art. 100a) des Vertrages, also auf die Verpflichtung zur Schaffung eines einheitlichen Binnenmarkts, gelegentlich auch zu-

---

rechts RL (o. Anm. 121; ferner einseitig kritisch *Schmidtchen ,Kirstein*, Die EU-Richtlinie zum Folgerecht - Eine ökonomische Gesetzesfolgenanalyse, GRUR 2002, 860) ist so für die Urheber selber kaum etwas getan worden. Das Vertragsrecht steht aus oder fällt zu ihrem Nachteil aus (o. Anm. 107 II B 2 a (ii)) und dementsprechend wird ihnen wohl auch die verlängerte Schutzdauer am wenigsten nützen. Urheberrecht ist eben vor allem Marktrecht, nicht Kunstrecht, ganz unabhängig davon, ob und welche kulturpolitische Aufgabe die EU hat und wahrnimmt. Es knüpft zwar an den Urheber an, aber es schützt den gewerblichen Verwerter und nützt ersteren allenfalls indirekt und nur im Idealfall.

212 So deutlich 5. Begründungserwägung RL UrhR InfoGes.; *Kommission*, Initiativen zum Grünbuch "Urheberrecht in der Informationsgesellschaft", a.a.O. Kap. 1 lässt auch nichts anderes erkennen.

213 Vgl. zu den Verwertungsregelungen der Satelliten- und Kabel TV-RL o. II B 1 e (ii).

214 Vgl. 2./3. Begründungserwägung Computerprogrammschutz RL; 7. - 12. Begründungserwägung Datenbankschutz RL; aber auch 4. Begründungserwägung RL UrhR InfoGes.; und allgemein die Nachw. o. Anm. 172.

215 Vague noch 4. Begründungserwägung GeschmM RL; deutlich 7./8. Begründungserwägung GemGeschmM VO.

216 Freilich geht es um Marktschutz, nicht um Schutz der (einheimischen) Industrie, denn wenn Patentstatistiken auf andere Schutzgegenstände übertragbar sind, dann gehört etwa die Hälfte des Schutzrechtsbestands in Europa außereuropäischen, insbes. US-amerikanischen und japanischen Unternehmen, vgl. EPA, Jahresbericht 2002, a.a.O. S. 19 (Fig. 6), S. 96 Tab. 7.4; bei Gebrauchsmustern und Geschmacksmuster sind die Relationen wenigstens in Deutschland günstiger, vgl. DPMA, Jahresbericht 2002, a.a.O. S. 32 (~ 16 % bzw. 30 % Auslandsanmeldungen, bei Geschmacksmustern überwiegend außergemeinschaftlichen Ursprungs). Zum Markenbesitz vgl. HABM, Tätigkeitsbericht 2002, Luxemburg 2003, S. 53 ff. (~ 26 % USA; Nicht-EU insgesamt 38 %).

217 Dazu eingehend *Ullrich* in Schricker, Dreier, Kur, a.a.O. S. 105 ff..

218 V. 17.II/28.II.1986, in Kraft getreten 1.VII.1987, vgl. ABlEG 1987, L 169, 1, 29.

sätzlich auf Art. 47 Abs. 2 und 55.[219] Auf die Schranken, die insoweit dem Regelungsziel der Binnenmarktverwirklichung unter Gesichtspunkten der Wahrung des Subsidiaritäts- und des Proportionalitätsgrundsatzes gesetzt sein können, kann hier nur hingewiesen werden.[220] Festzuhalten ist aber, dass die Kompetenzregel keine Kontrolle der inhaltlichen Angemessenheit der Rechtsangleichungsrichtlinie, sondern nur die ihres Zusammenhangs mit der Binnenmarktrealisierung erlaubt. Eine geringe sachliche Regelungshöhe[221] etwa, ja die tatsächlich zeitweise Behinderung der territorialen Markteinheit durch die Verlängerung der Schutzfristen im Rahmen einer allgemeinen Schutzrechtsregelung, wird vom Gerichtshof zugelassen.[222] Dem Gerichtshof kommt es entsprechend seiner allgemeinen Rechtsprechung zu Art. 95[223] allein darauf an, dass die Angleichungsmaßnahme in dem Sinne zweckgerecht ist, dass sie insgesamt und hauptsächlich auf die Beseitigung gegenwärtiger oder zu erwartender Regelungsunterschiede zwischen den Mitgliedstaaten gerichtet ist; "Nebenzwecke" wie die Förderung von technologischer Innovation können dabei mitverfolgt werden, solange sie nur nicht das Rechtsangleichungsziel völlig verdrängen.[224] Auf diese Weise werden freilich die eigentlichen Regelungsgründe jedenfalls kompetenzrechtlich jeglicher Prüfung entzogen und die wahren Verhältnisse verkehrt. Die Gemeinschaft gleicht ja nicht um der Angleichung willen, sondern deshalb an, weil sie damit bestimmte, für den Schutz geistigen Eigentums traditionell oder neuerdings typische Regelungsziele[225] erreichen will, ja sie benutzt, eben weil ihr sonst eine Ermächtigungsgrundlage fehlt oder ausdrücklich versagt ist, gerade umgekehrt einfach die Rechtsangleichung zur Erreichung dieser sachlich-politischen, teilweise erst später und an anderer Stelle verorteten Regelungszwecke.[226] Sach- und Systemzusammenhänge bleiben dadurch leicht außerhalb des Blickfelds.

b) Souveränitätsschutz

Der Gerichtshof hat aber auch andere Kompetenzschranken bereitwillig hochgezogen, wenn es um die Angleichung nationalen Rechts des geistigen Eigentums ging. So hat er zwar zu Recht den Einwand zurückgewiesen, die Ausweitung nationaler Schutzrechtssysteme in gegenständlicher, sachlicher oder zeitlicher Hinsicht verstoße, weil neue Eigentumspositionen im nationalen Recht geschaffen werden, gegen den insoweit

---

219 So die RL Vermiet- und Verleihrechte, die Datenbankschutz RL und die RL UrhR InfoGes..

220 Vgl. zur RL biotechnologische Erfindungen EuGH v. 9.X.2001, RS C-377/98, Niederlande/Parlament und Rat, Slg. 2001 I 7079, RdNr. 30 ff., 35 ff.; ferner zum ergänzenden Schutzzertifikat Urt. v. 13.VII.1995, RS C-350/92, Spanien/Rat, Slg. 1995 I 1985, RdNr. 30 ff..

221 Vgl. die Kritik von *Hugenholtz*, a.a.O. Eur. Int. Prop. Rev. 2000, 499 an der RL UrhR InfoGes..

222 Vgl. EuGH v. 13.VII.1995, RS C-350/92, Spanien/Rat, Slg .1995 I 1985, RdNr. 30 ff.; eine ähnliche Problematik birgt die RL Urheberrechtsschutzfristen wegen der allgemeinen Fristverlängerung und vor allem des Wiederauflebens des Schutzes bereits gemeinfrei gewordener Werke (vgl. Art. 10 Abs. 2), sie ist aber nur als Problem von einzelstaatlichen Übergangsregelungen bis zum Gerichtshof gebracht worden, vgl. EuGH v. 29.VI.1999, RS C-60/98, Butterfly Music/CEMED, Slg. 1999 I 3939.

223 Vgl. EuGH v. 10.XII.2002, RS C-491/01 British American Tobacco, Slg. 2002 I 11550, RdNr. 58 ff.; v. 5.X.2000, RS C-376/98, Deutschland/Parlament und Rat, Slg. 2000 I 8419 RdNr. 76 ff..

224 So zur RL biotechnologische Erfindungen EuGH v. 9.X.2001, RS C-377/98, Niederlande/Parlament und Rat, Slg. 2001 I 7079, RdNr. 26 ff.

225 Vgl. o. A 2.

226 Vgl. zur Kulturpolitik Art. 151 (wo in Abs. 5 Rechtsangleichung gerade ausdrücklich ausgeschlossen ist) und vor allem Art. 157 EG-V zur Industriepolitik.

in Art. 295 des Vertrages festgehaltenen Souveränitätsvorbehalt,[227] denn mit diesem Einwand ließe sich sonst jegliche Angleichung einzelstaatlichen Rechts des geistigen Eigentums von vornherein ausschließen. Aber es ist doch zumindest dogmatisch schwer verständlich, dass der Gerichtshof den Einwand aus Art. 295 EG-V auch dann für unbegründet hält, wenn die Gemeinschaft, wie im Fall der ergänzenden Schutzzertifikate, unmittelbar im Verordnungswege an sich auslaufende nationale Patentrechte für eine weitere Periode unter Veränderung ihrer Rechtsnatur und ihres Schutzumfangs verlängert.[228] In der Tat wurden hier, entgegen der nicht näher begründeten Behauptung des Gerichtshofs,[229] neue, ihrer Natur nach gemeinschaftsrechtliche, aber territoriale Eigentumstitel in die nationalen Schutzsysteme implantiert. Dabei ist an sich unstrittig, dass die Gemeinschaft eigene, dann aber territorial einheitliche Schutzrechtstitel auf dem Weg über Art. 308 (ex art. 235) EG-V schaffen kann, also gerade nur mit Zustimmung aller Mitgliedstaaten.[230] Insoweit haben sich auch die anfänglich befürchteten organisationsrechtlichen Hindernisse der Schaffung eines gemeinschaftseigenen Amtes für die zentrale, selbständige und unabhängige Erteilung von Gemeinschaftsschutzrechten überbrücken lassen.[231]

2. Sachschranken

In der vorerwähnten Rechtsprechung deutet sich schon an, dass der Gerichtshof dem Gemeinschaftsgesetzgeber bei der Angleichung oder Vereinheitlichung des Schutzes des geistigen Eigentums auch in der Sache selbst kaum Bindungen nach primärem Gemeinschaftsrecht auferlegen wird. So lässt etwa das für die ergänzenden Schutzzertifikate erlassene Urteil[232] nicht erwarten, dass der Gerichtshof dem Optionalitätsprinzip des Gemeinschaftspatents und den daraus folgenden Möglichkeiten der Bildung territorial begrenzter Schutzzonen im Binnenmarkt[233] den Riegel vorschieben würde, den die Verpflichtung der Gemeinschaftsorgane zur Wahrung der Einheitlichkeit des Binnenmarktes[234] bilden könnte. Auch bleibt abzuwarten, ob der Gerichtshof einmal den Konflikten stärker Rechnung trägt, die sich im Verhältnis des Schutzes des geistigen Eigentums zu grundrechtlich geschützten Gütern nur allzu leicht einstellen können. In seiner bisherigen Rechtsprechung jedenfalls hat sich der Gerichtshof auf eher positivistische Argumente zurückgezogen und eine vertiefte Auseinandersetzung mit den tat-

227 Wiederum zur RL biotechnologische Erfindungen EuGH v. 9.X.2001, RS C-377/98, Niederlande/Parlament und Rat, Slg. 2001 I 7079, RdNr. 23 ff..

228 EuGH v. 13.V.1995, RS C-350/92, Spanien/Rat, Slg. 1995 I 1985 ,RdNr. 25 ff..

229 EuGH, wie anm. 228, RdNr. 27; der Gerichtshof weicht so dem Problem aus, dass die Schaffung neuer, gemeinschaftlicher Schutztitel über Art. 308 EG-V einen einstimmigen Ratsbeschluss fordert.

230 EuGH, Gutachten 1/94 v. 15.XI.1994, Slg. 1994 I 5267, RdNr. 59 ff.; v. 13.VII.1995, RS C-350/92, Spanien/Rat, Slg. 1995 I 1985, RdNr. 23; v. 9.X.2001, RS C-377/98, Niederlande/Parlament und Rat, Slg. 2001 I 7079, RdNr. 24; bemerkenswerterweise ist bei Art. 308 EG-V auch die Mitwirkung des Parlaments ausgeschlossen.

231 Dazu in Auseinandersetzung mit dem seinerzeit für das Gemeinschaftspatent bevorzugten Konventionsweg und mit dem Ziel der Schaffung eines selbständigen Amtes *Kommission*, Arbeitsdokument "Zuständigkeit der Gemeinschaft ....", a.a.O. GRUR Int. 1980, 33.

232 Wie Anm. 228.

233 Vgl. o. II B 1 c) (ii) χ) Text bei und Anm. 85, III A 1 Text nach Anm. 185.

234 Vgl. EuGH v. 20.IV.1978, Verb. RS 80 und 81/77, Les Commissionnaires Réunis, Slg. 1978, 927, RdNr. 35/36; v. 10.III.1983, RS 172/82, Inter-Heiles, Slg. 1983, 555, RdNr. 9 ff.; v. 29.II.1984, RS 37/83, Rewe-Zentrale AG, Slg. 1984, 1229 RdNr. 18 ff., v. 17.V.1984, RS 15/83, Denkavit/Hoofdproduktschap, Slg. 1984, 2171, RdNr. 15 ff.; v. 9.VIII.1994, RS C-51/93, Meyhui/Schott, Slg. 1994 I 3879 RdNr. 11; v. 25.VI.1997, RS C-114/96, Kieffer, Slg. 1997 I 3629 RdNr. 27 ff..

sächlichen- vor- oder nachteiligen - Wirkungen des Patent- oder des Urheberrechtsschutzes zumindest nicht deutlich gemacht.[235] Solche Zurückhaltung sollte nur vorläufig als Respekt gesetzgeberischen Ermessens anerkannt werden. Schließlich trägt die Bedenkenlosigkeit, mit der der Gerichtshof den Schutz geistiger Leistungen durch absolute Eigentumsrechte rechtfertigt,[236] die Gefahr einer Systemerstarrung in sich, weil sie den Gedanken des Schutzes durch Eigentumsrechte unnötig überhöht und dadurch die ohnehin schwierige Korrektur oder nachträgliche Beschränkung im Fall von Fehlprognosen oder wirtschaftspolitischer Neubewertung zusätzlich belastet.[237]

III. Regelungszwänge

1. Gemeinschaftsrechtliche Schutzrechtsregelung und internationales Schutzrechtssystem

Die gemeinschaftsrechtliche Entwicklung des Rechts des geistigen Eigentums wirft nicht nur Fragen der "sachlogischen" Zweckmäßigkeit und Angemessenheit oder der systematischen Vollständigkeit und Geschlossenheit angesichts der vorgegebenen Beschränkung auf die Binnenmarkt- und sonstigen Gemeinschaftsziele auf, die sämtlich nicht Gegenstand dieses Berichts sind.[238] Vielmehr entstehen für die gemeinschaftliche Schutzrechtspolitik noch besondere Probleme daraus, dass sie zwischen dem internationalen und den einzelstaatlichen Schutzrechtssystemen steht und deshalb nicht frei entfaltet werden kann. Diese Spannungsverhältnisse nach außen und innen sollen abschließend wenigstens angedeutet werden; eine vertiefte Betrachtung muss an anderer Stelle erfolgen.

Internationalem Regelungsdruck sah sich die Gemeinschaft schon früh dadurch ausgesetzt, dass die USA außerhalb des internationalen Konventionsrechts den Halbleiterschutz nach Reziprozitätsgrundsätzen Kraft der Größe ihres Marktes durchsetzten.[239] Dieser handelspolitische Ansatz ist dann in der Uruguay-Runde des GATT mit den Verhandlungen und dem Abschluss des Abkommens über die handelsbezogenen Aspekte der Rechte des geistigen Eigentums verallgemeinert worden.[240] Auf diesem Um-

---

235 Zu ersterem EuGH wie Anm. 224; zu letzterem EuGH v. 28.IV.1998, RS C-200/96, Metronome Musik/Music Point Hokamp, Slg. 1998 I 1953.

236 EuGH wie Anm. 235, RdNr. 24.

237 Vgl. schon o. II B 1 c) (iii), und Anm. 222; die Problematik der - sei es ordnungs-, sei es industriepolitischen - Reorientierung von dem vorwiegend nur ökonomisch legitimierten Schutzrechten bei gleichzeitiger Qualifizierung als langfristig beständiges Eigentum scheint noch nicht voll ausgeleuchtet und verfassungsrechtlich überhaupt verengt zu sein, vgl. *Jänich*, Geistiges Eigentum - eine Komplementärerscheinung zum Sacheigentum? Tübingen 2002, 138 ff., 231 ff.; *Fechner*, Geistiges Eigentum und Verfassung, Tübingen 1999, 233 ff., 238 ff., 397 ff..

238 Zu ersterer Problematik vgl. den Beitrag von *Hilty* in diesem Band; die letztere Problematik, für die Stichworte wie Arbeitnehmererfinder- und -urheberrecht (o. II B 2a (ii), Anm. 155.), Persönlichkeitsrechtsmerkmale des geistigen Eigentums und das systematische Verhältnis zu angrenzenden Rechten vom allgemeinen Persönlichkeitsrecht über Namensrecht und merchandising rights zu Betriebsgeheimnisschutz und allgemeinen Delikts- und Bereichungsrecht stehen, rührt an Grundfragen der Rechtsangleichung, die für den Bereich des gewerblichen Rechtsschutzes und Urheberrechts erst noch aufgearbeitet werden müssen.

239 Vgl. II B 1 d) mit Anm. 103 104.

240 Vgl. zur Entwicklung und Bedeutung die teilweise kontroversen Beiträge in Beier, Schricker (Hrsg.), GATT or WIPO - New Ways in the International Protection of Intellectual Property, Weinheim 1989; *dies.* (Hrsg.), From GATT to TRIPs - The Agreement on Trade-Related Aspects of Intellectual Property Rights, Weinheim 1996; *Cheek*, The Limits of Informal Regulatory Cooperation

weg hat die Gemeinschaft einerseits einen erheblichen Kompetenzgewinn zur Regelung des geistigen Eigentums einfahren können,[241] denn sie ist für die Mitgliedstaaten zum Verhandlungs- und damit Meinungsführer geworden. Andererseits ist sie so in einen Zugzwang geraten, den sie zwar international durch eigene Reziprozitätsansprüche[242] und Schutzforderungen[243] zu beherrschen sucht, der aber auch auf die interne Gestaltung des Schutzrechtssystems durchschlägt, weil dieses Gegenstand einer quid pro quo Beziehung geworden ist.[244] Die Gemeinschaft kann sich hier nur in dem Maße durchsetzen, in dem sie die Größe ihres Marktes und dessen Kontrolle über einen einheitlichen, zumindest aber gleichförmigen Schutz oder doch ihre Kompetenz zu dessen Gewährleistung in die Waagschale legen kann. Schutz- und Kompetenzausweitung gehen so Hand in Hand.

Die Bindungen, die sich aus der Wechselbeziehung von internationaler, offen oder versteckt von Handelsinteressen getriebener Schutzrechtspolitik und innergemeinschaftlicher Schutzgestaltung ergeben, sind vielfältig und keineswegs nur indirekt wirksam. Die Mitwirkung der Gemeinschaft an dem Welturheberrechtsvertrag[245] hat der Gemeinschaft die Gestaltung und Verabschiedung der Richtlinie zum Urheberrecht in der Informationsgesellschaft erleichtert, so wie umgekehrt die innergemeinschaftliche Verstärkung und Ausweitung des Schutzes geographischer Bezeichnungen und Herkunftsangaben dem Anspruch auf internationale Anerkennung Legitimität verleiht.[246] Allerdings versperren internationale Schutzrechtsregelungen der Gemeinschaft auch eine vielleicht wünschenswerte Änderung ihrer eigenen Schutzrechtspolitik[247] und erst recht natürlich eine Trendumkehr. Die Fatalität dieser Kehrseite, die an sich für jeden Mitgliedstaat internationaler Konventionen des geistigen Eigentums gilt, liegt für die Gemeinschaft darin, dass sie im Interesse der Gleichmäßigkeit ihres internationalen Auftretens ihre eigenen Mitgliedstaaten sämtlich zur Konventionszugehörigkeit anhalten muss,[248] diesen aber und damit sich selbst die Flexibilität für einen "Systemwettbe-

in International Affairs: A Review of the Global Intellectual Property Regime, 33 Gev. Wash Int'l. L Rev. 277 (2001) und zuletzt umfassend *UNCTAD/ICTSD* (ed.), TRIPs and Development, Resource Book (in Vorbereitung).

241 Vgl. EuGH v. 15.X.1994, Gutachten 1/94, Slg. 1994 I 5267, RdNr. 35 ff., 72 ff., 99 ff..

242 Art 11 Abs. I, III Datenbankschutz RL (der sui generis Schutz unterfällt weder PVÜ noch TRIPs); Art. 5 Abs. I lit. d) GemM VO; dieser Reziprozitätsvorbehalt soll wegen Unpraktikabilität aufgegeben werden, zumal entsprechende Vorbehalte in der GemGeschmM VO (und im Vorschlag GemPat VO) fehlen, vgl. *Kommission*, Vorschlag zur Änderung VO (EG) 40/94, a.a.O. KOM (2002) 767 endg., Begründungserwägung 3 und allgemeine Begründung zu Art. 5.

243 So strebt die EU eine Ausdehnung des Schutzes geographischer Angaben gemäß Art. 23 (statt nur Art. 22) auf alle Waren an, vgl. *JCTSD, JJSD*, Doha Round Briefing Series Vol. 1, No. 5, S. 3 (2003).

244 Dazu näher *Ullrich*, Technology Protection According to TRIPs. Principles and Problems, in Beier, Schricker, From GATT to TRIPs, a.a.O. 357, 360 ff.; *ders.* in Schricker, Dreier, Kur, a.a.O. S. 108 ff..

245 Nachw. o. Anm. 130.

246 O. Anm. 37, 243.

247 Etwa der urheberrechtlichen Schutzfristen für technologische Schutzgegenstände, s.o. Text bei und Anm. 124, 125.

248 Nachdem ein Vorschlag der Kommission "für eine Entscheidung des Rates über den Beitritt der Mitgliedstaaten zur Berner Übereinkunft" (ABlEG 1991 C 24, 5, ausführlich in seiner Innen- und Außenwirkung begründet in KOM (90) 582 endg.) aus Kompetenzgründen abgelehnt worden war, hatten sich die Mitgliedstaaten in einer informellen Selbstverpflichtung (Entschließung des Rates v. 14.V.1992, ABlEG 1992 C 138,1) und dann im Rahmen des EWR-Abkommens zu einem solchen

werb" im Innern nimmt, der eine experimentelle Optimierung des Schutzes neuer Gegenstände oder bei sich wandelnden Wirtschaftsbedingungen erlauben würde.

2. Nationale Schutzrechtssysteme und gemeinschaftliche Schutzrechtsregelung

Tatsächlich scheint das Verhältnis des einzelstaatlichen Schutzes geistigen Eigentums zu dessen gemeinschaftlicher, rechtsangleichender oder auch rechtsvereinheitlichenden Regelung besonders spannungsgeladen. Zum einen erfolgt die Umsetzung der Rechtsangleichungsrichtlinien, zumal in rechtspolitisch strittigen Bereichen, teils zeitlich verschleppt, teils erst unter dem Druck von Vertragsverletzungsverfahren und dies längst nicht mehr nur in Einzelfällen.[249] Die Richtlinien können diesen Ungleichschritt mitgliedstaatlicher Gefolgschaft nicht durch Direktwirkung ausgleichen[250] und die Kommission ist trotz guten Willens gegenüber den nationalen Akzeptanzproblemen, die Teil der Legitimitätsschwäche der Gemeinschaft sind, hilflos. Zum andern wird die Eigenständigkeit der mitgliedstaatlichen Schutzrechtssysteme auf doppelte Weise in Frage gestellt. Die Rechtsangleichung nämlich hat nicht nur vielfach einen hohen Detaillierungsgrad erreicht,[251] mit dem die Gemeinschaft die Verwirklichung ihrer schutzrechtspolitischen Vorstellungen gewährleisten will. Vielmehr besteht auch bei dem weniger intensiven, gewissermaßen bloß strukturellen Rechtsangleichungslinien immer wieder die Gefahr, sie als abschließende statt nur als Mindestregelung zu verstehen.[252]

Die Rechtsvereinheitlichung wiederum verstärkt noch dieses Risiko, weil sie teils zu paralleler Rechtsanwendung zu zwingen[253] scheint, teils Schutz vor einem "weichen"

Beitritt verpflichtet, aber nur widerwillig, wie EuGH v. 19.III.2002, RS C-13/00, Kommission/Irland, Slg. 2002 I 2943 zeigt.

249 Die Computerprogrammschutz RL haben 12 der 15 Mitgliedstaaten überwiegend mit mehr als 1 Jahr Verspätung und - nach Meinung der Kommission - viele Staaten nicht immer vollständig umgesetzt (*Kommission*, Bericht an den Rat, das Europäische Parlament und den Wirtschafts- und Sozialausschuß über die Umsetzung und Auswirkungen der Richtlinie 91/250/EWG über den Rechtsschutz von Computerprogrammen v. 10.IV.2000, KOM (2000) 199 endg. sub. IV, V); Vertragsverletzungsverfahren hat die Kommission wegen Nichtumsetzung der GeschmM RL gegen 10 Staaten (*Wiesner*, Neues vom Wirtschaftsrecht, VPP-Rundbrief 2002, 109), der RL biotechnologische Erfindungen gegen 8 Staaten (Pressemitteilung IP/03/91 v. 10.VII.2003), der RL UrhR InfoGes. gegen 11 Staaten (Pressemitteilung IP/03/1005 v. 14.VII.2003) eingeleitet. Außerdem hat sie beispielsweise Belgien wegen Nichteinführung des Verleihrechts (Pressemitteilung IP/02/989 v. 3.VII.02) und Spanien und Italien wegen Nichtbenennung von Gemeinschaftsmarkengerichten verklagt (Pressemitteilung IP/02/990 v. 3.VII.2002).

250 Die Frage ist schon für die Marken RL akut geworden (*Nissen, Karel*, The Trade Marks Directive: Can I prevail if the State has Failed? Eur. Int. Prop. Rev. 1993, 91), aber negativ zu beantworten seit EuGH v.14.VII.1994, RS C-91/92, Faccini Dori, Slg. 1994 I 3325, vgl. *Bievert* in Schwarze (Hrsg.), EU Kommentar, Baden-Baden 2000, Art. 249, RdNr. 30 mit Nachw..

251 Insbes. im Urheberrecht, vgl.o. II B 1 e) (i).

252 Vgl. zur internationalen Erschöpfung harmonisierten Markenschutzes EuGH v. 16.VII.1998, RS C-355/96, Silhouette International Schmied/Hartlauer, Slg. 1998 I 4799, RdNr. 20 ff.; bestätigt von EuGH v. 1.III.1999, RS C-173/98, Sebago/G.-B Unic, Slg .1999 I 4103, RdNr. 17; zum Schutz bekannter Marken gerade auch im Verwechslungsbereich abl. Schlussanträge Gen. Anw. Jacobs in der RS C-292/00, Davidoff/Gofkid sub Nr. 55 ff., 63 ff., bejahend aber EuGH, Urt. v. 9.I.2003, Slg. 2003 I 410 (= GRUR 2003, 240).

253 So bei dem in Marken RL und GemM VO gleich geregelten Problem der internationalen Erschöpfung, vgl. in diesem Sinne die Schlussanträge Gen. Anw. Jacobs in der RS C-355/96, a.a.O. Anm. 252, Slg. 1998 I 4802, RdNr. 55 ff..

Verständnis von Rechtsangleichungsmaßnahmen verlangt, die sie vorbereiten sollten.[254] Darüber hinaus gefährdet sie überhaupt den Fortbestand derjenigen mitgliedstaatlichen Schutzsysteme, die sich nicht, wie das Markenrecht, auf national besondere Schutzbedürfnisse und -abhängigkeiten stützen, sondern - von Haus aus oder Kraft Rechtsangleichung - gleich geformt sind, also das Patent-, das Gebrauchs- und das Geschmacksmusterrecht.[255] Hier hängen ihre Überlebenschancen vor allem von den Schwächen des zentralisierten Erteilungsverfahrens der Gemeinschaftsschutzrechte ab, denn das bloße bessere "fine tuning" ihrer Schutzrechtssysteme im Vergleich zum Gemeinschaftsschutzrecht wird den Mitgliedstaaten nicht aus der Zange heraushelfen, in welche die Gemeinschaft sie durch die harmonisierende Verengung des einzelstaatlichen Gestaltungsspielraums und die Einrichtung je gemeinschaftsweit zentralisierter Konkurrenzsysteme genommen hat.[256] Es ist deshalb eine Zukunftsfrage der gemeinschaftsrechtlichen Entwicklung des geistigen Eigentums, ob die Rechtsangleichung, nachdem sie ihren Dienst als Mittel zur Förderung der Rechtsvereinheitlichung getan hat, nicht im Interesse regulatorischer Rivalität und eines bottom-up Ansatzes der Rechtsfortentwicklung wieder gelockert oder den Mitgliedstaaten jedenfalls Ausfalltore geöffnet werden könnten, oder ob dies das Einheitlichkeitserfordernis des Binnenmarktes nicht verträgt, so dass am Ende auf wesentlichen Gebieten des geistigen Eigentums nur noch die gemeinschaftlichen Schutzsysteme Bedeutung behalten. Wie das nicht vereinheitlichte und eben wegen der Verdrängungsgefahren nicht zu vereinheitlichende Urheberrecht zeigt, ist hierfür weder ein gemeinschaftliches Bedürfnis nach formaler Schutzrechtseinheit noch das politische Interesse an einer gemeinschaftlich definierten Ausgestaltung der Schutzrechtssysteme ausschlaggebend. Das erstere ist im Urheberrecht nicht, das letztere eher im Übermaß gewahrt. Was in Frage steht werden vielmehr die Ein- oder die Mehrdimensionalität des Rechts des geistigen Eigentums in der Gemeinschaft und die Konvergenz von Recht und Realität im Gemeinsamen Binnenmarkt sein.

D. Schlussbemerkung

Nach einer so anstrengenden Verfolgung der gemeinschaftsrechtlichen Entwicklung des Rechts des geistigen Eigentums sollte der Leser nicht auch noch mit einer gewundenen Schlussbemerkung - eine geradlinige wäre ja kaum möglich - aufgehalten werden. Ohnehin war es nicht das Anliegen dieser Darstellung, darauf ist verschiedentlich hingewiesen worden, eine schutzrechtspolitische Bewertung vorzunehmen. So mögen

254 Die Argumentation von Gen. Anw. Jacobs, a.a.O. wie Anm. 252, schutzerweiterndes nationales Markenrecht könne nach Prioritätsregeln den Erwerb von Gemeinschaftsmarken erschweren, greift aber nicht durch, wenn eine solche Gefahr definitorisch nicht bestehen kann, etwa wenn Mitgliedstaaten Geruchsmarken trotz mangelnder graphischer Darstellbarkeit schützen, vgl. zur mangelnden Schutzfähigkeit nach Art. 9 Marken RL EuGH v. 12.XII.2002, RS C-273/00, Sieckmann, Slg. 2002 I 11754 (= EuWiSt 2003, 286).

255 Vgl. zum teilweise drastischen Geschäftsrückung bei den mitgliedstaatlichen Patentämtern - das niederländische hat seine Prüfungstätigkeit überhaupt aufgeben müssen - schon als Folge der Einführung des europäischen Patents und zur Zangenbewegung, die hier Gemeinschaftspatent, Gemeinschaftsgebrauchsmuster und Gebrauchsmusterangleichung für Registersysteme bedeuten *Ullrich*, a.a.O. 8 Eur. L.J. 448 ff. (2002) m. weit. Nachw.. Demgemäss ist eine - sinnwidrige - Beteiligung am Erteilungsverfahren für das Gemeinschaftspatent (vgl. Begründungserwägung 2bis ff. rev. Vorschlag GemPat VO) vorgesehen und wird schon über anderweite Aufgabenstellung für die Ämter nachgedacht, vgl. zumindest treffend zum Problem *Kingston*, What Role Now for European National Patent Offices, Eur. Int. Prop. Rev. 2003, 289.

256 Wie Anm. 255.

zwei knappe Hinweise genügen. Zum einen ist die ungeheure Arbeits- und Aufbauleistung hervorzuheben, die vor allem in den letzten eineinhalb Jahrzehnten sowohl in Brüssel wie in den allemal intensiv mitwirkenden Hauptstädten der Mitgliedstaaten, aber auch in Alicante und Angers sowie - seit längerem schon kontinuierlich - in München erbracht wurde. Die Gemeinschaft hat jetzt ihr eigenes teils eng-, teils weitmaschiges Schutzrechtssystem; sie hat es spät, aber dann sehr zielstrebig erstellt. Zum anderen sollte deutlich geworden sein, dass dieses Schutzrechtssystem eine zweite, spezifisch gemeinschaftliche Dimension dadurch besitzt, dass es nicht allein, sondern nur in Verbindung und Auseinandersetzung mit dem einzelstaatlichen Schutzrechtssystem wirken kann. Eine der Zukunftsfragen wird deshalb sein, ob, wie und wie lange dieses Zusammenwirken erfolgreich sein kann.

Die Entwicklung des europäischen Markenrechts zwischen Amtspraxis und Gemeinschaftsrechtsprechung

Alexander von Mühlendahl[*]

---

[*] Erweiterte Fassung des am 20. Juni 2003 im Europa-Kolleg Hamburg gehaltenen Vortrags. Der Vortragsstil wurde im Wesentlichen beibehalten.

A. Einleitung

Der Gerichtshof der Europäischen Gemeinschaften (EuGH) hat seit dem Ende der 50er Jahre bis zuletzt in einer eindrucksvollen Reihe von Entscheidungen die Grenzen zwischen der Durchsetzung nationaler Schutzrechte des geistigen Eigentums (Urheberrechte, Patentrechte, Markenrechte, Musterrechte, usw.) und den gemeinschaftsrechtlichen „Grundrechten" der Waren- und Dienstleistungsverkehrsfreiheit und der Wettbewerbsfreiheit gezogen. Dies hat zu einer Einschränkung der von den Mitgliedstaaten gewährten Ausschließlichkeitsrechten geführt, ohne allerdings wirklich Neues hervorzubringen: Die Erschöpfung gewerblicher Schutzrechte ist eine in der Rechtspraxis und der Doktrin der Mitgliedstaaten seit langem anerkannter Grundsatz, der vom EuGH nur konsequent auf die gesamte Europäische Gemeinschaft (und inzwischen den Europäischen Wirtschaftsraum) ausgeweitet wurde. Dass gewerbliche Schutzrechte kartellrechtlichen Schranken unterliegen, ist für die aus dem deutschen Rechtssystem Kommenden oder die mit der Rechtsvergleichung und damit dem amerikanischen Antitrustrecht Vertrauten auch nichts Revolutionäres. Überrascht hat allenfalls die Rigorosität, mit der die Kommission den Vorrang des Gemeinschaftsrechts propagierte – erinnert sei an die Debatte über die kartellrechtliche Beurteilung patentrechtlicher Ausschließlichkeitslizenzen.

Solange es „nur" um die Grenzen zwischen den gemeinschaftsrechtlichen Grundfreiheiten und nationalem Recht ging, bewegte sich alles in gewohntem Fahrwasser – selbst die unendlichen Nuancen der Erschöpfungsrechtsprechung – Klarsichtfenster, Umpacken, vorheriger Hinweis, Wiederanbringen der Marke, ... – sind allenfalls wegen des Einfallsreichtums der Parallelimporteure und der Hartnäckigkeit ihrer „Verfolger" bemerkenswert, nicht aber wenn der rechtlichen Problematik. Zur Entwicklung des Markenrechts hat diese Rechtsprechung allerdings deshalb sehr viel beigetragen, weil in diesen Fällen grundsätzlich Schutz gewährt wird, obwohl die Herkunftsfunktion in ihrer klassischen Ausgestaltung gerade nicht beeinträchtigt wird.

All dies hat sich inzwischen grundsätzlich geändert: Mit der Schaffung harmonisierten Gemeinschaftsrechts auf dem Gebiet des geistigen Eigentums und noch mehr mit der Schaffung gemeinschaftlichen Einheitsrechts hat der EuGH nunmehr auch in diesem Bereich die klassische Aufgabe der Interpretation des Gemeinschaftsrechts übernommen. Das Markenrecht hat hier Vorreiter- und auch Modellfunktion übernommen. Zu der Ersten Richtlinie des Rates zur Angleichung des Markenrechts der Mitgliedstaaten (Markenrechtsrichtlinie - MRL), 1988 verabschiedet,[1] ist 1993 die Verordnung des Rates über die Gemeinschaftsmarke (Gemeinschaftsmarkenverordnung – GMV)[2]

1 Erste Richtlinie des Rates zur Angleichung der Rechtsvorschriften der Mitgliedstaaten über die Marken (Nr. 89/104/EWG) v. 21.XII.1988 (ABlEG 1989 L 40, 1).

2 Verordnung (EG) Nr. 40/94 des Rates über die Gemeinschaftsmarke v. 20.XII.1993 (ABlEG 1994 L 11, 1) idF. der RatsVO (EG) Nr. 3288/94 v. 22.XII.1994 (ABLEG 1994 L 349, 83).

hinzugekommen. Gleiches hat sich im Bereich des Geschmacksmusterrechts ergeben, mit der Angleichungsrichtlinie und der Musterverordnung. Für beide Rechtsgebiete ist auf Behördenseite das Harmonisierungsamt in Alicante zuständig. Im Urheberrecht hat sich das Modell der „piecemeal" Rechtsangleichung durchgesetzt. Lediglich im Sortenschutzrecht gibt es sonst noch eine gemeinschaftseinheitliche Gesetzgebung mit einem eigenen Amt – dem Gemeinschaftssortenschutzamt in Angers, Frankreich. Für das Patentrecht steht die gemeinschaftsrechtliche Gesetzgebung noch aus.

Die Beschränkung dieses Beitrags auf das Markenrecht rechtfertigt sich schon deshalb, weil es nur auf diesem Rechtsgebiet eine ausreichend umfangreiche Rechtsprechungspraxis des EuGH gibt.

B. Rechtsprechungstätigkeit des EuGH

I. Zuständigkeit

Zur Auslegung und Anwendung des Gemeinschaftsrechts – der Markenrechtsrichtlinie und der Gemeinschaftsmarkenverordnung – ist der EuGH einerseits zuständig, wenn ihm Fragen zur Auslegung von den nationalen Gerichten gemäss Artikel 234 EG vorgelegt werden. Andererseits können die Entscheidungen des Harmonisierungssamts gemäss Artikel 63 GMV mit Klage zum Gerichtshof angefochten werden. In erster Instanz ist dann das dem EuGH beigeordnete Gericht erster Instanz (GeI) zuständig, während der EuGH mit einem weiteren Rechtsmittel, begrenzt auf Rechtsfragen angerufen werden kann.

II. Statistik

Seit der Verabschiedung der Richtlinie ist der EuGH in mehr als zwei Dutzend Fällen zur Auslegung angerufen worden, vorwiegend von deutschen, englischen und Benelux-Gerichten.

Seit dem Inkrafttreten der Gemeinschaftsmarkenverordnung ist Klage zum GeI (bis Ende 2003) in mehr als 270 Fällen erhoben worden, Ende 2003 waren noch fast 160 Fälle anhängig. Weiteres Rechtsmittel zum Europäischen Gerichtshof wurde bis Ende 2003 in 27 Fällen eingelegt, und bis zu diesem Zeitpunkt waren lediglich vier Fälle abgeschlossen. Näheres ergibt sich aus der folgenden Übersicht:

	Total	**Ex parte**	**Inter partes**	**Settled**	**Ex parte**	**Inter partes**	**Pend.**	**Ex parte**	**Inter partes**
1998									
1999	1	1					1	1	
2000	1	1					2	2	
2001	13	13		1	1		14	14	
2002	5	5		1	1		18	18	
2003	7	2	5	2	2		23	21	2
2004									
Total	**27**	**22**	**5**	**4**	**4**				

C. Klassifikation des Markenrechtsschutzes

Zur besseren Analyse der vorliegenden Entscheidungen lässt sich das Markenrecht – wie übrigens auch andere Rechtsgebiete des geistigen Eigentums – zweckmäßigerweise wie folgt klassifizieren:

Eine erste Unterscheidung bietet sich zwischen materiellem Recht und Verfahrensrecht an, wobei letzteres sowohl die Amtverfahren als auch die Verfahren vor den Gerichten zur Schutzrechtsdurchsetzung betrifft. Beides wird hier nicht behandelt.

Das materielle Recht wiederum fällt in die folgenden Kategorien:

- Schutzgegenstand
- Schutzerwerb
- Schutzzugang
- Schutzvoraussetzungen
- Rechte des Schutzrechtsinhabers – Verletzungstatbestände
- Schranken des Schutzrechts
- Verlust des Schutzrechts
- Verwertung des Schutzrechts

Entscheidungen des EuGH liegen nicht zu allen Kategorien vor, jedoch gibt es zu dem Schutzgegenstand, zu den Schutzvoraussetzungen, zu den Rechten des Schutzrechtsinhabers und zu den Schutzschranken inzwischen so viele und so vielfältige Entscheidungen, dass dazu eine – wenn auch vorläufige – Bestandsaufnahme gerechtfertigt ist.

D. Entscheidungspraxis zum Markenrechtsschutz

I. Schutzgegenstand

Gemäß Artikel 2 MRL und dem wortgleichen Artikel 4 GMV sind dem Markenschutz durch Eintragung alle graphisch wiedergebbaren Zeichen zugänglich, die geeignet sind, Waren oder Dienstleistungen eines Unternehmens von denen anderer Unternehmen zu unterscheiden. Die Richtlinie und die Verordnung enthalten darüber hinaus einen Beispielskatalog der markenfähigen Zeichen: Wörter, Namen, Abbildungen, Buchstaben, Zahlen, Form der Waren oder ihrer Verpackung. Es handelt sich damit um einen offenen Markenbegriff – es gibt keine Zeichenkategorie, die von vornherein vom Markenschutz ausgeschlossen wäre. Die Nichterwähnung einzelner Zeichenformen, wie z.B. von Farben oder Tönen, ändert hieran nichts.

Der EuGH hat bislang zur Markenfähigkeit von Geruchsmarken, Hörmarken, Farbmarken und dreidimensionalen Marken judiziert. In all diesen Fällen wurde die grundsätzliche Markenfähigkeit bejaht, die Eintragbarkeit kann jedoch am Fehlen der graphischen Wiedergabefähigkeit scheitern.

1. Geruchsmarken

Sieckmann/Deutsches Patent- und Markenamt

In der Entscheidung *Sieckmann/Deutsches Patent- und Markenamt*,[3] stand die Eintragbarkeit einer Geruchsmarke zur Entscheidung, die durch eine chemische Formel

C6H5-CH = CHCOOCH3

und eine Beschreibung des Geruchs - nämlich Methylcinnamat - wiedergegeben wurde. Der Anmelder hatte außerdem die Hinterlegung einer Geruchsprobe angeboten. Der EuGH urteilte auf die Vorlage des Bundspatentgerichts wie folgt (Leitsätze):

> „1. Artikel 2 der Ersten Richtlinie 89/104/EWG des Rates vom 21. Dezember 1988 zur Angleichung der Rechtsvorschriften der Mitgliedstaaten über die Marken ist dahin auszulegen, dass ein Zeichen, das als solches nicht visuell wahrnehmbar ist, eine Marke sein kann, sofern es insbesondere mit Hilfe von Figuren, Linien oder Schriftzeichen grafisch dargestellt werden kann und die Darstellung klar, eindeutig, in sich abgeschlossen, leicht zugänglich, verständlich, dauerhaft und objektiv ist.
>
> 2. Bei einem Riechzeichen wird den Anforderungen an die grafische Darstellung weder durch eine chemische Formel noch durch eine Beschreibung in Worten, die Hinterlegung einer Probe des Geruchs oder die Kombination dieser Elemente genügt.“

Dies bedeutet im Ergebnis, dass Geruchsmarken jedenfalls nach dem aktuellen Stand der Technik nicht eingetragen werden können.

2. Hörmarken

Shield Mark/Kist

In der Entscheidung *Shield Mark/Kist*[4] ging es um die Markenfähigkeit von insgesamt 14 beim Benelux-Markenamt eingetragenen Hörmarken, nämlich einmal um die bekannte „Für Elise“ Tonfolge, die auf verschiedene Weise – Notenbild, wörtliche Wiedergabe - eingetragen war, und die auf verschiedene Weise umschriebene Wiedergabe des Krähens eines Hahns. Das Notenbild hatte folgendes Aussehen:

Der Hahnenschrei war u.a. wie folgt wiedergegeben:

KUKELEKUUU[5]

Der EuGH urteilte auf Vorlage des Hoge Raad der Niederlande wie folgt (Leitsätze):

> „1. Artikel 2 der Ersten Richtlinie 89/104/EWG des Rates vom 21. Dezember 1988 zur Angleichung der Rechtsvorschriften der Mitgliedstaaten über die Marken ist dahin auszulegen, dass Hörzeichen als Marken anerkannt werden müssen, wenn sie geeignet sind, Waren oder Dienstleistungen eines Unternehmens von denjenigen eines anderen Unternehmens zu unterscheiden, und sich grafisch darstellen lassen.

---

3 EuGH 12.12.2002, Rs. C-273/00, Slg. 2002, I-11737.

4 EuGH 27.11.2003, Rs. C-283/91, noch nicht in Slg. veröffentlicht.

5 Offenbar hört man in den Niederlanden den Hahn anders als in Deutschland – KIKERIKI - oder auch anderorts.

2. Artikel 2 der Richtlinie 89/104 ist dahin auszulegen, dass ein Zeichen, das als solches nicht visuell wahrnehmbar ist, eine Marke sein kann, sofern es Gegenstand einer grafischen Darstellung, insbesondere mit Hilfe von Figuren, Linien oder Schriftzeichen sein kann, die klar, eindeutig, in sich abgeschlossen, leicht zugänglich, verständlich, dauerhaft und objektiv ist."

Bei einem Hörzeichen sind diese Anforderungen nicht erfüllt, wenn das Zeichen grafisch dargestellt wird mittels einer Beschreibung durch Schriftsprache, etwa durch den Hinweis, dass das Zeichen aus den Noten eines bekannten musikalischen Werkes besteht oder dass es sich um einen Tierlaut handelt, oder mittels eines Onomatopoetikums ohne weitere Erläuterung oder mittels einer Notenfolge ohne weitere Erläuterung. Dagegen sind die genannten Anforderungen erfüllt, wenn das Zeichen durch ein in Takte gegliedertes Notensystem dargestellt wird, das insbesondere einen Notenschlüssel, Noten- und Pausenzeichen, deren Form ihren relativen Wert angeben, und gegebenenfalls Vorzeichen enthält.

Danach ist die onomatopoetische Wiedergabe keine ausreichende graphische Darstellung, während die Notenschrift akzeptiert wird. Ob eine Wiedergabe durch ein Sonagramm ausreicht, wurde ausdrücklich nicht entschieden.[6]

De lege ferenda ist wohl die Hinterlegung eines Tonmusters, das von einer Datenbank abgerufen werden kann, die Lösung des Problems der graphischen Wiedergabe und damit der Eintragbarkeit von Hörmarken, die sich in Notenschrift nicht wiedergeben lassen.

3. Farbmarken

Libertel Groep/Benelux-Markenamt

In der Entscheidung *Libertel Groep/Benelux-Markenamt*,[7] ging es um die Eintragbarkeit einer abstrakten Farbmarke, die wie folgt wiedergegeben war:

Der EuGH urteilte auf Vorlage des Hoge Raad der Niederlande wie folgt (Leitsatz):

„1. Eine Farbe als solche, ohne räumliche Begrenzung, kann für bestimmte Waren oder Dienstleistungen Unterscheidungskraft im Sinne von Artikel 3 Absätze 1 Buchstabe b und 3 der Ersten Richtlinie 89/104/EWG des Rates vom 21. Dezember 1988 zur Angleichung der Rechtsvorschriften der Mitgliedstaaten über die Marken haben, sofern sie Gegenstand einer grafischen Darstellung sein kann, die klar, eindeutig, in sich abgeschlossen, leicht zugänglich, verständlich, dauerhaft und objektiv ist. Die bloße Wiedergabe der betreffenden Farbe auf Papier erfüllt diese Voraussetzung nicht, wohl aber die Bezeichnung der Farbe nach einem international anerkannten Kennzeichnungscode."

6 Die 4. Beschwerdekammer des Harmonisierungsamtes hat im Fall MGM ("Brüllender Löwe") die Auffassung vertreten, dass ein Sonagramm am besten geeignet ist, eine Tonfolge wiederzugeben, hielt die Darstellung im gegebenen Fall allerdings nicht für ausreichend (Entscheidung vom 29. September 2003, R 781/1999-4).

7 EuGH 6.05.2003, Rs. C-104/01, Slg. 2003, I-3793.

Damit ist jedenfalls die grundsätzliche Markenfähigkeit von Einzelfarben anerkannt, auch wenn ihre Schutzfähigkeit häufig an dem Fehlen von Unterscheidungskraft scheitern wird (dazu nachfolgend). Ein weiteres Vorlageverfahren zur Markenfähigkeit einer abstrakten Farbkombination ist noch anhängig.[8]

4. Dreidimensionale Marken

Schließlich hat der EuGH bislang in zwei Fällen die Markenfähigkeit dreidimensionaler Warengestaltungen anerkannt.

Philips/Remington

In der Entscheidung *Philips/Remington*[9] ging es um die Schutzfähigkeit der dreidimensionalen Gestaltung des Scherkopfes der Philips-Elektrorasierer mit ihren drei Rotoren, die wie folgt wiedergegeben war:

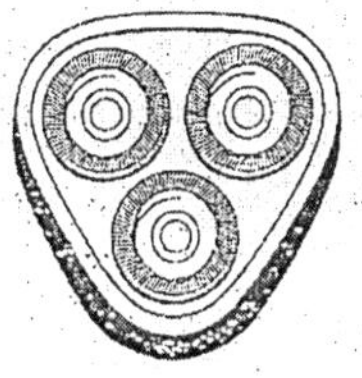

Der EuGH urteilte zur Schutzfähigkeit derartiger Gestaltungen wie folgt (Leitsätze):

> „1. Es gibt keine Kategorie von Marken, die nicht aufgrund des Artikels 3 Absätze 1 Buchstaben b bis d und 3 der Ersten Richtlinie 89/104/EWG des Rates vom 21. Dezember 1988 zur Angleichung der Rechtsvorschriften der Mitgliedstaaten über die Marken, wohl aber aufgrund des Artikels 3 Absatz 1 Buchstabe a dieser Richtlinie von der Eintragung ausgeschlossen sind, weil sie nicht geeignet sind, die Waren des Inhabers von denen anderer Unternehmen zu unterscheiden.
>
> 2. Die Form der Ware, für die das Zeichen eingetragen wurde, muss keine willkürliche Ergänzung, wie z. B. eine Verzierung ohne funktionelle Bedeutung, aufweisen, um im Sinne des Artikels 2 der Richtlinie 89/104 zur Unterscheidung dieser Ware geeignet zu sein.“

Linde, Winward, Rado

Der Entscheidung *Linde, Winward, Rado*[10] lagen Vorlageentscheidungen des Bundsgerichtshofs zugrunde, der Richtlinien für die Prüfung von 3D-Marken benötigte. Die drei Formmarken hatten folgendes Aussehen:

8 EuGH, Rs. C-49/02, Heidelberger Bauchemie/Deutsches Patent- und Markenamt („Blau-Gelb“).

9 EuGH 18.06.2002, Rs. C-299/99, Slg. 2002, I-5475.

10 EuGH 8.4.2003 8.4.2003 in den verb. Rs. C-53/01 bis C-55/01, Slg. 2003, I-3161.

Linde

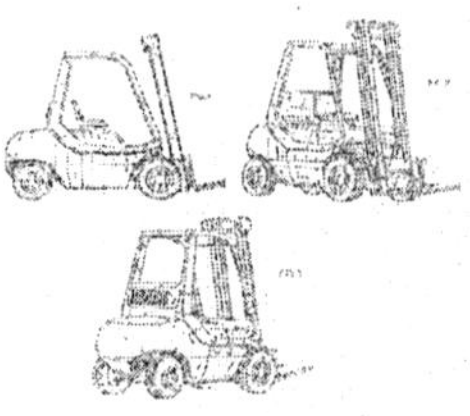

Winward

Rado

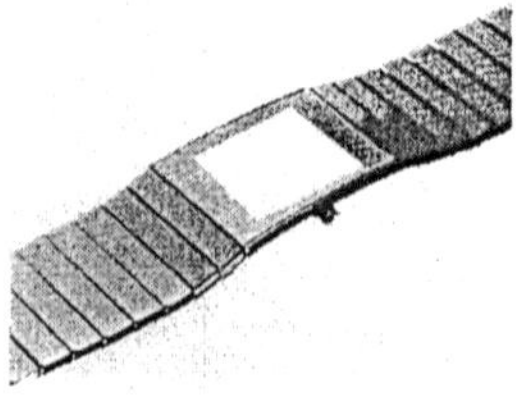

Der EuGH anerkannte von vornherein den Markencharakter von dreidimensionalen Gestaltungen

„37. Zunächst ist darauf hinzuweisen, dass nach Artikel 2 der Richtlinie alle Zeichen Marken sein können, sofern sie sich grafisch darstellen lassen und geeignet sind, Waren oder Dienstleistungen eines Unternehmens von denjenigen anderer Unternehmen zu unterscheiden.

38. Daraus folgt, dass ein dreidimensionales Zeichen, das die Form einer Ware darstellt, grundsätzlich eine Marke sein kann, sofern diese beiden Voraussetzungen erfüllt sind (vgl. Urteil vom 18. Juni 2002 in der Rechtssache C-299/99, Philips, Slg. 2002, I-5475, Randnr. 73)."

und beschränkte sich im weiteren auf die Feststellung, dass die Unterscheidungskraft nach denselben Kriterien zu beurteilen sei wie bei anderen Markenformen (dazu nachfolgend).

Insgesamt lässt sich zu diesen Markenformen feststelle, dass der EuGH die grundsätzliche Schutzfähigkeit bejaht, auch wenn im Einzelfall die erforderliche Unterscheidungskraft häufig nicht gegeben sein wird.

II. Schutzvoraussetzungen/Schutzhindernisse

Bei den markenrechtlichen Schutzvoraussetzungen wird herkömmlich zwischen den sogenannten „absoluten" und „relativen" Schutzhindernissen entschieden.

Bei den „absoluten" Schutzhindernissen handelt es sich um diejenigen, die sich aus dem Inhalt der Marke ergeben und ihre Eintragung schlechthin ausschließen. Diese Schutzhindernisse werden von prüfenden Markenämtern stets von Amts wegen geprüft. Bei den „relativen" Schutzhindernissen handelt es sich um die dem Schutz der angemeldeten oder eingetragenen Marke entgegenstehenden älteren Rechte. Diese Schutzhindernisse werden je nach dem Markenrechtssystem von prüfenden Markenämtern von Amts wegen oder nur auf Antrag (Widerspruch gegen die Eintragung) des Inhabers des älteren Rechts oder im Löschungsverfahren geprüft oder auch nur von den zuständigen Gerichten berücksichtigt.

Nach dem System der Richtlinie und der Verordnung stimmen die relativen Schutzhindernisse nach ihren Voraussetzungen mit dem Schutzumfang der eingetragenen Marke überein (wogegen sich der Inhaber einer eingetragenen Marke im Verletzungsfall wenden kann stimmt überein mit den Voraussetzungen, unter denen der Inhaber eines älteren Rechts die Eintragung einer jüngeren Marke verhindern kann). Auf die dazu bisher ergangene Rechtsprechung des EuGH wird daher im Zusammenhang mit dem Schutzumfang eingegangen.

Die „absoluten“ Schutzhindernisse lassen sich gruppieren in solche, die die Kennzeichnungsfunktion der Marke betreffen, und solche, die aus Gründen eines überwiegenden öffentlichen Interesses bestehen.

Zur ersten Gruppe gehören die Schutzhindernisse der mangelnden Unterscheidungskraft, des beschreibenden Charakters und der üblichen Bezeichnung, sowie der absolut vom Schutz ausgeschlossenen warenbedingten, technisch bedingten und ästhetisch bedingten Formen, in der Richtlinie in Artikel 3 Abs. 1 (b), (c), (d) und (e) und in der Verordnung in Artikel 7 Abs. 1 (b), (c), (d) und (e) niedergelegt. Zur zweiten Gruppe gehören insbesondere das Verbot der Eintragung von irreführenden Marken, von Marken, die gegen die guten Sitten oder die öffentliche Ordnung verstoßen, sowie einige weitere Spezialtatbestände.

Der EuGH hat sich bisher im wesentlichen nur mit der ersten Gruppe von Schutzhindernissen beschäftigt, und zwar sowohl in Vorlagesachen als auch als Rechtsmittelinstanz in Fällen, die in Alicante ihren Ausgangspunkt haben.

III. Unterscheidungskraft

Zur Unterscheidungskraft hat der EuGH in den Fällen zu *3D-Marken*, im Fall *Libertel (Farbmarke)* sowie im Fall *COMPANYLINE* Stellung bezogen.[11] Die Entscheidungen zum beschreibenden Charakter sind unter den Schlagworten *CHIEMSEE* und *BABY-DRY* bekannt geworden. Zu den allgemein gebräuchlichen Marken liegt eine Entscheidung – betreffend die Marke *BRAVO* – vor. Schließlich hat der EuGH im *Philips/Remington*-Urteil Grundsätze zum Schutz technisch bedingter Formen als Marken aufgestellt. Die maßgeblichen Ausführungen in diesen Entscheidungen lassen sich wie folgt wiedergeben:

Libertel (Leitsätze)[12]

> „2. Bei der Beurteilung der Unterscheidungskraft einer bestimmten Farbe als Marke ist das Allgemeininteresse zu berücksichtigen, das daran besteht, dass die Verfügbarkeit der Farben für die anderen Wirtschaftsteilnehmer, die Waren oder Dienstleistungen der von der Anmeldung erfassten Art anbieten, nicht ungerechtfertigt beschränkt wird.
>
> 3. Einer Farbe als solcher kann Unterscheidungskraft im Sinne von Artikel 3 Absätze 1 Buchstabe b und 3 der Richtlinie 89/104 zukommen, sofern die Marke in der Wahrnehmung des maßgeblichen Publikums geeignet ist, die Ware oder Dienstleistung, für die die Eintragung beantragt wird, als von einem bestimmten Unternehmen stammend zu kennzeichnen und diese Ware oder diese Dienstleistung von denjenigen anderer Unternehmen zu unterscheiden.
>
> 4. Der Umstand, dass die Eintragung der Farbe als solcher für eine Vielzahl von Waren oder Dienstleistungen oder aber für eine spezifische Ware oder Dienstleistung oder eine spezifische Gruppe von Waren oder Dienstleistungen beantragt wird, ist zusammen mit den anderen Umständen des Einzelfalls von Bedeutung, um sowohl die Unterscheidungskraft der Farbe, deren Eintragung beantragt wird, als auch die Frage zu beurteilen, ob ihre Eintragung dem Allgemeininteresse zuwiderläuft, das daran besteht, dass die Verfügbarkeit der Farben für die anderen Wirtschaftsteilnehmer, die Waren oder Dienstleistungen der von der Anmeldung erfassten Art anbieten, nicht ungerechtfertigt beschränkt wird.

11 Nach Abschluss dieses Beitrags hat der EuGH im Fall Henkel KG aA (Perwoll-Flasche) weitere Präzisionen hinzugefügt: EuGH 12.2.2004, Rs. C-218/01, noch nicht in Slg. veröffentlicht.

12 EuGH 6.05.2003, Rs. C-104/01 (Libertel Groep/Benelux-Markenamt), Slg. 2003, I-3793.

5. Die für die Eintragung von Marken zuständige Behörde hat zur Beurteilung, ob eine Marke Unterscheidungskraft im Sinne von Artikel 3 Absätze 1 Buchstabe b und 3 der Richtlinie 89/104 hat, eine konkrete Prüfung vorzunehmen, bei der alle Umstände des Einzelfalls, zu denen auch die Benutzung der Marke gehört, zu berücksichtigen sind."

Philips (Leitsätze)[13]

„1. Bei der Beurteilung der Unterscheidungskraft im Sinne von Artikel 3 Absatz 1 Buchstabe b der Ersten Richtlinie 89/104/EWG des Rates vom 21.Dezember 1988 zur Angleichung der Rechtsvorschriften der Mitgliedstaaten über die Marken ist bei dreidimensionalen Marken, die aus der Form der Ware bestehen, kein strengerer Maßstab anzulegen als bei anderen Markenformen.

3. War ein Marktteilnehmer einziger Lieferant bestimmter Waren auf dem Markt, so kann die ausgedehnte Benutzung eines Zeichens, das aus der Form dieser Waren besteht, ausreichen, um das Zeichen unterscheidungskräftig im Sinne von Artikel 3 Absatz 3 der Richtlinie 89/104 zu machen, wenn infolge dieser Benutzung ein wesentlicher Teil der betroffenen Verkehrskreise die Form mit diesem Marktteilnehmer und mit keinem anderen Unternehmen in Verbindung bringt oder annimmt, dass Waren mit dieser Form von diesem Marktteilnehmer stammen. Es ist jedoch Sache des nationalen Gerichts, zu prüfen, ob die Umstände, unter denen die in dieser Vorschrift aufgestellte Voraussetzung erfüllt ist, durch konkrete und verlässliche Informationen belegt sind, ob berücksichtigt ist, wie ein durchschnittlich informierter, aufmerksamer und verständiger Durchschnittsverbraucher die in Rede stehende Kategorie von Waren oder Dienstleistungen wahrnimmt, und ob es auf der Benutzung der Marke als Marke beruht, dass die betroffenen Verkehrskreise die Ware als von einem bestimmten Unternehmen stammend erkennen.

4. Artikel 3 Absatz 1 Buchstabe e zweiter Gedankenstrich der Richtlinie 89/104 ist dahin auszulegen, dass ein Zeichen, das ausschließlich aus der Form der Ware besteht, aufgrund dieser Vorschrift nicht eintragungsfähig ist, wenn nachgewiesen wird, dass die wesentlichen funktionellen Merkmale dieser Form nur der technischen Wirkung zuzuschreiben sind. Ferner kann durch den Nachweis, dass es andere Formen gibt, mit denen sich die gleiche technische Wirkung erzielen lässt, nicht das Eintragungshindernis oder der Grund für die Ungültigerklärung nach dieser Vorschrift ausgeräumt werden."

Linde, Winward, Rado (Urteilsgründe)[14]

„46. Was Artikel 3 Absatz 1 Buchstabe b der Richtlinie angeht, ergibt sich weder aus dem Sinn und Zweck der Richtlinie noch aus dem Wortlaut dieser Bestimmung, dass bei der Beurteilung der Unterscheidungskraft einer dreidimensionalen Marke, die aus der Form der Ware selbst besteht, strengere Maßstäbe angelegt werden müssten als bei anderen Markenformen.

47. Wie aus Randnummer 40 des vorliegenden Urteils hervorgeht, erfordert das Kriterium der Unterscheidungskraft in Bezug auf jede Marke, dass diese geeignet ist, die Ware als von einem bestimmten Unternehmen stammend zu kennzeichnen und sie somit von denjenigen anderer Unternehmen zu unterscheiden.

48. Dennoch kann es in der Praxis ... , in Anbetracht der in den Randnummern 40 und 41 angeführten Kriterien schwieriger sein, die Unterscheidungskraft einer aus der Form einer Ware bestehenden Marke nachzuweisen als die einer Wort- oder Bildmarke. Diese Schwierigkeit, die zur Ablehnung der Eintragung solcher Marken führen kann, schließt jedoch nicht aus, dass diese infolge ihrer Benutzung Unterscheidungskraft erwerben und

---

13 EuGH 18.06.2002, Rs. C-299/99 (Philips/Remington), Slg. 2002, I-5475.

14 EuGH 6.4.2003 8.4.2003 in den verb. Rs. C-53/01 bis C-55/01 (Linde, Winward, Rado), Slg. 2003, I-3161.

somit auf der Grundlage von Artikel 3 Absatz 3 der Richtlinie eingetragen werden können."

Der Gerichtshof entschied außerdem, dass auch dreidimensionale Formen unter das Verbot der Eintragung beschreibender Angaben fallen können.

CHIEMSEE (Leitsätze)[15]

„1. Nach Artikel 3 Absatz 1 Buchstabe c der Ersten Richtlinie 89/104/EWG des Rates vom 21. Dezember 1988 zur Angleichung der Rechtsvorschriften der Mitgliedstaaten über die Marken

- ist nicht nur die Eintragung solcher geographischer Bezeichnungen als Marken verboten, die Orte bezeichnen, die von den beteiligten Verkehrskreisen aktuell mit der betreffenden Warengruppe in Verbindung gebracht werden, sondern auch solcher geographischer Bezeichnungen, die zukünftig von den betroffenen Unternehmen als Herkunftsangabe für die betreffende Warengruppe verwendet werden können;
- muß die zuständige Behörde in den Fällen, in denen die betreffende geographische Bezeichnung von den beteiligten Verkehrskreisen aktuell nicht mit der betroffenen Warengruppe in Verbindung gebracht wird, prüfen, ob vernünftigerweise zu erwarten ist, daß mit einer solchen Bezeichnung nach Auffassung dieser Kreise die geographische Herkunft dieser Warengruppe bezeichnet werden kann;
- ist bei dieser Prüfung insbesondere von Belang, inwieweit den beteiligten Verkehrskreisen die betreffende geographische Bezeichnung bekannt ist und welche Eigenschaften der bezeichnete Ort und die betreffende Warengruppe haben;
- beruht die Verbindung zwischen der betreffenden Ware und dem geographischen Ort nicht notwendigerweise auf der Herstellung der Ware an diesem Ort.

2. Nach Artikel 3 Absatz 3 Satz 1 der Ersten Richtlinie 89/104/EWG

- besagt die durch Benutzung erworbene Unterscheidungskraft der Marke, daß die Marke geeignet ist, die Ware, für die die Eintragung beantragt wird, als von einem bestimmten Unternehmen stammend zu kennzeichnen und diese Ware damit von denjenigen anderer Unternehmen zu unterscheiden;
- ist eine Differenzierung der Unterscheidungskraft nach dem festgestellten Interesse daran, die geographische Bezeichnung für die Benutzung durch andere Unternehmen freizuhalten, nicht zulässig;
- hat die zuständige Behörde bei der Feststellung, ob eine Marke infolge ihrer Benutzung Unterscheidungskraft erlangt hat, in einer Gesamtschau die Gesichtspunkte zu prüfen, die zeigen können, daß die Marke die Eignung erlangt hat, die betreffende Ware als von einem bestimmten Unternehmen stammend zu kennzeichnen und diese Ware somit von denjenigen anderer Unternehmen zu unterscheiden;
- muß die zuständige Behörde, wenn sie zu der Auffassung gelangt, daß ein erheblicher Teil der beteiligten Verkehrskreise die Ware aufgrund der Marke als von einem bestimmten Unternehmen stammend erkennt, daraus folgern, daß die Voraussetzung für die Eintragung der Marke erfüllt ist;
- verbietet das Gemeinschaftsrecht nicht, daß die zuständige Behörde, wenn sie bei der Beurteilung der Unterscheidungskraft der Marke, deren Eintragung beantragt wird, auf besondere Schwierigkeiten stößt, diese Frage nach Maßgabe ihres nationalen Rechts durch eine Verbraucherbefragung klären läßt."

---

15 EuGH 4.5.1999, verb. Rs. C-108/97 und C-109/97 (Windsurfing Chiemsee/Huber & Attenberger), Slg. 1999, I-2810.

BABY-DRY (Urteilsgründe)[16]

„35. Von der Eintragung ausgeschlossen sind gemäß Artikel 7 Absatz 1 Buchstabe b der Verordnung Nr. 40/94 solche Marken, die keine Unterscheidungskraft haben, und nach Buchstabe c die Marken, die ausschließlich aus Zeichen oder Angaben bestehen, die im Verkehr zur Bezeichnung der Art, der Beschaffenheit, der Menge, der Bestimmung, des Wertes, der geographischen Herkunft oder der Zeit der Herstellung der Ware oder der Erbringung der Dienstleistung oder zur Bezeichnung sonstiger Merkmale der Ware oder Dienstleistung dienen können.

36. Nach Artikel 12 der Verordnung Nr. 40/94 gewährt die Marke ihrem Inhaber nicht das Recht, einem Dritten zu verbieten, Angaben über die Art, die Beschaffenheit, die Menge, die Bestimmung, den Wert, die geographische Herkunft oder die Zeit der Herstellung der Ware oder der Erbringung der Dienstleistung oder über andere Merkmale der Ware oder Dienstleistung im geschäftlichen Verkehr zu benutzen, sofern die Benutzung den anständigen Gepflogenheiten in Gewerbe oder Handel entspricht.

37. Wie eine Zusammenschau dieser Bestimmungen ergibt, wird mit dem Verbot, ausschließlich beschreibende Zeichen oder Angaben als Marken einzutragen, der - sowohl von Procter & Gamble als auch vom Amt anerkannte - Zweck verfolgt, zu verhindern, dass als Marken Zeichen oder Angaben eingetragen werden, die wegen ihrer Übereinstimmung mit der üblichen Art und Weise, die betroffenen Waren oder Dienstleistungen oder ihre Merkmale zu bezeichnen, die Funktion, das sie vertreibende Unternehmen zu identifizieren, nicht erfüllen könnten und die daher nicht die Unterscheidungskraft besitzen, die diese Funktion voraussetzt.

38. Nur diese Auslegung ist auch mit Artikel 4 der Verordnung Nr. 40/94 vereinbar, wonach Gemeinschaftsmarken alle Zeichen sein können, die sich graphisch darstellen lassen, insbesondere Wörter einschließlich Personennamen, Abbildungen, Buchstaben, Zahlen und die Form oder Aufmachung der Ware, soweit solche Zeichen geeignet sind, Waren oder Dienstleistungen eines Unternehmens von denjenigen anderer Unternehmen zu unterscheiden.

39. Unter Artikel 7 Absatz 1 Buchstabe c der Verordnung Nr. 40/94 fallen damit nur solche Zeichen und Angaben, die im normalen Sprachgebrauch nach dem Verständnis des Verbrauchers die angemeldeten Waren oder Dienstleistungen entweder unmittelbar oder durch Hinweis auf eines ihrer wesentlichen Merkmale bezeichnen können. Eine Marke, die dieser Definition entsprechende Zeichen oder Angaben enthält, kann außerdem nur dann von der Eintragung ausgeschlossen werden, wenn sie nicht noch weitere Zeichen oder Angaben enthält und wenn ferner die in ihr enthaltenen ausschließlich beschreibenden Zeichen oder Angaben nicht in einer Weise wiedergegeben oder angeordnet sind, die das Gesamtzeichen von der üblichen Art und Weise, die fraglichen Waren oder Dienstleistungen oder ihre wesentlichen Merkmale zu bezeichnen, unterscheidet.

40. Soweit, wie im vorliegenden Fall, aus Wörtern bestehende Marken in Frage stehen, muss ein etwaiger beschreibender Charakter nicht nur gesondert für jedes Wort, sondern auch für das durch die Wörter gebildete Ganze festgestellt werden. Jede erkennbare Abweichung in der Formulierung einer angemeldeten Wortverbindung von der Ausdrucksweise, die im üblichen Sprachgebrauch der betroffenen Verbraucherkreise für die Bezeichnung der Ware oder der Dienstleistung oder ihrer wesentlichen Merkmale

16 EuGH 20.9.2001, Rs. C-383/99 P (Procter & Gamble/OHIM), Slg. 2001, I-6279. Nach Abschluss dieses Beitrags hat der EuGH in den Fällen Campina Melkunie (BIOMILD) und Koninklijke KPN BV (POSTKANTOOR) weiteres Licht auf die strittige Frage der Prüfung auf beschreibenden Charakter geworfen: EuGH 12.2.2004, Rs. C-265/00 und Rs. C-363/99, noch nicht in Slg. veröffentlicht.

verwendet wird, ist geeignet, einer Wortverbindung die für ihre Eintragung als Marke erforderliche Unterscheidungskraft zu verleihen.

41. Dabei findet gemäß Artikel 7 Absatz 2 der Verordnung Nr. 40/94 Absatz 1 dieses Artikels auch dann Anwendung, wenn die Eintragungshindernisse nur in einem Teil der Gemeinschaft vorliegen. Nach dieser Bestimmung, die in Randnummer 24 des angefochtenen Urteils zu Recht herangezogen wird, scheidet die Eintragung einer Wortverbindung als Gemeinschaftsmarke bereits dann aus, wenn sie nur in einer der innerhalb der Gemeinschaft im Verkehr verwendeten Sprachen ausschließlich beschreibend ist.

42. Um zu beurteilen, ob eine Wortverbindung wie Baby-dry Unterscheidungskraft haben kann, ist demgemäß vom Verständnis eines englischsprachigen Verbrauchers auszugehen. Nach diesem Verständnis hängt die Beurteilung in Bezug auf Windeln für Babies und Kleinkinder davon ab, ob die fragliche Wortverbindung als normale Ausdrucksweise aufgefasst werden kann, um im üblichen Sprachgebrauch diese Ware zu bezeichnen oder ihre wesentlichen Merkmale wiederzugeben.

43. Obgleich die fragliche Wortverbindung unstreitig auf die Funktion hinweist, die diese Ware erfüllen soll, genügt sie nicht den oben in den Randnummern 39 bis 42 dargelegten Voraussetzungen. Auch wenn nämlich jedes der beiden Wörter, aus denen das Gesamtzeichen besteht, Teil im üblichen Sprachgebrauch verwendeter Ausdrücke zur Bezeichnung der Funktion von Babywindeln sein kann, ist ihre der Struktur nach ungewöhnliche Verbindung kein bekannter Ausdruck der englischen Sprache, um diese Waren zu bezeichnen oder ihre wesentlichen Merkmale wiederzugeben.

44. Wortbildungen wie Baby-dry können folglich nicht als in ihrer Gesamtheit beschreibend angesehen werden; sie sind vielmehr Ergebnis einer lexikalischen Erfindung, die der so gebildeten Marke die Erfüllung einer Unterscheidungsfunktion ermöglicht, und können nicht gemäß Artikel 7 Absatz 1 Buchstabe c der Verordnung Nr. 40/94 von der Eintragung ausgeschlossen werden."

BRAVO (Leitsatz)[17]

„Artikel 3 Absatz 1 Buchstabe d der Ersten Richtlinie 89/104/EWG des Rates vom 21. Dezember 1988 zur Angleichung der Rechtsvorschriften der Mitgliedstaaten über die Marken ist so auszulegen, dass er der Eintragung einer Marke nur dann entgegensteht, wenn die Zeichen oder Angaben, aus denen diese Marke ausschließlich besteht, im allgemeinen Sprachgebrauch oder in den redlichen und ständigen Verkehrsgepflogenheiten zur Bezeichnung der Waren oder Dienstleistungen, für die diese Marke angemeldet wurde, üblich geworden sind.

Diese Vorschrift ist so auszulegen, dass sie für die Ablehnung der Eintragung einer Marke nur voraussetzt, dass die Zeichen oder Angaben, aus denen diese Marke ausschließlich besteht, im allgemeinen Sprachgebrauch oder in den redlichen und ständigen Verkehrsgepflogenheiten zur Bezeichnung der Waren oder Dienstleistungen, für die diese Marke angemeldet wurde, üblich geworden sind. Für die Anwendung dieser Vorschrift ist es ohne Bedeutung, ob die in Rede stehenden Zeichen oder Angaben die Eigenschaften oder Merkmale dieser Waren oder Dienstleistungen beschreiben."

COMPANYLINE (Urteilsgründe)[18]

„20. Was den ersten Teil des ersten Rechtsmittelgrunds angeht, so genügt hierzu die Feststellung, dass der Rechtsstreit vor dem Gericht die Zurückweisung des angemeldeten

17 EuGH 4.10.2001, Rs. C-517/99 (Merz & Krell GmbH & Co. KG), Slg. 2001, I-6959.
18 EuGH 19.9.2002, Rs. C-104/00, Slg. 2002, I-7561.

Zeichens Companyline wegen fehlender Unterscheidungskraft zum Gegenstand hatte. Das Gericht durfte sich deshalb zu Recht auf die Prüfung dieser Frage beschränken und brauchte nicht über die etwaige Abgrenzung zwischen dem Begriff der fehlenden Unterscheidungskraft und dem der minimalen Unterscheidungskraft zu entscheiden.

21. Zum zweiten Teil des ersten Rechtsmittelgrunds ist zunächst festzustellen, dass das Gericht keinerlei Rechtsfehler bei der Auslegung von Artikel 7 Absatz 1 Buchstabe b der Verordnung Nr. 40/94 begangen hat, indem es überprüft hat, ob die Verbindung von zwei Oberbegriffen ein zusätzliches Merkmal aufweise, das dem Zeichen in seiner Gesamtheit Unterscheidungskraft verleihen könnte.

22. Sodann muss darauf hingewiesen werden, dass die vom Gericht vorgenommene konkrete Anwendung dieses Kriteriums auf den Einzelfall, die von der DKV angegriffen wird, die Würdigung von Tatsachen enthält. Wie der Generalanwalt in den Nummern 58 ff. seiner Schlussanträge hervorgehoben hat, ist jedoch allein das Gericht dafür zuständig, die Tatsachen festzustellen - sofern sich nicht aus den Prozessakten ergibt, dass seine Feststellungen tatsächlich falsch sind - und sie zu würdigen. Die Tatsachenwürdigung stellt, vorbehaltlich einer Entstellung des dem Gericht unterbreiteten Sachvortrags, keine Rechtsfrage dar, die als solche der Kontrolle des Gerichtshofes im Rechtsmittelverfahren unterläge (u. a. Urteil vom 21. Juni 2001 in den verbundenen Rechtssachen C-280/99 P bis C-282/99 P, Moccia Irme u. a./Kommission, Slg. 2001, I-4717, Randnr. 78, und Beschluss vom 25. April 2002 in der Rechtssache C-323/00 P, DSG/Kommission, Slg. 2002, I-3919, Randnr. 34).

23. Aus den Feststellungen des Gerichts ergibt sich nichts, was für eine Entstellung des ihm unterbreiteten Sachvortrags spräche. So hat es insbesondere in Randnummer 26 des angefochtenen Urteils ausgeführt, dass die Verbindung der beiden in englischsprachigen Ländern üblichen Begriffe company und line ohne jede grafische oder inhaltliche Änderung keinerlei zusätzliches Merkmal aufweise, welches das Zeichen in seiner Gesamtheit geeignet erscheinen ließe, die Dienstleistungen der DKV von denen anderer Unternehmen zu unterscheiden. Diese Darlegungen enthalten nichts, was auf eine Entstellung des dem Gericht unterbreiteten Sachvortrags schließen ließe.

24. Auch die Rüge, das Gericht habe nicht geprüft, welche Wirkung ein zusammengesetztes Zeichen als Ganzes hervorrufe (zu Artikel 7 Absatz 1 Buchstabe c der Verordnung Nr. 40/94 siehe Urteil vom 20. September 2001 in der Rechtssache C-383/99 P, Procter & Gamble/HABM, Slg. 2001, I-6251, Randnr. 40), ist unbegründet. Denn wie in der vorstehenden Randnummer ausgeführt, hat das Gericht einen erheblichen Teil seiner Erwägungen der Prüfung gewidmet, ob das Zeichen, da es zu den aus Wörtern zusammengesetzten Zeichen gehört, als Ganzes Unterscheidungskraft besitzt.“

DOUBLEMINT (Urteilsgründe)[19]

„28. Nach Artikel 4 der Verordnung Nr. 40/94 können Gemeinschaftsmarken alle Zeichen sein, die sich grafisch darstellen lassen, soweit sie geeignet sind, Waren oder Dienstleistungen eines Unternehmens von denjenigen anderer Unternehmen zu unterscheiden.

29. Nach Artikel 7 Absatz 1 Buchstabe c der Verordnung Nr. 40/94 sind Marken von der Eintragung ausgeschlossen, die ausschließlich aus Zeichen oder Angaben bestehen, welche im Verkehr zur Bezeichnung der Art, der Beschaffenheit, der Menge, der Bestimmung, des Wertes, der geografischen Herkunft oder der Zeit der Herstellung der Ware oder der Erbringung der Dienstleistung oder zur Bezeichnung sonstiger Merkmale der Ware oder Dienstleistung dienen können.

19 EuGH 23.10.2003, Rs. C-101/01 P; noch nicht in Slg. veröffentlicht.

30. Damit werden nach der Verordnung Nr. 40/94 Zeichen und Angaben, die im Verkehr zur Bezeichnung der Merkmale der Waren oder Dienstleistungen, für die die Eintragung begehrt wird, dienen können, ihrem Wesen nach als ungeeignet angesehen, die Herkunftsfunktion der Marke zu erfüllen; dies gilt unbeschadet eines möglichen Erwerbs von Unterscheidungskraft durch Benutzung gemäß Artikel 7 Absatz 3 der Verordnung Nr. 40/94.

31. Mit dem Ausschluss solcher Zeichen oder Angaben von der Eintragung als Gemeinschaftsmarke verfolgt Artikel 7 Absatz 1 Buchstabe c der Verordnung Nr. 40/94 das im Allgemeininteresse liegende Ziel, dass Zeichen oder Angaben, die die Waren oder Dienstleistungen beschreiben, für die die Eintragung beantragt wird, von jedermann frei verwendet werden können. Die Bestimmung erlaubt es daher nicht, dass solche Zeichen oder Angaben durch ihre Eintragung als Marke einem einzigen Unternehmen vorbehalten werden (vgl. u. a., zur identischen Bestimmung des Artikels 3 Absatz 1 Buchstabe c der Ersten Richtlinie 89/104/EWG des Rates vom 21. Dezember 1988 zur Angleichung der Rechtsvorschriften der Mitgliedstaaten über die Marken [ABl. 1989, L 40, S. 1], Urteile Windsurfing Chiemsee, Randnr. 25, und vom 8. April 2003 in den Rechtssachen C-53/01 bis C-55/01, Linde u. a., noch nicht in der amtlichen Sammlung veröffentlicht, Randnr. 73).

32. Die Zurückweisung einer Anmeldung nach Artikel 7 Absatz 1 Buchstabe c der Verordnung Nr. 40/94 durch das Amt setzt nicht voraus, dass die Zeichen und Angaben, aus denen die in dieser Bestimmung genannte Marke besteht, zum Zeitpunkt der Anmeldung bereits tatsächlich für die in der Anmeldung aufgeführten Waren oder Dienstleistungen oder für ihre Merkmale beschreibend verwendet werden. Es genügt, wie sich schon aus dem Wortlaut der Bestimmung ergibt, dass die Zeichen oder Angaben zu diesem Zweck verwendet werden können. Ein Wortzeichen kann daher nach dieser Bestimmung von der Eintragung ausgeschlossen werden, wenn es zumindest in einer seiner möglichen Bedeutungen ein Merkmal der in Frage stehenden Waren oder Dienstleistungen bezeichnet.

33. Im vorliegenden Fall hat das Gericht seine Feststellung, dass die streitige Wortverbindung nicht nach Artikel 7 Absatz 1 Buchstabe c der Verordnung Nr. 40/94 von der Eintragung ausgeschlossen werden könne, damit begründet, dass Zeichen oder Angaben, deren Bedeutung über den ausschließlich beschreibenden Charakter hinausgeht, als Gemeinschaftsmarken eingetragen werden könnten (Randnummer 20 des angefochtenen Urteils) und dass das [betreffende] Wort nicht als ausschließlich beschreibend angesehen werden könne (Randnummer 31 des angefochtenen Urteils). Nach Auffassung des Gerichts war Artikel 7 Absatz 1 Buchstabe c der Verordnung Nr. 40/94 somit dahin auszulegen, dass diese Bestimmung der Eintragung von angemeldeten Marken entgegensteht, die für die von ihnen erfassten Waren oder Dienstleistungen oder deren Merkmale ausschließlich beschreibend sind.

34. Damit hat das Gericht ein aus dem ausschließlich beschreibenden Charakter der Marke hergeleitetes Kriterium angewandt, das nicht das in Artikel 7 Absatz 1 Buchstabe c der Verordnung Nr. 40/94 niedergelegte Kriterium ist.

35. Das Gericht hat daher nicht geprüft, ob die streitige Wortverbindung geeignet ist, von anderen Wirtschaftsteilnehmern zur Bezeichnung eines Merkmals ihrer Waren oder Dienstleistungen verwendet zu werden.

36. Demnach hat das Gericht die Tragweite von Artikel 7 Absatz 1 Buchstabe c der Verordnung Nr. 40/94 verkannt.

Insgesamt lässt sich die Auffassung des EuGH wie folgt zusammenfassen.:

- Die Ausschlussgründe der genannten Bestimmungen sind unabhängig voneinander zu prüfen, auch wenn sie sich z.T. – mehr oder weniger weitgehend – überschneiden mögen.
- Bei der Anwendung der Auschlussgründe sind stets die dem jeweiligen Eintragungshindernis zugrunde liegenden Interessen der Allgemeinheit zu berücksichtigen. Diese lassen sich unter dem Aspekt der Verhinderung von Fehlmonopolisierungen zusammenfassen – oder, im deutschen Sprachgebrauch, mit dem allgemeinen Freihaltebedürfnis. Es bleibt allerdings noch zu klären, inwieweit dies auch ganz allgemein, über den Ausschluss von Grundfarben hinaus, für die mangelnde Unterscheidungskraft gilt.
- Bei der Prüfung der Schutzhindernisse ist die Schutzschranke des freien Gebrauchs beschreibender Angaben nicht zu berücksichtigen.

Rechte des Schutzrechtsinhabers – Verletzungstatbestände

Nach den Artikel 4 und 5 der Richtlinie und den Artikeln 8 und 9 der Verordnung kann sich der Inhaber einer älteren Marke der Eintragung oder der Benutzung einer jüngeren Marke im geschäftlichen Verkehr widersetzen, wenn

- es sich um eine identische Marke für identische Waren oder Dienstleistungen handelt,
- es sich um eine identische Marke für ähnliche Waren oder Dienstleistungen oder um eine ähnliche Marke für identische oder ähnliche Waren oder Dienstleistungen handelt, wenn wegen der Identität oder Ähnlichkeit die Gefahr von Verwechslungen beim Publikum besteht,
- es sich um eine bekannte ältere Marke handelt und die Benutzung der jüngeren Marke für andere als ähnliche Waren oder Dienstleistungen ohne rechtfertigenden Grund die Unterscheidungskraft oder die Wertschätzung der älteren Marke in unlauterer Weise ausnutzen oder beeinträchtigen würde."

IV. Schutzumfang

1. Identität von Marken

LTJ Diffusion/Sadas Vertbaudet (ARTHUR/ARTHUR ET FELICIE)

Soweit es um die Identität von Marken geht, hat der EuGH im Fall *LTJ Diffusion/Sadas Vertbaudet (ARTHUR/ARTHUR ET FELICIE)*[20] für den visuellen Vergleich zweier Marken festgelegt, dass sie nur dann als identisch anzusehen sind, wenn etwa vorhandene Abweichungen dem angesprochenen Abnehmerkreis nicht auffallen. Die maßgebende Passage des Leitsatzes lautet wie folgt:

> „Artikel 5 Absatz 1 Buchstabe a der Ersten Richtlinie 89/104/EWG des Rates vom 21. Dezember 1988 zur Angleichung der Rechtsvorschriften der Mitgliedstaaten über die Marken ist dahin auszulegen, dass ein Zeichen mit der Marke identisch ist, wenn es ohne Änderung oder Hinzufügung alle Elemente wiedergibt, die die Marke bilden, oder wenn es als Ganzes betrachtet Unterschiede gegenüber der Marke aufweist, die so geringfügig sind, dass sie einem Durchschnittsverbraucher entgehen können."

2. Verwechslungsgefahr

Soweit es um die Verwechslungsgefahr von Marken geht, liegt eine Reihe von Entscheidungen vor, und zwar *Sabel/Puma (Springende Raubkatze)*, *Lloyd Schuhfab-*

20 EuGH 20.3.2003, Rs. C-291/00, Slg. 2003, I-2799.

rik/Klijsen (Lloyds/Loints), Marca Mode/Adidas (Drei-Streifen-Marke) und *Canon/MGM (Canon/Cannon)*. Die maßgeblichen Passagen aus diesen Urteilen folgen.

Sabel/Puma – "Springende Raubkatze" (Urteilsgründe)[21]

„18. Artikel 4 Absatz 1 Buchstabe b der Richtlinie ist nur dann anwendbar, wenn wegen der Identität oder Ähnlichkeit sowohl der Marken als auch der erfaßten Waren oder Dienstleistungen „für das Publikum die Gefahr von Verwechslungen besteht, die die Gefahr einschließt, daß die Marke mit der älteren Marke gedanklich in Verbindung gebracht wird". Aus diesem Wortlaut ergibt sich, daß der Begriff der Gefahr der gedanklichen Verbindung keine Alternative zum Begriff der Verwechslungsgefahr darstellt, sondern dessen Umfang genauer bestimmen soll. Bereits nach ihrem Wortlaut ist diese Bestimmung daher nicht anwendbar, wenn für das Publikum keine Verwechslungsgefahr besteht.

22. Wie bereits in Randnummer 18 festgestellt, ist Artikel 4 Absatz 1 Buchstabe b nicht anwendbar, wenn für den Verkehr keine Verwechslungsgefahr besteht. Insoweit geht aus der zehnten Begründungserwägung der Richtlinie hervor, daß das Vorliegen einer Verwechslungsgefahr „von einer Vielzahl von Umständen ab[hängt], insbesondere dem Bekanntheitsgrad der Marke im Markt, der gedanklichen Verbindung, die das benutzte oder eingetragene Zeichen zu ihr hervorrufen kann, sowie dem Grad der Ähnlichkeit zwischen der Marke und dem Zeichen und zwischen den damit gekennzeichneten Waren oder Dienstleistungen". Das Vorliegen einer Verwechslungsgefahr ist also unter Berücksichtigung aller Umstände des Einzelfalls umfassend zu beurteilen.

23. Bei dieser umfassenden Beurteilung ist hinsichtlich der Ähnlichkeit der betreffenden Marken im Bild, im Klang oder in der Bedeutung auf den Gesamteindruck abzustellen, den die Marken hervorrufen, wobei insbesondere die sie unterscheidenden und dominierenden Elemente zu berücksichtigen sind. Aus dem Wortlaut des Artikels 4 Absatz 1 Buchstabe b der Richtlinie, wonach 5für das Publikum die Gefahr von Verwechslungen besteht", geht nämlich hervor, daß es für die umfassende Beurteilung der Verwechslungsgefahr entscheidend darauf ankommt, wie die Marke auf den Durchschnittsverbraucher dieser Art von Waren oder Dienstleistungen wirkt. Der Durchschnittsverbraucher nimmt eine Marke aber normalerweise als Ganzes wahr und achtet nicht auf die verschiedenen Einzelheiten.

24. Die Verwechslungsgefahr ist um so größer, je größer sich die Kennzeichnungskraft der älteren Marke darstellt. Daher kann bei einer Ähnlichkeit in der Bedeutung, die sich daraus ergibt, daß bei zwei Marken Bilder benutzt werden, die in ihrem Sinngehalt übereinstimmen, eine Verwechslungsgefahr dann bestehen, wenn der älteren Marke entweder von Hause aus oder kraft Verkehrsgeltung eine besondere Kennzeichnungskraft zukommt.

25. Unter Umständen, wie sie im Ausgangsfall vorliegen, in dem die ältere Marke keine besondere Verkehrsgeltung hat und aus einem Bild besteht, das wenig verfremdende Phantasie aufweist, reicht die bloße Ähnlichkeit in der Bedeutung nicht aus, um eine Verwechslungsgefahr zu begründen.

26. Daher ist auf die zur Vorabentscheidung vorgelegte Frage zu antworten, daß die rein assoziative gedankliche Verbindung, die der Verkehr über die Übereinstimmung des Sinngehalts zweier Marken zwischen diesen herstellen könnte, für sich genommen keine 5Gefahr von Verwechslungen ..., die die Gefahr einschließt, daß die Marke mit der älteren Marke gedanklich in Verbindung gebracht wird", im Sinne des Artikels 4 Absatz 1 Buchstabe b der Richtlinie begründet."

---

21 EuGH 11.11.1997, Rs. C-251/95, Slg. 1997, I-6214.

Lloyd Schuhfabrik/Klijsen – "Lloyds/Loints" (Leitsatz) [22]

„Es läßt sich nicht ausschließen, daß allein die klangliche Ähnlichkeit der Marken eine Verwechslungsgefahr im Sinne von Artikel 5 Absatz 1 Buchstabe b der Ersten Richtlinie 89/104/EWG des Rates vom 21. Dezember 1988 zur Angleichung der Rechtsvorschriften der Mitgliedstaaten über die Marken hervorrufen kann. Je größer die Ähnlichkeit der erfaßten Waren oder Dienstleistungen und je höher die Kennzeichnungskraft der älteren Marke ist, um so größer ist die Verwechslungsgefahr. Um die Kennzeichnungskraft einer Marke zu bestimmen und folglich zu beurteilen, ob sie eine erhöhte Kennzeichnungskraft besitzt, ist die Eignung der Marke zu prüfen, die Waren oder Dienstleistungen, für die sie eingetragen worden ist, als von einem bestimmten Unternehmen stammend zu kennzeichnen und sie damit von denen anderer Unternehmen zu unterscheiden. Bei dieser Beurteilung sind sämtliche maßgebenden Faktoren und insbesondere die Eigenschaften zu berücksichtigen, die die Marke von Haus aus besitzt, einschließlich des Umstands, ob sie beschreibende Elemente in bezug auf die Waren oder Dienstleistungen, für die sie eingetragen worden ist, aufweist. Es kann nicht allgemein, beispielsweise durch Rückgriff auf bestimmte Prozentsätze in bezug auf den Bekanntheitsgrad der Marke bei den beteiligten Verkehrskreisen, angegeben werden, wann eine Marke eine hohe Kennzeichnungskraft besitzt."

Marca Mode/Adidas – "Drei-Streifen-Marke" (Urteilsgründe)[23]

„34. Artikel 5 Absatz 1 Buchstabe b der Richtlinie ist nämlich nur dann anwendbar, wenn wegen der Identität oder Ähnlichkeit sowohl der Marken als auch der gekennzeichneten Waren oder Dienstleistungen für das Publikum die Gefahr von Verwechslungen besteht, die die Gefahr einschließt, daß das Zeichen mit der Marke gedanklich in Verbindung gebracht wird. Aus diesem Wortlaut ergibt sich, daß der Begriff der Gefahr einer gedanklichen Verbindung keine Alternative zum Begriff der Verwechslungsgefahr darstellt, sondern dessen Umfang genauer bestimmen soll. Bereits nach ihrem Wortlaut ist diese Bestimmung daher nicht anwendbar, wenn für das Publikum keine Verwechslungsgefahr besteht (vgl. zu Artikel 4 Absatz 1 Buchstabe b der Richtlinie Urteil Sabèl, Randnr. 18). Der Schutz einer eingetragenen Marke hängt also gemäß Artikel 5 Absatz 1 Buchstabe b der Richtlinie vom Vorliegen einerVerwechslungsgefahr ab (vgl. zu Artikel 4 Absatz 1 Buchstabe b der Richtlinie Urteil vom 29. September 1998 in der Rechtssache C-39/97, Canon, Slg. 1998, I-5507, Randnr. 18).

35. Für diese Auslegung spricht außerdem die zehnte Begründungserwägung der Richtlinie, wonach die Verwechslungsgefahr ... die spezifische Voraussetzung für den Schutz dar[stellt] (Urteil Sabèl, Randnr. 19).

36. Diese Auslegung wird auch nicht durch Artikel 5 Absatz 2 der Richtlinie widerlegt, der für bekannte Marken einen Schutz einführt, dessen Durchführung nicht das Bestehen einer Verwechslungsgefahr verlangt. Diese Vorschrift gilt nämlich für Fälle, in denen die spezifische Voraussetzung für den Schutz in einer Benutzung des streitigen Zeichens besteht, die die Unterscheidungskraft oder die Wertschätzung der Marke ohne rechtfertigenden Grund in unlauterer Weise ausnutzt oder beeinträchtigt.

37. Adidas kann sich nicht mit Erfolg auf Randnummer 24 des Urteils Sabèl berufen.

38. In dieser Randnummer hat der Gerichtshof festgestellt, daß die Verwechslungsgefahr um so größer ist, je größer sich die Unterscheidungskraft der älteren Marke darstellt, und daß daher nicht auszuschließen ist, daß bei einer Ähnlichkeit in der Bedeutung, die sich daraus ergibt, daß bei zwei Marken Bilder benutzt werden, die in ihrem Sinngehalt

22 EuGH 22.6.1999, Rs. C-342/97, Slg. 1999, I-3830.
23 EuGH 22.6.2000, Rs. C-425/98, Slg. 2000, I-4881.

übereinstimmen, eine Verwechslungsgefahr dann bestehen kann, wenn der älteren Marke entweder von Haus aus oder kraft Verkehrsgeltung eine besondere Unterscheidungskraft zukommt.

39. Der Gerichtshof hat somit festgestellt, daß die besondere Unterscheidungskraft der älteren Marke die Verwechslungsgefahr erhöhen und bei einer Ähnlichkeit in der Bedeutung zwischen der Marke und dem Zeichen zur Entstehung einer solchen Gefahr beitragen kann. Mit der negativen Formulierung in Randnummer 24 des Urteils Sabèl, daß eine Verwechslungsgefahr nicht auszuschließen ist, wird lediglich die Möglichkeit hervorgehoben, daß aus der Verbindung der beiden untersuchten Faktoren eine Gefahr entsteht. Diese Formulierung impliziert keineswegs die Vermutung einer Verwechslungsgefahr, die sich aus dem Bestehen einer Gefahr der gedanklichen Verbindung im engeren Sinne ergeben würde. Mit dieser Formulierung hat der Gerichtshof stillschweigend auf die Beweiswürdigung verwiesen, die das nationale Gericht in jedem bei ihm anhängigen Verfahren vorzunehmen hat. Er hat das nationale Gericht nicht von der Notwendigkeit befreit, das Bestehen einer Verwechslungsgefahr, für die der Beweis zu erbringen ist, positiv festzustellen.

40. Es ist daran zu erinnern, daß die Verwechslungsgefahr unter Berücksichtigung aller relevanten Umstände des konkreten Falles umfassend zu beurteilen ist (Urteil Sabèl, Randnr. 22). Die umfassende Beurteilung impliziert eine gewisse Wechselbeziehung zwischen den in Betracht gezogenen Faktoren (Urteil Canon, Randnr. 17). Zum Beispiel kann trotz eines eher geringen Grades der Ähnlichkeit zwischen den gekennzeichneten Waren oder Dienstleistungen eine Verwechslungsgefahr festgestelltwerden, wenn die Ähnlichkeit zwischen den Marken groß und die Unterscheidungskraft der älteren Marke, insbesondere ihr Bekanntheitsgrad, hoch ist (Urteil Canon, Randnr. 19).

41. Die Bekanntheit einer Marke ist somit, sofern sie nachgewiesen ist, ein Gesichtspunkt, der - unter anderen - eine gewisse Bedeutung haben kann. Insoweit genießen Marken, die insbesondere wegen ihrer Bekanntheit eine hohe Unterscheidungskraft besitzen, einen umfassenderen Schutz als Marken mit geringerer Unterscheidungskraft (Urteil Canon, Randnr. 18). Doch kann nicht aufgrund der Bekanntheit einer Marke das Vorliegen einer Verwechslungsgefahr vermutet werden, nur weil die Gefahr einer gedanklichen Verbindung im engeren Sinne besteht.

42. Auf die Vorabentscheidungsfrage ist somit zu antworten, daß Artikel 5 Absatz 1 Buchstabe b der Richtlinie nicht dahin ausgelegt werden kann, daß,

- wenn eine Marke entweder von Haus aus oder kraft Verkehrsgeltung eine besondere Unterscheidungskraft besitzt und
- ein Dritter ohne Zustimmung des Markeninhabers im geschäftlichen Verkehr für gleiche oder ähnliche Waren oder Dienstleistungen wie die, für die die Marke eingetragen ist, ein Zeichen verwendet, das so weit mit der Marke übereinstimmt, daß dadurch die Möglichkeit einer gedanklichen Verbindung mit der Marke besteht,

der Markeninhaber aufgrund seines Ausschließlichkeitsrechts diesem Dritten die Verwendung des Zeichens untersagen kann, wenn aufgrund der Unterscheidungskraft der Marke nicht ausgeschlossen ist, daß diese gedankliche Verbindung zu einer Verwechslung führen kann.“

Canon/MGM – "Canon/Cannon"[24]

„24. Nach alledem ist auf den ersten Teil der Vorabentscheidungsfrage zu antworten, daß Artikel 4 Absatz 1 Buchstabe b der Richtlinie dahin auszulegen ist, daß die Kennzeichnungskraft der prioritätsälteren Marke, insbesondere ihre Bekanntheit, bei der

24 EuGH 29.9.1998, Rs. C-39/97, Slg. 1998, I-5525.

Beurteilung zu berücksichtigen ist, ob die Ähnlichkeit zwischen den durch die beiden Marken erfaßten Waren oder Dienstleistungen ausreicht, um eine Verwechslungsgefahr herbeizuführen.

30. Auf den zweiten Teil der Vorlagefrage ist daher zu antworten, daß eine Verwechslungsgefahr im Sinne von Artikel 4 Absatz 1 Buchstabe b der Richtlinie auch dann bestehen kann, wenn für das Publikum die betreffenden Waren oder Dienstleistungen an unterschiedlichen Orten hergestellt oder erbracht werden. Dagegen ist das Bestehen einer solchen Gefahr ausgeschlossen, wenn sich nicht ergibt, daß das Publikum glauben könnte, daß die betreffenden Waren oder Dienstleistungen aus demselben Unternehmen oder gegebenenfalls aus wirtschaftlich miteinander verbundenen Unternehmen stammen."

Die Grundsätze dieser Entscheidungen lassen sich wie folgt zusammenfassen:

Damit Schutz gewährt werden kann, muss es wegen der Identität oder Ähnlichkeit der Zeichen und Waren oder Dienstleistungen beim angesprochenen Publikum zur Gefahr von Verwechslungen über den kommerziellen Ursprung der Waren oder Dienstleistungen kommen, d.h., dass das Publikum zur Annahme verleitet werden könnte, dass die Waren oder Dienstleistungen von demselben Unternehmen oder gegebenenfalls von wirtschaftlich miteinander verbundenen Unternehmen stammen. Eine Assoziationsgefahr – gedankliche Verbindung zwischen den Marken – reicht dafür nicht aus. Geschützt wird daher die ältere Marke bei einem Eingriff in die – in einem weiten Sinne zu verstehende – Herkunftsfunktion.

Die Feststellung der Verwechslungsgefahr erfordert eine Berücksichtigung aller relevanten Umstände des Einzelfalls in einer Gesamtschau.

3. Bekannte Marken (Reputationsmarken)

General Motors/Yplon (CHEVY)

Zur dritten Fallgruppe – dem Schutz bekannter Marken („Reputationsmarken") – hat der EuGH im Fall *General Motors/Yplon (CHEVY)*[25] Grundsätze zur Feststellung der Bekanntheit aufgestellt:

„23. ... Da Artikel 5 Absatz 2 der Richtlinie im Unterschied zu Artikel 5 Absatz 1 die eingetragenen Marken im Hinblick auf nichtähnliche Waren oder Dienstleistungen schützt, impliziert die erste darin aufgestellte Voraussetzung einen bestimmten Bekanntheitsgrad der älteren Marke beim Publikum. Denn nur wenn diese Marke einen genügenden Bekanntheitsgrad hat, kann das Publikum, wenn es mit der jüngeren Marke konfrontiert wird, gegebenenfalls, auch bei nichtähnlichen Waren oder Dienstleistungen, eine Verbindung zwischen den beiden Marken herstellen, so daß die ältere Marke beeinträchtigt werden kann.

24. Das Publikum, bei dem die ältere Marke Bekanntheit erlangt haben muß, ist dasjenige, das von dieser Marke betroffen ist, also je nach der vermarkteten Ware oder Dienstleistung die breite Öffentlichkeit oder ein spezielleres Publikum, z. B. ein bestimmtes berufliches Milieu.

25. Weder nach dem Buchstaben noch nach dem Geist des Artikels 5 Absatz 2 der Richtlinie kann verlangt werden, daß die Marke einem bestimmten Prozentsatz des in dieser Weise definierten Publikums bekannt ist.

25 EuGH 14.9.1999, Rs. C-375/97, Slg. 1999, I-5435.

26. Der erforderliche Bekanntheitsgrad ist als erreicht anzusehen, wenn die ältere Marke einem bedeutenden Teil des Publikums bekannt ist, das von den durch diese Marke erfaßten Waren oder Dienstleistungen betroffen ist.

27. Bei der Prüfung dieser Voraussetzung hat das nationale Gericht alle relevanten Umstände des Falles zu berücksichtigen, also insbesondere den Marktanteil der Marke, die Intensität, die geographische Ausdehnung und die Dauer ihrer Benutzung sowie den Umfang der Investitionen, die das Unternehmen zu ihrer Förderung getätigt hat.

28. In territorialer Hinsicht ist die Voraussetzung erfüllt, wenn die Marke, wie es in Artikel 5 Absatz 2 der Richtlinie heißt, 5in dem betreffenden Mitgliedstaat" bekannt ist. Mangels einer entsprechenden Präzisierung der Gemeinschaftsvorschrift kann nicht verlangt werden, daß sich die Bekanntheit auf das 5gesamte" Gebiet des Mitgliedstaats erstreckt. Es genügt, daß sie in einem wesentlichen Teil davon vorliegt.

29. Was die beim Benelux-Markenamt eingetragenen Marken betrifft, so ist das Benelux-Gebiet dem Gebiet eines Mitgliedstaats gleichzustellen, da Artikel 1 der Richtlinie diese Marken den in einem Mitgliedstaat eingetragenen gleichstellt. Artikel 5 Absatz 2 ist demnach so zu verstehen, daß er eine 5im" Benelux-Gebiet erlangte Bekanntheit betrifft. Aus den gleichen Gründen, wie sie für die Voraussetzung der Bekanntheit in einem Mitgliedstaat gelten, kann also von einer Benelux-Marke nicht verlangt werden, daß sich ihre Bekanntheit auf das gesamte Benelux-Gebiet erstreckt. Es genügt, daß diese Bekanntheit in einem wesentlichen Teil davon vorliegt, der gegebenenfalls einem Teil eines der Benelux-Länder entsprechen kann.

30. Wenn das nationale Gericht bei seiner Prüfung zu dem Ergebnis gelangt, daß die Voraussetzung der Bekanntheit sowohl hinsichtlich des betreffenden Publikums als auch des fraglichen Gebietes erfüllt ist, hat es die zweite Voraussetzung des Artikels 5 Absatz 2 der Richtlinie zu prüfen, also ob die ältere Marke ohne rechtfertigenden Grund beeinträchtigt wird. Dabei ist zu beachten, daß, je größer die Unterscheidungskraft und die Wertschätzung der Marke sind, desto eher eine Beeinträchtigung vorliegen wird.

31. Auf die Vorlagefrage ist daher zu antworten, daß Artikel 5 Absatz 2 der Richtlinie dahin auszulegen ist, daß eine eingetragene Marke, um in den Genuß eines auf nichtähnliche Waren oder Dienstleistungen erweiterten Schutzes zu kommen, einem bedeutenden Teil des Publikums bekannt sein muß, das von den durch die Marke erfaßten Waren oder Dienstleistungen betroffen ist. Im Benelux-Gebiet genügt es, daß die Marke einem bedeutenden Teil des betreffenden Publikums in einem wesentlichen Teil dieses Gebietes bekannt ist, der gegebenenfalls einem Teil eines der Länder dieses Gebietes entsprechen kann.“

Dies ist heute weitgehend unstrittig, auch wenn die Festsstellung im Einzelfall alles andere als einfach sein wird.

Ungeklärt ist in diesem Zusammenhang aber, wie die Rechtslage bei bekannten Gemeinschaftsmarken ist, und dabei insbesondere, ob Bekanntheit in einem Teilgebiet der Gemeinschaft ausreicht.

Davidoff/Gofkid (DAVIDOFF/DURFFEE)

Schließlich hat der EuGH im Fall *Davidoff/Gofkid (DAVIDOFF/DURFFEE)*[26] die insbesondere in Deutschland seit langem strittige Frage entschieden, ob der erweiterte Schutz bekannter Marken auch dann gilt, wenn die betroffen Waren oder Dienstleistungen identisch oder ähnlich sind, es gleichwohl aber an Verwechslungsgefahr fehlt. Dies

26 EuGH 9.1.2003, Rs. C-292/00, Slg. 2003, I-389.

hat der EuGH bejaht, im wesentlichen mit der Begründung, dass andernfalls eine vom Gesetzgeber sicherlich nicht gewollte Schutzlücke entstehen würde:

„24. Hierzu ist zunächst festzustellen, dass bei der Auslegung von Artikel 5 Absatz 2 der Richtlinie nicht allein auf seinen Wortlaut abgestellt werden darf, sondern auch die allgemeine Systematik und die Ziele der Regelung, in die er sich einfügt, zu berücksichtigen sind.

25. Unter Berücksichtigung der letztgenannten Gesichtspunkte kann der Artikel aber keine Auslegung erhalten, die zur Folge hätte, dass bekannte Marken im Fall der Benutzung eines Zeichens für identische oder ähnliche Waren oder Dienstleistungen in geringerem Maße geschützt wären als im Fall der Benutzung eines Zeichens für nichtähnliche Waren oder Dienstleistungen.

26. In diesem Zusammenhang ist vor dem Gerichtshof nicht ernsthaft bestritten worden, dass die bekannte Marke im Fall der Benutzung eines Zeichens für identische oder ähnliche Waren oder Dienstleistungen einen mindestens genauso umfassenden Schutz genießen muss wie im Fall der Benutzung eines Zeichens für nichtähnliche Waren oder Dienstleistungen.

27. Vor dem Gerichtshof ist im Wesentlichen die Frage erörtert worden, ob der Schutz einer bekannten Marke gegen die Benutzung eines Zeichens, das für identische oder ähnliche Waren oder Dienstleistungen entworfen wurde und die Unterscheidungskraft oder die Wertschätzung dieser Marke beeinträchtigt, nicht bereits auf der Grundlage von Artikel 5 Absatz 1 der Richtlinie erlangt werden kann, so dass dafür nicht auf Artikel 5 Absatz 2 zurückgegriffen zu werden brauchte.

28. Während indessen der Schutz nach Artikel 5 Absatz 1 Buchstabe a der Richtlinie im Licht der zehnten Begründungserwägung der Richtlinie absolut ist, wenn die Benutzung eine der Funktionen der Marke beeinträchtigt oder beeinträchtigen könnte (vgl. Urteil vom 12. November 2002 in der Rechtssache C-206/01, Arsenal Football Club, Slg. 2002, I-0000, Randnrn. 50 und 51), hängt die Anwendung von Artikel 5 Absatz 1 Buchstabe b vom Vorliegen einer Verwechslungsgefahr ab (vgl. Urteil vom 22. Juni 2000 in der Rechtssache C-425/98, Marca Mode, Slg. 2000, I-4861, Randnr. 34). Es ist hervorzuheben, dass der Gerichtshof in den Randnummern 20 und 21 des bereits angeführten Urteils SABEL bereits eine weite Auslegung von Artikel 4 Absatz 1 Buchstabe b der Richtlinie - der im Wesentlichen Artikel 5 Absatz 1 Buchstabe b der Richtlinie entspricht - ausgeschlossen hat. Eine solche Auslegung war ihm u. a. mit der Begründung vorgeschlagen worden, dass Artikel 5 Absatz 2 der Richtlinie nach seinem Wortlaut nur im Fall der Benutzung eines Zeichens für nichtähnliche Waren oder Dienstleistungen gelte.

29. Liegen Umstände vor, die eine Verwechslungsgefahr ausschließen, so könnte sich der Inhaber einer bekannten Marke somit nicht auf Artikel 5 Absatz 1 Buchstabe b der Richtlinie berufen, um sich gegen eine Beeinträchtigung der Unterscheidungskraft oder der Wertschätzung der Marke zu schützen.

30. Auf die erste Frage ist deshalb zu antworten, dass die Artikel 4 Absatz 4 Buchstabe a und 5 Absatz 2 der Richtlinie dahin auszulegen sind, dass sie den Mitgliedstaaten die Befugnis geben, einen besonderen Schutz einer bekannten eingetragenen Marke vorzusehen, wenn die jüngere Marke oder das jüngere Zeichen mit der eingetragenen Marke identisch oder ihr ähnlich ist und für Waren oder Dienstleistungen benutzt werden soll oder benutzt wird, die mit den Waren oder Dienstleistungen, die von der eingetragenen Marke erfasst werden, identisch oder ihnen ähnlich sind."

Adidas/Fitness World

Der EuGH hat diese Feststellungen in einem weiteren Urteil im Fall *Adidas/Fitness World*,[27] bekräftigt:

> „1. Macht ein Mitgliedstaat von der ihm durch Artikel 5 Absatz 2 der Ersten Richtlinie 89/104/EWG des Rates vom 21. Dezember 1988 zur Angleichung der Rechtsvorschriften der Mitgliedstaaten über die Marken eingeräumten Möglichkeit Gebrauch, so muss er den besonderen Schutz, der bei der Benutzung einer mit der bekannten eingetragenen Marke identischen oder ihr ähnlichen jüngeren Marke oder eines solchen jüngeren Zeichens durch einen Dritten in Rede steht, sowohl für nicht ähnliche Waren oder Dienstleistungen als auch für Waren oder Dienstleistungen vorsehen, die mit denjenigen, die von der eingetragenen Marke erfasst werden, identisch oder ihnen ähnlich sind.
>
> 2. Der durch Artikel 5 Absatz 2 der Richtlinie 89/104 gewährte Schutz setzt nicht voraus, dass zwischen der bekannten Marke und dem Zeichen ein Grad der Ähnlichkeit festgestellt wird, der so hoch ist, dass für die beteiligten Verkehrskreise eine Verwechslungsgefahr zwischen beiden besteht. Es genügt, dass der Grad der Ähnlichkeit zwischen der bekannten Marke und dem Zeichen bewirkt, dass die beteiligten Verkehrskreise das Zeichen und die Marke gedanklich miteinander verknüpfen.
>
> 3. Dass ein Zeichen von den beteiligten Verkehrskreisen als Verzierung aufgefasst wird, steht für sich genommen dem durch Artikel 5 Absatz 2 der Richtlinie 89/104 gewährten Schutz nicht entgegen, wenn der Grad der Ähnlichkeit doch so hoch ist, dass die beteiligten Verkehrskreise das Zeichen und die Marke gedanklich miteinander verknüpfen. Fassen diese Verkehrskreise das Zeichen nach der Tatsachenwürdigung durch das nationale Gericht hingegen nur als Verzierung auf, so stellen sie naturgemäß keine gedankliche Verknüpfung mit der eingetragenen Marke her, so dass damit eine der Voraussetzungen für den durch Artikel 5 Absatz 2 der Richtlinie gewährten Schutz nicht gegeben ist.“

Es ist damit zumindest in den Fällen bekannter Marken inzwischen ausdrücklich anerkannt, dass der Schutz nicht nur dann besteht, wenn die Herkunftsfunktion beeinträchtigt werden kann.

V. Markenmäßige Benutzung – kennzeichenmäßige Benutzung

Nach Artikel 5 der Richtlinie und Artikel 9 der Verordnung wird Markenschutz gewährt, wenn das angegriffene Zeichen „im geschäftlichen Verkehr für Waren oder Dienstleistungen“ des Verletzers benutzt wird. Die sich in diesem Zusammenhang stellenden Fragen betreffen einmal die verschiedenen Benutzungshandlungen – Anbringen, In-den-Verkehr-bringen, Anbieten, Vorrätighalten, Benutzung in der Werbung etc. – wozu bisher Entscheidungen des EuGH nicht vorliegen, sowie die seit jeher strittige Frage, ob die angegriffene Benutzung markenmäßig oder doch zumindest kennzeichenmäßig erfolgen muss.

Zu diesem Problembereich hat der EuGH bisher insgesamt drei Entscheidungen getroffen.

BMW/Deenik

Im Fall *BMW/Deenik*[28] ging es um die Frage, ob die Benutzung der Marke BMW und des BMW-Logos durch einen nicht autorisierten Autoreparaturbetrieb eine Markenverletzung darstellt. Der EuGH hat dies grundsätzlich bejaht, jedoch zugleich fest-

27 EuGH 23.10.2003, Rs. C-408/01, noch nicht in Slg. veröffentlicht.

28 EuGH 23.2.1999, Rs. C-63/97, Slg. 1999, I-925.

gestellt, dass die Benutzung nach Artikel 6 der Richtlinie (Artikel 12 der Verordnung) gerechtfertigt ist, wenn kein Eindruck dahingehend geschaffen wird, dass der Benutzer von BMW autorisiert sei:

> „2. Die Benutzung einer Marke ohne Zustimmung des Inhabers zu dem Zweck, die Öffentlichkeit darauf hinzuweisen, daß ein Unternehmer Waren dieser Marke instandsetzt und wartet oder daß er Fachmann für solche Waren oder auf sie spezialisiert ist, ist unter Umständen, wie sie im Vorlagebeschluß wiedergegeben sind, eine Benutzung der Marke im Sinne des Artikels 5 Absatz 1 Buchstabe a der Ersten Richtlinie 89/104.
>
> 3. Der Inhaber einer Marke kann einem Dritten nach den Artikeln 5 bis 7 der Ersten Richtlinie 89/104 die Benutzung dieser Marke zu dem Zweck, die Öffentlichkeit darauf hinzuweisen, daß er Waren dieser Marke, die unter der Marke von deren Inhaber oder mit seiner Zustimmung in den Verkehr gebracht wurden, instandsetzt und wartet oder daß er auf den Verkauf, die Instandsetzung oder Wartung dieser Waren spezialisiert oder für diese Fachmann ist, nicht verbieten, sofern die Marke nicht in einer Weise benutzt wird, die den Eindruck erwecken kann, daß eine Handelsbeziehung zwischen dem Drittunternehmen und dem Markeninhaber besteht, insbesondere das Unternehmen des Wiederverkäufers dem Vertriebsnetz des Markeninhabers angehört oder eine Sonderbeziehung zwischen den beiden Unternehmen besteht.“

Hölterhoff/Freiesleben

Im Fall *Hölterhoff/Freiesleben*[29] war – auf Vorlage des OLG Düsseldorf – zu entscheiden, ob die Verwendung der geschützten Marke in Verkaufsgesprächen über ähnliche Waren eines Dritten (geschliffene Edelsteine) eine Markenverletzung sei. Der EuGH kam zu dem Ergebnis, dass in einem solchen Fall eine Beeinträchtigung der Markenfunktionen nicht zu befürchten sei und hielt die angegriffene Verwendung daher für nicht verletzend:

> „15. Folglich soll mit der Vorlagefrage geklärt werden, ob eine Benutzung der Marke, wie sie im Ausgangsverfahren in Rede steht, einen der in Artikel 5 Absatz 1 der Richtlinie erwähnten Fälle einer Benutzung darstellt, durch die das Ausschließlichkeitsrecht des Inhabers dieser Marke verletzt wird.
>
> 16. Dazu genügt die Feststellung, dass in einem Fall wie dem vom Vorlagegericht beschriebenen die Benutzung der Marke keines der Interessen beeinträchtigt, deren Schutz Artikel 5 Absatz 1 bezweckt. Diese Interessen werden nämlich nicht berührt, wenn
>
> - der Dritte im Rahmen eines Verkaufsgesprächs mit einem potenziellen Kunden, der Fachmann für Juwelierwaren ist, auf die Marke Bezug nimmt,
> - die Bezugnahme ausschließlich zu Kennzeichnungszwecken erfolgt, nämlich um über die Merkmale der Ware zu informieren, die dem potenziellen Kunden, der die Merkmale der Waren der betreffenden Marke kennt, zum Kauf angeboten wird,
> - die Bezugnahme auf die Marke vom potenziellen Kunden nicht als Hinweis auf die Herkunft der Ware verstanden werden kann.
>
> 17. Somit ist, ohne dass im Rahmen der vorliegenden Rechtssache weiter ausgeführt werden müsste, was unter Benutzung einer Marke im Sinne von Artikel 5 Absatz 1 Buchstaben a und b der Richtlinie zu verstehen ist, auf die Vorlagefrage zu antworten, dass Artikel 5 Absatz 1 der Richtlinie dahin auszulegen ist, dass sich der Inhaber einer Marke nicht auf sein Ausschließlichkeitsrecht berufen kann, wenn ein Dritter im Rahmen eines Verkaufsgesprächs die Herkunft der Ware aus seiner eigenen Produktion offenbart

29 EuGH 14.5.2002, Rs. C-2/00, Slg. 2002, I-4187.

und er das betreffende Zeichen ausschließlich zur Kennzeichnung der besonderen Eigenschaften der von ihm angebotenen Ware verwendet, so dass ausgeschlossen ist, dass die benutzte Marke im Verkehr als betriebliches Herkunftszeichen aufgefasst wird."

Arsenal/Reed

Im Fall *Arsenal/Reed*,[30] war die Frage strittig, ob die Verwendung der Vereinssymbolen des Londoner Fußballclubs Arsenal auf Fanartikeln (Schals, Hemden, etc.) durch einen nicht autorisierten Verkäufer eine Markenverletzung darstelle oder nicht. Der EuGH bejahte dies:

„51. Aus diesen Erwägungen folgt, dass das in Artikel 5 Absatz 1 Buchstabe a der Richtlinie niedergelegte ausschließliche Recht gewährt wurde, um dem Markeninhaber den Schutz seiner spezifischen Interessen als Markeninhaber zu ermöglichen, d. h. um sicherzustellen, dass die Marke ihre Funktionen erfüllen kann. Die Ausübung dieses Rechts muss daher auf Fälle beschränkt bleiben, in denen die Benutzung des Zeichens durch einen Dritten die Funktionen der Marke und insbesondere ihre Hauptfunktion, d. h. die Gewährleistung der Herkunft der Ware gegenüber den Verbrauchern, beeinträchtigt oder beeinträchtigen könnte.

52. Die Ausschließlichkeit des Rechts, das dem Markeninhaber nach Artikel 5 Absatz 1 Buchstabe a der Richtlinie durch die eingetragene Marke gewährt wird, lässt sich nämlich nur in den Grenzen des Anwendungsbereichs dieser Bestimmung rechtfertigen.

53. Dazu ist darauf zu verweisen, dass nach Artikel 5 Absatz 5 der Richtlinie die Absätze 1 bis 4 nicht die in einem Mitgliedstaat geltenden Bestimmungen über den Schutz gegenüber der Verwendung eines Zeichens zu anderen Zwecken als der Unterscheidung von Waren oder Dienstleistungen berühren.

54. Der Inhaber kann nämlich die Benutzung eines mit der Marke identischen Zeichens für Waren, die mit denjenigen identisch sind, für die die Marke eingetragen ist, nicht verbieten, wenn diese Benutzung im Hinblick auf die Funktionen der Marke seine Interessen als Markeninhaber nicht beeinträchtigen kann. So sind bestimmte Benutzungen zu rein beschreibenden Zwecken vom Anwendungsbereich des Artikels 5 Absatz 1 der Richtlinie ausgeschlossen, da sie keines der Interessen beeinträchtigen, die diese Bestimmung schützen soll, und daher nicht unter den Begriff der Benutzung in deren Sinne fallen (vgl. in Bezug auf eine Benutzung zu rein beschreibenden Zwecken hinsichtlich der Merkmale der angebotenen Ware Urteil vom 14. Mai 2002 in der Rechtssache C-2/00, Hölterhoff, Slg. 2002, I-4187, Randnr. 16).

55. Dazu ist ohne weiteres festzustellen, dass die Situation im Ausgangsverfahren grundlegend von der abweicht, die zu dem genannten Urteil Hölterhoff geführt hat. Im vorliegenden Fall werden die Zeichen im Zusammenhang mit Verkäufen an Verbraucher und offenkundig nicht nur zu rein beschreibenden Zwecken benutzt.

56. Angesichts der Aufmachung des Wortes Arsenal auf den im Ausgangsverfahren betroffenen Waren und der weiteren, weniger wichtigen Angaben auf diesen Waren (vgl. Randnr. 39 dieses Urteils) lässt die Benutzung dieses Zeichens den Eindruck aufkommen, dass eine Verbindung im geschäftlichen Verkehr zwischen den betroffenen Waren und dem Markeninhaber besteht.

57. Dieser Schluss wird durch den Hinweis im Verkaufsstand von Herrn Reed, wonach die im Ausgangsverfahren betroffenen Waren keine offiziellen Waren des Arsenal FC sind (vgl. Randnr. 17 dieses Urteils), nicht in Frage gestellt. Auch wenn man unterstellt, dass ein Dritter sich in einem Verfahren wegen Markenverletzung zu seiner Verteidigung auf einen solchen Hinweis berufen kann, ist nämlich festzustellen, dass sich im

30 EuGH 12.11.2002, Rs. C-206/01, Slg. 2002, I-10273.

Ausgangsverfahren nicht ausschließen lässt, dass einige Verbraucher insbesondere dann, wenn ihnen die Waren vorgelegt werden, nachdem sie von Herrn Reed verkauft worden sind und den Verkaufsstand verlassen haben, in dem sich der Hinweis befand, das Zeichen als Angabe des Arsenal FC als Herkunftsunternehmen der Waren auffassen könnten.

58. Im Übrigen ist festzustellen, dass im Ausgangsverfahren auch nicht gewährleistet ist, dass alle durch die Marke gekennzeichneten Waren, wie es nach der in Randnummer 48 dieses Urteils angeführten Rechtsprechung erforderlich ist, unter der Kontrolle eines einzigen Unternehmens hergestellt oder geliefert worden sind, das für ihre Qualität verantwortlich gemacht werden kann.

59. Die im Ausgangsverfahren betroffenen Waren werden nämlich außerhalb der Kontrolle des Arsenal FC als Markeninhaber geliefert, da feststeht, dass diese Waren weder vom Arsenal FC noch von seinen Vertragshändlern stammen.

60. Unter diesen Umständen ist die Benutzung eines Zeichens, das mit der im Ausgangsverfahren betroffenen Marke identisch ist, geeignet, die Herkunftsgarantie, die nach der in der Randnummer 48 dieses Urteils angeführten Rechtsprechung die Hauptfunktion der Marke darstellt, zu gefährden. Es handelt sich folglich um eine Benutzung, gegen die der Markeninhaber nach Artikel 5 Absatz 1 der Richtlinie vorgehen kann.

61. Da feststeht, dass im Ausgangsverfahren die Benutzung des betroffenen Zeichens durch den Dritten geeignet ist, die Herkunftsgarantie für die Ware zu beeinträchtigen, und dass es dem Markeninhaber möglich sein muss, dagegen vorzugehen, wird dies nicht dadurch in Frage gestellt, dass die Marke im Rahmen dieser Benutzung als Ausdruck der Unterstützung, der Treue oder der Zugehörigkeit gegenüber dem Markeninhaber aufgefasst wird.

62. Nach alledem ist auf die Fragen des vorlegenden Gerichts zu antworten, dass der Markeninhaber in einem nicht unter Artikel 6 Absatz 1 der Richtlinie fallenden konkreten Fall wie dem des Ausgangsverfahrens nach Artikel 5 Absatz 1 Buchstabe a der Richtlinie dagegen vorgehen kann, dass ein Dritter im geschäftlichen Verkehr ein mit einer rechtsgültig eingetragenen Marke identisches Zeichen für Waren benutzt, die mit denjenigen identisch sind, für die die Marke eingetragen ist. Dies wird nicht dadurch in Frage gestellt, dass das betreffende Zeichen im Rahmen dieser Benutzung als Ausdruck der Unterstützung, der Treue oder der Zugehörigkeit gegenüber dem Markeninhaber aufgefasst wird."

Es bedurfte allerdings erst eines Anrufens des Court of Appeal, um dies endgültig abzusichern, da das vorlegende Gericht – der High Court in London – nach dem EuGH-Urteil gleichwohl die Klage abgewiesen hatte, da es der Meinung war, der EuGH habe seine Kompetenzen überschritten und unzulässiger weise Tatsachenfeststellungen getroffen.

Die Streitfrage ist aber keineswegs geklärt, da zur Interpretation der EuGH-Urteile – wie auch sonst häufig – durchaus unterschiedliche Meinungen vertreten werden. Im Ergebnis dürfte es wohl darauf hinauslaufen, dass jede kennzeichenmäßige Verwendung unzulässig ist, z.B. auch die Verwendung als Teil einer Firmenbezeichnung usw., und dass nur eine solche Verwendung keine Markenverletzung darstellt, die in keiner Weise in die berechtigten Interessen des Markeninhabers eingreifen kann. Die Abgrenzung im Einzelfall ist aber sicherlich nicht einfach – man denke nur an die Verwendung von Marken zur Dekoration.

VI. Schutzschranken

Die Schutzschranken des Markenrechts werden üblicherweise in zeitlicher, örtlicher und sachlicher Hinsicht bestimmt.

Die zeitliche Schutzschranke ergibt sich aus der begrenzten Laufzeit des Markenrechts, das durch Eintragung begründet wird. Es bedarf zum Fortbestand des Markenrechts der Verlängerung der Schutzdauer, in Europa inzwischen mehr oder weniger einheitlich alle 10 Jahre ab Anmeldung.

Die örtliche oder räumliche Schutzschranke ergibt sich im wesentlichen daraus, dass das Ausschließlichkeitsrecht nur durch Eingriffshandlungen verletzt wird, die im Schutzgebiet stattfinden oder sich auf dieses auswirken. Es ist immerhin bemerkenswert in diesem Zusammenhang, dass das Ausschlussrecht nicht nur die Einfuhr sondern auch die Ausfuhr markenverletzender Gegenstände erfasst, ohne das es erforderlich wäre, dass sie sich vorher im inländischen Geschäftsverkehr befanden (auf den Markt gebracht worden waren).

In sachlicher Hinsicht sind die Schutzschranken abschließend in der Richtlinie und der Verordnung normiert. Sie erfassen die drei Tatbestände des Artikels 6 der Richtlinie (Artikel 12 der Verordnung), nämlich den lauteren Gebrauch des eigenen Familiennamens, den lauteren Gebrauch beschreibender Angaben, und den lauteren Gebrauch im Ersatzteil- oder Zubehörgeschäft. Zu den klassischen Schutzschranken gehört natürlich auch die Erschöpfung des Markenrechts, in der Richtlinie in Artikel 7 und in der Verordnung in Artikel 13 geregelt. Die Schutzschranken erfassen außerdem den sogenannten Benutzungszwang (Artikel 10 der Richtlinie, Artikel 15 der Verordnung). Schließlich gehören auch die Verlusttatbestände hierher: Mangelnde Benutzung, Entwicklung zur Gattungsbezeichnung, Entwicklung zur irreführenden Bezeichnung.

VII. Lautere Benutzung

Gerolsteiner/Putsch (GERRI/KERRY SPRING)

Soweit es die Tatbestände des lauteren Gebrauchs betrifft, hat der EuGH bisher inzident in der *CHIEMSEE*-Entscheidung[31] die Auffassung vertreten, dass beschreibende Angaben nur nicht markenmäßig verwendet werden dürften.[32] Dieses dictum ist allerdings inzwischen im Urteil des Falles *Gerolsteiner/Putsch (GERRI/KERRY SPRING)*[33] ausdrücklich nicht aufgegriffen worden. Vielmehr hat der EuGH erkannt:

> „14. Die Kommission trägt unter Bezugnahme auf die Vorarbeiten zur Richtlinie 89/104 vor, der Vorschlag einer ersten Richtlinie des Rates zur Angleichung des Markenrechts der Mitgliedstaaten (ABl. 1980, C 351, S. 1) habe in Artikel 5 (jetzt Artikel 6 der Richtlinie 89/104) die Wendung sofern es sich nicht um eine markenmäßige Benutzung

31 EuGH 4.5.1999, verb. Rs. C-108/97 und C-109/97 (Windsurfing Chiemsee/Huber & Attenberger), Slg. 1999, I-2810.

32 Der entsprechende Ausspruch findet sich in Rdnr. 28 des Urteils und lautet wie folgt:

> „28. Auch Artikel 6 Absatz 1 Buchstabe b der Richtlinie, auf den das vorlegende Gericht in seinen Fragen Bezug nimmt, widerspricht diesen Ausführungen zum Ziel des Artikels 3 Absatz 1 Buchstabe c nicht und hat im übrigen auch keinen ausschlaggebenden Einfluß auf die Auslegung dieser Vorschrift. Artikel 6 Absatz 1 Buchstabe b, der u. a. den Fall regeln soll, daß eine Marke, die ganz oder zum Teil aus einer geographischen Bezeichnung besteht, eingetragen worden ist, räumt Dritten nicht das Recht ein, eine solche Bezeichnung als Marke zu verwenden, sondern nur das Recht, die Bezeichnung beschreibend, d. h. als Angabe über die geographische Herkunft, zu benutzen, sofern die Benutzung den anerkannten Gepflogenheiten in Gewerbe oder Handel entspricht.".

33 EuGH 7.1.2004, Rs. C-100/02, noch nicht in Slg. veröffentlicht.

handelt vorgesehen. Diese Wendung sei jedoch in dem geänderten Vorschlag (KOM[85] 793 endg. [ABl. 1985, C 351, S. 4]) ersetzt worden durch die Wendung sofern die Benutzung gemäß den anständigen Gepflogenheiten in Gewerbe oder Handel erfolgt. Wie sich aus der Begründung des geänderten Vorschlags ergebe, sei diese Ersetzung der größeren Klarheit halber vorgenommen worden.

15. Unter diesen Bedingungen kann einem Begriff wie markenmäßig keine Bedeutung für die Festlegung des Geltungsbereichs von Artikel 6 der Richtlinie 89/104 zukommen.

16. Um seinen Geltungsbereich unter Umständen wie denjenigen des Ausgangsverfahrens besser zu erfassen, sei daran erinnert, dass Artikel 6 der Richtlinie 89/104 dadurch, dass er die dem Inhaber einer Marke nach Artikel 5 dieser Richtlinie zustehenden Rechte beschränkt, darauf abzielt, die grundsätzlichen Interessen des Markenschutzes einerseits und des freien Warenverkehrs sowie der Dienstleistungsfreiheit im Gemeinsamen Markt andererseits in der Weise in Einklang zu bringen, dass das Markenrecht seine Rolle als wesentlicher Teil eines Systems unverfälschten Wettbewerbs spielen kann, das der EG-Vertrag errichten und aufrechterhalten will (siehe insbesondere Urteil vom 23. Februar 1999 in der Rechtssache C-63/97, BMW, Slg. 1999, I-905, Randnr. 62).

17. Artikel 5 Absatz 1 der Richtlinie 89/104 gestattet es dem Inhaber einer Marke, Dritten zu verbieten, im geschäftlichen Verkehr ein mit der Marke identisches Zeichen für Waren zu benutzen, die mit denjenigen identisch sind, für die sie eingetragen ist (Artikel 5 Absatz 1 Buchstabe a), oder ein Zeichen zu benutzen, wenn wegen der Identität oder der Ähnlichkeit des Zeichens mit der Marke und der Identität oder Ähnlichkeit der betreffenden Waren für das Publikum die Gefahr von Verwechslungen besteht (Artikel 5 Absatz 1 Buchstabe b).

18. Nach Artikel 6 Absatz 1 Buchstabe b der Richtlinie 89/104 ist der Inhaber einer Marke nicht befugt, einem Dritten zu verbieten, Angaben u. a. über die geografische Herkunft einer Ware im geschäftlichen Verkehr zu benutzen, sofern die Benutzung den anständigen Gepflogenheiten in Gewerbe oder Handel entspricht.

19. Diese Vorschrift unterscheidet nicht nach den verschiedenen möglichen Verwendungen der in Artikel 6 Absatz 1 Buchstabe b der Richtlinie 89/104 genannten Angaben. Um in den Anwendungsbereich dieses Artikels zu fallen, genügt es, wenn eine solche Angabe sich auf eines der dort aufgeführten Merkmale wie die geografische Herkunft bezieht.

20. Im Ausgangsverfahren geht es um die Marke GERRI, die keinen geografischen Bezug hat, einerseits und das Zeichen KERRY Spring, das auf die geografische Herkunft des für die Herstellung des betreffenden Erzeugnisses verwendeten Wassers, den Abfüllungsort des Erzeugnisses und den Ort, an dem der Hersteller niedergelassen ist, Bezug nimmt, andererseits.

21. Die Kommission hat den geografischen Charakter des Ausdrucks KERRY Spring hervorgehoben und darauf hingewiesen, dass die Quelle Kerry Spring auf der Liste der von Irland im Rahmen der Richtlinie 80/777/EWG des Rates vom 15. Juli 1980 zur Angleichung der Rechtsvorschriften der Mitgliedstaaten über die Gewinnung von und den Handel mit natürlichen Mineralwässern (ABl. L 229, S. 1) anerkannten Mineralwässer enthalten sei (vgl. die von der Kommission im ABl. 2002, C 41, S. 1, veröffentlichte Liste der von den Mitgliedstaaten anerkannten natürlichen Mineralwässer).

22. Das vorlegende Gericht hält eine klangliche Verwechslungsgefahr im Sinne von Artikel 5 Absatz 1 Buchstabe b der Richtlinie 89/104 zwischen GERRI und KERRY für gegeben, weil der Verkehr nach der Lebenserfahrung bei mündlichen Bestellungen KERRY Spring auf KERRY verkürze.

23. Somit stellt sich die Frage, ob eine solche Verwechslungsgefahr zwischen einer Wortmarke einerseits und einer geografischen Herkunftsangabe andererseits es dem Inhaber der Marke erlaubt, einem Dritten unter Berufung auf Artikel 5 Absatz 1 Buchstabe b der Richtlinie 89/104 die Benutzung der geografischen Herkunftsangabe zu verbieten.

24. Das einzige in Artikel 6 Absatz 1 der Richtlinie 89/104 enthaltene Beurteilungskriterium für die Beantwortung dieser Frage ist dasjenige, ob die Benutzung der geografischen Herkunftsangabe den anständigen Gepflogenheiten in Gewerbe oder Handel entspricht. Das Tatbestandsmerkmal der anständigen Gepflogenheiten entspricht der Sache nach der Pflicht, den berechtigten Interessen des Markeninhabers nicht in unlauterer Weise zuwiderzuhandeln (Urteil BMW, Randnr. 61).

25. Der bloße Umstand, dass eine klangliche Verwechslungsgefahr zwischen einer in einem Mitgliedstaat eingetragenen Wortmarke und einer geografischen Herkunftsangabe eines anderen Mitgliedstaats besteht, genügt daher nicht für die Annahme, dass die Benutzung dieser Angabe im geschäftlichen Verkehr nicht den anständigen Gepflogenheiten entspricht. In einer Gemeinschaft von fünfzehn Mitgliedstaaten mit einer großen Sprachenvielfalt ist die Wahrscheinlichkeit, dass eine gewisse klangliche Ähnlichkeit zwischen einer in einem Mitgliedstaat eingetragenen Wortmarke und einer geografischen Herkunftsangabe eines anderen Mitgliedstaats besteht, bereits sehr groß und wird nach der bevorstehenden Erweiterung noch größer sein.

26. Folglich ist es in einer Rechtssache wie derjenigen des Ausgangsverfahrens Sache des nationalen Gerichts, eine globale Beurteilung aller relevanten Umstände vorzunehmen. Zu den Umständen, die von diesem Gericht zu berücksichtigen sind, gehören im Zusammenhang mit in Flaschen abgefüllten Getränken die Form und die Etikettierung der Flasche, um insbesondere zu prüfen, ob bei dem Hersteller des mit der geografischen Herkunftsangabe versehenen Getränks anzunehmen ist, dass er gegenüber dem Markeninhaber unlauteren Wettbewerb betreibt.

27. Auf die Vorabentscheidungsfragen ist daher zu antworten, dass Artikel 6 Absatz 1 Buchstabe b der Richtlinie 89/104 dahin auszulegen ist, dass im Falle des Bestehens einer klanglichen Verwechslungsgefahr zwischen einer in einem Mitgliedstaat eingetragenen Wortmarke einerseits und der Angabe der geografischen Herkunft eines aus einem anderen Mitgliedstaat stammenden Erzeugnisses im geschäftlichen Verkehr andererseits der Markeninhaber die Benutzung dieser geografischen Herkunftsangabe nach Artikel 5 der Richtlinie 89/104 nur verbieten kann, wenn diese Benutzung nicht den anständigen Gepflogenheiten in Gewerbe oder Handel entspricht. Insoweit ist es Sache des nationalen Gerichts, eine globale Beurteilung aller Umstände des Einzelfalls vorzunehmen."

Auch im bereits genannten Fall *BMW/Deenik* sind schon Aussagen zur Auslegung des dritten Teils des Artikels 6 der Richtlinie (Artikel 12 der Verordnung) getroffen worden.

Eine Entscheidung zur Verwendung im Ersatzteilgeschäft ist in Kürze zu erwarten.[34]

VIII. Erschöpfung des Markenrechts

Bei der Erschöpfung des Markenrechts handelt sich um eine klassische Schutzschranke, die an das erste Inverkehrbringen im Gebiet der Gemeinschaft oder in einem Mitgliedsland des EWR anknüpft. Nach dem ersten Inverkehrbringen hat der Markeninhaber keine markenrechtlichen Möglichkeiten mehr, den Weitervertrieb der Waren und damit verbundene Benutzungshandlungen (wie insbesondere die Werbung für sol-

34 EuGH, Rs. C-288/03 (Gilette).

che Waren) zu untersagen – seine Rechte sind „erschöpft". Während dieser Grundsatz beim unveränderten Weitervertrieb der Markenware eigentlich stets unstrittig war, gibt es eine inzwischen fast unüberschaubar gewordene, und im übrigen keineswegs abgeschlossene, Rechtsprechung zu der Frage, welche Rechte der Erwerber hat, insbesondere, ob die Waren umgepackt und neu gekennzeichnet werden dürfen und wie er für sie werben darf. Hier ist nicht der richtige Ort, dies alles darzulegen, das meiste ist ohnehin bekannt. Auch die Frage, wann die Erschöpfung eintritt, d.h. wann ein erstes Inverkehrbringen vorliegt, ist bisher wohl noch nicht endgültig geklärt.

IX. Benutzungszwang

Mit Spannung wurden die ersten Urteile des EuGH zum Benutzungszwang erwartet. Dabei geht es einerseits um die für das nationale Recht und das Gemeinschaftsmarkenrecht nur einheitlich zu beantwortende Frage, welche Voraussetzungen erfüllt sein müssen, damit eine Benutzung als „ernsthaft" anerkannt wird. Auch die Probleme der Benutzung von Markenformen, die von der eingetragenen Form abweichen, sowie andere Fragen (Benutzung durch Dritte, usw.) können nur einheitlich beantwortet werden. Für das Gemeinschaftsmarkenrecht stellt sich darüber hinaus die Frage der territorialen Reichweite der Benutzung. Da die Gemeinschaftsmarke ihrer Natur nach einheitlich für das Gesamtgebiet der Gemeinschaft gilt, kann es eigentlich auf die Benutzung in bestimmten Mitgliedstaaten nicht ankommen. Andererseits stellt sich natürlich die Frage, ob bei einer auf 25 Mitgliedsländer (und künftig noch mehr) erweiterten Gemeinschaft der Grundsatz unveränderlich gelten muss, dass jede ernsthafte Benutzung in einem Mitgliedstaat ausreichen muss, weil jeder Mitgliedstaat einen wesentlichen Teil der Gemeinschaft ausmacht.

Minimax/Ansul

Der EuGH hat sich bislang im Wesentlichen nur zu einem Problembereich geäußert, nämlich der Frage des Umfangs der Benutzung. Im Fall *Minimax/Ansul*[35] ging es um die Frage, ob die Benutzung der Marke *MINIMAX* für die Wartung von Feuerlöschgeräten als Benutzung dieser Marke für diese Geräte angesehen werden könne. Der EuGH urteilte dazu:

> „1. Artikel 12 Absatz 1 der Ersten Richtlinie 89/104/EWG des Rates vom 21. Dezember 1988 zur Angleichung der Rechtsvorschriften der Mitgliedstaaten über die Marken ist dahin auszulegen, dass eine Marke ernsthaft benutzt wird, wenn sie entsprechend ihrer Hauptfunktion - die Ursprungsidentität der Waren oder Dienstleistungen, für die sie eingetragen wurde, zu garantieren - benutzt wird, um für diese Waren und Dienstleistungen einen Absatzmarkt zu erschließen oder zu sichern, unter Ausschluss symbolischer Verwendungen, die allein der Wahrung der durch die Marke verliehenen Rechte dienen. Die Frage, ob die Benutzung der Marke ernsthaft ist, ist anhand sämtlicher Umstände zu prüfen, die belegen können, dass die Marke tatsächlich geschäftlich verwertet wird; dazu gehören insbesondere Verwendungen, die im betreffenden Wirtschaftszweig als gerechtfertigt angesehen werden, um Marktanteile für die durch die Marke geschützten Waren oder Dienstleistungen zu behalten oder zu gewinnen, die Art dieser Waren oder Dienstleistungen, die Merkmale des Marktes sowie der Umfang und die Häufigkeit der Benutzung der Marke. Dass die Benutzung der Marke nicht Waren betrifft, die auf dem Markt neu angeboten werden, sondern bereits vertriebene Waren, nimmt ihr nicht den Charakter der Ernsthaftigkeit, wenn dieselbe Marke von ihrem

35 EuGH 11.3.2003, Rs. C-40/01, Slg. 2003, I-2439.

Inhaber für Einzelteile, die zur Zusammensetzung oder Struktur dieser Waren gehören, oder für Waren oder Dienstleistungen, die in unmittelbarem Zusammenhang mit bereits vertriebenen Waren stehen und die Bedürfnisse der Abnehmer dieser Waren befriedigen sollen, tatsächlich benutzt wird."

La Mer Technologie/Goemar

In einem kürzlich durch Beschluss abgeschlossen Fall *La Mer Technologie/Goemar*[36] hat der EuGH diese Ausführungen bekräftigt:

> „Es ergibt sich daraus, dass ein Mindestumfang der Benutzung nicht gefordert werden kann, solange nur feststeht, dass die Benutzung „ernsthaft" in dem Sinne war, dass wirkliche Umsätze erzielt werden sollten. Nach dem Minimax-Urteil ist im übrigen auch geklärt, dass die Benutzung in der Werbung, insbesondere in der den Warenabsatz vorbereitenden Werbung, ausreichend sein kann."

E. Schlussbemerkung

Der Überblick über die Entscheidungspraxis des EuGH zum Markenrecht zeigt auf, dass das „Puzzle" des europäischen Markenrechts schrittweise und auch abschnittsweise Gestalt annimmt. Die Entwicklung ist am weitesten fortgeschritten bei den absoluten Eintragungshindernissen und beim Schutzumfang, während sich andere Teilgebiete noch im Dunkeln befinden. Man wird manches neu lernen müssen. Man würde sich auch wünschen, dass der EuGH weniger apodiktisch als häufig geschehen urteilen würde, somit Raum für weitere Ausformungen lassend. Insgesamt gesehen handelt es sich jedoch um eine dem Markenschutz in Europa angemessene Ausgestaltung, die bestätigt, dass das europäische Markenrecht sich in vorderster Linie der internationalen Entwicklung des Markenrechts zu einem wirkungsvollen Instrument aus dem Bündel der Ausschlussrechte des geistigen Eigentums in der wettbewerbsorientierten Marktwirtschaft handelt.

---

36 EuGH 27.1.2004, Rs. C-259/02, noch nicht in Slg. veröffentlicht.

Der Schutz von geografischen Herkunftsbezeichnungen und sein Verhältnis zum Markenrecht

*Dietrich Ohlgart**

I. Wirtschaftliche Bedeutung von geographischen Angaben und von Marken

1. Geografische Herkunftsangaben

Geographische Herkunftsangaben kennzeichnen eine Ware aus einem bestimmten geographischen Gebiet. Bekannte Geographische Herkunftsangaben sind z. B. Spreewälder Gurken, Nürnberger Würstchen, Emmentaler Käse, Champagner und Cognac.

In den letzten 25 Jahren ist die wirtschaftliche Bedeutung der geographischen Herkunftsangaben erheblich gewachsen. Steigendes Qualitätsbewusstsein der Verbraucher und höhere Qualitätsansprüche haben die Nachfrage nach Waren einer bestimmten geographischen Herkunft erheblich verstärkt. Dies hat auch zu einem wachsenden Interesse der Erzeuger am Schutz geographischer Herkunftsangaben geführt. Nach weit verbreiteter Auffassung ist ein wirksamer Schutz geographischer Angaben heute wichtiger denn je. So erklärt es sich, dass nicht nur der deutsche Gesetzgeber den Schutz geographischer Herkunftsangaben im neuen Markengesetz von 1994 aufgenommen hat (§§ 126-128 MarkenG), sondern die EG unter Federführung der Generaldirektion Landwirtschaft im Jahre 1992 die VO No. 2081/92 zum Schutz geographischer Angaben und Ursprungserzeugnisse für Agrarerzeugnisse und Lebensmittel erließ. Ziel der EG war es, mit der Verordnung den Absatz landwirtschaftlicher Produkte zu fördern.

Der hohe Stellenwert des Schutzes geographischer Herkunftsangaben wird schließlich auch dadurch dokumentiert, dass zusammen mit dem Übereinkommen über die

---

* Erweiterte Fassung des am 20. Juni 2003 im Europa-Kolleg Hamburg gehaltenen Vortrags. Der Vortragsstil wurde im Wesentlichen beibehalten.

Einrichtung der World Trade Organization - WTO – am 15.12.1993 das TRIPS-Abkommen (Agreement on Trade-related Aspects of Intellectual Property Rights) abgeschlossen wurde, das dem Schutz der geographischen Herkunftsangaben einen eigenen Abschnitt widmet. Bereits vor diesen Gesetzen war im Jahr 1958 auf Betreiben von Frankreich das Lissabonner Ursprungsabkommen zum Schutz von Ursprungsangaben abgeschlossen worden, das auch heute noch, international gesehen, eine erhebliche Bedeutung hat, obwohl ihm Deutschland niemals beigetreten ist.

2. Marken

Marken kennzeichnen Waren oder Dienstleistungen aus einem bestimmten Unternehmen. Genannt seien die Marken Nivea, LEGO, Nokia, TUI und Allianz. Marken haben die Aufgabe, den Goodwill des Markeninhabers sowie den Verbraucher vor Verwechslungen und Irreführungen zu schützen.[1] Jeder Fachmann weiß heute, welch großen wirtschaftlichen Wert Marken verkörpern. Häufig sind sie der bedeutendste Vermögenswert des Unternehmens. Der gesamte Goodwill des Unternehmens, der mit immensen Kosten aufgebaut worden ist, ist in der Marke verkörpert.

Sowohl im Interesse des Markeninhabers als auch des Verbrauchers ist das Markenrecht als Ausschließlichkeitsrecht konzipiert. Ein Dritter darf weder ein identisches noch verwechslungsfähiges Zeichen für gleiche oder ähnliche Waren oder Dienstleistungen benutzen. Diese Grundsatz ist auch in Artikel 16 des TRIPS-Abkommens verankert. Zutreffend stellte der Generalanwalt F. G. Jacobs in seinen berühmt gewordenen Schlussanträgen im Café Hag II-Fall des EuGH fest:[2]

> "Sobald der Inhaber gezwungen ist, das Zeichen mit einem Konkurrenten zu teilen, verliert er die Kontrolle über den mit dem Zeichen verbundenen Goodwill. Das Ansehen seiner Ware erleidet Schaden, wenn der Konsument minderwertige Ware kauft. Aus der Sicht des Verbrauchers werden sich ebenfalls unerwünschte Folgen ergeben, denn die Eindeutigkeit des durch das Warenzeichen übermittelten Signals wird beeinträchtigt werden. Der Verbraucher wird zu Verwechslungen veranlasst und irregeführt."

Die Marke ist in der Tat ein genauso schutzwürdiges, wichtiges Kennzeichen wie die geographische Herkunftsangabe. Zwischen beiden Kennzeichen sollte es deshalb kein Über- oder Unterordnungsverhältnis geben.

3. Territorialität

Im gewerblichen Rechtsschutz gilt der Territorialitätsgrundsatz. Eine Bezeichnung, die in einem Land eine Orts- oder Gebietsbezeichnung ist, wie z. B. Parma, Pilsen oder Bohemia, ist in anderen Ländern eine Fantasiebezeichnung und deshalb auch dem Markenschutz zugänglich. "Parma" ist in Mexiko und Kanada eine bekannte Marke für Wurstwaren und Schinken. "Pilsner" ist die führende Biermarke in Uruguay und "Bohemia" ist eine Marke für Bier in Mexiko.

Auf Grund der Globalisierung des Warenverkehrs hat sich die Kollision zwischen geographischen Herkunftsangaben und Marken verschärft. Dies zeigt der Streit um den Namen "Budweiser". Die Bezeichnung "Budweiser" ist für die tschechische Brauerei Budejovicky Budvar als Ursprungsangabe nach dem erwähnten Lissabonner Ur-

---

1 EuGH 31.10.1974, Rs. 16/74 (Centrapharm/Winthrop – „Negram III"), Slg. 1974, 1183 = GRUR Int 1974, 476.

2 EuGH 17.10.1990, Rs. C-10/89 (SA CNL-SUCAL/HAG – „Hag II"), Slg. 1990, I-3725 = GRUR Int 1990, 962.

sprungsabkommen geschützt, zum Anderen ist "Budweiser" die weltweit bekannteste Biermarke der amerikanischen Brauerei Anheuser-Busch.[3]

Wie ist nun der Konflikt zwischen Marke und geographischer Herkunftsangabe zu lösen.

II. Rechtslage in Deutschland

1. Rechtsentwicklung

Im deutschen Recht hat der Konflikt zwischen geographischen Herkunftsangaben und Marken die Gerichte nur selten beschäftigt.[4] Dies dürfte in erster Linie daran liegen, dass an geographischen Herkunftsangaben keine konkreten subjektiven Rechte bestehen.[5] Der bis zur Einführung des neuen Markengesetzes gewährte Schutz war allein ein Schutz gegen Unlauterkeit und gegen Irreführung des Verkehrs und seinem Schwerpunkt nach wettbewerbsrechtlich ausgestaltet. Nach der Generalklausel des § 3 UWG ist die Benutzung einer irreführenden Angabe über den Ursprung der Ware im geschäftlichen Verkehr zu Zwecken des Wettbewerbs unzulässig. Die Schutzbestimmung des § 3 UWG geht nicht vom Schutzbedürfnis der geographischen Herkunftsangabe selbst aus, sondern hat den Zweck, falsche und irreführende Herkunftsangaben zu unterdrücken. Im Vordergrund steht mithin der Schutz der redlichen Mitbewerber und der Allgemeinheit, insbesondere der Verbraucher, gegen unlauteres Verhalten und Schädigung durch irreführende Angaben. Schutzgegenstand ist die Lauterkeit des geschäftlichen Verkehrs.[6]

Erst das neue Markengesetz führte eine in sich geschlossene Regelung über den Schutz geographischer Herkunftsangaben ein, wobei der Gesetzgeber den Begriff der geographischen Herkunftsangabe sehr weit definiert hat. Nach § 126 MarkenG sind geographische Herkunftsangaben nicht nur Namen von Orten, Gegenden, Gebieten oder Ländern, sondern auch mittelbare geographische Angaben, nämlich "Angaben über Zeichen, die im geschäftlichen Verkehr zur Kennzeichnung der geographischen Herkunft von Waren oder Dienstleistungen benutzt werden." Als Beispiel für eine mittelbaren geographische Herkunftsangabe sei die Bocksbeutelflasche für Frankenwein genannt.

Nach § 126 MarkenG sind somit sowohl einfache geographische Herkunftsangaben als auch qualifizierte geographische Herkunftsangaben und mittelbare geo-graphische Herkunftsangaben geschützt. Unter einfachen geographischen Angaben versteht man Bezeichnungen, die zur Kennzeichnung der geographischen Herkunft der Waren benutzt werden, ohne auf örtliche Eigenschaften oder Qualitätsmerkmale hinzuweisen. Die qualifizierten Herkunftsangaben, die auch Ursprungsbezeichnungen genannt wer-

---

3 Anheuser-Busch, Inc. wird von dem Autor in den Rechtsstreitigkeiten mit der tschechischen Brauerei Budejovicky Budvar anwaltlich beraten.

4 BGH GRUR 1969, 611 – Champagner – Weizenbier; BGH GRUR 1969, 615 – Champi – Krone; BGH GRUR 2001, 420 - SPA

5 Der BGH hebt in der SPA-Entscheidung – GRUR 2001, 420, 422 – hervor, dass die geographische Herkunftsangabe kein geistiges Eigentum begründe und sich sein Individualitätsschutz nur reflexartig aus seiner Natur nach wettbewerbsrechtlichem Schutz ergibt.

6 BVerfG GRUR 1979, 773 ff, 777 – Weinberglage. Deutschland hat darüber hinaus zahlreiche bilaterale Verträge zum Schutz geographischer Herkunftsangaben u.a. mit Frankreich, Italien, Spanien, Griechenland und der Schweiz abgeschlossen. Außerdem sind geographische Herkunftsangaben vielfach in allgemeinen Handelsabkommen geschützt worden, s. *Fezer*, Markenrecht, 3. Aufl. 2001, S. 2069 ff.

den, sind dagegen Bezeichnungen, bei denen die geographische Herkunft der Ware besondere Eigenschaften oder Qualitätsmerkmale aufweist. Bei ihnen besteht eine enge Verbindung zwischen den Eigenschaften, den Gütemerkmalen der Ware, die ihren Ursprung in dem mit dem geographischen Namen gekennzeichneten Gebiet haben.

Geographische Herkunftsangaben sind nach § 127 MarkenG irreführend und, soweit sie einen besonderen Ruf genießen, auch gegen Rufausbeutung geschützt.

2. Prioritätsprinzip

Eine ausdrückliche Regelung über die Lösung des Konflikts zwischen geographischen Angaben und Marken gibt es in den §§ 126 ff. MarkenG nicht. Allerdings findet § 6 i. V. m. § 13 MarkenG Anwendung. Danach gilt das Prioritätsprinzip. Das jüngere Kennzeichen – gleichgültig ob Marke oder geographische Herkunftsangabe – muss dem älteren Zeichen weichen.

Die Kollision zwischen Marke und einer geographischen Herkunftsangabe auf dem Gebiet des deutschen Weinrechts führte im Jahre 1979 zu einer Grundsatzentscheidung des Bundesverfassungsgerichts[7]. Basierend auf der EG-Agrarmarktordnung für Wein wurde das deutsche Weinrecht 1971 novelliert, mit der Folge, dass neue geographische Herkunftsbezeichnungen für Wein durch Schaffung neuer Weinbergslagen eingeführt wurden. Nach § 10 des neuen Weingesetzes durften Lagebezeichnungen nur noch verwendet werden, wenn sie in der Weinbergsrolle eingetragen waren. Dies machte es dem Kläger unmöglich, seine seit vielen Jahren eingetragene Marke "Burgheimer Schlossberg" für seine Weine weiterhin zu benuten, da die Bezeichnung nicht als eine Weinbergslage in die Weinbergsrolle eingetragen werden konnte. Das Bundesverfassungsgericht stellte fest, dass die eingetragene Marke ein subjektives Recht sei, das dem Markeninhaber "eine absolute, gegenüber jedermann wirkende" Rechtsposition verschaffe, die nach Art. 14 GG gegen den Entzug oder die Beeinträchtigung geschützt sei. Es erklärte dementsprechend § 10 des deutschen Weingesetzes insoweit als nichtig, als es dem Kläger das Recht nahm, seine Marke weiterhin zu benutzen.

Das Bundesverfassungsgericht stellte in seiner Entscheidung fest, dass es sich bei einer eingetragenen Marke um ein "geschütztes Ausschließlichkeitsrecht handelt, dass allein seinem Inhaber die Befugnis gibt, Waren der angemeldeten Art oder ihrer Verpackung oder Umhüllung mit dem Warenzeichen zu versehen und die so bezeichneten Waren in Verkehr zu bringen.

III. Lissabonner Ursprungsabkommen

1. Begriffsbestimmung

Das Lissabonner Ursprungsabkommen (nachfolgend LUA) zum Schutz von Ursprungsangaben hat auch heute noch erheblich Bedeutung, obwohl ihm nur drei Mitgliedsländer der EU angehören: Frankreich, Italien und Portugal. Deutschland hat nie ernsthaft erwogen, dem LUA beizutreten. Es hat sich darauf konzentriert, bilaterale Verträge zum Schutz geographischer Herkunftsangaben abzuschließen. Über 800 Ursprungsangaben sind nach dem LUA geschützt. Obwohl es nach seinem Wortlaut für Waren aller Art gilt, ist es primär darauf gerichtet, Weinbezeichnungen zu schützen.

7 BVerfGE 51, 193.

Das LUA definiert den Begriff der Ursprungsangabe wesentlich enger als die geographische Herkunftsangabe, wie sie nach § 126 MarkenG geschützt ist. Ursprungsangaben i. S. d. LUA sind nur der Name einer Gegend, eines bestimmten Ortes oder Landes, die zur Bezeichnung eines Erzeugnisses dienen und ihre Güte und Eigenschaften ausschließlich oder überwiegend den geographischen Verhältnissen dieser Gegend verdanken. Mit anderen Worten werden nach dem LUA nur unmittelbare marktqualifizierte Herkunftsangaben geschützt, bei denen ein enger Zusammenhang zwischen den Eigenschaften der Ware und dem geo-graphischen Gebiet seine Herstellung besteht. Außerdem genießt eine Ursprungsangabe nach Art. 1 LUA nur Schutz, wenn sie auch im Ursprungsland als solche anerkannt und geschützt ist.

2. Registrierung

Geographische Angaben, die diese engen Voraussetzungen erfüllen, und die in das von der World Intellectual Property Organization (WIPO) geführte internationale Register als Ursprungsbezeichnung eingetragen sind, genießen allerdings einen sehr starken Schutz. Eingetragene Ursprungsbezeichnungen dürfen in keinem Verbandsland als Gattungsbezeichnungen qualifiziert und schutzlos gestellt werden, so lange sie noch im Ursprungsland geschützt sind. Außerdem genießen die eingetragenen Ursprungsangaben nach Art. 3 absoluten Schutz, ohne dass es auf eine Irreführungsgefahr ankommt. Marken, die einen geographischen Bezug haben, und mit der eingetragenen Ursprungsangabe kollidieren, müssen der Ursprungsangabe weichen. Art. 5 LUA sieht lediglich eine Auslauffrist für die kollidierenden Marken von bis zu 2 Jahren vor.

Allerdings kann der Inhaber einer älteren Marke den Schutz einer identischen oder verwechslungsfähigen jüngeren Ursprungsbezeichnung verhindern. Stellen die Behörden eines Verbandslandes fest, dass die schutzsuchende Ursprungsbezeichnung mit einer älteren Marke kollidiert, so können sie innerhalb einer Frist von 12 Monaten nach Veröffentlichung der kollidierenden Ursprungsbezeichnung ihr den Schutz versagen. Auch nach Ablauf der 12-Monats-Frist kann der Markeninhaber gerichtlich gegen den Schutz der kollidierenden Ursprungsbezeichnung vorgehen. Er kann auf Schutzentziehung klagen.[8] Die rechtskräftige Schutzentziehung wird auf Antrag von WIPO in das internationale Register eingetragen.[9] Das LUA enthält somit eine Kollisionsregelung zwischen Marke und Ursprungsangabe, die nach dem im Art. 4 PVÜ verankerten Prioritätsgrundsatz über kollidierende Rechte vorzunehmen ist.

IV. Schutz von geographischen Herkunftsangaben in der EU

1. Herkunftsangaben für Weine

Der Schutz geographischer Herkunftsangaben in der Europäischen Union ist sehr unterschiedlich geregelt. Seit vielen Jahren bestand das Bedürfnis einer gemeinschaftsweiten Regelung für Weine, das geographische Bezeichnungen in Europa traditionell für Weine verwendet werden. Die Organe der Gemeinschaft schufen deshalb zunächst

---

8 Unveröffentlichtes Urteil des Italienischen Kassationshofs (Corte di Cassazione) vom 21. Mai 2002, Aktz. 13168/02.

9 Regel 16 zum Lissabonner Ursprungsabkommen in der Fassung vom 3. Oktober 2001, s. WIPO Dokument Li/A/17/2 vom 3. Oktober 2001 http://www.wipo.int./clea/docs/en/wo/wo013en.htm

den Schutz von geographischen Herkunftsangaben für Weine.[10] Nach Art. 40 der VO 2392/89 besteht für geographische Weinbezeichnungen ein umfassender Schutz vor jeder Verwendung für Bezeichnungen, die Verwechslungen oder Irreführungen mit der geographischen Angabe hervorrufen. Ausdrücklich verboten ist jede Verwendung von Marken für Wein, die geographische Angaben enthalten, unabhängig davon, ob die kollidierende Weinmarke älter ist als die geographische Bezeichnung. Dies führte zu dem Streitfall TORRES, über den vielfach berichtet worden ist.[11] Die spanische Gesellschaft Miguel Torres S. A. ist seit 1911 Inhaberin der spanischen Marke TORRES, unter der sie seit Jahrzehnten erfolgreich ihre Qualitätsweine verkauft hat. Die Marke TORRES war in zahlreichen Ländern der Welt als Marke geschützt. In Portugal erfolgte die Eintragung der Marke im Jahre 1962. Auf Grund einer Verordnung der EG aus dem Jahre 1989 führte Portugal eine neue geographische Bezeichnung für ein kleines Weinbaugebiet unter dem Namen TORRES VEDRAS ein. Unter TORRES VEDRAS vermarktete Weine waren nur von mäßiger, wenn nicht gar geringer Qualität. TORRES VEDRAS-Weine wurden weder international vermarktet, noch wurden diese Weine in bekannten internationalen Weinführern erwähnt.

Auf Grund der erwähnten EG-Weinverordnung wäre die spanische TORRES-Gesellschaft gezwungen gewesen, die Benutzung der Marke TORRES nach einer kurzen Übergangsfrist aufzugeben. Der Goodwill, den das Unternehmen durch jahrzehntelange Benutzung der Marke für Qualitätsweine international aufgebaut hatte, wäre verloren. Die Regelung in Art. 40 der EG-Weinverordnung führte praktisch zu einer Enteignung der Marke TORRES ohne jegliche Entschädigung. Nur auf Grund massiven Drucks der spanischen TORRES-Gesellschaft gelang es, die EG-Kommission zu bewegen, die EG-Weinverordnung zu ändern und eine weitere Benutzung der Marke TORRES für Weine zu ermöglichen. Mit dieser Koexistenz-Regelung gab sich die Firma Miguel Torres S. A. zufrieden, obwohl sie, wenn man die Grundsätze der erwähnten Bundesverfassungsgerichts-Entscheidung heranzieht, gute Aussichten hatte, die entsprechende Bestimmung der EG-Weinverordnung durch den EuGH für nichtig erklären zu lassen. Die nunmehr bestehende Koexistenz der Marke TORRES und der geographischen Herkunftsangabe TORRES VEDRAS ist unbefriedigend, denn nunmehr kann der portugiesische Wein TORRES VEDRAS von dem guten Ruf der Weinmarke TORRES profitieren. Der bekannten TORRES-Marke droht eine erhebliche Verwässerung.

2. Herkunftsangaben für sonstige landwirtschaftliche Erzeugnisse

Auf Betreiben der Generaldirektion Landwirtschaft der EG-Kommission wurde im Jahre 1992 der Schutz geographischer Herkunftsangaben für landwirtschaftliche Erzeugnisse außerhalb des Weinbereichs durch die Verordnung Nr. 2081/92 erheblich ausgebaut. Mit dieser Verordnung führte die Europäische Gemeinschaft einen gemeinschaftsweiten Schutz für qualifizierte geographische Herkunftsangaben für Agrarerzeugnisses einschließlich Bier und Mineralwasser ein.[12] Die Schaffung der Verordnung

10 Die Wein-VO ist 1999 durch eine neue Regelung ersetzt worden. Nunmehr findet sich die einschlägige Vorschrift in Artikel 47 i.V. m. Annex VII F und Annex VIII H der EG-Verordnung über die Gemeinsame Marktordnung für Wein (EC) No. 1493/1999 vom 17. Mai 1999.

11 S. *Harte-Bavendamm*, Geographical Indications and Trademarks: Harmony or Conflict? in Symposium on the International Protection of Geographical Indications, Somerset West, South Africa; WIPO Dokument: WIPO/GEO/CPT/99/6.

12 Zur Unterscheidung zwischen einfachen und qualifizierten Herkunftsangaben siehe auch EuGH 7.11.2000, Rs. C-312/98 (Schutzverband gegen Unwesen in der Wirtschaft e.V./Warsteiner Braue-

der EG-Kommission hatte jedoch nicht die Vereinheitlichung des Schutzes der geographischen Herkunftsangaben in der Europäischen Gemeinschaft vor Augen, sondern sie verfolgte primär das agrarpolitische Ziel, die Erzeugung von landwirtschaftlichen Produkten mit bestimmten Merkmalen zu fördern und dadurch das Einkommen der Landwirte zu steigern. Diese Zielsetzung erklärt, warum die Rechte der Markeninhaber in der Verordnung nur unzulänglich berücksichtigt wurden.

Die Verordnung gewährt qualifizierten geographischen Herkunftsangaben, die nach Anmeldung und Prüfung in ein von der EG-Kommission geführtes Gemeinschaftsregister eingetragen werden, nicht nur Schutz gegen Verwendung irreführender Bezeichnungen, insbesondere irreführender Marken, sondern die geographische Herkunftsangabe ist nach Art. 13 der Verordnung gegen jede direkte oder indirekte kommerzielle Verwendung einer Bezeichnung für vergleichbare Erzeugnisse geschützt.

Eine vor der geographischen Herkunftsangabe angemeldete Marke durfte nach Art. 14(1) der VO 2081/92 in einem Mitgliedsstaat nicht mehr eingetragen werden, "wenn vor ihrer Eintragung eine geographische Herkunftsangabe veröffentlicht worden ist", die ihrerseits – sei es auch erst später – zur Eintragung in das Gemeinschaftsregister führte. Diese Regelung missachtete den allgemein anerkannten Prioritätsgrundsatz. Erst im April 2003 entschloss sich die EG Art. 14 (1) der Verordnung zu ändern und den Prioritätsgrundsatz zu beachten.[13] Unverändert geblieben ist jedoch Art. 14 (2) der Verordnung, wonach eine ältere Markenanmeldung – oder -eintragung – grundsätzlich nicht die Eintragung einer jüngeren kollidierenden geographischen Herkunftsangabe verhindern kann. Unter Verlust ihrer Ausschließlichkeit muss die Marke mit der geographischen Herkunftsangabe koexistieren. Die Koexistenz hat zwangsläufig eine Verwässerung der Marke zur Folge. Eine Eintragung der kollidierenden jüngeren geographischen Herkunftsangabe kann nach Art. 14 (3) der Verordnung vom Markeninhaber nur dann verhindert werden, wenn "in Anbetracht des Ansehens, das die Marke genießt, ihr Bekanntheitsgrad und die Dauer ihrer Verwendung die Eintragung der geographischen Herkunftsangabe zur Irreführung der Verbraucher über die wirkliche Identität der Produkte führt. Dies bedeutet in der Praxis, dass nur Inhaber berühmter Marken die Eintragung einer kollidierenden jüngeren geographischen Herkunftsangabe verhindern können.

V. Regelung im TRIPS-Abkommen

1. Schutz von Herkunftsangaben

Wie bereits erwähnt, hat mit dem Inkrafttreten des TRIPS-Abkommens eine neue Ära im weltweiten Schutz geographischer Herkunftsangaben begonnen. Das TRIPS-Abkommen legt Mindeststandards für die gewerblichen Schutzrechte fest, die von allen Mitgliedsstaaten der WTO zu beachten sind. In separaten Abschnitten sind sowohl die Mindestschutzrechte für Marken (Artt. 15-21) als auch für geographische Herkunftsangaben (Artt. 22-24) festgelegt. Der Begriff der geographischen Herkunftsangaben ist in Art. 22 TRIPS wesentlich enger als im deutschen Recht formuliert. Danach sind geographische Angaben nur solche Angaben "die ein Erzeugnis als aus dem Hoheitsgebiet

rei), Slg 2000, I-9187 = GRUR Int 2001, 51, sowie *Büscher*, Der Schutz geographischer Herkunftsangaben nach der Warsteiner Entscheidung des EuGH, in Festschrift für Erdmann, 2002, 237 ff.

13 EG-Verordnung (EG) Nr. 692/2003, ABl. 17.4.2003 L99/1.

eines Mitgliedsstaates oder aus einer Gegend oder einem Ort in diesem Gebiet stammend, kennzeichnen, wenn eine bestimmte Qualität, der Ruf oder eine sonstige Eigenschaft des Erzeugnisses im wesentlichen auf ihrer geographischen Herkunft beruht." TRIPS verlangt also einen Zusammenhang zwischen den Eigenschaften und der Qualität der Ware mit ihrer geographischen Herkunft. Allerdings ist der Begriff weiter als der der Ursprungsangabe LUA. Nach Art. 22 TRIPS sind auch mittelbare qualifizierte Herkunftsangaben geschützt. Ferner reicht es aus, wenn ein Zusammenhang zwischen dem guten Ruf der Ware und ihrer geographischen Herkunft besteht.

Nach Art. 22 (2) TRIPS sind geographische Angaben gegen die Benutzung irreführender Bezeichnungen sowie gegen unlautere Wettbewerbshandlungen i. S. d. Art. 10bis PVÜ geschützt. Einen absoluten, von jeglicher Irreführung unabhängigen Schutz, gibt es nach Art. 23 nur für Weine und Spirituosen. Die Verwendung von geographischen Bezeichnungen für Weine und Spirituosen, die nicht ihren Ursprung in dem geographischen Gebiet haben, ist unzulässig, auch wenn der wahre Ursprung der Waren angegeben ist. Außerdem ist der Schutz insoweit erweitert, als auch eine Übersetzung einer geographischen Angabe nicht als Marke oder sonstige Bezeichnung benutzt werden darf.

Um den Schutz geographischer Angaben für Weine zu erleichtern, sieht Art. 23 (4) ferner eine Modifizierung und Eintragung geographischer Angaben in ein neu zu schaffendes Register für Weine vor. Für Marken, die mit geographischen Angaben kollidieren, gewährt Art. 24 (5) eine Besitzstandswahrung (grandfather clause). Diese Vorschrift garantiert den Weiterbestand gutgläubig erworbener Markenrechte. Unter den Bestandsschutz fallen sowohl angemeldete und eingetragene als auch durch Benutzung erworbene Marken. Voraussetzung ist neben der Gutgläubigkeit, dass der Markenerwerb entweder vor dem Zeitpunkt der Anwendung des TRIPS-Abkommens im Schutzland oder vor Entstehung des Schutzes der geographischen Herkunftsangabe im Ursprungsland stattgefunden hat.

2. Mindeststandards

Im 2. Abschnitt von Teil II des TRIPS-Abkommens sind die Mindeststandards für das Markenrecht geregelt. Nachdem bereits erwähnten Art. 16 (1) TRIPS steht dem Inhaber einer eingetragenen Marke "das ausschließliche Recht zu, Dritten zu verbieten, ohne seine Zustimmung im geschäftlichen Verkehr identische oder ähnliche Zeichen für Waren oder Dienstleistungen, die identische oder ähnlich sind, für welche die Marken eingetragen ist, zu benutzen, wenn diese Benutzung die Gefahr von Verwechslung nach sich ziehen würde."

Nach dieser Vorschrift kann der Markeninhaber also die Benutzung jedes identischen oder ähnlichen Zeichens für identische Waren oder Dienstleistungen verbieten, die eine Verwechslungsgefahr begründen. Unter den Begriff "Zeichen" fallen selbstverständlich auch geographische Angaben.

Die Geltung des Prioritätsgrundsatzes ist mittelbar in Art. 16 (1) Satz 3 TRIPS geregelt, in dem es ausdrücklich heißt: Die vorstehend beschriebenen Rechte beeinträchtigen bestehende ältere Rechte nicht." Außerdem folgt die Anwendung des Prioritätsgrundsatzes aus Art. 2 TRIPS, wonach die Mitglieder der WTO bezüglich der Regelung über die Marken und geographischen Angaben in Teil 2 des TRIPS Abkommens ausdrücklich die Art. 1-12 der PVÜ, mithin auch den in Art. 4 PVÜ verankerten Prioritätsgrundsatz zu befolgen haben.

Offen ist die Frage, wie das Verhältnis von Art. 16 (1) TRIPS zu Art. 24 (5) ist. Die Antwort auf diese Frage hat weitreichende Folgen für den Markeninhaber. Kann der Inhaber einer älteren Marke nach Art. 16 (1) die Benutzung einer verwechslungsfähigen geographischen Herkunftsangabe verbieten oder muss er nach Art. 24 (5) TRIPS eine Koexistenz mit dem jüngeren geographischen Zeichen hinnehmen. Falls Art. 16 (1) TRIPS dahingehend auszulegen ist, dass der Inhaber einer Marke die Benutzung einer jüngeren kollidierenden geographischen Herkunftsangabe verbieten kann, dann dürfte die erwähnte Regelung in Art. 14 (2) der EG-VO Nr. 2081/92 gegen TRIPS verstoßen.

Ich bin der Meinung, dass Art. 24 (5) TRIPS keine Ausnahmevorschrift zu Art. 16 (1) TRIPS darstellt. Art. 24 TRIPS steht im Abschnitt über den Schutz geographischer Herkunftsangaben und nicht in dem Abschnitt über den Mindestschutz für Marken. Art. 24 (5) TRIPS spricht auch nicht von Koexistenz von Marken und geographischen Herkunftsangaben. Der Wortlaut dieser Bestimmung schließt nicht aus, dass der Inhaber sein ihm in Art. 16 (1) verliehenes Ausschließlichkeitsrecht ausübt. Ich meine, dass Art. 24 (5) TRIPS den Schutz der geographischen Herkunftsangabe gegenüber älteren kollidierenden Marken beschränkt, nicht jedoch das dem Markeninhaber in Art. 16 TRIPS gewährte Ausschließlichkeitsrecht. Würde man Art. 24 (5) als Ausnahme zu Art. 16 (1) TRIPS werten und damit zu einer Koexistenzregelung zwischen der älteren Marke und der jüngeren verwechslungsfähigen geographischen Angabe kommen, so würde dies nicht nur zu einer gravierenden Verwässerung der Marke führen, sondern im Ergebnis eine Enteignung von Markenrechten darstellen. In der erwähnten Burgheimer Schlossberg-Entscheidung hatte das Bundesverfassungsgericht festgestellt, dass die Marke ein subjektives Recht des Markeninhabers sei, dass ihm "eine absolute, gegen jedermann wirkende" Rechtsposition verschaffe, die nach Art. 14 GG gegen Beeinträchtigung geschützt ist. Das Ausschließlichkeitsrecht ist Kernbestandteil des Markenrechts. Zutreffend hat Generalanwalt Jacobs in dem erwähnten Café Hag II-Fall hervorgehoben:[14]

"Sobald der Inhaber gezwungen ist, das Zeichen mit einem Konkurrenten zu teilen, verliert er die Kontrolle über den mit dem Zeichen verbundenen Goodwill."

In der Präambel zum TRIPS-Abkommen ist ausdrücklich hervorgehoben, dass es das Ziel verfolgt, die individuellen Rechte des geistigen Eigentums zu fördern und sicherzustellen. Es kann deshalb nicht angenommen werden, dass Art. 24(5) dem älteren Markeninhaber das Recht nimmt, sich gegen jüngere verwechslungsfähige geographische Angaben zur Wehr zu setzen.

3. Verhältnis zum Markenschutz

Abschließend möchte ich noch auf die Bestrebungen hinweisen, die den Schutz geographischer Herkunftsangaben zulasten von Marken erweitern möchten.

Bei der Konferenz der Mitgliedstaaten der WTO im November 2001 in Doha wurde die so genannte "Doha Deklaration" verabschiedet wonach nicht nur das in Art. 23(4) TRIPS erwähnte Register für geographische Weinbezeichnungen alsbald einzuführen ist, sonder es wurde auch beschlossen, zu prüfen, ob der absolute – von jeder Irreführung unabhängige – Schutz geographischer Herkunftsangaben nach Art. 23 TRIPS auf

14 S. oben Fn. 2.

andere Produkte als Weine und Spirituosen auszudehnen ist.[15] Die "Doha Deklaration" haben mehrere Mitgliedsländer der WTO und vor allem die EG Kommission zum Anlass genommen, eine Ausdehnung des Schutzes nach Art. 23 TRIPS auf alle Waren zu fordern und ein welt-weites Register für geographische Angaben zu schaffen.[16] Die EG Kommission sieht die Regelung des Verhältnisses von Marken zu geographischen Angaben wie sie in der Verordnung Nr. 2081/92 geregelt ist als Vorbild für Regelungen in einem ergänzten TRIPS Abkommen.

Sollte Art. 23 TRIPS auf andere Waren als Weine und Spirituosen ausgedehnt werden, dann verschärft sich der Konflikt zwischen Marken und geographischen Herkunftsangaben erheblich. Es könnten in Zukunft keine Marken, die einen geographischen Bezug haben, eingetragen oder benutzt werden, selbst wenn feststeht, dass sie dem schutzsuchenden Land nicht irreführen, da der Verkehr in ihnen keine Angabe über die geographische Herkunft erblickt. Soweit ersichtlich sind bisher auch keine Gründe vorgetragen worden, mit denen sich die Ausdehnung des absoluten Schutzes von geographischen Herkunftsangaben auf alle Waren rechtfertigen ließe. Das Territorialitätsprinzip, das den Gewerblichen Rechtschutz beherrscht, erschwert natürlich den Nachweis, dass eine geographische Marke im Schutzland irreführend ist, wenn die Marke einen Namen trägt der im Schutzland gänzlich unbekannt ist. Häufig wird es deshalb nicht gelingen, den Nachweis der Irreführung der geographischen Marke zu bringen. Dies ist aber kein Grund, einen absoluten Schutz für geographische Herkunftsangaben zu gewähren.

Nur wenige Deutsche dürften den schwedischen Ort Mora kennen, sie kennen aber vielleicht die in Schweden sehr bekannte Marke MORA für Knäckebrot, das nicht aus dem Ort Mora kommt. Soll es wirklich dem schwedischen Knäckebrothersteller in Zukunft verwehrt werden seine Marke MORA in Deutschland zu schützen und zu benutzen, nur weil es den schwedischen Ort Mora gibt und dort einmal Knäckebrot hergestellt werden könnte?

Ein absoluter Schutz geographischer Herkunftsangaben ließe sich nur aufgrund eines Freihaltebedürfnisses rechtfertigen. Ein abstraktes, hypothetisches Freihaltebedürfnis wird aber mit Recht weder in Deutschland noch zahlreichen anderen Ländern anerkannt. Nach § 8 MarkenG ist Markenschutz für einen geographischen Namen nur zu versagen, wenn ein konkretes Freihaltebedürfnis an den Namen besteht.[17] Da Weine und Spirituosen traditionell unter geographischen Angaben (zum Beispiel Piesporter Tröpfchen, Flensburger Rum) vertrieben wurden, mag der absolute Schutz für diese Waren gerechtfertigt sein. Dies ist aber kein Grund, den absoluten Schutz geographischer Herkunftsangaben zum Nachteil von Marken auf weitere Waren zu erstrecken. Der bestehende Schutz geographischer Angaben wegen Irreführungsgefahr und bei Bekanntheit gegen Rufausbeutung ist völlig ausreichend.

---

15 In der Doha Declaration (WT/MIN) (01) (DEC/1) heißt es in Nr. 18: „We note that issues related to the extension of the protection of geographical indications provided for in article 23 to products other than wine and spirit will be addressed in the Council for TRIPS pursuant to paragraph 12 of this Declaration".

16 WTO Dokument Nr. IP/C/W/353 vom 24. Juni 2002.

17 *Fezer*, Markenrecht, 3. Aufl. 2001, § 8 Rdz. 61, 119, 215 ff.

VI. Schlussfolgerung

Das TRIPS Abkommen sieht erstmals ein umfassenden Schutz geographischer Herkunftsangaben gegen die Verwendung irreführender Bezeichnungen vor. Dies ist ein großer Fortschritt. TRIPS behandelt jedoch geographische Herkunftsangaben und Marken gleichrangig. Es gibt kein Über- oder Unterordnungsverhältnis wie in der EG-Verordnung Nr. 2081/92 oder den bilateralen Verträgen, die Deutschland in der Vergangenheit zum Schutz geographischer Herkunftsangaben abgeschlossen hat. Die Kollision von geographischen Marken und geographischen Herkunftsangaben wird nach dem alt-bewährten Prioritätsgrundsatz gelöst.

Die geplante Erweiterung, den absoluten Schutz geographischer Herkunftsangaben auf andere Waren als Weine und Spirituosen zu erstrecken, ist abzulehnen. Damit würde ein abstraktes Freihaltebedürfnis für alle geographischen Herkunftsangaben anerkannt werden, das bisher stets verneint worden ist.

Einheitlicher Patentschutz in Europa?

Winfried Tilmann[*]

I. Gegenwärtiger Stand

Das Patentrecht in Europa ist heute durch das Nebeneinander von nationalen Patentrechten und dem Europäischen Patent, erteilt vom Europäischen Patentamt in München auf der Grundlage des Europäischen Patentübereinkommens, gekennzeichnet. Die Wirkung der zentralen Prüfung und Erteilung durch das Europäische Patentamt ist ein so genanntes "Bündel nationaler Patentrechte". Dieser Ausdruck ist ungenau, weil es sich in Wirklichkeit um die Rechtswirkungen eines internationalen Übereinkommens handelt, das sich keineswegs auf eine Regelung von Rechtsfragen bis zur Erteilung beschränkt. Vielmehr regeln Art. 69 EPÜ und das Protokoll hierzu Fragen des Schutzumfangs für europäische Patente. Außerdem sind die Nichtigkeitsgründe vereinheitlicht (Art. 138 EPÜ) sowie das Verhältnis zwischen europäischer Patentanmeldung und europäischem Patent einerseits und nationaler Patentanmeldung und nationalem Patent andererseits und die Wirkung als so genanntes "älteres Recht" (Art. 139 EPÜ). Nur für darüber hinausgehende Rechtswirkungen bedient sich das EPÜ des nationalen Rechts durch Verweisung. Diese Verweisung inkorporiert die Rechtsregeln des nationalen Rechts in das EPÜ in dem Sinne, dass es sich um EPÜ-Rechtsfolgen handelt.

Auf internationaler Ebene gilt weiterhin die Pariser Verbandsübereinkunft mit einer grundlegenden Rechtsregel der Inländerbehandlung. Von großer Bedeutung ist das Übereinkommen "TRIPs" (Trade Related Aspects of Intellectual Property), das einen Patentschutz in allen Bereichen der Technik gebietet und zahlreiche Regeln auch für die Rechtsdurchsetzung enthält. Insoweit ist bereits Weltrecht im Bereich der Durchsetzung Geistigen Eigentums entstanden.

Wenden wir uns dem Gemeinschaftsrecht zu, so ist der Befund dort bisher relativ bescheiden. Die Biopatent-Richtlinie ist in wesentlichen Mitgliedstaaten (Frankreich, Deutschland u.a.) noch nicht umgesetzt. Allerdings sind die Regeln bereits umgesetzt in den Regeln 23B bis 23E der Ausführungsordnung zum EPÜ. Sie gelten daher für europäische Patente und damit für einen erheblichen Teil des in der Gemeinschaft bestehenden Patentrechts. Zu erwähnen ist weiter der Entwurf der Computerprogramm-Richtlinie. Hier liegen inzwischen die Stellungnahmen des Wirtschafts- und Sozialausschusses (ECOSOC) und des Europäischen Parlaments vor, letztere sehr positiv. Ich lasse hier zahlreiche weitere europäische Rechtsakte auf Teilgebieten des Patentrechts

[*] Erweiterte Fassung des am 20. Juni 2003 im Europa-Kolleg Hamburg gehaltenen Vortrags. Der Vortragsstil wurde im Wesentlichen beibehalten.

außer Betracht, die im Anhang zum Richtlinien-Entwurf der Kommission zur Durchsetzung der Rechte Geistigen Eigentums aufgeführt sind.[1]

II. Zukunftsprojekte

1. Gemeinschaftspatentverordnung

Die Zukunft im Bereich des Patentrechts der Gemeinschaft ist eindeutig von dem Entwurf zur GemeinschaftspatentVO geprägt. Zu berücksichtigen ist ferner das "Konkurrenzvorhaben" eines European Patent Litigation Protocol (oder European Patent Litigation Agreement) als eines Untervertrags zum Europäischen Patentübereinkommen. Noch nicht in Sicht ist eine Rechtsangleichungsrichtlinie im Patentrecht (nach dem Muster der Markenrechtsrichtlinie).

In wenigen Stichworten die Geschichte der GemeinschaftspatentVO: Das Gemeinschaftspatent-Übereinkommen von 1975 ist nicht von allen Mitgliedstaaten der Gemeinschaft ratifiziert worden. Insbesondere Großbritannien hat Bedenken wegen des Gerichtssystems geltend gemacht. Auch eine Überarbeitung aus dem Jahre 1985 war nicht erfolgreich. 15 Jahre vergingen ohne einen Fortschritt. Die Kommission hat alsdann im Jahre 2000 einen ersten Entwurf einer Verordnung zum Gemeinschaftspatent vorgelegt, der eine vollständige Zentralisierung der Gerichtsbarkeit in der ersten und zweiten Instanz vorsah. Hiergegen wurden von zahlreichen Stellen Bedenken erhoben (Verstoß gegen das Subsidiaritätsprinzip, Benutzerferne des Gerichts erster Instanz, Nicht-Nutzung der vorhandenen Kapazitäten in den Mitgliedstaaten). Die lange Debatte wurde mit einem gemeinsamen Standpunkt des so genannten Wettbewerbsrats der Gemeinschaft am 03.03.2003 abgeschlossen.

Die Struktur der GemeinschaftspatentVO ist dadurch gekennzeichnet, dass die Gemeinschaft dem Europäischen Patentübereinkommen als "Mitglied" beitritt. Wenn ein Anmelder die Gemeinschaft benennt, entsteht aus der Patenterteilung durch das Europäische Patentamt ein Gemeinschaftspatent für die gesamte Gemeinschaft. Die GemeinschaftspatentVO regelt die Rechtsfolgen einer Verletzung. Kernpunkt ist die Schaffung eines Gemeinschaftspatentgerichts (CPC: Community Patent Court).

Was waren die Hauptstreitpunkte vor der Entscheidung am 03.03.2003? Es ging zunächst um die leidige Frage der Übersetzungen. Das Europäische Patentamt bestand auf den EPÜ-Sprachen (Deutsch, Englisch, Französisch). Insbesondere die Mittelmeer-Gemeinschaftsstaaten bestanden auf der Berücksichtigung ihrer eigenen Sprache. Der zweite Streitpunkt war der Wunsch einer Reihe von Mitgliedstaaten, ihre nationalen Ämter in die Arbeit des Europäischen Patentamts einzubinden, um die vorhandenen Arbeitskräfte zu nutzen, Entlassungen zu vermeiden und weiterhin an der vorderen Front der Technologie mitzuarbeiten. Hauptstreitpunkt war indessen die Frage, ob schon in der ersten Instanz ein zentrales Gemeinschaftspatent errichtet werden sollte oder erst in der zweiten Instanz (Berufungsinstanz).

Wie sieht nun die Lösung der Entscheidung vom 03.03.2003 aus? In der Übersetzungssprache hat man sich darauf verständigt, dass nach der Patenterteilung eine Übersetzung aller Ansprüche in alle Sprachen der Mitgliedstaaten (wenn ein Staat mehrere Sprache hat, muss er sich entscheiden) vorgelegt werden müsse, nach einem Kompro-

1 Siehe dazu den Beitrag von *Harte-Bavendamm* in diesem Band.

missvorschlag der deutschen Seite: Erst zwei Jahre nach der Patenterteilung. In der Frage der Arbeitsteilung mit den nationalen Ämtern hat die Gemeinschaft nachgegeben: Nationale Ämter können Eingangsämter sein. Sie können außerdem Recherchen für das EPA durchführen. In der Gerichtsfrage ist kein Kompromiss erzielt worden, vielmehr hat sich überraschenderweise der Standpunkt der Kommission durchgesetzt, dass ein zentrales Gericht schon in der ersten Instanz geschaffen werden sollte.

Der weitere Fahrplan sieht so aus, dass eine Diplomatische Konferenz über den Beitritt der Gemeinschaft zum Europäischen Patentübereinkommen im Laufe des Jahres 2004 (wahrscheinlich erst in der zweiten Hälfte) stattfinden wird. Alsdann muss die EPÜ-Revision durch die Mitgliedstaaten des EPÜ ratifiziert werden. Einer Ratifizierung bedarf auch die Gerichtslösung, und zwar nach Gemeinschaftsrecht (Art. 225a, 229a EG-Nizza). Es erscheint daher sehr zweifelhaft, ob ein erstes Gemeinschaftspatent vor dem Jahre 2008 erteilt werden kann. Bis zum Ende der Übergangsfrist (2010) sollen alsdann nationale Gerichte als erst- und zweitinstanzliche Gerichte tätig werden.

Was sind die Vorteile des Gemeinschaftspatents? Nach Auffassung der Kommission führt die Nutzung des Gemeinschaftspatents zu einer Kostensenkung von etwa € 50.000,00 auf € 20.000,00. Diese Zahlen werden allerdings von Praktikern bestritten. Weitere Vorteile sind das zentrale Nichtigkeitsverfahren vor dem Gemeinschaftspatentgericht (CPC) und das zentrale Verletzungsverfahren vor diesem Gericht.

Welche Probleme stellen sich dem Gemeinschaftspatent? Zunächst einmal ist darauf hinzuweisen, dass das Übersetzungserfordernis (bezogen auf die Ansprüche, aber in alle Gemeinschaftssprachen) zu hohen Kosten führen wird. Die Erfahrungen mit dem bisherigen Übersetzungserfordernis des Europäischen Patentübereinkommens sind ausgesprochen negativ: Viele dieser Übersetzungen werden von niemandem gelesen. Es handelt sich um eine bürokratische Belastung der Anmelder. Hinzu kommt, dass möglicherweise nicht einmal genügend Übersetzungskapazität für technische Übersetzungen in alle Mitgliedstaaten (auch der neuen Mitgliedstaaten) vorhanden ist. Die Mitwirkung der nationalen Ämter bringt Probleme der Zeit, der Kosten und der Qualität mit sich. Insgesamt ist eine Akzeptanz des Gemeinschaftspatents durch die Industrie und insbesondere die mittelständische Wirtschaft schon aus diesen Gründen zweifelhaft.

Die Akzeptanz ist aber insbesondere auch fraglich wegen des zentralen Eingangsgerichts. Die Zahlen der zu erwartenden Gemeinschaftspatentprozesse schwanken erheblich. Geht man aber auch nur von etwa 600 bis 800 Verfahren pro Jahr aus, lässt sich schon jetzt mit großer Sicherheit sagen, dass nicht genügend Richter vorhanden sind, um diese Verfahren zu entscheiden. Dies deswegen, weil die Gemeinschaftspatentrichter gezwungen sein werden, in anderen Sprachen zu urteilen als in ihrer eigenen. Es ist nämlich durch den Beschluss vom 03.03.2003 festgelegt worden, dass die Gerichtssprache in einem Prozess die des Beklagten sein soll (wenn er seinen Sitz in der Gemeinschaft hat). Ausnahmen können nur mit seiner Zustimmung zugelassen werden. Das bedeutet, dass die ohnehin schwierigen Patentverletzungsprozesse durch eine Übersetzungsproblematik (Übersetzen der Schriftsätze und ihrer Anlagen sowie in der mündlichen Verhandlung) gekennzeichnet sein werden.

Hinzu kommt, dass eine Flexibilität des Systems nicht vorhanden ist. Entweder wird das Gemeinschaftspatentgericht erster Instanz geschaffen und hat nicht genügend zu tun oder es wird geschaffen und leidet unter einer Verstopfung. Ein notwendiges "Ventil" durch die Einschaltung nationaler Gerichte ist nicht gegeben. Fragen stellen sich ferner in Bezug auf Kosten, Dauer und Qualität. Deswegen ist die Akzeptanz des Gemeinschaftspatents auch unter diesem Blickwinkel fraglich.

Ein Problem, das überhaupt noch nicht hinreichend bedacht worden ist, besteht darin, dass das Gemeinschaftspatentgericht das erste Gericht der Gemeinschaft sein wird, das als Zivilgericht tätig ist, also in Streitigkeiten zwischen zwei gleichgeordneten Parteien auf der Ebene des Zivilrechts. Es gibt kein gemeinschaftsrechtliches Zivilrecht. Hinsichtlich der zivilrechtlichen Vorfragen und Folgefragen der Patentverletzungs-Feststellung (soweit sie nicht in der GemeinschaftspatentVO geregelt ist) muss daher auf ein nationales Recht verwiesen werden. Die Anknüpfungspunkte sind fraglich, die Handhabung der Beiziehung des nationalen Rechts ungeklärt. Wird das Gemeinschaftspatentgericht ein gemeinschaftsrechtliches Zivilrecht "entwickeln" oder wird es sich über den Inhalt des jeweiligen nach den Regeln des internationalen Privatrechts maßgeblichen Rechts unterrichten? Es gibt außerdem kein EU-Zivilprozessrecht. Die prozessrechtlichen Regeln des Gerichtshofs sind bisher rudimentär. Sie genügen für die vorliegenden Rechtsstreitigkeiten, die insbesondere auf die Klärung von Rechtsfragen gerichtet sind. Im Zivilprozess kommt es aber auf den Vortrag von Tatsachen wesentlich an. Soll die Gemeinschaft nur und eigens für die Patentverletzungsprozesse ein EU-Zivilprozessrecht entwickeln?

Eine nächste Frage ergibt sich aus einem Systembruch zum Recht der Gemeinschaftsmarke, zum Gemeinschaftsgeschmacksmuster und zum Gemeinschaftssortenschutzrecht. Dort agieren nationale Gerichte als "Gemeinschaftsgerichte", und zwar in der ersten, zweiten und dritten Instanz. Diese Gerichte können dem Europäischen Gerichtshof Auslegungsfragen nach Art. 234 EG vorlegen. Dieses System funktioniert nach allgemeiner Meinung sehr gut. Es ist daher nicht einzusehen, warum für das Patentrecht eine voll zentralisierte Gemeinschaftsgerichtsbarkeit geschaffen werden soll. Dies widerspricht dem Subsidiaritätsgrundsatz, der im EU-Verfassungskonvent besonders betont werden wird.

Erhebliche Probleme werden sich bei der Ingangsetzung der GemeinschaftspatentVO ergeben. Die Einschaltung der nationalen Gerichte während der Übergangsperiode steht wahrscheinlich auf dem Papier, weil es bis zum Jahre 2010 (Ende der Übergangszeit) wohl kaum Gemeinschafts-Patenverletzungsprozesse geben wird. Es ist nicht ausgeschlossen, dass die Gemeinschaftspatentgerichtsbarkeit sehr zögerlich anlaufen wird. Soll schon in dieser Phase das Gemeinschaftspatentgericht mit voller Besetzung "vorgehalten" werden?

2. European Patent Litigation Agreement

Ein Alternativprojekt zu der GemeinschaftspatentVO ist der Entwurf eines European Patent Litigation Agreements (EPLA, vormals EPLP = European Patent Litigation Protocol). Es soll sich um einen Untervertrag zum EPÜ handeln, durch den eine gemeinsame Gerichtsbarkeit für Europäische Patente (sog. "Bündelpatente) geschaffen werden soll. An einem solchen Abkommen interessiert sind Großbritannien, Schweden, die Niederlande und die Schweiz. Deutschland hat sich in dieser Frage noch nicht abschließend erklärt. Zahlreiche andere Staaten lehnen das Projekt ab. Frankreich ist nur bereit, das EPLA-Gericht als Gutachter zu akzeptieren; ob die französischen Gerichte solche Gutachten aber dann einholen werden, ist völlig offen. Die Struktur der EPLA-Gerichte ist gegenüber der GemeinschaftspatentVO vorteilhaft. Es sollen regionale Gerichte erster Instanz geschaffen werden und nur eine zentrale Berufungsinstanz.

Die Probleme von EPLA lassen sich dahin kennzeichnen, dass es offen und strittig ist, ob die EU-Mitgliedstaaten ein solches Abkommen untereinander abschließen können, nach die VO 44/2001 (Gerichtsstand und Vollstreckung) erlassen worden ist und der Entwurf der GemeinschaftspatentVO vor der Haustür steht. Die EU-Kommission geht von einer Unzulässigkeit aus. Hinzu kommt die geringe Zahl der Teilnehmer. Offen sind die Kosten.

Trotz dieser Schwierigkeiten haben sich die Mitwirkenden an EPLA einen straffen Zeitplan gesetzt: Im Jahre 2003 sollen die Arbeiten abgeschlossen werden. Im Jahre 2004 soll eine diplomatische Konferenz stattfinden.

3. Rechtsangleichung

Erstaunlicherweise ist eine Rechtsangleichungs-Richtlinie im Patentrecht bisher von der Kommission noch nicht vorbereitet, geschweige denn vorgeschlagen worden. Die Entwicklung im Markenrecht war eine andere: Zunächst wurde die Rechtsangleichungs-Richtlinie erlassen, dann die Gemeinschaftsmarken-VO. Hier wird umgekehrt vorgegangen: Zunächst will die Kommission die GemeinschaftspatentVO durchsetzen. Ob sie dann noch eine Rechtsangleichungs-Richtlinie vorschlagen wird, ist offen. Die Gemeinschaft beschränkt sich im Augenblick, abgesehen von der GemeinschaftspatentVO, auf punktuelle Maßnahmen (Biopatent-Richtlinie, Computer-Richtlinie).

III. Ausblick

Das Hauptaugenmerk aller am gewerblichen Rechtsschutz in Europa Beteiligten ruht gegenwärtig auf der GemeinschaftspatentVO. Wird es gelingen, diese Verordnung so zu gestalten, dass eine Nutzung durch die Praxis wahrscheinlich ist? Oder setzen sich nationale Bestrebungen (Übersetzungen, Tätigkeit nationaler Ämter) und Zentralisierungsbestrebungen (der EU-Kommission) in einem Maß durch, dass das Instrument für die Praxis unbrauchbar ist? Gegenwärtig folgt die Kommission ausnahmslos den Festlegungen im Beschluss vom 03.03.2003. Allerdings sind spätere Überprüfungen möglich. Diese werden in einem Zeitpunkt stattfinden, in dem sich das Europäische Parlament auf der Grundlage der Vorschläge des EU-Verfassungskonvents eine stärkere Rolle bei der Schaffung und Fortentwicklung des Gemeinschaftspatents erkämpft haben wird. Es ist zu hoffen, dass das EU-Parlament, das sich im Rahmen des Gemeinschaftspatents für die gleiche Lösung ausgesprochen hatte wie bei der Gemeinschaftsmarke und allenfalls eine zentrale Berufungsinstanz akzeptieren wollte, sich mit seiner Konzeption in diesem späteren Zeitpunkt durchsetzt. Dies wird insbesondere dann der Fall sein, wenn die Überzentralisierung der Gemeinschaftspatentgerichtsbarkeit sich als ein Fehler herausstellen wird.

Schutzrechte in der Informationsgesellschaft und ihr Verhältnis zum Kartellrecht

*Andreas Heinemann**

A. Problemlage

Das Verhältnis von Schutz des geistigen Eigentums und Kartellrecht (im angloamerikanischen Sprachraum oft als das *interface*-Problem bezeichnet) ist Gegenstand einer bereits als klassisch zu nennenden Kontroverse. Die beiden denkbaren Extrempositionen sind der absolute Vorrang des geistigen Eigentums vor dem Kartellrecht einerseits, bzw. der absolute Vorrang des Kartellrechts vor dem geistigen Eigentum andererseits. In der Realität werden differenzierende Positionen zwischen diesen beiden Polen vertreten. Der EuGH löst den Konflikt (scheinbar) mit der Lehre vom spezifischen Gegenstand auf.[1] Das deutsche Recht sieht in den §§ 17 und 18 GWB für den Teilbereich der Vertikalvereinbarungen die Inhaltstheorie vor, nach der nur schutzrechtsübersteigende Beschränkungen dem Kartellrecht unterworfen sind. Im Umkehrschluss folgt hieraus, dass Beschränkungen, die den Inhalt des Schutzrechts nicht übersteigen, erlaubt sind.

Weltweit lässt sich ein signifikanter Ausbau des geistigen Eigentums feststellen. Gerade auch im Bereich der Informationsgesellschaft, bzw. der *New Economy* kommt Schutzrechten eine gesteigerte Bedeutung zu. Während früher die Existenz von Immate-

* Erweiterte Fassung des am 20. Juni 2003 im Europa-Kolleg Hamburg gehaltenen Vortrags. Der Vortragsstil wurde im Wesentlichen beibehalten.

1 Allerdings wird diese Lehre in den relevanten Fällen nicht konsequent angewendet, s. *Heinemann*, Immaterialgüterschutz in der Wettbewerbsordnung, 2002, S. 305ff.

rialgüterrechten ein gesondert zu behandelndes Problem darstellte, wird in den neuen Sektoren die Ausnahme zur Regel. Die Kartellrechtsanwendung stößt hier durchgehend auf schutzrechtlich abgesicherte Rechtspositionen. Es gilt der Grundzusammenhang: Je weiter die Schutzrechte des geistigen Eigentums durch Gesetzgebung und behördliche oder gerichtliche Praxis ausgedehnt werden, desto größer ist die Wahrscheinlichkeit eines Konflikts mit Kartellrecht. Gerade auch im Bereich der Informationstechnologie führt dieser Zusammenhang zu einer Zunahme der Konfliktfälle. Die entscheidende Frage lautet, ob diese quantitative Änderung auch einen Wechsel der Grundpositionen indiziert. Dies könnte der Fall sein, wenn die *New Economy* Änderungen im Immaterialgüterrecht oder im Kartellrecht notwendig macht, und diese Änderungen auch zu Korrekturen im Verhältnis der beiden Rechtsgebiete zueinander zwingen.

Was das Recht des geistigen Eigentums betrifft, so sind die einzelnen Immaterialgüterrechte in der Regel zwar hinreichend allgemein formuliert, um auch Leistungen in der *New Economy* angemessen zu erfassen. Bisweilen ergeben sich aber Anwendungsunsicherheiten oder Schutzlücken, die Änderungsbedarf auslösen, so z.B. beim "Urheberrecht in der Informationsgesellschaft".[2] Ein anderes Beispiel ist die Diskussion um den Patentschutz für Computer-Software.[3] Ein ähnlicher Befund gilt für das Kartellrecht: Nur vereinzelt wird die Auffassung vertreten, dass im Bereich der Internet-Wirtschaft Kartellrecht nur zurückhaltend angewendet werden könne. Nach überwiegender Auffassung sind die kartellrechtlichen Maßstäbe dagegen hinreichend allgemein, um die neuen Phänomene zu erfassen.[4] Zwar weist die Netzwirtschaft ökonomische Eigenschaften auf, die sich von anderen Wirtschaftszweigen unterscheiden (Technologie- und Netzwerkeffekt, *economies of scale and scope*, Standardisierung, *first mover advantage*, Pfadabhängigkeit, *lock in*, Innovationstempo). Dies kann aber im geltenden Kartellrecht angemessen berücksichtigt werden. Die Besonderheiten der Informationsgesellschaft lösen hier keinen Reformbedarf aus.

---

2 Richtlinie 2001/29/EG zur Harmonisierung bestimmter Aspekte des Urheberrechts und der verwandten Schutzrechte in der Informationsgesellschaft vom 22. Mai 2001 (ABl. L 167/10). Dem deutschen Umsetzungsgesetz zum Urheberrecht in der Informationsgesellschaft hat der Bundestag am 11.4.2003 zugestimmt. Zum Anpassungsbedarf des Urheberrechts s. Erw.-Gr. 5 der Richtlinie: "Die technische Entwicklung hat die Möglichkeiten für das geistige Schaffen, die Produktion und die Verwertung vervielfacht und diversifiziert. Wenn auch kein Bedarf an neuen Konzepten für den Schutz des geistigen Eigentums besteht, so sollten die Bestimmungen im Bereich des Urheberrechts und der verwandten Schutzrechte doch angepasst und ergänzt werden, um den wirtschaftlichen Gegebenheiten, z.B. den neuen Formen der Verwertung, in angemessener Weise Rechnung zu tragen." S. auch Erw.-Gr. 20: "Die betreffenden Grundsätze und Bestimmungen werden fortentwickelt und in den Rahmen der Informationsgesellschaft eingeordnet." S. aber auch Erw.-Gr. 31: "Die von den Mitgliedstaaten festgelegten Ausnahmen und Beschränkungen in Bezug auf Schutzrechte müssen vor dem Hintergrund der neuen elektronischen Medien neu bewertet werden."

3 *Europäische Kommission*, Die Patentierbarkeit computer-implementierter Erfindungen – Sondierungspapier der Dienststellen der Generaldirektion Binnenmarkt, 19.10.2000, http://europa.eu.int/comm/internal_market/de/intprop/indprop/softpatde.htm.

4 S. zuletzt *Lind/Muysert*, Innovation and Competition Policy: Challenges for the New Millennium, ECLR 2003, 87, sowie die Nachweise bei *Heinemann*, Internet-Plattformen und Kartellrecht: Grundprobleme der Standardisierung und des Informationsaustauschs, in: *Büllesbach/ Dreier* (Hrsg.), Konvergenz in Medien und Recht - Konfliktpotential und Konfliktlösung, 2002, S. 79 (81 Fn. 1). Vgl. auch Art. 9 der Richtlinie "Urheberrecht in der Informationsgesellschaft" (oben Fn. 2), nach dem die "Rechtsvorschriften über Wettbewerbsbeschränkungen" genauso wie eine ganze Reihe anderer Rechtsgebiete unberührt bleiben.

Für die *interface*-Frage ergibt sich daraus kein eindeutiges Ergebnis. Einschlägige Fragestellungen werden intensiv diskutiert. Beispielsweise haben die US-amerikanischen Kartellbehörden 2002 eine Anhörungsserie zum Thema "Competition and Intellectual Property Law and Policy in the Knowledge-Based Economy" veranstaltet. Die Vielzahl der behandelten Themen gibt einen hervorragenden Eindruck von der Heterogenität der relevanten Themen.[5] Behandelt wurden z.B. Patentgemeinschaften, gegenseitige Lizenzen, Standardisierung, Lizenzverweigerung und Vergleichsverträge. Rechtsvergleichenden Stellungnahmen, gerade auch zum europäischen Kartellrecht wurde breiter Raum eingeräumt. Ein Abschlussbericht ist in Arbeit. Eine erste Bestandsaufnahme liegt vor.[6]

Eine präzisere Fassung der Grundproblematik soll hier auf der Grundlage der jüngeren Fallpraxis zum Europäischen Kartellrecht erarbeitet werden. Die Europäische Kommission hatte in jüngster Zeit einige Fälle im Grenzbereich von geistigem Eigentum und Kartellrecht zu lösen, überwiegend mit engem Bezug zur Informationsgesellschaft. Es handelt sich um die Rechtssachen *Nintendo*, *Simulcasting*, *3G3P* und *IMS Health*. Eine Entscheidung in der Rechtssache *Microsoft* steht in Europa noch aus. Die Fälle sind hervorragend geeignet, das *interface*-Problem sowie Möglichkeiten zu seiner Lösung zu veranschaulichen.

B. Aktuelle Fallpraxis des Gemeinschaftsrechts

I. Christie's und Sotheby's[7]

An den Anfang soll eine Entscheidung gestellt werden, die nicht in der Informationsgesellschaft spielt. Es handelt sich um ein klassisches Preiskartell, das die weltweit führenden Kunstauktionshäuser *Christie's* (London) und *Sotheby's* (New York) zwischen 1993 und 2000 über Provisionen und sonstige Konditionen getroffen hatten. Die Europäische Kommission verhing gegen *Sotheby's* eine Geldbuße, der *Christie's* nur auf Grundlage der Kronzeugenregelung entkam. Der Ausgang des Parallelverfahrens in den USA war entsprechend, nur dass dort der ehemalige Vorstandsvorsitzende von *Sotheby's* zusätzlich zu einer Freiheitsstrafe verurteilt wurde.

Der Bezug des Auktionsfalls zur *interface*-Problematik ist auf den ersten Blick eher entfernt. Jedenfalls vertrat niemand die Ansicht, dass der Urheberrechtsschutz für die gehandelten Werke die Anwendbarkeit des Kartellverbots beeinflusse. Der Fall macht deutlich, dass ein spezifisches Verhältnis zwischen Schutzrecht und Wettbewerbsbeschränkung erforderlich ist, um überhaupt besondere Überlegungen im Hinblick auf die Zwecke des Immaterialgüterschutzes auszulösen. Offensichtlich veranlassen Preisabsprachen nicht zu solchen Reflexionen. Dies ist bei genauerem Hinsehen nicht selbstverständlich. Auf der Grundlage der Inhaltstheorie ist durchaus folgende Argumentation denkbar: Zur Rechtsmacht, die durch ein Immaterialgüterrecht eingeräumt wird, gehört auch die freie Entscheidung über den Preis, zu dem über einen geschützten Gegenstand

---

5 Ein großer Teil der Stellungnahmen ist abgelegt unter: http://www.ftc.gov/opp/intellect/index.htm.

6 *Pate*, Antitrust and Intellectual Property, Address before the American Intellectual Property Law Association, January 24, 2003, http://www.usdoj.gov:80/atr/public/speeches/200701.pdf.

7 *Europäische Kommission*, 30.10.2002, Pressemitteilung IP/02/1585 (abrufbar wie alle folgenden Kommissions-Pressemitteilungen unter http://europa.eu.int/rapid/start/cgi/guesten.ksh). S. hierzu *Sakkers*, Commission rules against the collusive behaviour of Christie's and Sotheby's, Competition Policy Newsletter 2003, No. 1, S. 61f.

verfügt wird. Auch die einverständliche Festlegung der Preise ließe sich durch eine solche Argumentation rechtfertigen. Selbst im US-amerikanischen Antitrust-Recht, das mit der früher vertretenen *inherency doctrine* Pate für die Inhaltstheorie des deutschen Rechts gestanden hatte, wurde nie abschließend geklärt, ob Vereinbarungen über Preise dem Schutzrecht inhärent seien oder die Grenzen der Rechtsmacht übersteigen.[8] Der Konsens darüber, dass Preisabsprachen keiner immaterialgüterrechtlichen Rechtfertigung zugänglich sein sollen, zeigt deutlich, dass die Frage der Schutzrechtsinhärenz oder –transzendenz nicht entscheidend für die Kartellrechtsanwendung sein kann.

II. Nintendo[9]

Nicht um horizontale, sondern um vertikale Beschränkungen ging es in "Nintendo", einer Kommissionsentscheidung vom selben Tag. Der japanische Videospieleproduzent hatte mit sieben offiziellen *Nintendo*-Händlern in Europa Maßnahmen vereinbart, um Parallelimporte von Niedrigpreis- in Hochpreisländer zu verhindern. Es ging dabei um Spielkonsolen und Videospiele, also um Produkte, die schutzrechtlich, insbesondere auch durch Patent- und Urheberrechte abgesichert sind. Diese Schutzrechte sind zwar national segmentiert. Der Grundsatz der regionalen Erschöpfung (nämlich gemeinschafts-, bzw. EWR-weit) ermöglicht aber den Parallelimport von Produkten, die mit der Zustimmung des Berechtigten im EWR in Verkehr gebracht wurden. Diese von den Grundfreiheiten (insbesondere Art. 28, 30 EG) geforderte Einschränkung wird auf kartellrechtlicher Seite durch Art. 81 EG abgesichert: In ständiger Rechtsprechung (seit *Consten und Grundig*[10]) sind Vereinbarungen verboten und auch nicht freistellungsfähig, mit denen Produzenten und Händler solche Parallelimporte zu unterbinden suchen. Genau darauf waren aber die Vereinbarungen von *Nintendo* mit seinen Händlern gerichtet: Exporte über inoffizielle Vertriebswege wurden unterbunden, bis hin zu Lieferboykotten gegen die an den Querlieferungen beteiligten Händler.[11] Dadurch war es möglich, dass beispielsweise die Preise im Vereinigten Königreich um 65 % unter dem Preisniveau in Deutschland oder den Niederlanden lag. Die Kommission verhängte hiergegen das höchste Bußgeld, das jemals für vertikale Beschränkungen verhängt worden war, und zwar nicht nur gegen *Nintendo*, sondern auch gegen die unabhängigen Großhändler.[12]

---

8 *William Baxter* (Legal Restrictions on Exploitation of the Patent Monopoly: An Economic Analysis, 76 The Yale Law Journal 267, 277 (1966)) führte solche Überlegungen mit dem Argument *ad absurdum*, dass bei Annahme der Inhärenz von Preisfestlegungen folgerichtig auch eine Vereinbarung rechtmäßig sein müsse, durch die der Lizenznehmer sich verpflichte, die Schwiegermutter des Schutzrechtsinhabers zu ermorden. Daraus folge, dass dem Patentrecht nichts zu der Frage entnommen werden könne, welche Vereinbarungen rechtmäßig oder rechtswidrig seien.

9 *Europäische Kommission*, 30.10.2002, Pressemitteilung IP/02/1584. S. hierzu *Van Haasteren/Peña Castellot*, Commission fines Nintendo and seven of its European distributors for colluding to prevent parallel trade in Nintendo products, Competition Policy Newsletter 2003, No. 1, S. 50ff. *Nintendo* hat Rechtsmittel eingelegt (allerdings nur bezüglich der Höhe der Geldbuße), das als Rechtssache T-13/03 beim EuG anhängig ist.

10 EuGH, 13.7.1966, Consten und Grundig/Kommission, Verb. Rs. 56 und 58/64, Slg. 1966, 321 (391ff.).

11 Zur Überwachung wurden u.a. Fragebogen, Kennnummern, Berichtspflichten und statistische Plausibilitätsmethoden eingesetzt.

12 Die Großhändler waren ihrerseits starkem Druck (bis hin zur Liefereinstellung) seitens *Nintendo* ausgesetzt, um gegen Parallelimporte vorzugehen. Die Kommission akzeptierte dies nicht als Ent-

Welche Rolle spielt in einem solchen Fall das *interface*-Problem? Der Konflikt zwischen geistigem Eigentum und Kartellrecht wird von vornherein dadurch abgeschwächt, dass die nationalen Immaterialgüterrechte unter den Vorbehalt der EWR-weiten Erschöpfung gestellt werden. Vereinbarungen über das Schicksal des geschützten Gegenstands nach dem erstmaligen Inverkehrbringen sind damit automatisch schutzrechtsübersteigend, so dass der Anwendung von Kartellrecht nichts im Weg steht. In den einschlägigen Gruppenfreistellungsverordnungen werden entsprechende Vereinbarungen regelmäßig schwarzgelistet, mit der Folge, dass der Vorteil der Gruppenfreistellungsverordnung vollständig wegfällt.[13] Die konsequente Anwendung von Kartellrecht in diesen Fällen ist Ausdruck der "Parallelwertung und Wechselbezüglichkeit von Freiverkehr und Wettbewerbsfreiheit".[14]

Schwieriger sind die Einschränkungen des Direktvertriebs, also Beschränkungen für das erstmalige Inverkehrbringen eines geschützten Gegenstands. Relevant sind hier in erster Linie Einschränkungen des aktiven Vertriebs (nämlich die Beschränkung aktiver Vertriebsmaßnahmen in fremde Vertragsgebiete), sowie des passiven Vertriebs (nämlich die Beschränkung des Vertriebs in fremde Vertragsgebiete auf nicht veranlasste Lieferanfragen). Da Erschöpfung in diesen Fällen noch nicht eingetreten ist, tritt die Kartellrechtsanwendung in Konflikt mit schutzrechtlichen Befugnissen. Zum Teil wird die Auffassung vertreten, dass Fragen des Direktvertriebs dem spezifischen Gegenstand des Schutzrechts unterfallen, und die Anwendung von Kartellrecht auf einschlägige Absprachen deshalb ausgeschlossen sei.[15] Die Konsequenz wäre, dass Beschränkungen des aktiven und passiven Erstvertriebs von vornherein der Anwendung von Art. 81 Abs. 1 EGV entzogen wären. Schwere Einschränkungen des Binnenmarktziels wären die Folge. In der Praxis sind alle relevanten Produkte immaterialgüterrechtlich geschützt. Der Verbraucher könnte bei seiner europaweiten Suche nach dem niedrigsten Preis vom Verkäufer abgewiesen werden.

Eine Kontrolle von Beschränkungen des Erstvertriebs am Maßstab des Kartellverbots muss deshalb möglich bleiben.[16] Dies kann entweder damit begründet werden, dass Vereinbarungen über den Erstvertrieb nicht dem spezifischen Gegenstand eines Schutzrechts zuzuweisen sind, oder – radikaler, aber richtiger – dass auch Verhaltensweisen innerhalb des spezifischen Gegenstands der kartellrechtlichen Kontrolle nicht entzogen sind. Im Ergebnis geht auch der europäische Gesetzgeber von einer solchen Kontrolle aus. Die Freistellung von beschränkenden Vereinbarungen über den aktiven Vertrieb in der GFVO-Vertikalvereinbarungen[17] und über den aktiven und passiven Vertrieb in der GFVO-Technologietransfer[18] gehen davon aus, dass eine solche Freistellung erforder-

---

schuldigung: Statt mit dem Druck ausübenden Unternehmen hätten die Großhändler mit der Kommission zusammenarbeiten sollen, s. *Van Haasteren/Peña Castellot* (oben Fn. 9), S. 52.

13 S. Art. 3 Nr. 3 GFVO-Technologietransfer und Art. 4 b) GFVO-Vertikalvereinbarungen.

14 *Ullrich*, in *Immenga/Mestmäcker*, EG-Wettbewerbsrecht, Bd. I, 1997, S. 1220f. Rdnr. 14.

15 *Sack*, Der "spezifische Gegenstand" von Immaterialgüterrechten als immanente Schranke des Art. 85 Abs. 1 EG-Vertrag bei Wettbewerbsbeschränkungen in Lizenzverträgen, RIW 1997, 449 (452ff.).

16 Dies bedeutet nicht, dass Beschränkungen des Erstvertriebs automatisch unter Art. 81 Abs. 1 EG fallen, s. EuGH, 8.6.1982, Nungesser/Kommission, Rs. 258/78, Slg. 1982, 2015 - *Maissaatgut*.

17 Verordnung (EG) Nr. 2790/99 der Kommission vom 22.12.1999 über die Anwendung von Artikel 81 Absatz 3 des Vertrages auf Gruppen von vertikalen Vereinbarungen und aufeinander abgestimmten Verhaltensweisen, ABl. L 336/21.

18 Verordnung (EG) Nr. 240/96 der Kommission zur Anwendung von Artikel 85 Absatz 3 des Vertrages auf Gruppen von Technologietransfer-Vereinbarungen vom 31.1.1996 (ABl. L 31/2).

lich ist, die betreffenden Verhaltensweisen also grundsätzlich unter den Tatbestand von Art. 81 Abs. 1 EG fallen.

III. Simulcasting[19]

Die Entscheidung betrifft erstmals die verwertungsrechtlichen Probleme, die sich bei der Ausstrahlung von Musiksendungen über das Internet ergeben. Die Sendeunternehmen (Radio und Fernsehen) sind dazu übergegangen, ihre Programme parallel zur herkömmlichen Verbreitung auch über das Internet auszustrahlen (sog. "Simulcasting"[20]). Dieser global abrufbare Vorgang erfordert eine neue Ausgestaltung des Verhältnisses zwischen Sendeunternehmen und Verwertungsgesellschaften. Bisher waren Sendeunternehmen lediglich landesweit oder regional tätig, und mussten sich daher in der Regel nur mit einer Verwertungsgesellschaft auseinandersetzen. Im vorliegenden Fall genehmigte die Kommission einen Antrag auf Einzelfreistellung (Art. 81 Abs. 3 EG) für die Vereinbarung eines Modellvertrags zwischen Verwertungsgesellschaften (in Vertretung für Tonträgerhersteller), in der sich fast alle leistungsschutzrechtlichen Verwertungsgesellschaften der EWR-Staaten (mit Ausnahme von Frankreich und Spanien) sowie zahlreicher anderer Staaten auf die Einführung einer Globallizenz für alle teilnehmenden Länder einigten.[21] In Zukunft können Sendeunternehmen, deren Signale von einem EWR-Staat ausgehen, sich an eine beliebige Verwertungsgesellschaft im EWR wenden, welche dann eine Globallizenz erteilt ("one stop shop"-Lizenz). Diese Lizenz gilt für die Territorien aller teilnehmenden Länder und für die Rechte aller hier operierenden Verwertungsgesellschaften ("multi-repertoire and multi-territory license"[22]). Auf diesem Weg wird Wettbewerb zwischen den einzelnen Verwertungsgesellschaften geschaffen, indem sich das Sendeunternehmen an die am kostengünstigsten arbeitende Verwertungsgesellschaft wenden kann.[23]

Die Freistellungsentscheidung muss im Zusammenhang mit den "Diskotheken"-Entscheidungen des EuGH aus dem Jahr 1989 gesehen werden.[24] Der Gerichtshof hatte hier ausgeführt, dass die Verträge über gegenseitige Vertretung zwischen den Verwertungsgesellschaften in der Gemeinschaft im Prinzip nicht unter das Kartellverbot fielen. Zum einen werde das konventionsrechtlich abgesicherte Ziel verfolgt, die Gesamtheit der geschützten Musikwerke ohne Rücksicht auf ihre Herkunft einheitlichen Regeln zu unterwerfen. Zum anderen werde einer Verwertungsgesellschaft durch die Vertretungs-

19 *Europäische Kommission*, 8.10.2002, COMP/C2/38.014 – *IFPI "Simulcasting"*, ABl. 2003 L 107/58. S. auch Pressemitteilung IP/02/1436. S. hierzu *Mendes Pereira*, From discothèques to websites, a new approach to music copyright licensing: the *Simulcasting* decision, Competition Policy Newsletter 2003, No. 1, S. 44ff.

20 *Simulcasting* ist also die zeitgleiche Ausstrahlung von Signalen über die traditionellen Wege einerseits (Rundfunk, Kabel und Satellit), sowie das Internet andererseits, s. *Mendes Pereira* (oben Fn. 19), S. 44.

21 Die Vereinbarung bezog sich nicht auf das Urheberrecht, sondern lediglich auf die verwandten Schutzrechte der Tonträgerhersteller.

22 *Mendes Pereira* (oben Fn. 19), S. 45.

23 Der Wettbewerb wird zudem dadurch intensiviert, dass die Kommission die Verwertungsgesellschaften zur rechnerischen Aufgliederung der Gebühren in einen Lizenz- und einen Verwaltungskostenanteil verpflichtete.

24 EuGH, 13.7.1989, Ministère Public/Jean-Louis Tournier, Rs. 395/87, Slg. 1989, 2521- *SACEM I*; EuGH, 13.7.1989, Lucazeau/SACEM, Verb. Rs. 110/88, 241/88 und 242/88, Slg. 1989, 2811 – *SACEM II*. Zu diesen Entscheidungen s. *Fikentscher*, Urhebervertragsrecht und Kartellrecht, FS *Schricker*, 1995, S. 149 (184ff.).

regelung die Möglichkeit eingeräumt, sich in anderen Staaten der bereits aufgebauten Organisation der Schwestergesellschaften zu bedienen. Ein Kartellverstoß liege nur dann vor, wenn sich die Verwertungsgesellschaften durch Vereinbarung oder abgestimmte Verhaltensweise dahingehend geeinigt hätten, ausländischen Nutzern den Zugang zur ihrem Rechtebestand zu verweigern, und diese Nutzer an ihre heimische Verwertungsgesellschaft zu verweisen. Gegen das Vorliegen einer abgestimmten Verhaltensweise spreche es, wenn "die Verwertungsgesellschaften der anderen Mitgliedstaaten im Fall eines unmittelbaren Zugangs zu ihren Beständen genötigt wären, in einem anderen Land ein eigenes Verwertungs- und Kontrollsystem aufzubauen".[25]

Entscheidend für die grundsätzliche Hinnahme nationaler, faktischer Gebietsmonopole durch die nationalen Verwertungsgesellschaften waren also Gesichtspunkte der Wirtschaftlichkeit. Da der Aufbau paralleler Verwertungs- und Kontrollsysteme ineffizient sei, nahm der Gerichtshof in der Sache ein natürliches, und damit berechtigtes Monopol an. Die Argumentation ist allerdings offen gegenüber Änderungen im Zeitablauf: Wenn parallele Verwertungsstrukturen in einem Land effizient aufgebaut werden können, fällt die Rechtfertigung des Monopols weg.[26] Diesen Schritt vollzieht nun die Freistellungsentscheidung der Kommission: Da bei der Ausstrahlung von Musik über das Internet die Kontrollschwierigkeiten der physischen Welt (z.B. beim Abspielen von Musik in Diskotheken) entfallen, ist die separate Gebietszuständigkeit nationaler Verwertungsgesellschaften nicht mehr erforderlich. Der Freistellung globaler Lizenzen entspricht deshalb die Wahlfreiheit für eine beliebige, d.h. auch ausländische Verwertungsgesellschaft durch den Nutzer. Auf der Ebene der Verwertungsgesellschaften entfällt das natürliche Monopol und entsteht Raum für Wettbewerb.[27]

Welche Lehren lassen sich hieraus für das Verhältnis von Immaterialgüterrecht und Kartellrecht ziehen? Zunächst ist festzustellen, dass Vereinbarungen zwischen konkurrierenden Verwertungsgesellschaften, bzw. Vereinigungen von Tonträgerherstellern nicht deshalb dem Anwendungsbereich des Kartellverbots entzogen sind, weil Rechte des geistigen Eigentums im Spiel sind.[28] Die kartellrechtlichen Maßstäbe finden An-

---

25 "SACEM I", Slg. 1989, 2521 Tz. 24.

26 In diesem Sinn bereits *Fikentscher* (oben Fn. 24), S. 187.

27 Dies ist ein weiteres Beispiel für das Phänomen, dass natürliche Monopole eines natürlichen Todes sterben können, s. hierzu am Beispiel physischer Netzmonopole *Naftel*, The Natural Death of a Natural Monopoly: Competition in EC Telecommunications after the Telecommunications Terminals Judgment, ECLR 1993, 105ff.

28 S. den Bericht von *Mendes Pereira* (oben Fn. 19), S. 46: "The competition issues highlighted above had to be balanced against a legitimate concern traditionally expressed by collecting societies and, indeed, national governments as regards the protection of right-holders within the wider framework of national cultural policies." Derselbe Autor zieht zur Rechtfertigung der Kartellrechtsanwendung auch die Unterscheidung von Bestand und Ausübung von Immaterialgüterrechten heran: Die kollektive Wahrnehmung von Leistungsschutzrechten sei der "Ausübung" von Rechten zuzuordnen, so dass der Anwendung von Kartellrecht nichts im Wege stehe (*ebenda*, S. 47). Zur Obsoleszenz der Trennung von Bestand und Ausübung s. *Heinemann* (oben Fn. 1, S. 195ff.). Nach den Ausführungen des EuGH-Präsidenten ist der Gerichtshof seit "Hag II" (vom 17.10.1990) stillschweigend von dieser Unterscheidung abgerückt, s. *Iglesias*, Die Bedeutung der Rechtsprechung des Europäischen Gerichtshofs für die Errichtung des Binnenmarktes, in *Schwarze* (Hrsg.), Unverfälschter Wettbewerb für Arzneimittel im europäischen Binnenmarkt, 1998, S. 9 (19f.). In diesem Sinn auch *Sack*, Zur Vereinbarkeit wettbewerbsbeschränkender Abreden in Lizenz- und Know-how-Verträgen mit europäischem und deutschem Kartellrecht, WRP 1999, 592 (594); *Schwarze*, Urheberrechte und deren Verwaltung im Lichte des europäischen Wettbewerbsrechts, ZUM 2003, 15 (24).

wendung, welche im vorliegenden Fall zur Annahme einer wettbewerbsbeschränkenden Vereinbarung führen. Der *Simulcasting*-Fall zeigt, dass das Kartellrecht hinreichend flexibel ist, um wettbewerbsfördernde Umstände zu berücksichtigen. Die positiven Wirkungen von Globallizenzen für die Internet-Ausstrahlung führen zu einer Freistellung für eine horizontale Wettbewerbsbeschränkung. Die Freistellung wird allerdings nur mit der Einschränkung erteilt, dass die Nutzer auch die Dienste einer ausländischen Verwertungsgesellschaft in Anspruch nehmen können. Technologischer Fortschritt führt also zu einer Ausnahme vom Kartellverbot, die mit dem Verzicht auf die alten Gebietsmonopole zu bezahlen ist. Ähnlich wie in *Christie's and Sotheby's*[29] hat die Existenz von Schutzrechten des geistigen Eigentums keinen besonderen Einfluss auf die Kartellrechtsanwendung.

IV. 3G3P[30]

Die Sache "3G3P" betrifft ein Vereinbarungsbündel, das einem *patent pool* nahe kommt. Die Vereinbarungen betreffen die Mobilfunktechnik der dritten Generation, mit welcher die multimediale Nutzung des Mobiltelephons möglich wird.[31] Es existiert ein übergeordneter ("umbrella"-) Standard, nämlich "IMT-2000", auf dessen Grundlage fünf konkurrierende Technologien entwickelt wurden, mit denen Mobilfunkgeräte produziert werden können.[32] Zur Nutzung dieser Technologien ist jeweils der Zugang zu bestimmten Patenten erforderlich. 18 Unternehmen meldeten ein Bündel von Vereinbarungen an, deren Ziel darin bestand, diese "wesentlichen Patente" zu identifizieren, die Lizenzierungsverfahren zu rationalisieren und die Berechnung der Lizenzgebühren zu regeln. Ursprünglich sollten auf dieser Grundlage die wesentlichen Patente für alle einschlägigen Technologien in einen Topf geworfen werden. Die Kommission sah hierin eine Gefahr für den Fortbestand des Wettbewerbs und setzte eine Anpassung durch, nach der für die fünf konkurrierenden Technologien jeweils getrennte Regelungen geschaffen wurden. Das Arrangement wurde (durch Verwaltungsschreiben) genehmigt, nachdem auch andere Bedenken ausgeräumt waren.[33] Hinzuzufügen ist, dass an dem Vereinbarungsbündel einige der wichtigsten Patentinhaber im Mobilfunkbereich nicht beteiligt waren.[34]

Die Entscheidung steht in der Tradition der Kommissionspraxis zu Patentgemeinschaften. Diese werden für kartellrechtlich unbedenklich, bzw. freistellungsfähig gehalten, wenn der Verzicht auf die selbständige Verwertung der eigenen Technologie

29 Oben unter II 1.

30 *Europäische Kommission*, 12.11.2002, Pressemitteilung IP/02/1651. S. hierzu *Choumelova*, Competition law analysis of patent licensing arrangements – the particular case of 3G3P, Competition Policy Newsletter 2003, No. 1, S. 41ff.

31 Das "3G" im Namen steht für die dritte Generation, das "3P" steht für "Patent Platform Partnership".

32 W-CDMA, CDMA2000, TD-CDMA, TDMA-EDGE, DECT.

33 Die Lizenzvereinbarungen dürfen sich ausschließlich auf wesentliche Patente beziehen, der Wettbewerb auf angrenzenden oder nachgelagerten Märkten darf nicht gefährdet werden, die Vergabe von Lizenzen hat diskriminierungsfrei zu erfolgen, es dürfen keine für den Wettbewerb wesentlichen Informationen ausgetauscht werden, niemand darf zur Zahlung von Lizenzgebühren für Patente verpflichtet werden, die nicht unbedingt benötigt werden, schließlich dürfen Forschung und Entwicklung sowie die Innovationsbereitschaft im Mobilfunksektor nicht behindert werden. Die Kommission nahm ferner an, dass preisrelevante Regelungen zur Berechnung der Lizenzgebühren aufgrund der Trennung der fünf Technologien keine Gefahr für den Wettbewerb darstelle, s. hierzu *Choumelova* (oben Fn. 30), S. 42f.

34 Nämlich *Nokia*, *Motorola*, *Ericsson* und *Qualcomm*.

durch übergreifende fortschrittsförderlich Wirkungen der Gemeinschaft kompensiert wird. Dies kann z.B. dann der Fall sein, wenn komplementäre Schutzrechte zusammengeführt, Schutzrechtsblockaden aufgelöst, einheitliche technische Normen geschaffen und Schnittstellen geöffnet werden, und wenn der hieraus resultierende Marktmachtzuwachs durch Lizenzbereitschaft gegenüber Außenseitern ausgeglichen wird.[35] Nachdem durch die Trennung der fünf Mobilfunk-Technologien gewährleistet war, dass keine konkurrierenden Patente zusammengeführt werden, stand vor diesem Hintergrund einem positiven Verwaltungsschreiben nichts im Weg.

Für den vorliegenden Zusammenhang stellt sich die Frage, inwieweit Neuerungen in der Informationsgesellschaft zu einer Änderung im Verhältnis von Schutzrechten und Kartellrecht führen. In diesem Zusammenhang ist die erhebliche technische Verkomplizierung im Bereich der technischen Schutzrechte hervorzuheben. Die Schutzrechtsdichte im Informationszeitalter nimmt zu und damit auch das Bedürfnis, durch Schutzrechtsgemeinschaften komplementäre Technologie zusammenzuführen, Blockadepositionen aufzulösen, Verletzungsprozesse zu vermeiden und das Lizenzprocedere zu straffen und zu rationalisieren. In *3G3P* liegt nicht nur ein Standard vor, zu dessen Anwendung komplementäre oder blockierende Schutzrechte erforderlich sind. Vielmehr existiert ein "umbrella standard", innerhalb dessen wiederum mehrere Standards entwickelt wurden, die jeweils die Inanspruchnahme zahlreicher Schutzrechte erfordern. Da aber diese Unterstandards miteinander im Wettbewerb stehen, können sie im Verhältnis zueinander nicht als komplementäre Technologien eingestuft werden. Der klassische Rechtfertigungsgrund für die Genehmigung einer Technologiegemeinschaft entfällt deshalb. Dies macht die Schutzrechtssituation nicht übersichtlicher, veranlasste die Kommission aber dazu, das Geflecht von Vereinbarungen in die fünf verschiedenen Technologien aufzuteilen. Damit ist gewährleistet, dass die Technologiegemeinschaft kein Instrument darstellt, mit dem hinter dem Deckmantel der Schutzrechtszusammenführung unzulässige Wettbewerbsbeschränkungen vorgenommen werden können.

Für den grundsätzlichen Zusammenhang ergibt sich hieraus keine Änderung, sondern lediglich ein höherer Grad an Komplexität. Es erfordert große Anstrengungen, den Kreis der "notwendigen" Patente festzulegen, und zu klären, welche Schutzrechte tatsächlich komplementär oder blockierend sind, und welche in Wahrheit Teil konkurrierender Technologien sind.[36] Auch die Feststellung der wirtschaftlichen Zusammenhänge, die für die kartellrechtliche Beurteilung entscheidend sind, wird sehr viel größere Probleme aufwerfen.[37] Abgesehen von diesen Schwierigkeiten im Faktischen zwingt die

---

35 *Ullrich*, in *Immenga/Mestmäcker*, EG-Wettbewerbsrecht, Bd. I, 1997, S. 1364f. Rdnr. 92 mit einer restriktiven Auslegung von Art. 5 Abs. 2 Nr. 2 GFVO Technologietransfer, der bestimmte Technologiegemeinschaften in den Genuss der Gruppenfreistellung kommen lässt. Vgl. auch *Europäische Kommission*, Evaluierungsbericht über die GFVO Technologietransfer, KOM(2001) 786 endg. v. 20.12.2001, Tz. 132ff., http://europa.eu.int/comm/competition/antitrust/technology_transfer/de.pdf.

36 Im US-amerikanischen Kartellverfahren zum MPEG-2 Standard verpflichtete die *Antitrust Division* die Pool-Mitglieder dazu, einen unabhängigen Experten anzustellen, der jeweils über die Frage der Notwendigkeit eines Patents zu befinden hat. S. hierzu das Schreiben der *Antitrust Division* vom 26.6.1997, abgedruckt in: *OECD*, Competition Policy and Intellectual Property Rights, 1998, S. 232ff.

37 S. z.B. den ausdrücklichen Vorbehalt der Kommission in ihrer Pressemitteilung (oben Fn. 30): "Da die Vereinbarungen jedoch völlig neue Technologien betreffen, müssten sie erneut einer Prüfung nach den Wettbewerbsregeln unterzogen werden, sobald sich die ihnen zugrunde liegenden konkreten oder rechtlichen Rahmenbedingungen ändern."

Entwicklung in der Informationstechnologie nicht zur Entwicklung neuer rechtlicher Maßstäbe für Technologiegemeinschafen. Auf einem anderen Blatt steht die Frage, ob die Zeit reif ist für eine Gruppenfreistellung auch der mehrseitigen Schutzrechtsgemeinschaften.[38] Die Frage wird im Evaluierungsbericht der Kommission zur GFVO Technologietransfer aufgeworfen.[39] Im Interesse der Rechtssicherheit und angesichts der großen praktischen, im Informationszeitalter ansteigenden Bedeutung des Themenkreises Schutzrechtsgemeinschaften ist eine solche Regelung wünschenswert. In den begleitenden Leitlinien sollten weitere Präzisierungen erfolgen. Da oftmals unklar ist, ob überhaupt eine Wettbewerbsbeschränkung vorliegt,[40] sind auch in dieser Frage nähere Angaben zu machen. Sowohl die GFVO als auch die Leitlinien sollten in möglichst operabler Form die kartellrechtlichen Vorgaben für Technologiegemeinschaften niederlegen.

V. IMS Health

Zwölfeinhalb Jahre nach *Magill*[41] hat die Europäische Kommission in der Rechtssache *IMS Health* zum zweiten Mal eine Entscheidung erlassen, mit welcher Art. 82 EG auf ein nationales Urheberrecht mit der Folge angewandt wird, dass der Rechtsinhaber einem Kontrahierungszwang unterworfen wird.[42] Im Gegensatz zu den vorstehend besprochenen Entscheidungen geht es also nicht um den Konflikt eines nationalen Schutzrechts mit dem Verbot wettbewerbsbeschränkender Vereinbarungen, sondern um einseitiges Verhalten. Während die Kommission in *Magill* vor den europäischen Gerichten obsiegte,[43] wurde in *IMS Health* die Vollziehbarkeit der einstweiligen Kommissionsanordnung vom Gericht erster Instanz[44] - bestätigt durch den Gerichtshof[45] - bis zur Entscheidung in der Hauptsache ausgesetzt.

1. Sachverhalt und rechtliche Erwägungen

Nach den Feststellungen der Kommission geht es um folgenden Sachverhalt: Das Unternehmen *IMS Health* - Weltmarktführer für pharmazeutische Informationen – hat eine beherrschende Stellung auf dem Markt für pharmazeutische Abverkaufsdaten, welche der pharmazeutischen Industrie gegen Entgelt angeboten werden. In Deutschland werden die Abverkaufsdaten aufgrund der "1860-Bausteine-Struktur" erhoben, welche das Land in 1860 Gebiete einteilt. Bei der "1860"-Struktur handelt es sich um einen Industriestandard, d.h. andere Methoden mit unterschiedlicher Struktur sind nicht

---

38 Die Gruppenfreistellungs-Grundverordnung 19/65 (ABl. 1965 S. 533) beschränkt in ihrem Art. 1 Abs. 1 b) die Rechtsetzungsmöglichkeit der Kommission auf die Freistellung bloß bilateraler Vereinbarungen und müsste folglich geändert werden.

39 *Europäische Kommission* (oben Fn. 35), Tz. 135.

40 S. die Nachweise bei *Ullrich* (oben Fn. 35), S. 1364 Fn. 649.

41 *Europäische Kommission*, Entscheidung 89/205/EWG vom 21.12.1988 (IV/31.851 - Magill TV Guide/ITP, BBC und RTE), ABl. 1989, L 78/43.

42 *Europäische Kommission*, 3.7.2001, COMP D3/38.044 - NDC Health/IMS Health: Einstweilige Anordnung, ABl. 2002 L 59/18.

43 EuGH, 6.4.1995, RTE und ITP/Kommission - *Magill*, Verb. Rs. C-241/91 P und C-242/91 P, Slg. 1995, I-743 (mit Nachweis der drei erstinstanzlichen EuG-Entscheidungen).

44 EuG, 10.8.2001, IMS Health/Kommission, Rs. T-184/01 R 1, Slg. 2001, II-2349; EuG, 26.10.2001, IMS Health/Kommission, Rs. T-184/01 R 2, Slg. 2001, II-3193.

45 EuGH, 11.4.2002, NDC/IMS Health, Rs. C-481/01 P(R), Slg. 2002, I-3401. Vor dem EuGH ist außerdem ein Vorabentscheidungsverfahren anhängig (Rs. C-418/01).

marktgängig. Die deutschen Gerichte haben *IMS Health*[46] ein Urheberrecht an der "1860-Bausteine"-Struktur zuerkannt.[47] Konkurrenten auf dem Markt für Abverkaufsdaten wurde ein Tätigwerden unter Berufung auf das Urheberrecht untersagt; Lizenzen wurden nicht erteilt. Hervorzuheben ist die Tatsache, dass die Konkurrenten lediglich die 1860-Struktur, nicht aber die Einzeldaten von *IMS Health* übernehmen möchten. Diese Einzeldaten werden vielmehr in eigener Verantwortung, nämlich auf eigene Kosten von Datengroßhändlern erworben und aufbereitet.

Die Kommission kam in einem Verfahren zum Erlass einstweiliger Maßnahmen zu dem Schluss, dass die Lizenzverweigerung an einer urheberrechtsgeschützten Struktur zur Erhebung von Marktdaten unter den besonderen Umständen des Falls den Missbrauch einer marktbeherrschenden Stellung darstelle. Das Unternehmen sei zur Lizenzvergabe gegen angemessenes Entgelt verpflichtet. Das Gericht erster Instanz hielt diese Argumentation für die Zwecke einer einstweiligen Anordnung für zu gewagt. Möglicherweise sei die Kommission über den Stand der Rechtsprechung, wie sie in der *Magill*-Entscheidung zum Ausdruck komme, hinausgegangen. Dort sei das Vorliegen eines Missbrauchs auf die Verhinderung eines neuen Produkts *und* die Monopolisierung eines abgeleiteten Markts gegründet worden. Im vorliegenden Fall werde nicht ein neues Produkt verhindert. Vielmehr sei es die Absicht der Zugangsuchenden, dieselbe Dienstleistung zu erbringen, die bisher von *IMS Health* erbracht werde.[48] Zusätzlich nahm das Gericht eine Interessenabwägung vor, welche es zur vorläufigen Aufrechterhaltung des Urheberrechts von *IMS Health* veranlasste. Dies wurde vom Gerichtshof bestätigt. Es

---

46 Urheberrechtlich genauer: den an der Entwicklung des Standards beteiligten Mitarbeitern des Unternehmens, s. hierzu folgende Fußnote.

47 Und zwar ein echtes Urheberrecht für Datenbankwerke i.S. von § 4 Abs. 2 UrhG im Gegensatz zu bloßem *sui generis*-Herstellerschutz i.S. der §§ 87a ff. UrhG. So im Verfahren des einstweiligen Rechtsschutzes: LG Frankfurt, Geschäftsnr. 2/3 O 283/00; 2/3 O 539/00; 2/3 O 628/00; 2/6 O 802/00; OLG Frankfurt, 19.6.2001, 11 U 66/00. Sowie im Hauptsacheverfahren: OLG Frankfurt, 17.9.2002, ZUM-RD 2003, 180: Das OLG hat das Bestehen echten urheberrechtlichen Datenbankschutzes bestätigt (Leistungsschutz nach § 87a UrhG aber abgelehnt, da die Übernahme der 1860-Struktur kein "wesentlicher Teil" der Datenbank sei, und Einzeldaten ja nicht übernommen wurden). Allerdings besteht ein Miturheberrecht der an der Entwicklung des Standards beteiligten Außendienstmitarbeiter der pharmazeutischen Industrie. Da *IMS Health* als juristische Person nicht selbst Miturheber sein kann, sondern nur die an der Schaffung der 1860-Struktur beteiligten Mitarbeiter, hat *IMS Health* lediglich den Status eines Nutzungsberechtigten. Auf eine Gemeinschaft eines Nutzungsberechtigten mit echten Miturhebern sei die Vorschrift des § 8 Abs. 2 S. 3 UrhG (der jeden einzelnen Miturheber zur selbständigen Geltendmachung von Verletzungsansprüchen berechtigt) auch nicht analog anwendbar. *IMS Health* fehle deshalb die Aktivlegitimation zur Geltendmachung urheberrechtlicher Ansprüche. Das OLG Frankfurt sprach dem Unternehmen dennoch einen Unterlassungsanspruch zu, und zwar auf der Grundlage von § 1 UWG, nämlich unter dem Gesichtspunkt des ergänzenden wettbewerbsrechtlichen Leistungsschutzes, da die Struktur mittels Raubkopie unmittelbar übernommen worden sei. Der Weg über § 1 UWG ist in diesem Fall äußerst bedenklich, da Sonderrechtsschutz als Datenbankwerk nach Auffassung des OLG durchaus besteht, und es lediglich versäumt wurde, die für Erhebung einer Verletzungsklage erforderliche Zustimmung der anderen Miturheber einzuholen. *IMS Health* hat im Rahmen des Urheberrechts zwei Möglichkeiten: Entweder bewegt das Unternehmen die Urheber aus der pharmazeutischen Industrie zur Zustimmung zu einer Verletzungsklage. Wenn dies nicht praktikabel ist (weil z.B. die pharmazeutische Industrie ein Interesse daran hat, den Datenlieferanten zu wechseln), können die von *IMS Health* angestellten Urheber selbständig auf der Grundlage von § 8 Abs. 2 S. 3 UrhG Verletzungsklage erheben. Dieses urheberrechtlich vorgegebene Procedere wird durch den Rückgriff auf § 1 UWG ausgehebelt.

48 EuG, Rs. T-184/01 R 2, (oben Fn. 44), Tz. 102ff., 144.

sei betont, dass die Entscheidungen von EuG und EuGH nur vorläufigen Charakter haben und nichts über den Ausgang im Hauptsacheverfahren aussagen.

2. Datenbankschutz

Die deutschen Gerichte haben Datenbankschutz für die 1860-Struktur i.S. von § 4 Abs. 2 UrhG angenommen.[49] Eine persönliche geistige Schöpfung wurde bejaht, da die 1860-Struktur nicht durch objektive Kriterien vorgegeben sei, sondern sich als das Ergebnis eines subjektiven Abwägungsprozesses darstelle.[50] Auf der Rechtsfolgenseite stellt Erwägungsgrund 15 zur Datenbankrichtlinie[51] klar, dass sich der Urheberrechtsschutz für Datenbanken gerade auf deren Struktur bezieht. Der spezifische Datenbankschutz bezieht sich also gerade auf die Art der Zusammenstellung und erstreckt sich nicht auf den gesammelten Inhalt. Eine typische Verletzungsform liegt darin, dass sich Unbefugte die Struktur der Datenbank aneignen, um sie mit eigenen Inhalten zu füllen.[52] Vor diesem Hintergrund scheint der Fall urheberrechtlich klar zu sein: Die Struktur der fraglichen Datenbank ist die Aufgliederung der pharmazeutischen Abverkaufsdaten in 1.860 regionale Untergliederungen. Wer diese Einteilung übernimmt, begeht gerade dadurch eine Verletzung der geschützten Struktur. Die Tatsache, dass der Außenstehende die Abverkaufsdaten selbständig erhebt und nicht von *IMS Health* übernimmt, ist irrelevant, da sich der spezifisch urheberrechtliche Schutz - im Gegensatz zum *sui generis*-Schutz für den Datenbankhersteller – gerade nicht auf die gesammelten Daten, sondern auf deren Struktur erstreckt.

Der *IMS Health*-Fall macht deutlich, zu welcher Schutzausdehnung die Datenbank-Richtlinie geführt hat, jedenfalls wenn man der urheberrechtsbejahenden Linie der deutschen Gerichte folgt. Die Aufgliederung des Bundesgebiets in 1860 Untergebiete lässt sich auch als bestimmte Methode der Datenerhebung interpretieren. Geschäftsmethoden sind aber nach den allgemeinen Grundsätzen weder urheberrechts- noch patentfähig.[53] Die Ausdehnung des Urheberrechts auf Schutzgegenstände, die dem Urheberrecht bisher verschlossen waren, beschwört einen Konflikt mit Kartellrecht geradezu herauf.[54] Im Zusammenhang mit dem *sui generis*-Schutz des Datenbankherstellers hatte man durch die Beschränkung des Schutzes auf *wesentliche Teile* der Datenbank einer Monopolisierung von Informationen noch vorbeugen, sowie eine Zwangslizenzregelung überflüssig machen wollen.[55] Beim echten Urheberrechtsschutz besteht dagegen die viel größere Gefahr einer Monopolisierung von Erhebungsmethoden.

Es ist deshalb eine sorgfältige Prüfung der Schutzvoraussetzungen erforderlich, und zwar im Wege der systematischen Auslegung aus dem Gesamtzusammenhang des Urheberrechts, wie er auch in den europäischen Urheberrechts-Richtlinien zum Ausdruck

---

49 S. die Nachweise oben in Fn. 47.

50 S. z.B. LG Frankfurt, 12.7.2001, Geschäftsnr.: 2/3 O 628/00, S. 8ff.

51 Richtlinie 96/9/EG über den rechtlichen Schutz von Datenbanken vom 11.3.1996 (ABl. L 77/20).

52 *Haberstumpf*, Der Schutz elektronischer Datenbanken nach dem Urheberrechtsgesetz, GRUR 2003, 14 (22).

53 Im Zusammenhang mit dem Urheberrechtsschutz für Computerprogramme s. § 69a Abs. 2 UrhG. Zum Patentrecht s. den Patentierungsausschluss für Pläne, Regeln und Verfahren für geschäftliche Tätigkeiten in § 1 Abs. 2 Nr. 3 PatG, bzw. Art. 52 Abs. 2 c) EPÜ.

54 Kritisch zur Frage des Urheberrechtsschutzes im *IMS Health*-Fall deshalb *Heinemann*, Immaterialgüterrecht und Kartellrecht: Konflikt oder Koexistenz?, in *Baudenbacher* (Hrsg.), Sechstes St. Galler Internationales Immaterialgüterrechtsforum (erscheint demnächst).

55 *Haberstumpf* (oben Fn. 52), GRUR 2003, 14 (27, insbesondere auch Fn. 181).

kommt. Zweifel an der ausreichenden Schöpfungshöhe der 1860-Struktur sind wohl unbegründet. Gem. Art. 3 Abs. 1 S. 2 der Datenbankrichtlinie wird keine besondere Gestaltungshöhe verlangt.[56] Die Aufgliederung des Bundesgebiets in 1860 Bausteine erfüllt die Anforderungen an eine "persönliche" (§ 4 UrhG), bzw. "eigene" (Art. 3 Abs. 1 S. 1 Datenbank-Richtlinie) geistige Schöpfung. Fraglich ist allerdings, ob überhaupt ein schutzfähiges Werk vorliegt. Urheberrechtsschutz steht nur für die Ausdrucksform, nicht aber für zugrundeliegende Methoden oder Ideen zur Verfügung.[57] Der Sachverhalt in *IMS Health* nimmt eine Grenzposition ein: Einerseits stellt die Aufbereitung der pharmazeutischen Abverkaufsdaten nach regionalen Kriterien eine "methodische Anordnung" i.S. von § 4 Abs. 2 S. 1 UrhG dar. Andererseits ist die Aufgliederung des Gebiets in 1860 Zellen eine bestimmte Methode der Datenerhebung. In diesem Sinn ist die Schutzfähigkeit der 1860-Struktur urheberrechtlich durchaus fragwürdig.[58] Zumindest macht der Fall deutlich, dass der urheberrechtliche Datenbankschutz Gefahr läuft, Schutzgegenstände zu erfassen, die bisher dem Urheberrechtsschutz nicht zugänglich waren.

3. Missbrauch einer marktbeherrschenden Stellung?

Außer Streit steht die Feststellung einer marktbeherrschenden Stellung von *IMS Health*. Relevanter Markt ist der deutsche Markt für regionale Absatzdatendienste für Pharmaprodukte.[59] Auf diesem Markt hat *IMS Health* eine "Beinahe-Monopolstellung".[60] Die entscheidende Frage des Falls besteht darin, ob das Unternehmen diese Stellung missbräuchlich ausgenutzt hat. Die Kommission hat eine "Anscheinsvermutung"[61] für das Vorliegen "außergewöhnlicher Umstände" i.S. der *Magill*-Rechtsprechung und damit für einen Verstoß gegen Art. 82 EG angenommen.[62] Dafür spielte die Tatsache eine Rolle, dass *IMS Health* im Besitz einer urheberrechtlich abgesicherten *de facto*-Industrienorm sei, und ohne sachliche Rechtfertigung jeglichen Wettbewerb auf dem Markt für regionale Pharmadatendienste ausschließe. Die Kommission hob auch den Umstand hervor, dass der *de facto*-Standard über einen langen Zeitraum in Zusammenarbeit mit der Pharma-Industrie entwickelt worden sei. Zudem sei die Verhinderung eines neuen Produkts keine Missbrauchsvoraussetzung.[63] So sei also eine Zwangslizenz auch dann möglich, wenn *IMS Health* die fraglichen Dienstleistungen in ausreichendem Umfang erbringe.

Diese Analyse wurde von den europäischen Gerichten nicht geteilt. Auch die Stellungnahmen in der Literatur sind überwiegend kommissionskritisch.[64] Nur vereinzelt

---

56 Aufgrund des Gebots der richtlinienkonformen Auslegung nationalen Rechts ist es unerheblich, dass im Zusammenhang mit dem Datenbankschutz keine Regelung wie § 69a Abs. 3 UrhG für Computerprogramme ins Gesetz aufgenommen wurde. S. Schricker/*Loewenheim*, Urheberrecht, 2. Aufl. 1999, § 4 UrhG Rdnr. 33: Das Vorhandensein von Individualität reicht aus. Auch die "kleine Münze" wird somit geschützt.

57 Schricker/*Loewenheim*, Urheberrecht, 2. Aufl. 1999, § 2 UrhG Rdnr. 48ff.

58 Für hohe Anforderungen an Datenbankschutz auch *Casper*, Die wettbewerbsrechtliche Begründung von Zwangslizenzen, ZHR 166 (2002), 685 (704).

59 *Europäische Kommission* (oben Fn. 42) Tz. 51, 55f.

60 *Ebenda*, Tz. 58.

61 *Ebenda*, Tz. 186.

62 *Ebenda*, Tz. 180. Die deutsche Fassung, die genau das Gegenteil besagt, beruht (ausweislich der englischen Originalfassung) auf einem Übersetzungsfehler.

63 *Ebenda*, Tz. 180.

64 S. hierzu die Nachweise sogleich.

wird die Kommissionsentscheidung gebilligt.[65] Im Gegensatz zur Diskussion um *Magill* geht man dabei allerdings ganz überwiegend davon aus, dass die Anwendung von Art. 82 EG auf Rechte des geistigen Eigentums prinzipiell möglich ist. Nur seien die Anwendungsvoraussetzungen im konkreten Fall nicht erfüllt. Art. 82 EG sei nicht auf Missbräuche auf dem durch das Urheberrecht beherrschten Markt anwendbar, sondern nur auf Missbräuche auf abgeleiteten Märkten.[66] Außerdem habe die Kommission in *IMS Health* zu Unrecht auf das noch in *Magill* verlangte Kriterium der Verhinderung eines neuen Produkts verzichtet.[67] Richtigerweise müssten die beiden in *Magill* aufgestellten Voraussetzungen (Leistungseinschränkung und Hebelwirkung) kumulativ und nicht alternativ vorliegen.[68] Während es *Magill* ohne die Programminformationen tatsächlich unmöglich war, die Programmzeitschrift herauszubringen, bleibe es den Konkurrenten von *IMS Health* weiterhin möglich, Pharmadaten außerhalb einer 1860-Struktur anzubieten. Die Kommission behalte sich hierdurch eine eigene administrative Bewertung in der Frage nach realistischen Absatzmöglichkeiten vor.[69] Diese Ausdehnung von Lizenzierungspflichten vermindere Innovationsanreize.[70] Zum Teil wird auch argumentiert, dass die Kommissionsentscheidung in *IMS Health* zwar mit der Rechtsprechung des EuGH z.B. in den Rechtssachen *Magill*, *Bronner* und *Ladbroke* vereinbar sei, diese aber überdacht werden müsse. Es sollte nicht auf die Unverzichtbarkeit des Immaterialgüterrechts, sondern auf dessen Zielsetzung abgestellt werden. Wenn das Schutzrecht entwickelt wurde, um auch auf einem benachbarten Markt erfolgreich zu sein, scheide eine Zwangslizenz aus. Die Kommissions-Entscheidung sei deshalb falsch.[71]

4. Missbrauchsvoraussetzungen

Die Feststellung eines Missbrauchs bereitet im *IMS Health*-Fall die allergrößten Schwierigkeiten. Diese werden noch dadurch verschärft, dass bereits Meinungsverschiedenheiten in Grundsatzfragen existieren. So wird beispielsweise die Frage diskutiert, ob geistiges Eigentum für die Zwecke der Kartellrechtsanwendung dem Sachei-

---

65 Und zwar von *Stothers*, The End of Exclusivity?: Abuse of Intellectual Property Rights in the the E.U., EIPR 2002, 86 (93); *Forrester*, Compulsory licensing in Europe: a rare cure to aberrant national intellectual property rights?, S. 22 (http://www.ftc.gov/opp/intellect/020522forrester.pdf): Die Frage nach einem Zweitmarkt sei nicht entscheidend: Art. 82 EGV wolle stets die Ausschaltung von Wettbewerb durch einen Marktbeherrscher verhindern, jedenfalls wenn außergewöhnliche Umstände vorliegen. Außerdem könne man daran zweifeln, dass nur ein Markt betroffen sei: Die Erstellung einer geographischen Gliederung könne als der erste Markt betrachtet werden, die Erhebung und Aufbereitung der Marktdaten als zweiter Markt. Abgesehen davon sei weder von Kommission noch vom EuGH jemals behauptet worden, die *Magill*-Rechtsprechung sei auf Zwei-Markt-Situationen beschränkt.

66 *Casper* (oben Fn. 58), ZHR 166 (2002), 685 (703).

67 *Lober*, Die IMS-Health-Entscheidung der Europäischen Kommission: Copyright K.O.?, GRUR Int. 2002, 7 (9ff.); dagegen zu Recht *Casper* (oben Fn. 58), ZHR 166 (2002), 685 (701).

68 *Temple Lang*, Compulsory Licensing of Intellectual Property in European Community Antitrust Law, FTC/DOJ Hearings May 22, 2002 (http://www.ftc.gov/opp/intellect/020522langdoc.pdf), S. 5, 22.

69 *Schwarze*, Der Schutz des geistigen Eigentums im europäischen Wettbewerbsrecht, EuZW 2002, 75 (80f.); *ders.* (oben Fn. 28), ZUM 2003, 15 (20).

70 *Hull/ Atwood/ Perrine*, Compulsory Licensing, The European Antitrust Review 2002, 36 (37f.).

71 *Eilmansberger*, Abschlusszwang und Essential Facility Doktrin nach Art. 82 EG, EWS 2003, 12 (14f., 18).

gentum gleichgestellt werden kann.[72] Unabhängig von der Beantwortung dieser Frage lässt sich aber ein Konsens auf der Grundlage der *Magill*-Rechtsprechung feststellen, dass nämlich Art. 82 EG im Grundsatz auf Immaterialgüterrechte angewendet werden kann, und dass bei Vorliegen "außergewöhnlicher Umstände" auch eine kartellrechtliche Zwangslizenz ausnahmsweise möglich ist. In der Terminologie der *Magill*-Entscheidung des EuGH sind die "außergewöhnlichen Umstände" nichts anderes als die Faktoren, die den Schluss auf einen Missbrauch i.S. von Art. 82 EG zulassen. Der Missbrauchstatbestand ist nicht fest umrissen. Er setzt eine umfassende Interessenabwägung voraus, in die auch die immaterialgüterrechtlichen Wertungen einzubringen sind.[73] Es gilt die Aussage, dass eine Lizenzverweigerung als solche auch dann keinen Missbrauch darstellt, wenn sie von einem marktbeherrschenden Unternehmen ausgeht.[74]

Fraglich ist somit, welche Umstände zur Annahme eines Missbrauchs führen können. Eine erste Antwort geben die Regelbeispiele in Art. 82 lit. a) bis d) EG: Die Aufzählung geht davon aus, dass es getrennte Missbrauchstatbestände gibt, die jeweils unterschiedliche Voraussetzungen haben. Selbstverständlich müssen die genannten Tatbestände nicht kumulativ vorliegen. Art. 82 EV ist bereits dann verletzt, wenn eine dieser Missbrauchsformen zu bejahen ist. Dies führt zu dem vorläufigen Ergebnis, dass die in der Literatur umstrittene Frage nach dem Charakter der *Magill*-Kriterien dahingehend beantwortet werden muss, dass bereits das Vorliegen eines der beiden Merkmale, nämlich Leistungseinschränkung oder Hebelwirkung das Vorliegen eines Missbrauchs rechtfertigen kann.[75] Entscheidend ist allerdings, dass eine Missbrauchsform vollständig nachgewiesen wird. Es ist nicht statthaft, nur teilweise nachgewiesene Missbräuche dergestalt zusammenzufügen, dass in der Summe ein vollständiger Missbrauch herauskommt. In *IMS Health* kommen als Missbrauchsformen insbesondere Leistungseinschränkung (1) und Hebelwirkung (2) in Betracht.

a) Leistungseinschränkung

In *Magill* hatten Kommission und Gerichtshof u.a. einen Missbrauch i.S. von Art. 82 b) EG angenommen. Die Einschränkung von Produktion, Distribution oder technischer Entwicklung zum Schaden der Verbraucher setzt nicht notwendigerweise voraus, dass zwei verschiedene Märkte betroffen sind. Leistungseinschränkung in diesem Sinn kann auch gerade auf einem einzelnen Markt erfolgen. Im konkreten Fall handelt es sich um die Verhinderung einer umfassenden wöchentlichen TV-Programmzeitschrift. Hier liegt der Unterschied zu *IMS Health*: Das Unternehmen ist selbst auf dem Markt für pharmazeutische Abverkaufsdaten tätig. In diesem Sinn liegt also keine Leistungseinschränkung vor. Allerdings kann der Tatbestand auch dann gegeben sein, wenn die fragliche

---

72 Ablehnend zuletzt z.B. *Casper* (oben Fn. 58), ZHR 166 (2002), 685 (695f.), befürwortend *Eilmansberger* (oben Fn. 71), EWS 2003, 12 (15 mwN in Fn. 28). *Jänich* kommt in seiner grundlegenden Studie "Geistiges Eigentum – eine Komplementärerscheinung zum Sacheigentum?" (2002) zum Ergebnis, dass Sacheigentum und geistiges Eigentum in ihren wesentlichen Strukturmerkmalen übereinstimmen.

73 *Heinemann* (oben Fn. 1), S. 446.

74 EuGH "Magill" Slg. 1995, I-823 Tz. 49.

75 In diesem Sinn auch *Casper* (oben Fn. 58), ZHR 166 (2002), 685 (701). A.A. Generalanwalt *Gulmann* ("Magill" Slg. 1995, I-773 Tz. 90): "Niemand würde bezweifeln, daß RTE und ITP berechtigt waren, ihr Urheberrecht auszuüben, um die Veröffentlichung von Fernsehprogrammzeitschriften zu verhindern, die ihren eigenen Fernsehprogrammzeitschriften entsprachen."

Leistung qualitative Mängel hat, z.B. nicht dem Stand der Technik entspricht.[76] Die Wettbewerber brachten vor, dass ihre Leistungen in diesem Sinn höherwertig und innovativer seien.[77] Da die Frage nicht geklärt werden konnte, ist die Kommissionsentscheidung nicht auf den Aspekt der Leistungseinschränkung gestützt.

b) Hebelwirkung

Der Gesichtspunkt der Hebelwirkungen sorgt für die größten Kontroversen im Fall. In *Magill* hatte dieser Vorwurf darauf gestützt werden können, dass die (urheberrechtlich abgesicherte) beherrschende Stellung auf dem Markt für Programminformationen ohne sachlichen Grund dazu eingesetzt werde, auch den abgeleiteten Markt für wöchentliche Fernsehzeitschriften zu kontrollieren. Das Verhältnis zweier benachbarter Märkte ist entscheidend für den Vorwurf der Hebelwirkung, auch wenn es um die besondere Fallgruppe der wesentlichen Einrichtungen geh. Die "Wesentlichkeit" einer *essential facility* bezieht sich gerade auf die Bedienung eines nachgelagerten Marktes. Ein Bahnhof ist beispielsweise wesentlich für die Erbringung von Transportdienstleistungen auf einschlägigen Strecken. Die Kommission hat in *IMS Health* auf die Herausarbeitung zweier benachbarter Märkte verzichtet, und damit – wie zu Recht in der Literatur hervorgehoben wurde[78] - den Nachweis einer zwingenden Missbrauchsvoraussetzung (zumindest für diese Fallgruppe) nicht erbracht.[79] Wenn nur ein einheitlicher Markt für regionale Pharmaverkaufsdatendienste existiert, ist der Vorwurf der Hebelwirkung nicht berechtigt. Wenn die Kommission darauf verweist, dass die Lizenzverweigerung auch in Abwesenheit zweier Märkte gegen Art. 82 EG verstoßen kann,[80] so ist diese Aussage korrekt. Es muss dann aber eine andere Missbrauchsform nachgewiesen werden, wie z.B. die Leistungseinschränkung.

Dabei erscheint es nicht ausgeschlossen, im vorliegenden Fall zur Annahme zweier getrennter Märkte zu gelangen. Die Nähe des *IMS Health*-Sachverhalts zu *Magill* ist in der Tat frappierend. In *Magill* waren die urheberrechtlich geschützten Programminformationen das "unentbehrliche Ausgangsmaterial", um Programmzeitschriften anzubieten. In *IMS Health* ist die urheberrechtlich geschützte Datenstruktur genauso unentbehrlich, um die gewünschten Dienstleistungen über pharmazeutische Abverkaufsdaten zu erbringen. Die Kommission hat auf die Verwandtschaft beider Fälle hingewiesen,[81] aber nicht die erforderlichen Konsequenzen gezogen. In der Literatur wird die Annahme zweier Märkte teilweise für möglich gehalten.[82] Dies erscheint überzeugend: *IMS Health* hätte ja auch die Möglichkeit, die 1860-Struktur durch Lizenzvergabe zu ver-

76 EuGH, 10.12.1991, Merci Convenzionali Porto di Genova, Rs. C-179/90, Slg. 1991, I-5889 (I-5929 Tz. 19): Der Verzicht auf den Einsatz moderner Technologie hatte erhöhte Arbeitskosten und längere Ausführungszeiten bei der Entladung von Schiffen zur Folge. Der Gerichtshof nahm eine missbräuchliche Leistungseinschränkung an.

77 So *Forrester* (oben Fn. 65), S. 22.

78 S. *Casper* (oben Fn. 58), ZHR 166 (2002), 685 (703).

79 Die Kommission (oben Fn. 42, Tz. 70) verlangte lediglich das Vorliegen folgender Kriterien: 1. Die Weigerung des Zugangs zu der Einrichtung ist geeignet, jeglichen Wettbewerb in dem betreffenden Markt auszuschalten. 2. Diese Weigerung ist objektiv nicht zu rechtfertigen. 3. Die Einrichtung ist für die Ausübung der Geschäftstätigkeit unerlässlich, weil kein gegenwärtiges oder potenzielles Substitut für diese Einrichtung vorhanden ist.

80 *Europäische Kommission* (oben Fn. 42), Tz. 184.

81 *Ebenda.*

82 *Forrester* (oben Fn. 65), S. 22 Fn. 45.

markten. Die Struktur stellt deshalb einen eigenständigen Markt dar, von dem der Markt für regionale Abverkaufsdaten abhängt.[83] Hebelmissbrauch ist also im Prinzip denkbar.

Für die Feststellung eines Missbrauchs ist zusätzlich eine allgemeine Interessenabwägung erforderlich.[84] Der EuGH bringt dieses Kriterium in den Verweigerungsfällen dadurch zum Ausdruck, dass er die Abwesenheit einer sachlichen Rechtfertigung verlangt.[85] Nach der hier vertretenen Auffassung ist die allgemeine Interessenabwägung der Ort, an dem die immaterialgüterrechtlichen Aspekte in den kartellrechtlichen Tatbestand des Art. 82 EG einzufließen haben.[86] *Eilmansberger* hat vorgeschlagen, in diesem Zusammenhang auf das Kriterium des Leistungswettbewerbs zurückzugreifen. Werden Mitbewerber durch überlegene Leistung aus dem Feld geschlagen, so sei dies von Art. 82 EG hinzunehmen. Wenn eine Einrichtung gerade deshalb entwickelt wurde, um auf einem nachgelagerten Markt Erfolg zu haben, sei Kontrahierungszwang abzulehnen. Wenn dagegen die Tätigkeit auf den nachgelagerten Markt nur ein "Abfallprodukt" ist, sei den behinderten Wettbewerbern Zugang zur Einrichtung zu gewähren. Entscheidend ist auf dieser Grundlage also die Frage, inwieweit die Früchte der Einrichtung deren Inhaber zuzuordnen sind.[87]

Diesem Ausgangspunkt ist zuzustimmen. Die Berücksichtigung immaterialgüterrechtlicher Wertungen zwingt auch zur Festlegung der "Belohnungsreichweite". Wenn die Marktbeherrschung auf einem benachbarten Markt erforderlich ist, um dem Urheber die Früchte seines Ausschließlichkeitsrechts zukommen zu lassen, kann er zur Erteilung von Lizenzen kartellrechtlich nicht verpflichtet werden. Die entscheidende Frage in *IMS Health* besteht deshalb darin, ob das Urheberrecht an der 1860-Struktur ihrem Inhaber auch vollständig den Dienstleistungsmarkt für pharmazeutische Abverkaufsdaten vorbehalten soll.[88] Alle Besonderheiten des Einzelfalls sind hierbei einzubringen. Zu berücksichtigen ist auch die Tatsache, dass *IMS Health* die 1860-Struktur nicht allein, sondern in Zusammenarbeit mit der pharmazeutischen Industrie entwickelt hat. Auch wenn das Kriterium der eigenen Anstrengungen für die Zwecke des Urheberrechts irrelevant ist (jedenfalls in Europa), kann das Ausmaß der getätigten Investitionen doch in die kartellrechtlichen Abwägungsvorgänge eingebracht werden. Wird ein bestimmter Standard unter Mitarbeit einer ganzen Branche entwickelt, der Weg zum "offiziellen Standard" unter Erklärung der Lizenzbereitschaft aber vermieden, erscheint die Grenze zum Missbrauch überschritten. Branchenweite Lösungen sollten – ähnlich wie Technologiegemeinschaften[89] - auf der Basis der Offenheit gegenüber Dritten entwickelt werden. Insofern unterscheidet sich der Fall von Konstellationen, in denen ein Unterneh-

---

83 So zu Recht *Eilmansberger* (oben Fn. 71, EWS 2003, 12, 21f.), der auch bei Einrichtungen, die für den Eigengebrauch geschaffen wurden, regelmäßig von einem eigenen Markt ausgeht, der gegenüber dem nachgelagerten Markt unabhängig ist. *Eilmansberger* lehnt im *IMS Health*-Fall dennoch Kontrahierungszwang ab, s. hierzu sogleich bei Fn. 88.

84 Hierdurch wird verhindert, dass es zu einem Automatismus zwischen Marktbeherrschung und Zwangslizenz kommt. Vor dieser Gefahr warnt zu Recht *Casper* (oben Fn. 58), ZHR 166 (2002), 685 (702).

85 EuGH "Magill" Slg. 1995, I-824 Tz. 55.

86 *Heinemann* (oben Fn. 1), S. 333.

87 *Eilmansberger* (oben Fn. 71), EWS 2003, 12 (17ff.). Mangelnde Duplizierbarkeit der Einrichtung sei keine Voraussetzung für den Kontrahierungszwang.

88 Diese Frage bejaht *Eilmansberger* (oben Fn. 71, EWS 2003, 12, 22), der somit eine Zwangslizenz zu Lasten von *IMS Health* ablehnt.

89 S.o. unter II 4.

men selbständig einen *de facto*-Standard entwickelt hat.[90] Die Parallele zu den Technologiegemeinschaften, die nur bei Lizenzbereitschaft gegenüber Wettbewerbern positiv beurteilt werden, führt also im *IMS Health*-Fall dazu, in der Lizenzverweigerung ausnahmsweise einen Missbrauch i.S. von Art. 82 EG anzunehmen.

5. Folgerungen

Kartellrechtliche Zwangslizenzen werden stets außergewöhnlichen Situationen vorbehalten bleiben. Liegen besondere, einen Missbrauch begründende Umstände aber erst einmal vor, stehen Immaterialgüterrechte der Kartellrechtsanwendung nicht entgegen. Es stellen sich in der Sache dieselben Fragen wie bei faktischen Marktzutrittsschranken. Immaterialgüterrechtliche Wertungen können in die unbestimmten Rechtsbegriffe des Kartellrechts, z.B. in den Begriff des Missbrauchs eingebracht werden. Der *IMS Health*-Fall veranschaulicht, dass die Ursache für einen Konflikt zwischen Immaterialgüterrecht und Kartellrecht oft in einer unbedacht weiten Schutzerstreckung des geistigen Eigentums liegt. Viele Probleme könnte man bereits an der Wurzel dadurch lösen, dass Monopolsituationen durch geeignete Engführungen in den Immaterialgütergesetzen entschärft werden.[91] Beispiele hierfür sind die Dekompilierungsausnahme beim Softwareschutz (Art. 6 Computerprogramm-Richtlinie) oder die Einschränkung des *sui generis*-Schutzes von Datenbanken auf die Verwertung "wesentlicher Teile" der Datenbank (Art. 7 Abs. 1 Datenbank-Richtlinie).[92] Spannungen im Verhältnis zwischen geistigem Eigentum und Kartellrecht werden allerdings nie vollständig auszuräumen sein. Der Entscheidung des *IMS Health*-Verfahrens durch den Gerichtshof im Hauptsacheverfahren kann deshalb mit Spannung entgegengeblickt werden.

VI. Microsoft

Die *Microsoft*-Verfahren betreffen die Maßnahmen, welche das Unternehmen ergriffen hat, um seine beherrschende Stellung auf dem Markt für Betriebssysteme auszunutzen, bzw. auszubauen.[93] Substitutionswettbewerb droht dem *Windows*-Betriebsprogramm zum einen aus dem Internet: Dort gibt es eine Tendenz zu plattformübergreifender Software,[94] auf die in Zukunft die Anwendungsprogramme aufgebaut werden könnten. Dieser Trend stellt langfristig eine Bedrohung des *Windows*-Monopols dar. Eine konkrete Gefahr ging von zwei Produkten aus, nämlich dem *Browser* der Firma *Netscape* ("*Navigator*"), und der plattformübergreifenden Programmiersprache *Java*, einem Produkt des Unternehmens *Sun Microsystems*. Eine weitere Gefahr für das *Win-*

90 S. hierzu *Heinemann* (oben Fn. 1), S. 521f.

91 S. *Casper* (oben Fn. 58), ZHR 166 (2002), 685 (703f.), der die Frage einer restriktiven Auslegung urheberrechtlichen Datenbankschutzes aufwirft.

92 Überblick über diese und ähnliche Beschränkungen in Immaterialgütergesetzen bei *Båth*, Access to Information v. Intellectual Property Rights, EIPR 2002, 138 (141ff.).

93 *Fox* fasst das Verhalten von *Microsoft* wie folgt zusammen: "Microsoft developed its own browser, bundled its browser with its operating system, and, through various contracts with PC makers (OEMs), Internet service providers, Internet software vendors (ISVs) and others, and through threats and deceptions, it closed off all of the most efficient channels for Netscape to disseminate its browser, and it sabotaged the development of cross-platform Java." S. *Fox*, What is Harm to Competition?, in *Drexl* (Hrsg.), The Future of Transnational Antitrust – From Comparative to Common Competition Law, 2003, S. 87 (97), abgedruckt auch in 70 Antitrust Law Journal 371 (2002).

94 Nämlich sog. *middleware*, d.h. Software, die zwischen Betriebssystem und Anwendungsprogramm steht.

dows-Monopol ist das direkt konkurrierende *open source*-Betriebssystem *Linux*. In letzter Zeit sind große institutionelle Nutzer von *Windows* auf *Linux* umgestiegen.[95]

1. Verfahren vor den US-amerikanischen Instanzen

Seit 1990 laufen gegen *Microsoft* Kartellverfahren, nämlich von 1990 bis 1995 das "*Microsoft*-Lizenz"-Verfahren und seit 1996 das "*Microsoft*-Browser"-Verfahren.[96] Parallel zu den Behördenverfahren sind auch private Klagen anhängig.[97] Im Lizenz-Verfahren standen Kopplungs- und Ausschließlichkeitsbindungen sowie die missbräuchliche Berechnung von Lizenzgebühren bei der Lizenzierung des Betriebssystems MS-DOS, bzw. *Windows* im Vordergrund. Das Unternehmen wurde insbesondere dazu verpflichtet, keine marktschließenden "per-processor licenses" mehr zu erteilen, d.h. keine Lizenzgebühren pro Prozessor zu vereinbaren, unabhängig davon, ob überhaupt *Microsoft*-Software vertrieben wurde. Im *Browser*-Verfahren wurden erstinstanzlich drei Verstöße festgestellt: *Microsoft* verteidige seine beherrschende Stellung auf dem Markt für Betriebssysteme, indem es die Entstehung von Substituten im Keim ersticke, insbesondere andere *Browser* und die plattformübergreifende Programmiersprache *Java* (Verstoß gegen Section 2 *Sherman Act*). Zweitens versuche das Unternehmen, den Markt für *Browser* mit seinem *Internet Explorer* zu monopolisieren (ebenfalls Verstoß gegen Section 2 *Sherman Act*). Und schließlich liege eine wettbewerbswidrige Kopplung beim Vertrieb von Betriebssystem und *Internet Explorer* vor (Verstoß gegen Section 1 *Sherman Act*).[98] Der *District Court* ordnete die Entflechtung des Unternehmens in zwei selbständige Einheiten an.[99]

Der *Court of Appeals* bestätigte einen Verstoß gegen Section 2 *Sherman Act*, soweit es um die wettbewerbswidrige Verteidigung der beherrschenden Stellung auf dem Markt für Betriebssysteme ging. Die Verurteilung wegen Verstoßes gegen das Kartellverbot in Section 1 *Sherman Act* sowie der Entflechtungsbeschluss wurden aufgehoben.[100] *Antitrust Division* und die Hälfte der Einzelstaaten einigten sich mit *Microsoft* auf ein *consent decree*. Dieser wurde vom *District Court* (unter neuer Richterin) genehmigt, die Klage der anderen Einzelstaaten wurden zurückgewiesen.[101] Auf der

---

95 Z.B. die Stadt München, s. den Bericht unter: http://www.ecommercetimes.com/perl/printer/21659.

96 Überblick über den Verfahrensgang bei *Grimes*, The Microsoft Litigation and Federalism in U.S. Antitrust Enforcement: Implications for International Competition Law, in *Drexl* (Hrsg.), The Future of Transnational Antitrust – From Comparative to Common Competition Law, 2003, S. 237ff.

97 Überblick hierüber bei *Grimes* (oben Fn. 96), S. 245ff. Am 30.5.2003 gelangten *Microsoft* und *AOL Time Warner* (die *Netscape* übernommen haben) zu einer Einigung. Gegen Zahlung von 750 Millionen US-$ und die Vereinbarung gemeinsamer Aktivitäten wurde der Streit beigelegt, kritisch hierzu *Lande/Hawker*, AOL/Microsoft Settlement Could Cement Microsoft's Internet Dominance, http://www.antitrustinstitute.org/recent2/248.cfm. Eine Klage von *Sun Microsystems* gegen *Microsoft* ist anhängig.

98 US District Court for the District of Columbia, 3.4.2000, *Conclusions of Law*, 87 F.Supp.2d 30 (D.D.C.2000), bzw. http://www.usdoj.gov/atr/cases/f4400/4469.htm.

99 US District Court for the District of Columbia, 7.6.2000, *Final Judgment*, 97 F.Supp.2d 59 (D.D.C.2000), bzw. http://usvms.gpo.gov.

100 US Court of Appeals for the District of Columbia Circuit, 28.6.2001, *United States v. Microsoft Corp* (http://cnnfn.cnn.com/2001/06/28/microsoft_file/decision.pdf). S. hierzu *Fleischer/Körber*, Marktmacht, Machtmissbrauch und Microsoft – Zur Rolle des Kartellrechts in der New Economy, K&R 2001, 623. Zum Kopplungsvorwurf s. *Grimes*, The Antitrust Tying Law Schism: A Critique of *Microsoft III* and a Response to Hylton and Salinger, 70 Antitrust Law Journal 199 (2002).

101 US District Court for the District of Columbia, 12.11.2002, *Final Judgment*, http://www.usdoj.gov/atr/cases/f200400/200457.htm.

Grundlage des (noch nicht rechtskräftigen) Vergleichs darf *Microsoft* die Produktintegration von Betriebssystem und anderen Software-Elementen fortsetzen, muss aber jeweils einige Monate im voraus Schnittstelleninformationen liefern (Dauer: zunächst fünf Jahre).[102] Alle Computerhersteller sind gleich zu behandeln, Ausschließlichkeitsbindungen sind aufzulösen. Niemand darf behindert oder diskriminiert werden, weil er Konkurrenzprodukte von *Microsoft* benutzt oder selber entwickelt. *Microsoft* verpflichtet sich (gegen die Zahlung einer angemessenen Lizenzgebühr) zur Lizenzierung aller Schutzrechte, die für die Durchführung des Vergleichs erforderlich sind Die Einhaltung des Vergleichs wird durch verschiedene institutionelle Vorkehrungen gesichert, nämlich durch speziell definierte Überwachungsrechte der Kartellbehörden (des Bundes und der Einzelstaaten), die Einrichtung eines *Technical Committee*, sowie die Einsetzung eines *Microsoft*-internen *compliance officer*. Die Gesamtüberwachung liegt beim *District Court*. Der Vergleich wird teilweise sehr kritisch gesehen. U.a. ist nicht ersichtlich, wie der Wettbewerb auf dem *Browser*-Markt wiederhergestellt werden könnte.[103]

2. Der immaterialgüterrechtliche Bezug

Für den vorliegenden Zusammenhang ist auf die immaterialgüterrechtlichen Bezüge der Entscheidung einzugehen.[104] Diese finden sich sowohl auf Tatbestands-, als auch auf Rechtsfolgenebene. Geradezu obligatorisch war der Versuch von *Microsoft*, schon die Anwendbarkeit von *antitrust*-Recht unter Verweis auf das Urheberrecht an der Software zu bestreiten. Der *Court of Appeals* wies diesen Immunisierungsversuch mit einem "schlagenden" Vergleich zum Sacheigentum zurück:

> "Microsoft's primary copyright argument borders upon the frivolous. The company claims an absolute and unfettered right to use its intellectual property as it wishes: '[I]f intellectual property rights have been lawfully acquired,' it says, then 'their subsequent exercise cannot give rise to antitrust liability.' [...] That is no more correct than the proposition that use of one's personal property, such as a baseball bat, cannot give rise to tort liability. As the Federal Circuit succinctly stated: 'Intellectual property rights do not confer a privilege to violate the antitrust laws.' In re Indep.Serv.Orgs.Antitrust Litig., 203 F.3d 1322, 1325 (Fed.Cir.2000)."[105]

Auch im US-amerikanischen Recht gibt geistiges Eigentum als keinen Freibrief für die Verletzung von Kartellrecht. Die Anwendung von *Antitrust*-Recht ist nicht lediglich auf die Randbereiche des Immaterialgüterschutzes beschränkt, sondern kann auch auf dessen Kern, z.B. die Lizenzierungsfreiheit erstreckt werden.

---

102 Welche Möglichkeiten die Genehmigung weiterer Produktintegration bietet, zeigt die weitere Entwicklung der *Browser*-Technologie. Nachdem *Microsoft* das Betriebssystem eingesetzt hat, um den *Browser*-Markt zu erobern, soll jetzt anscheinend der *Browser* eingesetzt werden, um Kunden zum häufigeren Update des Betriebssystems zu veranlassen: Das Unternehmen hat angekündigt, in Zukunft den *Internet Explorer* nicht mehr isoliert, sondern nur noch integriert ins Betriebssystem zu vertreiben. Wer dann eine verbesserte Version des *Browser*haben möchte, muss ein Update für das gesamte Betriebssytem erwerben, so jedenfalls die Meldung vom 6.6.2003 unter: http://news.com.com/2009-1083_3-1013874.html?tag=fd_top.

103 *Lande/Hawker* (oben Fn. 97).

104 Eine Zwischenbilanz aller Aspekte findet sich z.B. bei *Fleischer/Doege*, Der Fall United States v. Microsoft, WuW 2000, 705.

105 US Court of Appeals (oben Fn. 100), S. 33.

Dies wird an den Rechtsfolgen der *Microsoft*-Entscheidung deutlich. Diese sind teilweise sehr IP-nah, wie z.B. die Pflicht zur Lieferung von Schnittstelleninformationen, die Pflicht zur Lizenzierung aller für die Durchführung des Vergleichs notwendigen Schutzrechte, sowie die Einräumung der Möglichkeit, *Microsoft*-Produkte oder *icons* vom Ausgangsbildschirm oder vom Startmenü zu entfernen. Die Regel, die sich hieraus ableiten lässt, lautet, dass auch der Eingriff in Schutzrechte des geistigen Eigentums geboten ist, wenn ein solcher Eingriff zur Abstellung von Kartellverstößen erforderlich ist.[106]

3. Das Microsoft-Verfahren vor der Europäischen Kommission

Ursprünglich hatte sich die Europäische Kommission am *Microsoft*-Browser-Verfahren nur partiell beteiligt[107] und überließ die Angelegenheit im Rahmen bilateraler Zusammenarbeit den US-amerikanischen Kartellbehörden.[108] Im Februar 2000 leitete sie dann ein Verfahren ein,[109] das im August 2001 erweitert[110] und bis jetzt noch nicht abgeschlossen wurde.[111] Das europäische Verfahren behandelt nicht die Vorwürfe, die Gegenstand des amerikanischen Verfahrens sind, sondern hat andere Schwerpunkte. Im Kern geht es darum, ob *Microsoft* die beherrschende Stellung auf dem Markt für Betriebssysteme dazu einsetzt, auch den Software-Markt für Internet-Server zu kontrollieren. Der Vorwurf wurde dahingehend erweitert, dass *Microsoft* rechtswidrig den *Media Player* (Software zum Abspielen von Audio- und Video-Dateien) in *Windows* eingebaut habe. Vorwurf (1) betrifft eine Schnittstellenproblematik, während Vorwurf (2) von einer unzulässigen Produktintegration ("Bundling") ausgeht.

a) Hebelwirkung auf dem Markt für Server-Betriebssysteme

Microsoft bietet PC-Betriebssysteme und Server-Software (Software für das Zusammenspiel von Computer-Netzwerken) an, die untereinander kompatibel sind. Konkurrierende Anbieter von Server-Software sind auf Schnittstelleninformationen des *Windows*-Programms angewiesen, um ebenfalls kompatible Produkte anbieten zu können. Werden diese Informationen nicht erteilt, besteht die Gefahr, dass *Microsoft* seine beherrschende Stellung auf den Markt für Server-Betriebssysteme ausdehnt.[112] Wendet man

---

106 Zur Anwendung von Kartellrecht auf propietäre Standards am Beispiel des *Microsoft*-Falls s. *Stapper*, Das essential facility Prinzip und seine Verwendung zur Öffnung immaterialgüterrechtlich geschützter de facto Standards für den Wettbewerb, 2003, S. 148ff.

107 Beispielsweise wirkte sie daraufhin, dass in Lizenzverträgen zwischen *Microsoft* und Internet Service Providern konkurrierende Browser nicht behindert werden (*Europäische Kommission*, XXIX. Bericht über die Wettbewerbspolitik 1999, 2000, Tz. 55f.).

108 *van Miert*, Transatlantic Relations and Competition Policy, Competition Policy Newsletter 1996, No. 3, S. 1ff.

109 *Europäische Kommission*, 10.2.2000, Pressemitteilung IP/00/141; 3.8.2000, Pressemitteilung IP/00/906.

110 *Europäische Kommission*, 30.8.2001, Pressemitteilung IP/01/1232.

111 Siehe zu dem in Europa anhängigen Verfahren im Fall *Microsoft: Anderman*, Microsoft in Europe, http://www.ftc.gov/opp/intellect/020522anderman.pdf; *Foer/Lande*, The European Union's Microsoft case: not time for jingoism, http://www.antitrustinstitute.org/recent2/242.cfm; *Rosenthal*, Support in U.S. Law for Expected Commission Action Against Microsoft, http://www.antitrustinstitute.org/recent2/232.pdf; *Scherer*, Microsoft and IBM in Europe, http://www.antitrustinstitute.org/recent2/238.cfm.

112 Der Fall erinnert an das *IBM*-Verfahren, in dem der damalige Hardware-Marktbeherrscher *IBM* sich 1984 durch eine "Selbstverpflichtung" gegenüber der Kommission zur Offenlegung von Schnittstellen bereit erklärt hatte. S. hierzu *First*, Evolving toward What? The Development of International

die oben im Zusammenhang mit der Rechtssache *IMS Health* entwickelten Grundsätze an, so ist zu fragen, ob die Eigentumsrechte von *Microsoft* an den Schnittstelleninformationen auch die Beherrschung der Server-Märkte ermöglichen sollen. Geht man davon aus, dass es sich hier nur um eine unbeabsichtigte Nebenfolge der beherrschenden Stellung auf dem Markt für PC-Betriebssysteme handelt, ist die Verweigerung der Informationen missbräuchlich. Die Fallfrage ist parallel zur amerikanischen *Browser*-Problematik zu entscheiden, in der den Herstellern konkurrierender *Browser* auch ein Anspruch auf Zugang zu den nötigen Schnittstelleninformationen eingeräumt wurde.

b) Integration des Media Player *in das Betriebssystem*

Jedes Unternehmen ist selbstverständlich in der Gestaltung und dimensionalen Anreicherung eines Produkts frei. Wenn allerdings der *Media Player* integrierter Bestandteil des *Windows*-Betriebssystems ist, besteht die Gefahr, dass konkurrierende Film- und Musikabspiel-Software nicht mehr nachgefragt wird.[113] Dann läge ebenfalls eine Form der Hebelwirkung vor, ausgelöst diesmal nicht durch die Schnittstellenproblematik, sondern durch Produktintegration. Dagegen wird vorgebracht, dass es – zumindest im Software-Bereich – schwierig zu definieren sei, was getrennte Produkte sind, bzw. welche Produkte lediglich verschiedene Funktionen eines einheitlichen Programms sind.[114] Allerdings sollte der Unterschied zwischen Produktbündelung (*bundling*) und Produktintegration nicht überbewertet werden. Die kartellrechtliche Beurteilung hängt letztlich nicht von solchen Kategorien, sondern von den Wirkungen der betreffenden Strategien auf den Wettbewerb ab. Stellt man konsequent auf die Funktion der betreffenden Software-Komponenten ab, so besteht ein deutlicher Unterschied zwischen einem Betriebssystem einerseits und dem Abspielen von Filmen oder Musik andererseits. Wenn es technisch möglich ist, beide Bereiche voneinander getrennt zu halten, sollte im Interesse der Wettbewerber die Integration weiterer Software-Komponenten mit klar weitergehender Funktion unterbleiben. Zumindest sollten – wie im *Browser*-Streit – leicht zu bedienende Befehle zur Verfügung stehen, mit denen die *Microsoft*-Produkte gelöscht, bzw. zumindest unsichtbar gemacht werden können. Auf Geschäftspartner, z.B. die Computerhersteller darf kein Druck ausgeübt werden, wenn sie sich für die Löschung des *Microsoft*-Produkts entscheiden und/oder eine konkurrierende Software auf den PC laden.

4. Folgerungen

Das US-amerikanische und das europäische *Microsoft*-Browser-Verfahren haben unterschiedliche Akzentsetzungen. Während in den USA der Hauptvorwurf in der wettbewerbswidrigen Aufrechterhaltung des Monopols für PC-Betriebssysteme im Hinblick

---

Antitrust, in *Drexl* (Hrsg.), The Future of Transnational Antitrust – From Comparative to Common Competition Law, 2003, S. 23f.; *Lomholt*, The 1984 IBM Undertaking – Commission's Monitoring and Practical Effects, Competition Policy Newsletter 1998, Nr. 3, S. 7ff. Allerdings ist die Gefahr einer Beherrschung abgeleiteter Märkte im *Microsoft*-Fall größer als im *IBM*-Fall, da Software-Schnittstellen sehr viel einfacher geändert werden können als Hardware-Schnittstellen, vgl. *Scherer* (oben Fn. 111), S. 2.

113 Die Hauptkonkurrenten sind *Real Networks* mit dem Softwareprodukt *RealPlayer* und *Apple* mit *QuickTime*.

114 Im US-amerikanischen Verfahren wurde der Vorwurf der rechtswidrigen Kopplung von Betriebssystem und *Browser* vom Berufungsgericht zur erneuten Verhandlung an die erste Instanz zurückverwiesen. Im Rahmen des *consent decree* wurde der Kopplungsvorwurf von den Kartellbehörden dann fallen gelassen.

auf *Browser*-Software besteht, greift die Europäische Kommission den Einsatz von Hebelwirkung an, mit der auch andere Märkte, wie z.B. die strategisch wichtigen Server-Märkte, oder die Märkte für Musik- und Filmabspielprogramme unter Kontrolle gebracht werden sollen. Eine fundamentale, immaterialgüterrechtlich begründete Sperre gegen die Anwendung von Kartellrecht kommt nicht in Betracht.

Was die Rechtsfolgenseite betrifft, so ist größter Wert auf die Ausgestaltung der Sanktionen zu legen. Bloße Geldzahlungen sind nicht dazu geeignet, einen ungehinderten Systemwettbewerb für die Zukunft zu sichern. Oft werden Geldbußen oder Schadensersatz gerne gezahlt, wenn hierdurch Zeit für die weitere Festigung der Marktbeherrschung gewonnen wird. Größtes Gewicht ist auf die Formulierung der Untersagungstatbestände zu legen. Ein schneidiger Überwachungsmechanismus mit abschreckenden Sanktionen im Fall der Übertretung ist vorzusehen. Im Prinzip wurde dieser Weg im amerikanischen *Microsoft*-Fall beschritten. Im europäischen Verfahren sollte man noch einen Schritt weiter gehen, indem nicht der Weg des Vergleichs - bzw. wie im europäischen *IBM*-Verfahren der Weg einer Verpflichtungserklärung - gewählt wird, sondern eine klar formulierte Untersagungsverfügung erlassen wird.

C. Ausblick

Wie die Analyse einzelner Fälle gezeigt hat, führen die Entwicklungen in der Informationsgesellschaft nicht zu grundlegend neuen Fragestellungen im Verhältnis von Immaterialgüterschutz und Kartellrecht. Sicherlich geht die zunehmende Schutzrechtsdichte einher mit einem höheren Potential an Konflikten. Zuweilen werden Konflikte aber auch durch die technische Entwicklung entschärft. Ein Beispiel hierfür ist die *Simulcasting*-Entscheidung: Während die Verwertungsgesellschaften in der *old economy* faktische Monopolstellungen haben, macht die Verwertung von Radio- und Fernsehsendungen über das Internet Wettbewerb zwischen den Verwertungsgesellschaften prinzipiell möglich. In den Fällen, in denen die neuen Technologie zu keiner Entschärfung führen, ist es zunächst Aufgabe des Gesetzgebers, das Konfliktpotential möglichst klein zu halten, indem in wettbewerbssensiblen Bereichen *overprotection* vermieden wird.[115] Die verbleibenden Konflikte sind nach den herkömmlichen Regeln aufzulösen. Nach der hier vertretenen Auffassung stehen Immaterialgüterrechte der Anwendung von Kartellrecht nicht entgegen, beeinflussen aber die Auslegung der kartellrechtlichen Tatbestände, z.B. die Begriffe der Wettbewerbsbeschränkung und des Missbrauchs. Da diese hinreichend flexibel sind, lassen sich auf der Grundlage des geltenden Rechts die Besonderheiten der Informationsgesellschaft zufriedenstellend lösen.

Das verbleibende Grundlagenproblem von geradezu weltanschaulicher Dimension ist die Frage nach der kartellrechtlichen Eingriffsintensität im Bereich der dynamischen Hightech-Märkte. Die einen verweisen auf die ökonomischen Besonderheiten dieser Märkte, z.B. den Hang zum natürlichen Monopol aufgrund des Netzwerkeffekts, und halten nur einen Wettbewerb um den Markt, aber keinen Wettbewerb im Markt für

115 Wenn der Gesetzgeber dieser Aufgabe nicht nachkommt, wird es zwar häufiger zu Konflikten mit Kartellrecht kommen. Auch in diesen Fällen dient die Kartellrechtsanwendung aber nicht dazu, Fehlentwicklungen im Recht des geistigen Eigentums zu korrigieren, so zu Recht *Ullrich*, Intellectual Property, Access To Information, And Antitrust: Harmony, Disharmony, And International Harmonization, in: *Dreyfuss/Zimmerman/First* (Hrsg.), Expanding the Boundaries of Intellectual Property – Innovation Policy for the Knowledge Society, 2001, S. 365 (378).

möglich.[116] Demgegenüber möchten sich andere nicht mit bloßem Substitutionswettbewerb begnügen, sondern halten die Kontrolle des Marktbeherrschers nach allgemeinen Regeln für möglich und geboten.[117] Die hier vorgenommene Fallanalyse sollte veranschaulichen, dass der letzteren Auffassung zuzustimmen ist. Der Respekt vor dem dynamischen Unternehmer *Schumpeter'schen* Zuschnitts sollte keinen Freibrief für jedes beliebige Wettbewerbsverhalten liefern. Im Prozess der "schöpferischen Zerstörung" sind nur Mittel erlaubt, die auf der überlegenen Leistung und/oder Effizienz eines Unternehmens beruhen. Für *Schumpeter* stand der Begriff der Innovation und nicht die Suche nach trickreichen Behinderungsstrategien im Mittelpunkt.[118] Vor diesem Hintergrund erweist sich die Unterscheidung zwischen "Wettbewerb im Markt" für die traditionelle Wirtschaft und "Wettbewerb um den Markt" für die netzwerkbeeinflussten Industrien der Informationsgesellschaft als Scheingegensatz, jedenfalls soweit hieraus die Forderung nach zurückhaltender Kartellrechtsanwendung für die *New Economy* abgeleitet wird. Wie immer, wenn aufgrund wirtschaftlicher Faktoren die Tendenz zu einem natürlichen Monopol besteht, ist nicht nur der "Wettbewerb um den Markt" offen zu halten, sondern das Wettbewerbsverhalten des Monopolisten "im Markt" anhand aller kartellrechtlichen Tatbestände zu kontrollieren. Kartellrecht will zwar nicht verhindern, dass aufgrund besserer Leistung oder Effizienz (durch internes Unternehmenswachstum) eine marktbeherrschende Stellung oder gar ein Monopol entsteht. Werden dagegen nicht Leistung oder Effizienz, sondern wirtschaftliche Macht eingesetzt, um Konkurrenten aus dem Feld zu schlagen, ist die Grenze des kartellrechtlich Zulässigen überschritten. Man kann nicht auf die mittel- bis langfristige Möglichkeit von Substitutionswettbewerb verweisen, aber gleichzeitig Verhaltensweisen der Kartellaufsicht entziehen, deren primäres Ziel darin besteht, solchen Substitutionswettbewerb im Keim zu ersticken. Auch lässt sich die Ausbeutung der Marktgegenseite nicht legitimieren.

Allgemein ist festzuhalten, dass nicht nur die exzessive, sondern auch die zu zurückhaltende Kartellrechtsanwendung gesamtwirtschaftlich nachteilig ist.[119] Wenn wirtschaftliche Macht und nicht bessere Leistung instrumentalisiert wird, um den eigenen Produkten zum Erfolg zu verhelfen, führt der hierdurch bewirkte Wettbewerbsausschluss auch langfristig zu schlechteren Ergebnissen. Auch wenn Aspekte des Innovations-, bzw. Immaterialgüterschutzes für die Abgrenzung zwischen Leistungs- und Behinderungswettbewerb eine wichtige Rolle spielen, stellen Immaterialgüterrechte keine absolute Sperre gegen die Anwendung von Kartellrecht dar.

116 Vgl. *Möschel*, Das Microsoft-Verfahren vor dem Abschluss – Wettbewerbspolitische Lehren aus einem komplexen Fall, NZZ v. 10.7.2002, S. 23, der davon ausgeht, "dass die scharfen, mit Blick auf die traditionelle Industrie entwickelten Instrumente des Kartellrechts in dynamischen Technologiemärkten nur mit äußerster Behutsamkeit eingesetzt werden sollten."

117 Vgl. *Anderman* (oben Fn. 111), S. 3ff.

118 Zu *Schumpeter* s. beispielsweise *Blaug*, Economic Theory in Retrospect, 5. Aufl. 1996, S. 445f.

119 Die Lizenzverweigerung kann deshalb nicht nur kurzfristig, sondern auch mittel- und langfristig zu Wohlfahrtsverlusten führen. Zur ökonomischen Analyse der Lizenzverweigerung s. *Church/Ware*, Network Industries, Intellectual Property Rights and Competition Policy, in: *Anderson/Gallini* (Hrsg.), Competition Policy and Intellectual Property Rights in the Knowledge-Based Economy, 1998, S. 227 (254ff.).

Der Richtlinienentwurf der Kommission zur Durchsetzung der Rechte Geistigen Eigentums

Henning Harte-Bavendamm[*]

I. Einleitung

Der territorial begrenzte Charakter der Rechte des geistigen Eigentums steht nicht nur in einem Spannungsverhältnis zum Integrationsziel der Gemeinschaft, zur Freiheit des Waren- und Dienstleistungsverkehrs. Er ist auch inkompatibel mit den modernen Formen der kommerziellen Kommunikation, die schon aufgrund ihrer technischen Gegebenheiten Landesgrenzen immer stärker ignoriert. Der programmatische Titel der Fernsehrichtlinie („Fernsehen ohne Grenzen") mag hierfür ein Beispiel abgeben, die Verbreitung von Informationen bis hin zum Vertrieb digitalisierter Produkte über das Internet ein anderes und besonders weit reichendes.

Die Überwindung der für die Rechte des geistigen Eigentums charakteristischen territorialen Schranken durch Rechtsangleichung einerseits (etwa TRIPS oder die europäische Markenrichtlinie) und Schaffung einheitlicher neuer Schutzinstrumente andererseits (etwa die Gemeinschaftsmarke, das Gemeinschaftsgeschmacksmuster oder das künftige Gemeinschaftspatent) ist ein wesentlicher Gegenstand der Lehrveranstaltungen, mit denen die Teilnehmer des Postgraduierten-Studiums am Europa-Kolleg in den gewerblichen Rechtsschutz eingeführt werden. *Ullrich* hat einen eindrucksvollen Überblick über Stand und Methoden der Rechtsangleichung auf dem Gebiet des geistigen Eigentums gegeben. Dieser Rechtsangleichungsprozess hat sich innerhalb der Gemeinschaft in den letzten Jahren stark beschleunigt. Er ist am weitesten fortgeschritten im Markenrecht und im Designrecht. Das Patentrecht zieht nach. Im Urheberrecht ist noch eine Art Patchwork zu verzeichnen. An einem recht unentschlossenen und widersprüchlichen Anfang stehen wir im Recht gegen den unlauteren Wettbewerb. Vollständig harmonisiert ist hier nur das Recht der vergleichenden Werbung; einen Mindeststandard hat die Irreführungsrichtlinie geschaffen. Innerhalb der Europäischen Kommission hat sich noch keine einheitliche Linie im Sinne einer umfassenden Harmonisierung der Lauterkeitsrechts durchgesetzt, die an die Stelle der in der Vergangenheit vorherrschenden partikularistischen Regelung einzelner Sektoren treten könnte.

[*] Erweiterte Fassung des am 20. Juni 2003 im Europa-Kolleg Hamburg gehaltenen Vortrags. Der Vortragsstil wurde im Wesentlichen beibehalten.

Selbst in einem schon so weitgehend vereinheitlichten Bereich wie dem Markenrecht beschränken sich diese Integrationsbemühungen bisher im Wesentlichen auf denjenigen Teil des materiellen Rechts, der den Erwerb, den Umfang, die Schranken und den Verlust des Schutzes betrifft. Verletzungsfolgen und weitere Fragen der Rechtsdurchsetzung bleiben weitgehend, wenn auch nicht vollständig ausgeklammert. Dass der eben genannte Bereich des materiellen Rechts nur eine Seite der Medaille ist, ist nicht nur Wissenschaftlern, Rechtsinhabern und Praktikern bewusst. Das TRIPS-Abkommen demonstriert auf höchster Ebene und mit weltweitem Geltungsanspruch, dass die effektive Durchsetzung geistiger Schutzrechte von gleichrangiger Bedeutung ist.

Diesen unerlässlichen zweiten Teil des Weges zur Integration hat die Kommission nun überraschend schnell und entschlossen in Angriff genommen. Welche Art von „road map" sie hier erarbeitet hat und welche Probleme ihre fast überstürzt zu nennenden Kartografierungsversuche im Einzelnen aufweisen, soll im Folgenden kurz beleuchtet werden.

Der „Vorschlag für eine Richtlinie des Europäischen Parlaments und des Rates über die Maßnahmen und Verfahren zum Schutz der Rechte am geistigen Eigentum" ist im Januar 2003 vorgelegt und anschließend noch einmal unauffällig überarbeitet worden. Er befindet sich inzwischen bereits im Parlament. Federführend ist dort der Rechtsausschuss. Die Berichterstatterin hat ihren Ausschussbericht im Sommer 2003 vorgelegt. Die Präsidentschaft der EU hat für die Beratungen in der Rats-Arbeitsgruppe Geistiges Eigentum fünf Sitzungsrunden eingeplant.[1]

Deutlicher als der sperrige deutsche Titel lässt die englische Fassung das Anliegen des Vorschlags erkennen, indem sie von „measures and procedures to ensure the enforcement of intellectual property rights" spricht.

Ungeachtet vieler Kritikpunkte im Einzelnen wird man sagen müssen, dass es sich um ein im Ansatz begrüßenswertes, anspruchsvolles und weit reichendes Gemeinschaftsvorhaben handelt, welches mittel- und langfristig die Durchsetzung geistiger Schutzrechte in der (alsbald erweiterten) Union wesentlich verändern und auf ein deutlich höheres Niveau anheben könnte.

Bevor wir auf Anwendungsbereich und Struktur (C) der vorgeschlagenen Richtlinie und danach auf einige der angestrebten Maßnahmen und Verfahren (D) zu sprechen kommen, soll eine Rückblick auf die Entstehungsgeschichte (B) geworfen werden. Diese trägt nämlich, wenn man an die üblichen Abläufe im Gesetzgebungsverfahren der Gemeinschaft denkt, eher ungewöhnliche Züge. Gleichzeitig bildet sie die Ursache für einige der im Entwurf enthaltenen Unklarheiten.

---

1 Ungeachtet der teils grundlegenden und scharfen (vgl. *Drexl/Hilty/Kur* GRURInt 2003, 605), teils Einzelaspekte betreffenden Kritik am Vorschlag der Kommission haben die Gesetzgebungsorgane der Gemeinschaft das Projekt inzwischen ungewöhnlich zügig zum Abschluss gebracht. Nach einer Reihe Änderungen durch das Europäische Parlament (P5 TA-PROV 2004 0147, Ausschussbericht A5-0468/2003) stimmten der Rat und die Kommission dem Vorschlag am 10. März 2004 zu. Mit einem Inkrafttreten der Richtlinie wird noch im zweiten Quartal 2004 gerechnet. Auch wenn die vorgesehenen Sanktionen in einigen Bereichen abgemildert bzw. fallen gelassen wurden (so beispielsweise die Pflicht zur Zahlung einer doppelten fiktiven Lizenzgebühr als eine der Schadensersatzvarianten oder die Möglichkeit, die vorübergehende oder dauerhafte Schließung der in Rechtsverletzungen involvierten Betriebe anzuordnen), sind die wesentlichen Aspekte der Kommissionsinitiative sowie eine ganze Reihe von z.T. auch für die deutsche Rechtspraxis neuen Maßnahmen aufrecht erhalten geblieben.

II. Entstehungsgeschichte

Die Entwurfsarbeiten der Kommission weisen insofern eine bemerkenswerte Entwicklung auf, als das Vorhaben seine Wurzeln ganz eindeutig in dem an sich erheblich engeren Bereich der "Nachahmung und Produktpiraterie" (counterfeiting and piracy) hat. Der Richtlinienvorschlag betrifft demgegenüber in viel weiterem Umfang den Schutz des geistigen Eigentums im Allgemeinen – zumindest soweit es um die gemeinschaftsrechtlichen Normen zum Schutz geistigen Eigentums und die zu deren Umsetzung erlassenen Vorschriften der Mitgliedstaaten geht. Diese nachhaltige Erweiterung des Regelungsziels lässt einen gerade in der Entwicklung des Gemeinschaftsrechts atypischen Weg vom Besonderen zum Allgemeinen erkennen. Allzu oft hat sich sonst die gegenteilige Tendenz durchgesetzt, indem statt eines dringend erforderlichen "großen Wurfs" ein verästeltes Regelungsgestrüpp übrig geblieben ist. Die mit lediglich sektoralen Einzelregelungen verbundenen Unzuträglichkeiten hat in jüngerer Zeit auch die Kommission kritisch angesprochen, etwa im Grünbuch zum Verbraucherschutz im Binnenmarkt.

Blicken wir kurz zurück: Über einen Zeitraum von rund 15 Jahren, beginnend mit der ersten, 1988 in Kraft getretenen Produktpiraterie-Verordnung, hatten sich die Gesetzgebungsorgane der Gemeinschaft darauf konzentriert, „gefälschte“ Produkte und Piratenware an den Außengrenzen der "Festung Europa" abzuwehren (wobei der Begriff "Außengrenzen" in diesem Zusammenhang längst nicht mehr wörtlich zu nehmen ist, da es generell um die Überführung in den zollrechtlich freien Verkehr innerhalb der Gemeinschaft ist, d. h. auch um zollrechtliche Sachverhalte, die innerhalb des Territoriums der Gemeinschaft auftreten können). Dieses Konzept beruhte auf dem zunächst nahe liegenden Gedanken, solche Erzeugnisse anzuhalten und ggf. zu vernichten oder zu "entschärfen", bevor sie überhaupt in den Marktkreislauf der Gemeinschaft gelangten. So wurden die gemeinschaftsrechtlichen Regeln zur Grenzbeschlagnahme in mehreren Schritten bis zur letzten Änderung im Jahre 1999 ausgedehnt, nämlich vom Bereich der Markenpiraterie im engeren Sinne auf verschiedene weitere Schutzrechtsverletzungen, etwa in Bezug auf Urheberrechte, Geschmacksmuster-rechte und Erzeugnispatente. Gleichzeitig wurde der Katalog der zollrechtlich relevanten Sachverhalte stufenweise ausgebaut.

Mittlerweile ist – fast zeitgleich mit dem in diesem Beitrag vorgestellten Richtlinienvorschlag – ein Vorschlag der Kommission für eine weitere die Grenzbeschlagnahme betreffende Verordnung des Rates vorgelegt worden. Einbezogen werden sollen hierdurch u. a. das Gemeinschaftsgeschmacksmuster, geografische Herkunftsangaben und Sortenschutzrechte. Ferner soll das Verfahren in Anlehnung an die deutsche Praxis erleichtert werden, indem die Zollbehörden u. U. auch ohne vorherigen Antrag des Schutzrechtsinhabers einschreiten können und eine Vernichtung der Falsifikate ohne gerichtliche Entscheidung möglich wird, falls der Besitzer zustimmt.

Trotz einer stufenweisen Ausdehnung hat dieser zollbehördliche Filter entscheidende Defizite:

- Er regelt nur einen Ausschnitt aus der Gesamtheit substantieller Rechtsverletzungen.
- Er kann keine Vorgänge erfassen, die ihren Ursprung in der Gemeinschaft selbst haben.

- In der Praxis können die Zollbehörden nur etwa ein Prozent aller Sendungen überhaupt kontrollieren.

Unter dem Eindruck des rasanten Anstiegs der Marken- und Produktpiraterie, erweiterte die Kommission ihre Perspektive dann in ganz entscheidender Weise: Mit dem im Oktober 1998 vorgelegten Grünbuch zur Bekämpfung von Nachahmungen und Produktpiraterie im Binnenmarkt eröffnete sie die politische und rechtliche Diskussion über einen umfassenderen Ansatz zum Schutz des geistigen Eigentums. Im Mittelpunkt stand die Erkenntnis, dass ein effektiver und gemeinschaftsweit auf einem gewissen Mindestniveau gewährleisteter Schutz ein wesentliches Element für das Funktionieren des Binnenmarktes ist. Sie hob hervor, die Marken- und Produktpiraterie könne Handelsverlagerungen und Wettbewerbsverzerrungen verursachen, wenn die Divergenzen der einzelstaatlichen Schutzsysteme ausgenutzt würden. Dies könne zu einem Verlust des Vertrauens in den Binnenmarkt führen. Marken- und Produktpiraterie wirkten sich aufgrund ihres Umfangs nicht nur auf Unternehmen, Volkswirtschaften und Verbraucher, sondern auf die Gesellschaft als Ganzes schädigend aus. Die internationale Gemeinschaft sei angesichts dieser Situation nicht untätig geblieben, doch aus vielerlei Gründen sei es mit den bisher ergriffenen Maßnahmen nicht gelungen, die Ausweitung dieses Phänomens in den Griff zu bekommen.

Die Initiative der Kommission fand im Europäischen Parlament nachhaltige Unterstützung. In einer Resolution vom 4. Mai 2000 präsentierte das Parlament der Kommission und dem Rat einen anspruchsvollen Maßnahmenkatalog. Gefordert wurde – immer noch primär unter dem Blickwinkel der Marken- und Produktpiraterie im engeren Sinne - eine „umfassende und koordinierte“ Strategie, die sowohl die Generalprävention als auch die Rechtsdurchsetzung im Auge haben und durch Entschlossenheit und Einheitlichkeit gekennzeichnet sein müsse ("characterised by firmness and uniformity"). Die Strafandrohungen müssten verschärft, die zivilrechtlichen Sanktionen vor allem in Bezug auf Beweissicherung, Auskunft und Schadenersatz ausgebaut werden. Insbesondere aber schloss die Resolution die dringende Empfehlung ein, eine Richtlinie zu erarbeiten, die gemeinschaftsweit eine effektivere Rechtsdurchsetzung ermöglichen sollte.

Die nächste Stufe, mit der sich die Kommission dem heutigen Richtlinienentwurf näherte, bildete eine Veröffentlichung aus dem November 2000 über bestimmte Folgemaßnahmen zum Grünbuch. Dieses Papier bekräftigte das Vorhaben, einen Vorschlag für eine Richtlinie vorzulegen, "mit der die Mittel zur Durchsetzung der Rechte an geistigem Eigentum verbessert und ein allgemeiner Rahmen für den Informationsaustausch und die Verwaltungsarbeit abgesteckt" werden sollten. Als ihr Ziel bezeichnete es die Kommission schon damals, die Durchsetzung von Rechten über das bereits durch das TRIPs-Abkommen vorgegebene Mindestniveau hinaus zu gewährleisten. Das geistige Eigentum müsse im gesamten Binnenmarkt eine vergleichbare Schutzqualität erhalten.

Blickt man nun auf die von der Kommission vorgeschlagenen Bestimmungen der Richtlinie, so fällt überraschend ins Auge , dass das große Spektrum verschärfter Sanktionen grundsätzlich für sämtliche Schutzrechtsverletzungen zur Verfügung gestellt werden soll. Es ist zwar erkennbar, dass die Gerichte und Behörden der Mitgliedstaaten die im Einzelfall verhängten Sanktionen nach Art und Schwere der Schutzrechtsverletzung abstufen können. Vom Ansatz her aber ist der deutlich engere Bereich der Marken- und Produktpiraterie vollkommen verlassen und das Tor für eine effektivere Rechtsdurchsetzung der geistigen Schutzrechte schlechthin geöffnet worden.

Weder in der Begründung zum Richtlinienentwurf noch in den vorgeschlagenen Erwägungsgründen wird klar zwischen dem besonders gravierenden Bereich der Marken- und Produktpiraterie und der Vielfalt aller sonstigen Verletzungsformen zu Lasten des geistigen Eigentums differenziert. Im Gegenteil: Im Vorschlag und noch in der Presseerklärung zu dessen Veröffentlichung finden sich immer wieder Anknüpfungen an die besonders schädlichen und verurteilungswürdigen Aspekte der Marken- und Produktpiraterie im engeren Sinne - bis hin zum Hinweis auf deren Verbindungen zum organisierten Verbrechen. Faktisch erweist sich hier der allseitige Konsens über den besonderen Unwertgehalt der Marken- und Produktpiraterie als Vehikel, um dem effektiveren Schutz des geistigen Eigentums generell zum Durchbruch zu verhelfen.

So sehr eine Anhebung und Vereinheitlichung des Schutzniveaus zu begrüßen ist: Größere Transparenz, eine unzweideutige Argumentation wäre wünschenswert gewesen. Gleiches gilt für eine konkretere Abstufung der für die verschiedenen Schweregrade der Schutzrechtsverletzungen angemessenen Sanktionen. Ein allgemeiner Hinweis auf den Grundsatz der Verhältnismäßigkeit hilft hier wenig: Wenn die Richtlinie allzu viel offen lässt, wird Harmonisierungspotenzial verschenkt, der EuGH über Gebühr belastet und die Akzeptanz der angestrebten Neuregelung gefährdet, möglicherweise schon während des laufenden Gesetzgebungsverfahrens.

III. Anwendungsbereich und Struktur

Bisher haben sich die Gemeinschaftsmaßnahmen auf dem Gebiet des geistigen Eigentums – wie erwähnt - im Wesentlichen auf die Harmonisierung des materiellen Rechts der Mitgliedstaaten sowie auf die Schaffung einheitlicher gemeinschaftsweiter Rechte beschränkt. Um den Erfolg des Binnenmarktes sicherzustellen, ist es nach Auffassung der Kommission folgerichtig, dass sich die Gemeinschaft nunmehr auch für die wirksame Durchsetzung derjenigen geistigen Schutzrechte interessiert, die sie harmonisiert oder auf Gemeinschaftsebene eingeräumt hat. Ziel ist es auf der jetzt erreichten zweiten Stufe, nach einem "best practice" Konzept diejenigen Rechtsbehelfe, die sich auf nationaler Ebene besonders bewährt haben, auszuwählen und zum verbindlichen Mindeststandard zu erheben. Die Kommission will hierbei den TRIPS-Standard überschritten sehen. Gleichzeitig sollen solche einzelstaatlichen Bestimmungen, die für die Schutzrechtsinhaber noch günstiger sind, unberührt bleiben. Der Richtlinienvorschlag läuft also auf eine Art "Drei-Stufen-Modell" hinaus. Das für die Mitgliedstaaten ohnehin verbindliche TRIPS-Niveau soll für die bereits gemeinschaftsrechtlich erfassten Teile des Immaterialgüterrechts weiter angehoben werden; den Mitgliedstaaten bleibt es unbenommen, noch schärfere Schutzinstrumente vorzusehen.

Das Vorhaben beschränkt sich auf das geistige Eigentum im eigentlichen Sinne, und zwar auch nur auf die schon harmonisierten oder durch gemeinschaftsweite neue Schutzinstrumente vereinheitlichten Rechte. Der Vorschlag bleibt insoweit, was das Spektrum der überhaupt erfassten Schutzrechte betrifft, hinter TRIPS zurück, beispielsweise was Teile des Urheberrechts betrifft. Ebenso ausgeklammert bleiben Handlungen und Erscheinungsformen, die lediglich dem Recht gegen den unlauteren Wettbewerb unterfallen. Hier wird einstweilen das nationale Recht größere Bedeutung behalten. Dies gilt nicht nur für "passing-off" und den ergänzenden Leistungsschutz, sondern zunächst auch für den Schutz von Geschäfts- und Betriebsgeheimnissen. Geheimes Know-how wird zwar nach deutschem Recht (aber auch nach dem Recht anderer Mitgliedstaaten) lediglich über das Lauterkeitsrecht, das allgemeine Deliktsrecht und das Strafrecht geschützt. Im TRIPs-Abkommen findet man die Vorgaben zum effektiven Schutz nicht offenkundiger Informationen jedoch Seite an Seite mit den Vorschriften über die geistigen Schutzrechte im engeren Sinne. Diese - zumindest von der wirtschaftlichen Bedeutung her auch gebotene – Aufnahme des Geheimnisschutzes in den Kreis der Immaterialgüterrechte lässt der Richtlinienvorschlag im Gegensatz zu TRIPs vermissen. Der deutsche Gesetzgeber wäre aber bei Umsetzung der Richtlinie an diese Restriktionen nicht gebunden und sollte in Bezug auf die Rechtsdurchsetzung unbedingt eine einheitliche Lösung für alle Rechte des Geistigen Eigentums sowie die Geschäfts- und Betriebsgeheimnisse wählen. In der Rechtsprechung des BGH wäre dies zu einem erheblichen Teil schon vorgezeichnet.

Welcher Art die von den Mitgliedstaaten vorzusehenden Maßnahmen und Verfahren sein sollen, wird in Art. 3 des Vorschlags generell und in plakativer Form beschrieben: Grundanliegen ist es, auf jeden Fall den wirtschaftlichen Gewinn abzuschöpfen, den die für die Rechtsverletzung Verantwortlichen erzielen. Das Instrumentarium muss „fair, gerecht und zügig anwendbar“ und darf nicht „unnötig kompliziert oder kostspielig“ sein. Die für die Verletzung geistiger Schutzrechte angedrohten Strafen müssen wirksam und abschreckend sein und mit den Verhältnismäßigkeitsgrundsatz in Einklang stehen. Die Betonung generalpräventiver Aspekte erinnert nicht nur an Formulierungen aus dem Grünbuch und aus der Resolution des Europäischen Parlaments, sondern ist uns beispielsweise schon in der Begründung zum deutschen Produktpirateriegesetz von 1990 und in der BGH-Entscheidung "Vernichtungsanspruch" geläufig, in der dieser Gesetzeszweck ausdrücklich hervorgehoben und anerkannt wurde.

IV. Maßnahmen und Verfahren

Lassen Sie uns nun überblickartig einige Themen aus dem II. Kapitel des Vorschlags auswählen, das die geforderten Maßnahmen und Verfahren zur zivilrechtlichen Durchsetzung der gemeinschaftsrechtlich erfassten Rechte des geistigen Eigentums betrifft.

Die Struktur des II. Kapitels lehnt sich an den Ablauf an, wie er sich aus der Perspektive des Rechtsinhabers – vom Auftreten der ersten Anhaltspunkte für die Verletzungshandlung bis zum Abschluss des gerichtlichen Verfahrens einschließlich der Kostenerstattung und einer eventuellen Urteilsveröffentlichung – üblicherweise darstellt.

1. Beweismittel

Eine in der Praxis höchst wichtige Frage betrifft den Zugang des Rechtsinhabers zu Beweismitteln, die sich in den Händen des vermuteten Verletzers befinden. Tilmann und Schreibauer haben kürzlich in einem Aufsatz über die Beweissicherung im Patentverletzungsprozess die Auffassung vertreten, Deutschland sei im Vergleich zu England („Anton Piller Order“), Frankreich („saisie-contrefaçon“) und Italien („descrizione sequestro“) und erst recht im Vergleich zur „pre-trial discovery“ des amerikanischen Rechts ein Entwicklungsland. Deutschland befindet sich hier innerhalb Europas und in den USA in einer „rechtspolitischen Isolation“. Es werde dem Rechtsinhaber, der sich mit einer allem Anschein nach drohenden oder schon begangenen Verletzung seines geistigen Eigentums konfrontiert sehe, unzumutbar erschwert, den Sachverhalt zu klären und ausreichende Beweismittel zu erlangen und zu sichern.

Ganz im Sinne dieser Kritik sehen Art. 7 und 8 des Richtlinienvorschlags einen gegenüber der bisherigen Situation in Deutschland eindeutig verbesserten Zugang zu Beweismitteln vor. So sollen die Gerichte zugunsten eines Schutzrechtsinhabers, der alle ihm vernünftigerweise verfügbaren Beweismittel zur Anspruchsbegründung vorgelegt hat, anordnen können, dass der (vermutliche) Verletzer bestimmte in seinem Besitz befindliche Beweismittel vorzulegen hat. Hierbei sind – ähnlich wie nach der inzwischen ergangenen BGH-Entscheidung "Faxkarte" – gerechtfertigte Geheimhaltungsbelange des Antragsgegners zu berücksichtigen. Pate gestanden hat hierbei Art. 43 TRIPS. Offenbar angeregt durch die englische Praxis schlägt die Kommission ferner vor, den Gerichten die Möglichkeit zu geben, die Übermittlung oder Beschlagnahme von Bank-, Finanz- oder Handelsunterlagen anzuordnen. Gravierende rechtliche und praktische Probleme werden allerdings dadurch übergangen, dass der Vorschlag weder Hinweise zu den Voraussetzungen der solcher u. U. äußerst einschneidenden Maßnahmen und zu den zum Schutze der Betroffenen erforderlichen Sicherungen gibt, noch erkennen lässt, ob diese Anordnungen nicht nur gegenüber dem (möglichen) Verletzer, sondern auch direkt gegenüber den Banken oder anderen an sich Unbeteiligten getroffen werden können.

Eher dem französischen Rechtskreis entstammen dürfte der in Artikel 8 enthaltene Vorschlag, bei Gefahr der Beweismittelvernichtung auch ohne Anhörung des Gegners vorläufige Maßnahmen zu treffen, um Beweise hinsichtlich des Verletzungstatbestands zu sichern. In Betracht kommen etwa die Beschlagnahme von Mustern, der rechtsverletzenden Ware insgesamt oder der zugehörigen Unterlagen.

Im Einzelnen werfen die im Richtlinienvorschlag enthaltenen Formulierungen noch viele Fragen auf, die einer breiteren und tieferen Diskussion bedürfen.

2. Auskunft

Art. 9 will gemeinschaftsweit einen Auskunftsanspruch einführen, der weitgehend dem durch das Produktpirateriegesetz eingeführten Regelungsbereich entspricht. Jeder Gewerbetreibende, der im Besitz rechtsverletzender Produkte angetroffen wird oder in die Herstellungs- und Vertriebskette eingegliedert war, hat den Verletzten über Menge und Preis der betroffenen Waren sowie über Namen und Anschriften der Hersteller, Lieferanten und gewerblichen Abnehmer zu informieren. Sonstige Auskunftsansprüche bleiben unberührt. Ergänzt wird dieser aus deutscher Sicht schon vertraute Vorschlag durch die Variante, dass zuständige Behörden, die im Besitz relevanter Informationen obiger Art sind, die Rechtsinhaber von sich aus unterrichten und damit in die Lage versetzen können, geeignete einstweilige Maßnahmen oder Sachentscheidungsverfahren einzuleiten. Dies entspricht zwar in Ansätzen einer von manchen Zollbehörden im Spezialbereich der Grenzbeschlagnahme geübten Praxis, erscheint aber zumindest im Falle einer gleichermaßen vollständigen wie konturlosen Verallgemeinerung keineswegs unproblematisch.

3. Einstweilige Maßnahmen

Wenig spektakulär sind aus deutscher Sicht – umso wichtiger aber für die effektivere Rechtsdurchsetzung in einigen anderen Mitgliedstaaten - die in Art. 10 enthaltenen Regeln über die Durchsetzung des Unterlassungsanspruchs im Eilverfahren. Der Erlass von Verboten ohne Anhörung des Antragsgegners ist ebenso vorgesehen wie die Möglichkeit, den Erlass der Verfügung an eine Sicherheitsleistung zu knüpfen.

Wenig sinnvoll erscheint allerdings die sehr starre Regelung, nach der der Antragssteller innerhalb von 31 Tagen, nachdem er von den relevanten Tatsachen Kenntnis erlangt hat, ein gerichtliches Hauptverfahren ("Verfahren in der Sache") einleiten muss, um eine Aufhebung der Unterlassungsverfügung zu vermeiden. Dies würde die betroffenen Rechtsinhaber unter insofern unvernünftigen Zeitdruck setzen, als sie binnen kurzem in die Klageerhebung geradezu getrieben würden. Im Verlauf des Gesetzgebungsverfahrens wird dem die jedenfalls in Deutschland vorherrschende Erfahrung entgegenzuhalten sein, dass die für den gewerblichen Rechtsschutz und das Wettbewerbsrecht typischen Eilverfahren zu einem sehr erheblichen Prozentsatz auch ohne anschließendes Hauptverfahren zur umfassenden Erledigung führen.

Art. 11 des Richtlinienvorschlags betrifft die vorläufige Sicherstellung beweglicher und unbeweglicher Vermögenswerte des vermeintlichen Verletzers einschließlich der Sperrung seiner Bankkonten. Außerdem sollen als einstweilige Maßnahmen die Übermittlung oder Beschlagnahme von Bank-, Finanz- oder Handelsunterlagen angeordnet werden können. Dieser Vorschlag scheint über die in Deutschland praktizierten Möglichkeiten des Arrestes hinaus zu gehen und eher an drastische Maßnahmen anzuknüpfen, die in jüngerer Zeit im englischen Recht entwickelt worden sind ("Mareva injunctions", „freezing injunctions“), dort allerdings in der Regel durch Vorkehrungen abgefedert werden, die einen Missbrauch so weit wie möglich verhindern sollen.

4. Weitere zivilrechtliche Sanktionen

Unter der Überschrift "Maßnahmen aufgrund einer Entscheidung in der Sache" fasst Abschnitt 5 des II. Kapitels eine Reihe weiterer zivilrechtlicher Verletzungsfolgen zusammen, die in Abschnitt 6 durch Bestimmungen zum Schadensersatz und zur Kostenerstattung sowie in Abschnitt 7 um die Möglichkeit zur Veröffentlichung von Gerichtsentscheidungen ergänzt werden. Auch in diesem Bereich enthält der Richtlinienvorschlag aus deutscher Sicht teils Vertrautes, teils eine gewisse Schärfung der Schutzinstrumente.

So eröffnet Art. 12 – ausgehend von der niederländischen Rechtsprechung – die Möglichkeit, den Rückruf rechtsverletzender Ware auf Kosten des Verletzers anzuordnen. Schadensersatzansprüche des Schutzrechtsinhabers bleiben hiervon unberührt. Unter welchen Voraussetzungen und in welcher Form solche Rückrufpflichten durchgesetzt werden können, soll offenbar vollständig den einzelstaatlichen Gerichten und dem Europäischen Gerichtshof überlassen bleiben (wobei auch insoweit ein Blick auf niederländische Erfahrungen nahe liegt). Für Deutschland bringt diese Vorschrift, bei der vermutlich auch die in der Begründung zum Richtlinienvorschlag erwähnten Verbrauchergesichtspunkte eine Rolle gespielt haben, eine wesentliche Neuerung. Welche Intensität die begangene Rechtsverletzung in solchen Fällen haben muss, nach welchen Grundsätzen die Interessen von Rechtsinhabern, -verletzern, Abnehmern und Verbrauchern gegeneinander abgewogen werden sollen, bleibt einstweilen im Dunkeln. Dies gilt auch bezüglich der für die Praxis entscheidenden Frage, ob und wann der Rückruf im Eilverfahren erzwungen werden kann. Ist letzteres nicht zumindest in Fällen offensichtlicher Rechtsverletzung möglich, wird das Schwert durch den mit einem ordentlichen Klageverfahren verbundenen Zeitablauf stumpf.

Nach Art. 13 und 14 ist überall in der Gemeinschaft die Möglichkeit vorzusehen, dass die Gerichte die rechtsverletzende Ware entschädigungslos aus dem Verkehr ziehen und vernichten lassen. Konfisziert werden können auch Material und Werkzeuge, die vorwiegend zur Herstellung der betreffenden Waren gedient haben.

Über den deutschen Rechtszustand – auch unter Berücksichtigung der Entscheidung "Gemeinkostenanteil" – hinaus gehen die Vorschläge zur Schadensersatzleistung. Die Kommission bezieht sich hier ausdrücklich auf Art. 45 TRIPS. Ausgehend von dem Grundsatz, dass der vorsätzlich oder fahrlässig handelnde Verletzer dem Rechtsinhaber zum Ausgleich der durch die Rechtsverletzung erlittenen Nachteile "angemessenen Schadensersatz" zu leisten hat, stellt Art. 17 zwei Optionen in den Vordergrund:

Der Geschädigte soll einen Betrag fordern können, der dem Doppelten einer fiktiven Lizenzgebühr entspricht – ein begrüßenswerter Gedanke, der bei uns in urheberrechtlichem Zusammenhang wiederholt diskutiert und kürzlich von Loewenheim wieder aufgegriffen worden ist. Nach dem gegenwärtigen deutschen Schadensersatzrecht müssen die geschädigten Rechtsinhaber häufig auf den Anspruch auf Zahlung einer fiktiven Lizenzgebühr ausweichen, weil dies in der Praxis der einzige Weg ist, einigermaßen zügig wenigstens einen Teil des wahren Schadens ersetzt zu erhalten. Der für diese Vereinfachung der Schadensberechnung und –durchsetzung gezahlte, in der Regel sehr hohe Preis, nämlich der Verzicht auf den Ausgleich des tatsächlich deutlich höheren wirtschaftlichen Schadens, könnte durch die in Aussicht genommene Pauschalierung auf das Zweifache der angemessenen Lizenzgebühr immerhin um Einiges gesenkt werden. Um mit Loewenheim zu sprechen: Es wird Zeit, „die nahezu risikolose Selbstbedienung bei fremden Urheberrechten, die die Schutzdefizite des gegenwärtigen Sanktionensystems ermöglicht, zu beenden".

Der Richtlinienvorschlag lässt allerdings offen, ob die Verdoppelung der Lizenzgebühr auch schon für Fälle leichter Fahrlässigkeit gelten soll. Wenn es darauf ankommt, was der Verletzer „vernünftigerweise hatte wissen müssen", wird möglicherweise ein neuer, etwas höher angesiedelter Schuldmaßstab eingeführt". Unklar bleibt (auch) hier das Verhältnis dieses Regelungsvorschlags zum allgemeinen Deliktsrecht.

Alternativ kann der Verletzte selbstverständlich "kompensatorischen Schadensersatz" in Höhe des tatsächlich eingetretenen Schadens einschließlich des entgangenen Gewinns verlangen.

In „geeigneten Fällen" soll es ferner möglich sein, bei der Bestimmung des entstandenen Schadens "auch andere als die rein wirtschaftlichen Faktoren" zu berücksichtigen. Die Einbeziehung immateriellen Schadens ist im gewerblichen Rechtsschutz bisher äußerst umstritten. Unter welchen Voraussetzungen hier eine Ausweitung der Schadensbemessung auf nicht kommerzielle Gesichtspunkte in Betracht kommen soll, würde man schon gern etwas konkreter wissen.

Einstweilen nicht sehr klar formuliert ist auch die in Art. 17 Abs. 2 angesprochene Möglichkeit, dem Geschädigten auch den Verletzergewinn zuzusprechen, der bei der Festsetzung des kompensatorischen Schadensersatzes unberücksichtigt geblieben ist. Unter logischen Gesichtspunkten wird der Verletzergewinn bei der Ermittlung des dem Rechtsinhaber tatsächlich entstandenen Schadens nie berücksichtigt. Auf der anderen Seite würde der Sinn dieser Verknüpfung dann nicht besonders einleuchten, wenn auf den (höheren) Verletzergewinn der zu zahlende kompensatorische Schadensersatz voll angerechnet und somit nur der vom Verletzer erzielte "Überschuss" auszugleichen wäre – in diesem Falle hätte man, der deutschen Praxis entsprechend, die Herausgabe des Verletzergewinns gleich als dritte gleichrangige Option behandeln können. Die Kommission dürfte hier eine gewisse (im weiteren Gesetzgebungsverfahren aber noch zu konkretisierende) Kumulation im Auge haben, denn sie betont in der Begründung zu Art. 17, es gehe hier "um die Einführung eines Elements der Abschreckung, das z. B. vorsätzliche, in kommerziellem Maßstab begangene Rechtsbrüche verhindern" solle.

Was die Ermittlung des Verletzergewinns betrifft, schlägt die Kommission vor, den Rechtsinhaber nur zum Nachweis der Bruttoeinnahmen des Verletzers zu verpflichten (wofür er die neuen Möglichkeiten des Zugriffs auf Beweismittel und – nach deutschem Recht – den zum Gewohnheitsrecht erstarkten vorbereitenden Auskunftsanspruch nutzen wird). Anschließend soll es Sache des Verletzers sein, alle abzugsfähigen Kosten zu belegen, desgleichen "etwaige Gewinne, die nicht aus dem geschützten Gegenstand erzielt wurden" (was immer das konkret heißen soll).

V. Fazit

Ermutigt durch die einhellig positive Resonanz auf ihre im Grünbuch zur Bekämpfung von Nachahmungen und Produktpiraterie im Binnenmarkt verkörperte Initiative hat die Kommission mit vollen Segeln Kurs auf eine nachhaltige Verbesserung des Schutzes des geistigen Eigentums im Allgemeinen genommen. Wenn man sich in so ausgedehnte neue Gewässer vorwagt, sind allerdings Weitblick und sorgfältige Vorbereitung umso wichtiger. Vieles erweist sich unterwegs dann doch als unübersichtlicher und wechselhafter als im Schwung des Aufbruches vermutet. Nichts desto weniger ist das Projekt im Grundsatz zu begrüßen, was die Notwendigkeit erheblicher Justierungen nicht ausschließt. Uneingeschränkt zuzustimmen ist der Kommission jedenfalls in der Erkenntnis, dass ein angemessener Schutz geistigen Eigentums erst dann erreicht ist, wenn eine sorgfältige Gestaltung des materiellen Rechts durch faktisch effektive und in geeigneten Fällen auch drastische Durchsetzungsmaßnahmen flankiert wird. Es entspricht nicht nur der Struktur des TRIPS-Abkommens, sondern erscheint auch aus gemeinschaftsrechtlicher Perspektive konsequent, sich nach einer schon recht weit gediehenen Harmonisierung des Immaterialgüterrechts auch der Schaffung eines höheren und ausreichend vereinheitlichten Schutzniveaus auf der Durchsetzungsseite anzunehmen.

Entwicklungsperspektiven des Schutzes Geistigen Eigentums in Europa

Reto Hilty[*]

Wer den Versuch wagen will, in einem wenig übersichtlichen und nicht besonders systematisch wirkenden Umfeld bisheriger Rechtssetzungsaktivitäten Entwicklungsperspektiven zu skizzieren, tut gut daran, sich zunächst einmal das bereits Bestehende zu-

---

[*] Erweiterte Fassung des am 20. Juni 2003 im Europa-Kolleg Hamburg gehaltenen Vortrags. Der Vortragsstil wurde im Wesentlichen beibehalten.

recht zu legen und sich daran zu orientieren. In diesem Sinne drängt es sich auf, vor der Erläuterung möglicher Schwerpunkte der Europäischen Rechtssetzung (nachstehend 4.) eine knappe – aber durchaus wertende – Übersicht über den heutigen Stand Europäischer Rechtssetzung im Bereich des sog. „Geistigen Eigentums"[1] zu liefern (1.). Sinnvoll erscheint es zudem, durch eine kurze Reflexion der gegebenen Rahmenbedingungen (2.) und der möglichen Formen Europäischer Rechtssetzung (3.) die Grundlagen für die Überlegungen zu liefern, welche Perspektiven für die künftige Rechtsentwicklung aus heutiger Sicht bestehen.

A. Würdigung der bisherigen Europäischen Rechtssetzung

I. Rechtsgrundlagen

Rechtssetzungserlasse der EU basieren auf dem Prinzip der begrenzten (Einzel-) Ermächtigung (Art. 5 Abs. 1 EG). Dies bedeutet, dass ein Erlass nur rechtmäßig ist, wenn er sich auf eine entsprechende Kompetenznorm zu stützen vermag. Prüft man vor diesem Hintergrund, auf welche Rechtsgrundlagen sich die wichtigsten[2] der heute bestehenden Europäischen Rechtsakte im Bereiche des Geistigen Eigentums abstützen, so ergibt sich das folgende Bild:

- Die weitaus meisten Erlasse, welche auf eine Harmonisierung des nationalen Rechts gerichtet sind, stützen sich auf die allgemeine Kompetenzgrundlage in Art. 95 EG (vorher Art. 100a EG-Vertrag)[3]. Diese Norm stellt im Grunde zwar eine reine Verfahrensvorschrift dar, verweist aber ihrerseits auf Art. 14 EG (vorher Art. 7a EG-Vertrag). Dieser wiederum ermächtigt die Gemeinschaft in genereller Weise, jene Maßnahmen zu ergreifen, welche für die Errichtung bzw. das Funktionieren des Europäischen Binnenmarktes erforderlich sind.

---

1 Der Begriff des „Geistigen Eigentums", der sich nach vorübergehendem Verdrängen aus dem deutschen Sprachgebrauch – in Anlehnung an den englischsprachigen Begriff „intellectual property" – nun definitiv durchzusetzen scheint (vgl. nur *Ohly*, JZ 2003, 545), ist hier in einem weiten Sinne zu verstehen. Nicht der materiellrechtliche Eigentumsgehalt, wie er in Art. 14 des deutschen Grundgesetzes geprägt wird und welcher sich auch auf den Bereich absolut geschützter, subjektiver Immaterialgüterrechte erstreckt (s. hierzu *Depenheuer*, in: v. Mangoldt/Klein/Starck, GG I, 4, Aufl. 1999, GG 14 N 151 ff.; *Wieland*, in: H. Dreier (Hrsg.), Grundgesetz-Kommentar, Bd. 1, 1. Aufl. 1996, GG 14 N. 51 f.), aber auch nicht das in Art. 6 Abs. 2 EU verankerte Eigentumsgrundrecht stehen im Vordergrund (zu letzterem etwa *Beutler*, in: von der Groeben/Schwarze, Vertrag über die Europäische Union und Vertrag zur Gründung der Europäischen Gemeinschaft, 6. Aufl. 2003, EU 6 N 79 f.; vgl. auch *Beutler*, N 144), sondern mehr die ökonomischen Wirkungen der rechtlichen Zuweisung von ausschließlichen Befugnissen an einzelne Individuen sind das Subsumtionskriterium für diesen letztlich wenig präzisen Begriff. Insoweit geht es hier nicht um Fragen der rechtlichen Regulierung dogmatischen „Eigentums" im engeren Sinne, sondern um einen Gesamtkontext, in den insbesondere das Wettbewerbsrecht, aber auch andere angrenzende Rechtsgebiete mit einzubeziehen sind (vgl. zum Ganzen in jüngster Zeit – freilich mit abweichendem Fokus – auch *Jänich*, Geistiges Eigentum – eine Komplementärerscheinung zum Sacheigentum?, 2002, passim).

2 Vgl. für eine vollständige Darstellung der bisherigen Europäischen Rechtsakte den Beitrag von *Hanns Ullrich* in diesem Band.

3 Auf Art. 94 EG (vorher Art. 100) hingegen stützte sich einzig noch der älteste Harmonisierungserlass im Bereiche des Geistigen Eigentums ab, die Richtlinie 87/54/EWG über den Rechtsschutz der Topographien von Halbleitererzeugnissen vom 16. Dezember 1986, ABl. Nr. L 24 v. 27.1.1987, S. 36. Zur Verdrängung dieser Norm durch Art. 95 EG als lex specialis *Kahl*, in: Callies/Ruffert, Kommentar des Vertrages über die Europäische Union und des Vertrages zur Gründung der Europäischen Gemeinschaft – EUV/EG –, 1. Aufl. 1999, EG 95 N 54.

- Eine Besonderheit zeigt sich im Urheberrecht, wo etliche (aber nicht alle[4]) Erlasse zusätzlich – bzw. in einem Fall einzig[5] – auf Art. 47 Abs. 2 i.V.m. Art. 55 EG (vorher Art. 57 Abs. 2 i.V.m. Art. 66 EG-Vertrag) als spezielle Kompetenzgrundlage abgestützt werden. Die letztgenannte Bestimmung ist dabei wiederum eine reine Verweisungsnorm im Rahmen des freien Dienstleistungsverkehrs auf das Niederlassungsrecht, während Art. 47 Abs. 2 EG Voraussetzungen und Verfahren der Rechtsangleichung festschreibt[6].
- Sondererlasse in sachlicher Hinsicht stützen sich auch auf Sondernormen, so die Verordnungen betreffend die Bescheinigung besonderer Merkmale von Agrarerzeugnissen und Lebensmitteln[7] bzw. jene betreffend geographische Angaben und Ursprungsbezeichnungen[8] auf Art. 37 EG (vorher Art. 43 EG-Vertrag), demzufolge Rechtsakte im Landwirtschaftsbereich erlassen werden können. Soweit im Bereiche des Geistigen Eigentums Gruppenfreistellungsverordnungen bestehen[9], stützen sich diese naturgemäß auf Art. 83 EG (vorher Art. 87 EG-Vertrag) ab.
- Richten sich die Erlasse nicht auf die Harmonisierung des nationalen Rechts, sondern auf die Errichtung von Gemeinschaftsrechten, so werden sie ausnahmslos auf Art. 308 EG (vorher Art. 235 EG-Vertrag) gestützt. Dies betrifft den gemeinschaftlichen Sortenschutz[10], die Gemeinschaftsmarke[11], das Gemeinschaftsgeschmacksmuster[12] sowie das vorgeschlagene, aber einstweilen nicht zu realisierende Gemeinschaftspatent[13, 14]. Diese Norm ist quasi „Vorschrift für unvor-

---

4 Nicht darauf abgestützt sind der älteste und der im Moment jüngste Erlass, nämlich die Richtlinie 91/250/EWG vom 14. Mai 1991 über den Rechtsschutz von Computerprogrammen, ABL. Nr. L 122 vom 17.5.1991, S. 42 und die Richtlinie 2001/84/EG vom 27. September 2001 über das Folgerecht des Urhebers des Originals eines Kunstwerks, ABL. Nr. L 272 v. 13.10.2002, S. 32.

5 Richtlinie 93/83/EWG vom 27. September 1993 zur Koordinierung bestimmter urheber- und leistungsschutzrechtlicher Vorschriften betreffend Satellitenrundfunk und Kabelweiterverbreitung, ABl. Nr. L 248 v. 6.10.1993, S.15.

6 Vertiefter zu den Rechtsgrundlagen zur Harmonisierung des Urheberrechts *Röttinger*, UFITA 2001, 9 ff.

7 Verordnung (EWG) Nr. 2082/92 des Rates vom 14. Juli 1992 über Bescheinigungen besonderer Merkmale von Agrarerzeugnissen und Lebensmitteln, ABl. Nr. L 208 v. 24.7.1992, S. 9.

8 Verordnung (EWG) Nr. 2081/92 vom 14. Juli 1992 zum Schutz von geografischen Angaben und Ursprungsbezeichnungen für Agrarerzeugnisse und Lebensmittel, ABl. Nr. L 208 v. 24.7.1992, S.1 bzw. Verordnung (EG) Nr. 692/2003 zur Änderung der Verordnung (EWG) Nr. 2081/92 zum Schutz von geografischen Angaben und Ursprungsbezeichnungen für Agrarerzeugnisse und Lebensmittel vom 8. April 2003, ABl. Nr. L 99 v. 17.4.2003, S. 1.

9 So die bisherige Gruppenfreistellungsverordnung (EG) Nr. 240/96 vom 31. Januar 1996 zur Anwendung von Artikel 85 Absatz 3 des Vertrages auf Gruppen von Technologietransfer-Vereinbarungen, ABl. Nr. L 31 v. 9.2.1996, S. 2 und die Gruppenfreistellungsverordnung (EG) Nr. 2659/2000 über die Anwendung von Artikel 81 Absatz 3 des Vertrages auf Gruppen von Vereinbarungen über Forschung und Entwicklung vom 29. November 2000, ABl. Nr. L 304 v. 5.12.2000, S. 7.

10 Verordnung (EG) Nr. 2100/94 des Rates vom 27. Juli 1994 über den gemeinschaftlichen Sortenschutz, ABl. Nr. L 227 v. 1.9.1994, S. 1.

11 Verordnung (EG) Nr. 40/94 des Rates vom 20. Dezember 1993 über die Gemeinschaftsmarke, ABl. Nr. L 11 v. 14.1.1994, S. 1; s.a. Vorschlag für eine Verordnung des Rates zur Änderung der Verordnung (EG) Nr. 40/94 über die Gemeinschaftsmarke, KOM(2002) 767 endgültig vom 27.12.2002.

12 Verordnung (EG) Nr. 6/2002 des Rates vom 12. Dezember 2001 über das Gemeinschaftsgeschmacksmuster, ABl. Nr. L 3 v. 5.1.2002, S. 1.

13 Vorschlag für eine Verordnung des Rates über das Gemeinschaftspatent, KOM(2000) 412 endgültig vom 1.8.2000.

hergesehene Fälle", die sich namentlich von Art. 95 EG dadurch unterscheidet, dass die Verfahrensvorschriften strenger sind (der Rat muss einstimmig beschließen, das Europäische Parlament hat nur ein Anhörungsrecht).

Dieser kurze Überblick macht deutlich, dass die Abstützung der heutigen Erlasse im Grunde erstaunlich schmal und vor allem wenig sachspezifisch ist. Tatsächlich ist dies zwar insoweit erklärbar, als der EU eine eigentliche „IP-Kompetenz" – also das Recht, im Bereiche des Geistigen Eigentums umfassend tätig zu sein – fehlt. Der Rückgriff im Wesentlichen auf Art. 95 und Art. 308 EG liegt damit auf der Hand[15]. Nichts desto trotz – bzw. umso mehr – mag in dieser schmalen Basis für die bisherigen Aktivitäten der EU durchaus ein erstes Einfallstor für Kritik gesehen werden.

Bemerkenswert ist in diesem Zusammenhang nun freilich, dass die Kompetenz im Zusammenhang mit Rechten an Geistigem Eigentum im neuen – zunächst gescheiterten – Entwurf für einen „Vertrag für eine Verfassung für Europa", wie er am 20. Juni 2003 als Entwurf vorgelegt wurde, konkretisiert und verdichtet werden soll. Dabei bestimmt Art. II-17 Abs. 2 im Abschnitt über die Grundrechte, Unterabschnitt Freiheiten, zunächst zwar nur „Geistiges Eigentum wird geschützt"[16]. Diese Grundrechtsnorm allein wäre wohl noch kaum als Schutzauftrag an den Gesetzgeber bzw. als Verfassungsziel zu verstehen. Darüber hinaus findet sich im Teil III (Die Politikbereiche und die Arbeitsweise der Union) in einem Abschnitt 7 betreffend die Angleichung der Rechtsvorschriften im Zusammenhang mit der Verwirklichung des Binnenmarktes in Art. III-68 jetzt aber zusätzlich die besondere Kompetenz, „durch Europäische Gesetze oder Rahmengesetze Maßnahmen zur Schaffung europäischer Rechtstitel über einen einheitlichen Schutz der Rechte des geistigen Eigentums in der Union, sowie zur Einführung von zentralisierten Zulassungs-, Koordinierungs- und Kontrollregelungen auf Unionsebene" festzulegen. Damit fallen im Prinzip wesentliche Hindernisse beim Ausbau von Gemeinschaftsrechten weg. Insbesondere der Gang über Art. 308 EG (neu im Wesentlichen Art. 17 des Verfassungsentwurfs: „Flexibilitätsklausel") bliebe erspart, womit sich auch die Problematik der Einstimmigkeit des Ministerrates entschärft.

Selbst wenn diese Kompetenzerweiterung kommen wird, ändert dies nichts daran, dass die Basis für die Gesetzgebung der EU im Bereiche des Geistigen Eigentums nach bisherigem – und noch geltendem – Recht schmal ist. Unter diesem Gesichtspunkt erscheint die Frage umso wichtiger, inwieweit der durch die vorhandenen Normen gesetzte Rahmen der Voraussetzungen beachtet wurde.

II. Voraussetzungen

1. Positive Voraussetzungen

Die spezifischen Voraussetzungen[17] für die Anwendbarkeit von Art. 95 (i.V.m. Art. 14) EG[18] einerseits und den im Urheberrecht meist mit einbezogenen Art. 47 Abs. 2 i.V.m. Art. 55 EG andrerseits stimmen im Wesentlichen überein. Erforderlich ist, dass

14 Zu den in einem anderen dogmatischen Kontext zu sehenden Verordnungen zum Schutz geographischer Angaben und Ursprungsbezeichnungen hinten D.II.2.

15 Vgl. dazu auch EuGH, Gutachten 2/94 vom 28.3.1996, Slg. 1996 , I – 1759, N 65.

16 Der Verfassungsentwurf übernimmt Art. 17 Abs. 2 der Charta der Grundrechte der Europäischen Union vom 7.12.2000, ABl. Nr. C 364 v. 18.12.2000, S. 1.

17 Zu den allgemeinen (negativen) Voraussetzungen gleich nachstehend 2.

- die Gesetzgebungsmaßnahme konkrete (gewünschte) Auswirkungen auf den Binnenmarkt hat[19],
- sie eine tatsächliche Verbesserung des Funktionierens des Binnenmarktes im Sinne von Art. 14 EG bezweckt[20] (im Rahmen von Art. 47 Abs. 2 i.V.m. Art. 55 EG: des Binnenmarktes für Dienstleistungen),
- die zu beseitigende Wettbewerbsverzerrung spürbar ist[21].

Für die Anwendbarkeit der anderen wichtigen Rechtsgrundlage, Art. 308 EG, wird verlangt, dass

- die Gemeinschaftskompetenz fehlt oder jedenfalls unzureichend ist[22],
- die Gesetzgebungsmaßnahme die tatsächliche Verwirklichung eines Ziels des EG-Vertrages bezweckt[23],
- dieses Ziel „im Rahmen des Gemeinsamen Marktes" verfolgt wird[24],
- die Maßnahme zur Erreichung des Ziels erforderlich ist[25] und
- dadurch keine materielle Änderung des EG-Vertrages erfolgt[26].

Selbstverständlich würde eine umfassende Untersuchung nun voraussetzen, im Detail nachzuprüfen, ob diese Voraussetzungen für die einzelnen Erlasse im Zeitpunkt ihres Vorschlags gegeben waren – mehr noch: Es erscheint ebenso überfällig, retrospektiv zu klären, inwieweit sich die spezifischen Voraussetzungen im Laufe der Zeit verwirklicht haben.

Vorliegend kann es freilich nicht um eine solche Untersuchung gehen. Vielmehr reicht es vor dem Hintergrund der weiteren Rechtsentwicklung, einen Blick in die bisherigen Begründungen zu werfen[27]. Unschwer kann man dabei feststellen, dass es sich der Europäische Gesetzgeber bislang zuweilen sehr einfach gemacht hat. In aller Regel werden die vorstehend genannten Voraussetzungen – wenn überhaupt – nur aufgezählt; zu einer materiellen Prüfung kommt es nicht. Als Beispiele seien hier bloß etwa angefügt die Richtlinie zur Harmonisierung des Urheberrechts in der Informationsgesell-

18 Nicht eingegangen wird hier auf die Bereichsausnahmen in Art. 95 Abs. 2 EG (Steuern, Freizügigkeit, Arbeitnehmer).

19 Dazu etwa *Pipkorn/Bardenhewer-Rating/Taschner*, in: von der Groeben/Schwarze (Fn. 2), EG 95, N 7 ff.; KAHL, in: Callies/Ruffert (Fn. 4), EG 95 N 10.

20 S. EuGH vom 5.10.2000, Rs. C-376/98 – Bundesrepublik Deutschland/Europäisches Parlament und Rat der EU (Tabakwerberichtlinie), EuZW 2000, 694 ff., 699, Rn. 83 ff.

21 Ebd., 694 ff., 700, Rn. 106 ff.

22 *Rossi*, in: Callies/Ruffert (Fn. 4), EG 308 N 46 ff.

23 *Rossi*, in: Callies/Ruffert (Fn. 4), EG 308 N 11 ff.; EuGH, Gutachten 2/94 (Fn. 16), Rn. 23 ff., 35; *Schwartz*, in: von der Groeben/Thiesing/Ehlermann, Kommentar zum EU-/EG-Vertrag, 5. Aufl. 1997, EG 235 N 111 ff.

24 *Rossi*, in: Callies/Ruffert (Fn. 4), EG 308 N 22 ff.; *Schwartz*, in: von der Groeben/Thiesing/Ehlermann (Fn. 24), EG 235 N 172 ff.

25 *Rossi*, in: Callies/Ruffert (Fn. 4), EG 308 N 27 ff.; *Schwartz*, in: von der Groeben/Thiesing/Ehlermann (Fn. 24), EG 235 N 195 ff.

26 Vgl. EuGH, Gutachten 2/94 (Fn. 16), Rn. 23 ff., 35; *Rossi*, in: Callies/Ruffert (Fn. 4), EG 308 N 53 ff.

27 Rechtsakte sind nach Art. 235 EG zu begründen.

schaft[28], die Datenbankenrichtlinie[29], der Vorschlag für eine Richtlinie über die Patentierbarkeit computerimplementierter Erfindungen[30] oder die Richtlinie über den Rechtsschutz von Topographien[31].

Im Grunde müsste an diese Feststellung die Frage anschließen, was formal die Konsequenz wäre, wenn die spezifischen materiellen Voraussetzungen für einen in Kraft gesetzten Erlass nicht gegeben sind[32]. Darum geht es hier aber nicht. Vielmehr ist festzustellen, dass die stiefmütterliche Behandlung der zu beachtenden Voraussetzungen hauptsächlich der Art. 95 bzw. 308 EG ein zweites Einfalltor für Kritik darstellt – eine durchaus ernst zu nehmende, berechtigte Kritik, der mit Blick auf die Entwicklungsperspektiven angemessen Rechnung zu tragen ist.

---

28 (Fn. 44). Erwägungsgrund 3 der Richtlinie: „Die vorgeschlagene Harmonisierung trägt zur Verwirklichung der vier Freiheiten des Binnenmarkts bei und steht im Zusammenhang mit der Beachtung der tragenden Grundsätze des Rechts (...)"; Erwägungsgrund 6 der Richtlinie: „Ohne Harmonisierung auf Gemeinschaftsebene könnten Gesetzgebungsinitiativen auf einzelstaatlicher Ebene, die in einigen Mitgliedstaaten bereits in die Wege geleitet worden sind, um den technischen Herausforderungen zu begegnen, erhebliche Unterschiede im Rechtsschutz und dadurch Beschränkungen des freien Verkehrs von Dienstleistungen und Produkten mit urheberrechtlichem Gehalt zur Folge haben, was zu einer Zersplitterung des Binnenmarkts und zu rechtlicher Inkohärenz führen würde (...)".

29 (Fn. 47). Erwägungsgrund 2 der Richtlinie: „Ein derartiger unterschiedlicher rechtlicher Schutz durch die Rechtsvorschriften der Mitgliedstaaten wirkt sich unmittelbar nachteilig auf das Funktionieren des Binnenmarktes für Datenbanken aus (...). Mit der Einführung neuer Rechtsvorschriften der Mitgliedstaaten auf diesem Gebiet, das weltweit immer mehr Bedeutung erhält, könnten sich diese Unterschiede noch vergrößern."; Erwägungsgrund 3 der Richtlinie: „Bestehende Unterschiede, die sich verzerrend auf das Funktionieren des Binnenmarktes auswirken, müssen beseitigt, und die Entstehung neuer Unterschiede muss verhindert werden (...)".

30 (Fn. 48). Erwägungsgrund 1 des Vorschlags: „Damit der Binnenmarkt verwirklicht wird, müssen Beschränkungen des freien Warenverkehrs und Wettbewerbsverzerrungen beseitigt werden, und es muss ein Umfeld geschaffen werden, das Innovationen und Investitionen begünstigt. Vor diesem Hintergrund ist der Schutz von Erfindungen durch Patente ein wesentliches Kriterium für den Erfolg des Binnenmarktes. Es ist unerlässlich, dass computerimplementierte Erfindungen in allen Mitgliedstaaten wirksam gefördert und einheitlich geschützt sind, wenn Investitionen auf diesem Gebiet gesichert und gefördert werden sollen."

31 (Fn. 4). Erwägungsgründe 1-3: „Topographien von Halbleitererzeugnissen sind gegenwärtig nicht in allen Mitgliedstaaten eindeutig durch bestehende Gesetze geschützt, und wo ein solcher Schutz besteht, ist er unterschiedlich ausgestaltet. Bestimmte Unterschiede des durch die Gesetze der Mitgliedstaaten gebotenen Rechtsschutzes für Halbleitererzeugnisse wirken sich bei diesen Erzeugnissen unmittelbar nachteilig auf das Funktionieren des Gemeinsamen Marktes aus; diese Unterschiede dürften noch zunehmen, wenn die Mitgliedstaaten neue Rechtsvorschriften auf diesem Gebiet erlassen. Bestehende Unterschiede mit derartigen Wirkungen müssen behoben, und neue Unterschiede mit negativen Folgen für den Gemeinsamen Markt müssen verhindert werden."

32 Stichwortartig ist dazu Folgendes anzumerken: Deckt die in Anspruch genommene Kompetenznorm den geregelten Bereich nicht ab, ist der Rechtsakt unwirksam; EuGH, Rs. C-376/98, EuZW 2000, 694, 701 (Rn. 115 ff.) – Bundesrepublik Deutschland/Europäisches Parlament (Tabakwerberichtlinie). Kommen mehrere Rechtsgrundlagen nebeneinander in Betracht und sind deren Verfahrensregeln und Abstimmungsmodi identisch, ist die Wahl der „falschen" Rechtsgrundlage unschädlich; andernfalls ist der Rechtsakt nichtig; EuGH, Rs. C-300/89, Slg. 1991, I-2867, Rn. 17. ff. – Kommission/Rat (Titandioxid-Abfälle); s. auch *von Bogdandy/Nettesheim*, in: Grabitz/Hilf, Das Recht der Europäischen Union, Altband I (Maastrichter Fassung), EGV 3 b N 18; *Zuleeg*, in: von der Groeben/Schwarze (Fn. 2), EG 5 N 23, der auf das institutionelle Gleichgewicht und die Anhörungsrechte des Parlaments hinweist; ROSSI, in: Callies/Ruffert (Fn. 4), EG 308 N 52.

2. Negative Voraussetzungen

In negativer Hinsicht unterliegt die Europäische Rechtssetzung weiteren, allgemeinen Voraussetzungen, die hier nur kurz angedeutet werden können: Zu beachten ist auf der einen Seite das Subsidiaritätsprinzip (Art. 5 Abs. 2 EG), demzufolge die Gemeinschaft nur tätig wird, „sofern und soweit die Ziele der in Betracht gezogenen Maßnahmen auf der Ebene der Mitgliedstaaten nicht ausreichend erreicht werden können". Eine weitere Begrenzung ergibt sich durch das Verhältnismäßigkeitsprinzip (Art. 5 Abs. 3 EG), wonach die Maßnahmen der Gemeinschaft „nicht über das für die Erreichung der Ziele dieses Vertrages erforderliche Maß hinaus" gehen dürfen.

Fraglich mag sein, ob über diese anerkannten Negativvoraussetzungen hinaus auch durch Art. 6 Abs. 3 EUV eine Grenze gesetzgeberischer Aktivitäten der EU gebildet wird: „Die Union achtet die nationale Identität ihrer Mitgliedstaaten". Tatsächlich wird das nationale Rechtssystem und werden die kulturell verwurzelten Rechtsregeln vereinzelt als Teil der nationalen Identität gewertet[33]. Ein Vorrang der nationalen Grundwerte vor gemeinschaftsweiter Rechtssetzung lässt sich aus Art. 6 Abs. 3 EUV zwar nicht herleiten, wohl aber eine Pflicht zur Rücksichtnahme und zum schonenden Ausgleich der nationalen und europäischen Interessen[34].

Zu prüfen wäre vor diesem Hintergrund nun, ob sich eine „nationale Identität" auch im hier interessierenden Bereich des Rechts an Geistigem Eigentum auszuprägen vermag[35]. Am ehesten zu denken wäre hiefür vielleicht an das Urheberrecht, wo beispielsweise Deutschland sein spezielles Unübertragbarkeitsdogma (§ 29 Abs. 1 UrhG) oder Frankreich sein ewiges „droit moral" (Art. L. 121-1 CPI) einbringen könnten. Zweifel an diesem Ansatz dürften freilich angebracht sein. Denn es würde kaum angehen, den europäischen Gesetzgeber dann, wenn er die Erfüllung aller sonstigen Voraussetzungen für einen Erlass nachzuweisen vermag, mit dem Argument der „nationalen Identität" zurück zu binden, wenn Rechtsbereiche zur Debatte stehen, deren Existenz der durchschnittlichen nationalen Bevölkerung – durch welche die nationale Identität letztlich gebildet wird – wohl nicht einmal bewusst ist.

Im Verhältnis zu den sonstigen, allgemeinen Negativvoraussetzungen – insbesondere der Subsidiarität und der Verhältnismäßigkeit – dürfte Art. 6 Abs. 3 EUV also jedenfalls im Bereiche des Schutzes Geistigen Eigentums keine selbständige Rolle spielen.

Über diese allgemeinen Negativvoraussetzungen hinaus sind indessen auch spezifische Schranken Europäischer Rechtsetzung zu beachten. Hier im Vordergrund steht eine Norm, welche im Bereiche des Urheberrechts von offensichtlicher Bedeutung ist: Art. 151 EG bezüglich des Beitrags der Gemeinschaft für Kultur. Nach dessen Abs. 2 fördert die Gemeinschaft „durch ihre Tätigkeit die Zusammenarbeit der Mitgliedstaaten" unter anderem für „künstlerisches und literarisches Schaffen, einschließlich im audiovisuellen Bereich". Nach Abs. 5 erlässt der Rat zur Verwirklichung dieses Ziels

---

33 In diesem Sinne *Jayme*, RabelsZ 2003, 211, 214. Art. 6 Abs. 3 EUV wurde mit dem Vertrag von Maastricht als „Gegengewicht" für die Ausweitung der EU-Kompetenzen eingeführt und stellt eine Ausprägung des Prinzips der wechselseitigen Gemeinschaftstreue dar: *Kingreen/Puttler*, in: Callies/Ruffert (Fn. 4), EU 6 N 190.

34 *Kingreen/Puttler*, in: Callies/Ruffert (Fn. 4), EU 6 N 190, 195.

35 Vgl. allgemein *Kingreen/Puttler*, in: Callies/Ruffert (Fn. 4), EU 6 N 191, die auch rechtliche und kulturelle Werte unter den Begriff der nationalen Identität subsumieren.

„Fördermaßnahmen", dies jedoch „unter Ausschluss jeglicher Harmonisierung der Rechts- und Verwaltungsvorschriften der Mitgliedstaaten".

Im Lichte dieser – in Tat und Wahrheit kaum beachteten[36] – Norm, die übrigens in keiner der relevanten Richtlinien je Erwähnung gefunden hat, steht man unweigerlich der Frage gegenüber, ob die EU nach geltendem Recht für die von ihr bislang gestarteten Harmonisierungsbemühungen im Bereiche des Urheberrechts denn überhaupt stets eine ausreichende Kompetenz hatte. Soweit die fraglichen Richtlinien nicht die Kulturförderung, sondern z.B. wirklich den Binnenmarkt betreffen, so bestehen (jedenfalls mit Bezug auf Art. 151 EG) zwar keine Bedenken gegen Erlasse der EU. Effektiv gewinnt man unter Einbezug der jeweils gelieferten Begründungen für die Erlasse – worauf zurück zu kommen sein wird[37] – jedoch teilweise ein ziemlich abweichendes Bild.

Im Gesamten betrachtet teilen die Negativvoraussetzungen ihr Schicksal weitgehend mit den Positivvoraussetzungen der Art. 95 bzw. 308 EG: Sie werden im besten Fall erwähnt. Eine wirkliche Auseinandersetzung und der Nachweis, wieso eine Maßnahme zur Zielerreichung unumgänglich ist, mithin – und in welchem Ausmaße – in die nationale Autonomie eingegriffen werden muss, finden in der Regel nicht statt. Als Beleg sei hier nur die Kritik des Europäischen Parlaments an der unzureichenden Begründung der Einhaltung des Subsidiaritätsgrundsatzes erwähnt[38]. In dieser Nichtbeachtung muss ein drittes Einfalltor für Kritik gesehen werden. Anlässlich der Frage, welche Regelungsbereiche von der EU künftig anzugehen wären, dürfte es im Interesse der Akzeptanz eines Erlasses folglich unumgänglich sein, das Augenmerk vermehrt auf die Frage der Subsidiarität und der Verhältnismäßigkeit, aber auch auf spezifische Negativvoraussetzungen zu richten.

III. Beispiele

Es kann in diesem kurzen Rückblick nicht darum gehen, Einzelheiten zu erörtern. Mit Blick auf die weiteren Ausführungen drängt es sich aber gleichwohl auf, an dieser Stelle mal einen ersten Anhaltspunkt dafür zu liefern, welche (hier nur beispielhaft erwähnten) Rechtssetzungsmaßnahmen aus heutiger Sicht im Sinne der vorstehenden Ausführungen als gerechtfertigt erscheinen, über welche Maßnahmen man wohl ernsthafter nachdenken sollte und welche Erlasse in ihrem Kern die gestellten Aufgaben schwerlich erfüllen können:

Gerechtfertigte Erlasse

- Markenrechtsrichtlinie[39]
- Richtlinie Schutzdauer des Urheberrechts[40]

---

36 Obwohl Art. 151 Abs. 5 EG als weit reichendes Harmonisierungsverbot verstanden wird; vgl. etwa *Rees/Ukrow*, in: Grabitz/Hilf, EGV (16. EL. Juli 2000), EG 151 N 92; *Fechner*, in: von der Groeben/Thiesing/Ehlermann (Fn. 24), EG 128 N 31.

37 Nachstehend B.II.1.

38 Entwurf einer Stellungnahme des Ausschusses für konstitutionelle Fragen, Schlussfolgerung 4 (abrufbar unter www.europarl.eu.int/meetdocs/committees/juri/20030219/473781de.pdf, Stand 3. Februar 2004): Bemängelt wird hier der „mechanische Ansatz" der Kommission, der in der gehäuften Verwendung von Standardformulierungen zur Begründung der Einhaltung des Subsidiaritätsprinzips zum Ausdruck komme. Kritisch auch die Stellungnahmen des Deutschen Bundesrats, BR-Drs. 54/02 vom 26.4.2002, BR-Drs. 814/02 vom 14.2.2003.

39 Richtlinie 89/104/EWG zur Angleichung der Rechtsvorschriften der Mitgliedstaaten über die Marken vom 21. Dezember 1988, ABl. Nr. L 40 v. 11.2.1989, S. 1.

- Verordnungen für Gemeinschaftsrechte[41]

Diskutable Erlasse

- Verordnungen ergänzende Schutzzertifikate[42]
- Richtlinie Urheberrecht in der Informationsgesellschaft[43]
- Richtlinie Maßnahmen und Verfahren (Vorschlag)[44]

Kaum gerechtfertigte Erlasse

- Richtlinie Topographienschutz[45]
- Richtlinie Datenbanken[46]
- Richtlinie Softwarepatente (Vorschlag)[47]

Diese Aufstellung ist an dieser Stelle nicht weiter zu kommentieren. Es wird auf diese Beispiele im Folgenden aber unter verschiedenen Aspekten zurückzukommen sein[48].

IV. Erste Zwischenbilanz

Der Blick auf die bisherigen Bemühungen einer Rechtsharmonisierung im Bereiche des Geistigen Eigentums hinterlässt einen eher zwiespältigen Eindruck. Nicht nur erweist sich die Abstützung auf die vorhandenen Rechtsgrundlagen teilweise als bemerkenswert schmal. Auch die Erfüllung der materiellen – positiven und negativen Voraussetzungen – ist häufig zumindest fraglich. Jedenfalls scheint es dem Europäischen Gesetzgeber kaum geboten, die inhaltlichen Voraussetzungen der angerufenen Rechtsgrundlagen im Einzelfall wirklich ernsthaft zu prüfen. Aber auch das Subsidiaritäts- bzw. das Verhältnismäßigkeitsprinzip (Art. 5 Abs. 2 und 3 EG) scheint in der Praxis der Europäischen Rechtssetzung nicht jene Rolle zu spielen, welche ihnen im Interesse des harmonischen Zusammenspiels nationalen und europäischen Rechts eigentlich zugedacht ist. Eine Kompetenz für „Kulturförderung" durch Rechtsharmonisierung sodann hat die EU ausdrücklich nicht, was sich jedoch nicht in einer entsprechenden Selbstbeschränkung Europäischer Gesetzgebung niedergeschlagen hat. Mit andern Worten: Einer kritischen – retrospektiven – Prüfung dürften einige der heute in Kraft stehenden Erlasse nicht ohne weiteres Stand halten.

---

40 Richtlinie 93/98/EWG zur Harmonisierung der Schutzdauer des Urheberrechts und bestimmter verwandter Schutzrechte vom 29. Oktober 1993, ABl. Nr. L 290 v. 24.11.1993, S. 9.

41 Vorn Fn. 11 ff.

42 Verordnung (EG) Nr. 1610/96 über die Schaffung eines ergänzenden Schutzzertifikats für Pflanzenschutzmittel vom 23. Juli 1996, ABl. Nr. L 198 v. 8.8.1996, S. 30; Verordnung (EWG) Nr. 1768/92 über die Schaffung eines ergänzenden Schutzzertifikats für Arzneimittel vom 18. Juni 1992, ABl. Nr. L 182 v. 2.7.1992, S. 1.

43 Richtlinie 2001/29/EG zur Harmonisierung bestimmter Aspekte des Urheberrechts und der verwandten Schutzrechte in der Informationsgesellschaft vom 22. Mai 2001, ABl. Nr. L 167 v. 22.6.2001, S. 10.

44 Vorschlag für eine Richtlinie über die Maßnahmen und Verfahren zum Schutz der Rechte an geistigem Eigentum, KOM(2003) 46 endgültig v. 30.1.2003.

45 Richtlinie 87/54/EWG über den Rechtsschutz der Topographien von Halbleitererzeugnissen vom 16. Dezember 1986, ABl. Nr. L 24 v. 27.1.1987, S. 36.

46 Richtlinie 96/9/EG über den rechtlichen Schutz von Datenbanken vom 11. März 1996, ABl. Nr. L 77 v. 27.3.1996, S. 20.

47 Vorschlag für eine RL über die Patentierbarkeit computerimplementierter Erfindungen, KOM(2002) 92 endgültig v. 20. 2. 2002.

48 Nachstehend B. und C.

B. Rahmenbedingungen Europäischer Rechtssetzung

Beruht der vorstehende Blick auf das heute bestehende Europäische Recht im Bereich des Geistigen Eigentums auf einem mehr formalen, auf die primärrechtlichen Grundlagen gestützten Ansatz, so reicht dies für die Entwicklung von Perspektiven nicht aus. Vielmehr stellt sich die Frage, vor welchem tatsächlichen Hintergrund künftige Europäische Rechtssetzung überhaupt stattfinden muss. Um hier wenigstens eine Idee von den bestehenden Zusammenhängen liefern zu können, werden im Folgenden drei Ebenen unterschieden: eine ökonomische, eine interessenbezogene und eine wirtschaftspolitische.

I. Ökonomie

Aus historischer Sicht ist es nicht einfach, die Rechtfertigung für das bestehende Schutzsystem für Geistiges Eigentum in die richtige Ecke zu rücken. Gerade im kontinentaleuropäischen Urheberrecht überlagern viele letztlich naturrechtlich angehauchte Argumente die Realität, bei der es bei Lichte besehen doch ganz schwergewichtig um ökonomische Sachverhalte geht. Mit Blick auf die Kompetenzen der EU dürfen gerade jene Argumente – mögen sie die rechtspolitischen Diskussionen auch nach wie vor immer wieder verfärben – aber richtig betrachtet nicht zum Tragen kommen. Insbesondere der vorstehend herausgegriffene Art. 151 Abs. 5 EG[49] macht klar, dass ein Eingreifen der EU in die nationalen Schutzrechtsordnungen eben nicht beliebig, sondern einzig dort legitim ist, wo eine Verlagerung auf die Gemeinschaftsebene sachliche Voraussetzung dafür ist, den Binnenmarkt im Sinne von Art. 14 EG zu verwirklichen. Ein Blick in die in Art. 3 Abs. 1 EG aufgeführten Tätigkeiten der Gemeinschaft[50] macht denn auch klar, dass es allen voran ökonomische Gesichtspunkte sind, denen die Europäische Gesetzgebung beim Schutz Geistigen Eigentums verpflichtet sein muss.

Basiert die EU als Willensgemeinschaft dabei wohl unstrittig – wie die einzelnen Mitgliedstaaten auch – auf dem Grundsatz einer (im ökonomischen Sinne) liberalen Wertevorstellung[51], so muss daraus konsequenterweise der Schluss gezogen werden, dass ein Gesetz, das nicht erforderlich ist, auch nicht erlassen werden darf[52]. Wohl gibt es unterschiedliche Ebenen, auf welchen die rechtstechnische Verwirklichung einer liberalen Wettbewerbsordnung versucht werden kann. Allen gemeinsam dürfte aber jedenfalls sein, dass eine Regulierung nie Selbstzweck sein darf, sondern nur insoweit berechtigt ist, als die Kräfte des Wettbewerbs jene Ergebnisse nicht von selbst zeitigen,

---

49 Vorn A.II.2.

50 Vgl. dazu eingehender hinten 2.3.

51 So werden etwa in der Präambel des EU-Vertrages die Grundsätze der Freiheit, der Demokratie, der Achtung der Menschenrechte, der Grundfreiheiten und der Rechtsstaatlichkeit genannt. S. zu der Schlussfolgerung, dass das Wirtschaftsleben in der Gemeinschaft grundsätzlich auf Freiheit beruht *Zuleeg*, in: von der Groeben/Schwarze (Fn. 2), EU Präambel N 12.

52 Zum Verhältnismäßigkeitsprinzip, insbesondere zum Merkmal der Erforderlichkeit eines interventionistischen Eingriffs durch die EG s. *von Bogdandy/Nettesheim*, in: Grabitz/Hilf (Fn. 33), EG 3b N 51. Ausführlicher zum Prinzip des Interventionsminimums STOTZ, Die EG-Stahlkrise im Lichte der Wirtschaftsverfassung des EGKS-Vertrages, 1983, 129 ff. Vgl. weiter zum dezidiert antiinterventionistischen Ansatz der Chicago School *Eidenmüller*, Effizienz als Rechtsprinzip, 2. Aufl. 1998, S. 67. Zum Idealtypus des „klassischen liberalen Staates" *Richter/Furbotn*, Neue Institutionenökonomik, 1996, 13 ff.; zur liberalen Freiheitskonzeption im Sinne der Freiheit des Einzelnen vor Einwirkungen aus der staatlichen Sphäre *Schubert*, Der Gemeinsame Markt als Rechtsbegriff, 1999, 8 f.

die – je nach Sichtweise durchaus wertend – gewünscht sind. Dass dabei auch etwa sozialpolitische Überlegungen hineinspielen können, zeigt beispielsweise die explizite Erwähnung des Verbraucherschutzes in Art. 3 Abs. 1 Bst. t EG. Auch für derartige positivrechtliche Eingriffe braucht es aber einen politischen Grundkonsens. Das Prinzip, eine Regelung nicht zu erlassen, wenn sie nicht – aus welchen Gründen immer – erforderlich ist, bleibt unverändert.

Entsprechendes gilt im Bereiche der Etablierung von den Wettbewerb beeinflussenden besonderen Schutzrechtssystemen. Es ist vor dem Hintergrund einer liberalen Wirtschaftsordnung im Grunde undenkbar, einen generellen Entscheid für ein möglichst weit reichendes Schutzsystem zu fällen[53], da die Auswirkungen eines solchen Systems auf die Betroffenen – und das sind nicht nur die potentiellen Schutzrechtsinhaber – je nach Sachlage überaus unterschiedlich sein werden. Daher könnte es allein schon aus einer liberalen ökonomischen Sicht nie als zulässig erachtet werden, wenn seitens der EU ohne klare Nachweise der sachlichen Notwendigkeit in die bestehenden nationalen Schutzrechtssysteme eingegriffen würde. Sichergestellt sein muss mit andern Worten vielmehr, dass ohne jene Rechtsregel bzw. mittels bloß nationaler Rechtsregeln negative Folgen für den Europäischen Binnenmarkt bzw. die Entwicklung der EU allgemein eintreten werden, bzw. dass eine der denkbaren Varianten Europäischer Rechtssetzung[54] bestimmte – klar zu definierende – positive Effekte haben wird.

Im Resultat laufen die beiden Argumentationsstränge – nämlich der rechtliche mit dem Subsidiaritäts- und dem Verhältnismäßigkeitsprinzip auf der einen, und der ökonomische, mit dem Erfordernis des sachlichen Nachweises der Auswirkungen einer Maßnahme auf der anderen Seite – natürlich zusammen. Daher führen ökonomische Gesichtspunkte denn auch zur übereinstimmenden Feststellung, wie sie schon mit Blick auf die zu beachtenden Rechtsgrundlagen getroffen wurde[55]: In den Begründungen der Europäischen Gesetzgebung sind tiefgründige ökonomische Erläuterungen mit der Lupe zu suchen; vorgängige – unabhängige – ökonomische Abklärungen sind eine Rarität[56].

II. Interessenpositionen

Aus dem Gesagten dürfte deutlich werden, dass es eine „wertfreie“ ökonomische Sichtweise nicht geben kann. Dies liegt auch auf der Hand, denn die Zusammenhänge im Bereiche des Schutzes Geistigen Eigentums gestalten sich dadurch hoch komplex, dass äußerst unterschiedliche Interessen involviert sind. Sich über diese Interessenpositionen Klarheit zu verschaffen und sie einer gewissen Wertung zugänglich zu machen, erscheint für eine rechtliche Regulierung unumgänglich.

Bezogen auf die Europäische Gesetzgebung sind die Kriterien für eine solche Wertung aber durch den bestehenden Kompetenzrahmen vorgegeben. Daran scheitert etwa die auf den ersten Blick einleuchtende Vorstellung, Ziel sei ein möglichst ausgebauter

53 Vgl. demgegenüber Erwägungsgrund 11 der Richtlinie zur Harmonisierung des Urheberrechts in der Informationsgesellschaft (Fn. 44): " Eine rigorose und wirksame Regelung zum Schutz der Urheberrechte und verwandten Schutzrechte ist eines der wichtigsten Instrumente, um die notwendigen Mittel für das kulturelle Schaffen in Europa zu garantieren und die Unabhängigkeit und Würde der Urheber und ausübenden Künstler zu wahren.".

54 Dazu nachstehend C.II.

55 Vorn A.I.

56 Ein typisches Beispiel dafür liefert die Fragestellung der Patentierbarkeit von Software; dazu nachstehend B.II.2.

Schutz des „homo creator". Ausgangspunkt dafür, die relevanten Interessenpositionen zu eruieren, muss vielmehr das übergeordnete Ziel der Verwirklichung des Binnenmarktes bilden (Art. 3 Abs. 1 Bst. c, Art. 14 EG). Hier wiederum spielen mit Blick auf das Geistige Eigentum vor allem der freie Waren- bzw. Dienstleistungsverkehr eine entscheidende Rolle[57]. Auf europäischer Stufe müssen für die Rechtssetzung zum Geistigen Eigentum folglich jene Interessenpositionen Berücksichtigung finden, welche damit in Zusammenhang stehen.

Tatsächlich scheint in der bisherigen Europäischen Gesetzgebung der Blick auf die Frage, in wessen Interesse denn welche Regelung erlassen wurde, nicht sehr geschärft. Im Vordergrund dürfte im Gegenteil tatsächlich der simple Schutzgedanke stehen, welcher aber nicht dahingehend hinterfragt wird, wer im Einzelnen denn eigentlich von diesem Schutz profitiert. Um diese Kritik etwas plastischer zu machen, seien drei Beispiele herausgegriffen: Ein bereits verwirklichtes, ein Vorhaben, und ein bis heute nicht aufgegriffenes Problemfeld.

1. Beispiel Urheberrecht in der Informationsgesellschaft[58]

Folgt man der Begründungserwägung 11 der Richtlinie zum Urheberrecht in der Informationsgesellschaft[59], so ist es ein zentraler Zweck des Erlasses, „die notwendigen Mittel für das kulturelle Schaffen in Europa zu garantieren und die Unabhängigkeit und Würde der Urheber und ausübenden Künstler zu wahren". Versteht man diese Aussage unvoreingenommen, so muss man aus ihr wohl ohne weiteres schließen, die EU sehe ihre Aufgabe in der Kulturförderung durch eine Harmonisierung der materiellen nationalen Urheberrechte.

Bereits ausgeführt wurde, dass solches mit dem geltenden Primärrecht der EU – nämlich Art. 151 Abs. 5 EG – keineswegs vereinbar wäre[60]. Darüber hinaus zeigt das Beispiel aber auch, wie verzerrt die Wahrnehmung der ökonomischen Realitäten der EU anscheinend ist. Ein zentrales Anliegen der Urheberrechtsrichtlinie war es, den in Art. 11 WCT bzw. Art. 18 WPPT[61] vorgeschriebenen Rechtsschutz für technische Schutzmaßnahmen in die Urheberrechte der Mitgliedstaaten zu implantieren – ein Anliegen, dem man prima vista sicherlich Verständnis entgegen bringen kann. Gleichwohl – auch da muss man sich fragen, welche Interessenpositionen denn eigentlich betroffen sind:

Heute und bis auf weiteres wird es die Ausnahme bilden, dass sich der einzelne Kreative – derjenige also, dessen Unabhängigkeit und Würde die EU erhalten will – selbst durch den Einsatz solcher technischer Mittel schützen wird. Tatsache ist, dass sowohl der Urheber als auch der ausübende Künstler in aller Regel in einem Vertragsverhältnis

---

57 Vgl. zum freien Warenverkehr *Müller-Graff*, in: von der Groeben/Schwarze (Fn. 2), EG 28 N 148 ff.; EG 30 N 69 ff., 108 ff.; *Ullrich/Konrad*, in: Dauses (Hrsg.), Handbuch des EU-Wirtschaftsrechts, C. III.

58 Grundlegend – und kritisch – zu den Fragen der Rechtsgrundlagen im Allgemeinen in jüngster Zeit *Schieble*, Die Kompetenz der Europäischen Gemeinschaft für die Harmonisierung des Urheberrechts im Zeitalter der Informationsgesellschaft, 2003.

59 Vorn Fn. 44.

60 Vorstehend A.II.2; s. EuGH vom 5.10.2000, Rs. C-376/98 – Bundesrepublik Deutschland/Europäisches Parlament und Rat der EU (Tabakwerberichtlinie), EuZW 2000, 694 ff., 699, Rn. 77 ff. (zu Art. 152 Abs. 4 EG bzw. vorher Art. 129 Abs. 4 EGV), wonach nicht andere Rechtsgrundlagen herangezogen werden dürfen, um ein bestehendes Verbot zu umgehen.

61 WIPO Copyright Treaty bzw. WIPO Performances and Phonograms Treaty, beide vom 20. Dezember 1996.

zu einem Investor steht, der Kultur „produziert", um Geld zu verdienen. Dies ist völlig legitim. Und es ist auch nachvollziehbar, dass sich dieser Investor gegen die rasant wachsenden technischen Möglichkeiten, die ordnungsgemäße Vergütung für den Werkkonsum zu umgehen, zur Wehr setzen will. Aber man sollte sich dann schon im Klaren darüber sein, wer durch die neue Urheberrechtsrichtlinie letztlich geschützt wird. Vor Augen führen muss man sich mit andern Worten, dass dem möglichst freien Zugang begehrenden Verbraucher nicht etwa der Not leidende Urheber gegenüber steht, sondern der Investor. Wer hingegen wirklich den Kreativen ein angemessenes Auskommen sichern will, der muss – wenn schon – nicht den Verbraucher, sondern diesen Investor (bzw. dessen Vertragsverhältnis mit dem Urheber und den ausübenden Künstlern) ins Recht fassen[62].

Richtig betrachtet betrifft die Urheberrechtsrichtlinie die EU aber in der Tat sogar in einem Kernbereich ihrer Kompetenzen. Die Frage, inwieweit technische Schutzmaßnahmen geeignet sind, Waren- und Dienstleistungsströme zu steuern, ist nämlich leicht zu beantworten. Sattsam bekannt ist beispielsweise, dass DVDs namentlich zu dem Zwecke codiert werden, dass – ausgerichtet auf die länderspezifischen Abspielgeräte – Märkte unterschiedlicher Kaufkraft gegen einander abgeschottet werden können. Dass jene Produzenten, welche diese Mechanismen primär nutzen, amerikanischer Herkunft sind, braucht an dieser Stelle noch nicht besonders betont zu werden[63]. Bereits hier festzustellen ist jedoch, dass sich die EU mit ihrer Urheberrechtsrichtlinie im Resultat zum Gehilfen jener gemacht hat, welche von diesen Marktabschottungen profitieren. Mit der „Unabhängigkeit und Würde" der Kreativen hat dies jedenfalls nichts zu tun.

Nur am Rande sei erwähnt, dass für die Kreativen – allenfalls – die in der Richtlinie ebenfalls aufgegriffenen Schrankenbestimmungen von direkter Relevanz wären. Just hier muss die versuchte Harmonisierung jedoch als misslungen beurteilt werden. Von Art. 5 Abs. 1 abgesehen – der in der Tat die wichtige Frage der technisch bedingten, keine eigenständige wirtschaftliche Bedeutung aufweisenden ephemeren Vervielfältigung aufgreift und zwingend regelt – ist es der EU nicht gelungen, über die bloße Auflistung möglicher, in unterschiedlichen nationalen Rechten schon bestehender Schranken hinaus vereinheitlichend zu wirken, nachdem die nationalrechtliche Statuierung dieser möglichen Schranken samt und sonders fakultativer Natur ist[64]. Damit muss sich die EU die Frage gefallen lassen, was denn eigentlich der wirkliche Sinn und Zweck dieses Teils der Richtlinie ist.

2. Beispiel Patentrecht für Software

Die ökonomischen Erklärungsversuche dafür, weswegen es Patentrecht braucht, sind mehrschichtig. Im Vordergrund stehen namentlich Ansporn- oder Belohnungsüberlegungen[65]. Anzutreffen ist aber auch die These, die Verleihung von absolutrechtlichen

62 In diesem Sinne sind die deutschen Bemühungen um das seit dem 1.7.2002 geltende Urhebervertragsrecht zu verstehen, das den Urhebern einen gesetzlichen Anspruch auf „angemessene Vergütung" bzw. auf „weitere angemessene Beteiligung" gewährt (§ 32 und 32a UrhG).

63 Vgl. hierzu bereits *Hilty*, MMR 2002, 577, 578; vgl. aber nachstehend B.III.1.

64 Nach Art. 5 Abs. 2 bzw. 3 der Richtlinie „können" die Mitglieder in den dort genannten Fällen Ausnahmen oder Beschränkungen vorsehen, was immerhin im Umkehrschluss ergibt, dass sie solches in weiteren Bereichen eben nicht (mehr) tun können, was sich auch im sog. „Dreistufentest" in Abs. 5 spiegelt.

65 Die Anreiz- und die Offenbarungstheorie stellen z.B. in den Mittelpunkt *Beier*, GRUR Int. 1979, 227, 234 f., *Oppenländer*, GRUR 1977, 362, 363 ff., *Cornish/Llewelyn*, Intellectual Property, 5.

Schutzpositionen zwinge die Konkurrenz, um die geschützte Technologie herum neue Lösungsmöglichkeiten zu finden; in diesem Sinne soll die Verleihung von Patenten den Innovationswettbewerb fördern[66]. Dieser Gesichtspunkt mag durchaus in etlichen Konstellationen tatsächlich etwas für sich haben. Die Vorstellung von der Innovationsförderung findet aber – auf welcher These immer sie beruht – dort ihre Grenze, wo die Substituierung einer vorhandenen Technologie schlicht nicht möglich ist[67]. Dort verdreht sich die Wirkung eines Patents ins Gegenteil: Die im Grundsatz gewünschte Diffusion neuer technologischer Kenntnisse zugunsten der Allgemeinheit wird behindert.

Auf diese Zusammenhänge kann hier nicht im Einzelnen eingegangen werden. Was daraus jedoch ohne weiteres geschlossen werden kann, ist, dass offensichtlich nicht eine Theorie alles erklärt, sondern dass Differenzierungen erforderlich sind. Insbesondere wäre es eine der wichtigen Aufgaben der EU mit Blick auf die Zielsetzung in Art. 3 Abs. 1 Bst. n EG („Förderung der Forschung und technologischen Entwicklung"), Überlegungen dazu zu entwickeln, wie Patentschutz im Einzelnen ausgestaltet sein sollte. Denn es ist so selbstverständlich nicht, dass im Sinne von „one size fits all" für jegliche Technologierichtung stets das gleiche Schutzkonzept richtig ist. Und insbesondere wäre es angezeigt, vertiefter danach zu fragen, auf welche neuen Schutzgegenstände der Patentschutz denn sinnvollerweise ausgedehnt werden kann, bzw. wo sich – soweit nachweislich erforderlich – ein spezifischeres Schutzinstrument aufdrängen würde.

Dass dies nicht einmal in Ansätzen geschieht, zeigt exemplarisch der Vorschlag der EU-Kommission für eine Richtlinie zum Patentschutz von Computerprogrammen, welcher vom Europäischen Parlament am 24. September 2003 nun allerdings mit zahlreichen Änderungsanträgen ein etwas anderes Gepräge erhalten hat[68]. Der Hintergrund dafür, dass die EU aktiv wird, ist zwar nachvollziehbar. Zum einen besteht seit geraumer Zeit Druck aus den USA, das zu implementieren, was sich dort in jahrelanger Entwicklung etabliert hat[69]. Zum andern soll jener bestens funktionierenden – aber nicht der EU zugehörigen – Behörde, welche diesen Druck im Grunde aufnehmen sollte, die Europäische Patentorganisation, diese rechtspolitische Entwicklung nun anscheinend nicht mehr überlassen bleiben. Aus diesem Grunde wurden gewisse Bemühungen um eine Anpassung des EPÜ im Softwarebereich[70] von einigen großen EU-Mitgliedstaaten konzertiert ausgebremst, um das Heft der EU in die Hand zu spielen[71].

Aufl. 2003 N 3-36 ff., *Lehmann*, GRUR Int. 1983, 356, 360 ff., *Kirchner*, Rechtliche „Innovationsforschung" und Ökonomische Theorie des Rechts, in: Riem/Schneider (Hrsg.), Rechtswissenschaftliche Innovationsforschung, S. 101 f.

66 Vgl. dazu etwa *Machlup*, GRUR Int. 1961, 524, 477 f., der diese Rechtfertigung des Patentsystems freilich verwirft, weil damit knappe Ressourcen verschwendet würden.

67 So waren bei einer Studie der OECD in 27% der untersuchten Fälle eine Substituierung nicht möglich, s. Competition Policy and Intellectual Property Rights, OECD, 1989, S. 16 f.

68 Zum Werdegang der Rechtsetzung im Einzelnen: http://europa.eu.int/smartapi/cgi/sga_doc?smartapi!celexapi!prod!CELEXnumdoc&lg=DE&numdoc=52002PC0092&model=guicheti, Stand 3. Februar 2004.

69 Einzelheiten dazu etwa bei *Maier/Mattson*, GRUR Int. 2001, 677; *Ohly*, CR 2001, 809 ff.; *Casalonga*, GRUR Int. 2002, 475 ff.; *Nack*, GRUR Int. 2000, 179.

70 Zur Änderung angestanden wäre Art. 52 Abs. 2 Bst. c EPÜ („Programme für Datenverarbeitungsanlagen").

71 Vgl. dazu etwa den Bericht von *Blind*, sic! 2001, 54 ff. Aufschlussreich mit Bezug auf das Zusammenspiel der Systeme insb. ULLRICH, Patent Protection in Europe: Integrating Europe into the Community or the Community into Europe?, European Law Journal 2002, 433 ff., insb. 455 ff. bzw. 460 f., m.w.H.; zuletzt auch etwa *Artelsmair*, GRUR Int. 2004, 1 ff.

Auch wenn solche Mechanismen hier nur am Rande interessieren, mögen sie deutlich machen, wie wenig sachbezogen die Argumentation letztlich laufen kann. Denn für den Wirtschaftsstandort Europa kann die entscheidende Frage kaum darin bestehen, ob es in Brüssel oder in München angegangen wird, das Richtige zu tun, wenn letztlich alle vom Fortschritt profitieren. Frage muss vielmehr sein, was denn das Richtige ist. Dass dies nicht unbedingt in der Zuweisung von Software zum Patentrecht liegen muss, zeigt sich darin, dass Software eben nicht irgendein technisches Gut ist, das beliebig substituierbar wäre. Längst sichtbar ist vielmehr, welche monopolistischen Strukturen in den letzten Jahrzehnten aufgebaut wurden – und in welchen Erdteilen welche Konzentrationen an Rechtspositionen heute auftreten[72, 73]. Angebracht wäre es in diesem Zusammenhang aber auch, an die primär Betroffenen zu denken. Denn mit großer Wahrscheinlichkeit wird es nicht nachweisbar sein, dass der Ausbau der Rechtsposition der Softwareindustrie der Interessenposition der Anwender – also der zu schützenden Verbraucher (Art. 3 Abs. 1 Bst. t EG) – wirklich zuträglich wäre. Im Gegenteil zeigt die sich langsam etablierende Opensource-Bewegung[74], dass im Bereich der Software offenbar andere, noch komplexere ökonomische Mechanismen hinein spielen, deren Erforschung der EU – bevor ein weiterer Schutzerlass in die Welt gesetzt wird – durchaus gut anstehen würde.

3. Beispiel Recht gegen unlauteren Wettbewerb

Nach Art. 3 Abs. 1 Bst. g EG umfassen die Tätigkeiten der EU auch ein „System, das den Wettbewerb innerhalb des Binnenmarktes vor Verfälschungen schützt". Nach wohl herrschender Interpretation zielt diese Norm zwar in erster Linie auf die gemeinschaftsrechtliche Tätigkeit im Bereich des Kartellrechts ab[75]. Bezieht man die Präambel jedoch mit ein, nach deren Absatz 5 ebenso „redlicher Wettbewerb" zu gewährleisten ist, ist

72 S. hierzu die Studie von *Bessen/Hunt*, An Empirical Look at Software Patents, Working Paper No. 03-17, August 2003, abrufbar im Internet unter www.phil.frb.org/econ/homepages/hphunt.html (Stand 4. Februar 2004). Die Untersuchung ergab für Softwarepatente, dass der Anstieg an Patenten im Durchschnitt eher zu verminderten Forschungs- und Entwicklungsaktivitäten führte, was die Autoren insbesondere auf den vermehrten Erwerb „strategischer Patente" zurückführen.

73 So hat Microsoft im Bereich Browser einen Marktanteil von 95 % (Deutschlandfunk, Erfolgreiches Schaufenster in das Internet, Artikel v. 19. April 2003, abrufbar unter www.dradio .de/dlf/sendungen/computer/141585/, Stand 3. Februar 2004) und im Bereich Betriebssysteme einen Marktanteil von 90 % (Die Welt, Online-Ausgabe, Microsoft kaum zu schlagen, Artikel vom 7. Juni 2003, erhältlich über das Archiv unter www.welt.de/data/2003/06/07/112788.html?search=Nolde +microsoft&searchHILI=1, Stand 3. Februar 2004). Zu erwähnen ist auf der andern Seite immerhin, dass sich der deutsche Softwarehersteller SAP mittlerweile als weltgrößter Anbieter von Unternehmenssoftware zu etablieren vermochte und Ende 2003 einen Marktanteil von weltweit 59 % (Vorjahr noch 51 %) und in den USA von immerhin 40 % aufwies (zu weiteren Zahlen www.sap.com/company/press/press.asp?pressID=2631, Stand 4. Februar 2004); mit Blick auf das sonstige europäische Umfeld ist SAP freilich eine Ausnahmeerscheinung.

74 So hat im Sommer 2002 das Bundesministerium der Justiz mit der Firma IBM Deutschland einen Rahmenvertrag abgeschlossen, der Behörden aus Bund, Ländern und Gemeinden die wirtschaftlich günstige Beschaffung von IBM-Systemen unter Open Source Software erlaubt. Für einen Umstieg auf das freie Betriebssystem Linux haben sich bereits Schwäbisch Hall und München entschieden. Weitere 500 Gemeinden sind interessiert, diesem Beispiel zu folgen; Einzelheiten sind zu erfahren bei der Koordinierungs- und Beratungsstelle der Bundesregierung für Informationstechnik in der Bundesverwaltung (KBSt): www.kbst.bund.de/Software/-,74/Open-Source.htm und www.kbst.bund. de/Software /-,72/IBM-Kooperation.htm, Stand 3. Februar 2004.

75 Vgl. etwa *Zuleeg*, in: von der Groeben/Schwarze (Fn. 2), EG 3 N 8; *Ukrow* in: Callies/Ruffert (Fn. 4), EG 3 N 9.

nicht einzusehen, weshalb der völlig offene Wortlaut in Art. 3 Abs. 1 Bst. g EG nicht auch als auf das Lauterkeitsrecht gerichtet verstanden werden sollte[76]. Zwar wird man berücksichtigen müssen, dass die nationalen Ansätze noch äußerst heterogen sind, womit die Annahme einer bestehenden gemeinsamen Basis selbst vor dem Hintergrund von Art. 10bis PVÜ einer Illusion gleich käme. Um den Handlungsbedarf gleichwohl zu erklären, reicht jedoch im Grunde die Feststellung, dass der Wettbewerb unstrittig nicht nur durch Absprachen und Marktmacht verfälscht werden kann, sondern auch durch individuelle, gegen bestimmte Wettbewerber gerichtete Handlungen – mag der nationale Gesetzgeber im Einzelnen damit auch umgehen, wie er will[77].

Vor diesem Hintergrund wäre es nun wohl nicht sehr aufwendig, unter ökonomischen Gesichtspunkten die Notwendigkeit eines gewissen gemeinschaftsweiten Mitbewerberschutzes zu begründen. Denn mit Blick auf die angestrebte Waren- und Dienstleistungsfreiheit leuchtet es eigentlich zwanglos ein, dass unterschiedliche Rechtsauffassungen zu erlaubtem und nicht erlaubtem geschäftlichen Handeln einen einheitlichen Binnenmarkt substantiell gefährden[78]. Tatsächlich steckt die EU in diesem Bereich jedoch in einer eigentlichen Lethargie. Die Hintergründe dafür sind schnell erklärt:

Es bestehen bekanntlich innerhalb der Kommission zwei Kompetenzbereiche, deren sinnvolle Zusammenarbeit bislang nicht zu erreichen war, nämlich die Generaldirektion Verbraucherschutz und die Generaldirektion Binnenmarkt[79]. Folge ist, dass zwar ein mehr als nur gut ausgebauter Katalog an Schutzvorschriften zugunsten von Verbrauchern besteht[80]; ein eigentlicher Mitbewerberschutz aber fehlt. Auch von einem stimmigen Gesamtkonzept für ein kohärentes Rechtssystem im Bereiche des unlauteren Wettbewerbs ist man auf EU-Ebene noch weit entfernt.

Nur am Rande seien im vorliegenden Kontext zwei Bemerkungen angefügt:

- Das bestehende Defizit verhindert den Aufbau eines rechtspolitisch gebotenen, auf die Frage der Wettbewerbsverfälschung fokussierten Investitionsschutzes. Konsequenz ist, dass – obwohl für zahlreiche neue Schutzbedürfnisse ein solch „weicher“, im Grunde deliktsrechtlicher Schutz ausreichen würde – stattdessen die Kataloge der absolutrechtlich geschützten Schutzgegenstände etablierter

76 S.a. *Zuleeg*, in: von der Groeben/Schwarze (Fn. 2), EG 3 N 8, unter Hinweis auf die Präambel des EG-Vertrages.

77 In Großbritannien beispielsweise fehlt es an einem umfassend konzipierten Lauterkeitsrecht bzw. „unfair competition law“. Statt dessen werden Fälle, die in Kontinentaleuropa vom Lauterkeitsrecht erfasst werden, in Großbritannien im Wesentlichen über die deliktsrechtlichen Tatbestände „passing off“ und „malicious falsehood“ sowie strafrechtliche und öffentlich-rechtliche Normen geregelt, s. hierzu *Cornish/Llewelyn* (Fn. 66), N 1-15 ff. und 15-19 f.; *Kitchin*, Kerly's law of trade marks and trade names, 13. Aufl. 2001, N 14-65 f. Vgl. hierzu auch den Überblick bei *Ohly*, Richterrecht und Generalklausel im Recht des unlauteren Wettbewerbs, 1997, 19 ff.

78 Hinzuweisen ist in diesem Zusammenhang auf die – trotz der Einschränkungen durch die sog. Keck-Rechtsprechung – unvermindert relevante umfangreiche Rechtsprechung des EuGH zu Behinderungen der Warenverkehrs- und Dienstleistungsfreiheit durch nationale Vorschriften betreffend den unlauteren Wettbewerb.

79 Einzelheiten bei *Henning-Bodewig*, GRUR Int. 2002, 389, 395 ff.; *Micklitz/Kessler*, GRUR Int. 2002, 885 ff., 891 ff.

80 Jüngster Vorstoß ist der Vorschlag des Verbraucherschutzkommissars David Byrne für eine Richtlinie über unlautere Geschäftspraktiken (KOM(2003) 356 endgültig v. 18.6.2003), deren In-Kraft-Treten auf 2005 geplant ist, und die sich – ganz entgegen ihrem viel versprechenden Titel – erneut ausschließlich um den Verbraucher kümmert. Vgl. dazu schon *Röttinger*, medien und recht 2003, 246 ff.

Schutzrechte ständig (und zulasten anderer Interessenpositionen) ausgebaut werden. Daraus resultiert eine bemerkenswert kontrastreiche Situation, indem auf der einen Seite – beim traditionellen Schutz Geistigen Eigentums – teilweise ein nur noch schwer nachvollziehbares Wachstum zu verzeichnen ist, auf der andern Seite der Aufbau eines Wettbewerbsrechtssystems, das über den reinen Verbraucherschutz hinaus zu wirken vermag, jedoch darbt. Dies obwohl gerade das Wettbewerbsrecht für die Erfüllung der wirtschaftspolitischen Ziele der EU eine Schlüsselrolle einnehmen müsste.

- Die Widerstände, welche gegen ein weitergehendes Aktivwerden der EU im Bereiche des Wettbewerbsrechts zu erwarten sind, sind nachvollziehbar, wenn es der EU nicht gelingt, sich – im Sinne einer funktionalen Rechtsangleichung – auf eine Präzisierung der Schutzziele zu beschränken, d.h. wenn sie stattdessen versucht, konkrete, mehr oder weniger direkt anwendbare Maßnahmen anzuordnen[81]. Denn auf einer solch konkreten Ebene dürfte sich die erwähnte Heterogenität nationaler lauterkeitsrechtlicher Regelungsansätze kaum überwinden lassen. Erforderliche Basis für eine mögliche Rechtsvereinheitlichung sind vielmehr zunächst die bestehenden – gemeinsamen – Interessenpositionen und gestützt darauf die Definition übereinstimmender wettbewerbspolitischer Zielsetzungen. Auf einer relativ abstrakten Ebene müsste solches eigentlich gelingen, denn bei ungefähr gleichem ökonomischem Entwicklungsstand innerhalb der EU dürften die zu berücksichtigenden Interessenpositionen nicht unüberwindbar divergieren.

III. Wirtschaftspolitik

Die Gesetzgebungsaktivitäten der EU müssen von ihrer Natur her von eigenen, gemeinschaftsrechtlich konsolidierten wirtschaftspolitischen Zielsetzungen geprägt sein. Ihren Ausdruck finden solche Zielsetzungen namentlich in dem Katalog der Tätigkeiten der Gemeinschaft in Art. 3 Abs. 1 EG. Hier steht eine ganze Reihe von Tätigkeitsbereichen in unmittelbarem oder mittelbarem Zusammenhang mit dem Schutz Geistigen Eigentums, wobei hier nur einige herausgegriffen seien, ohne freilich auf Einzelheiten einzugehen:

„Die Tätigkeit der Gemeinschaft ... umfasst ...:

...

b) eine gemeinsame Handelspolitik[82];

...

g) ein System, das den Wettbewerb innerhalb des Binnenmarkts vor Verfälschungen schützt[83];

...

k) die Stärkung des wirtschaftlichen und sozialen Zusammenhalts;

l) eine Politik auf dem Gebiet der Umwelt;

m) die Stärkung der Wettbewerbsfähigkeit der Industrie der Gemeinschaft;

n) die Förderung der Forschung und technologischen Entwicklung;

...

p) einen Beitrag zur Erreichung eines hohen Gesundheitsschutzniveaus;

---

81 Dazu noch nachstehend D.II.2.

82 Vgl. dazu näher auch Art. 131 ff. EG.

83 Dazu vorstehend B.II.3.

q) einen Beitrag zu einer qualitativ hochstehenden allgemeinen und beruflichen Bildung sowie zur Entfaltung des Kulturlebens in den Mitgliedstaaten;

...

t) einen Beitrag zur Verbesserung des Verbraucherschutzes[84];

... ."

So einleuchtend es für einen Wirtschaftsraum von bald 25 Staaten mit mehr als 450 Mio. Einwohnern[85] ist, solche Ziele zu verfolgen, so sehr rechtfertigt sich freilich auch die Frage, ob die Gesetzgebung tatsächlich stets auf diese Ziele ausgerichtet ist. Eine besondere Rechtfertigung findet diese Frage vor dem Hintergrund der allgemeinen Zielsetzung der EU, bis zum Jahre 2010 die führende Wirtschaftsmacht der Welt zu sein. Diese Ambition[86] macht deutlich, dass die EU von außen betrachtet in einem globalen Wettbewerb steht. Bei ihren Aktivitäten kann es folglich nicht darum gehen, die gesteckten Ziele nur mit Blick auf den Binnenmarkt zu verfolgen. Vielmehr ist die EU gezwungen, sich – namentlich im Vergleich zu heute noch stärkeren Wirtschaftsräumen – ständig neu zu positionieren.

Dass die Gesetzgebung zum Schutze Geistigen Eigentums für diese Positionierung eine Schlüsselrolle spielt, wurde längst auf globaler Ebene erkannt. Die rasante Entwicklung der noch keine zehn Jahre alten WTO mit ihren heute bereits 146 Mitgliedstaaten bzw. die starke Fokussierung auf die handelsbezogenen Aspekte Geistigen Eigentums im Rahmen des TRIPS-Abkommens ist geradezu Symbol für die Frage geworden, welchen Stellenwert der „richtigen" Dichte von Schutzsystemen zukommt. Sie führt aber auch vor Augen, in welcher spannungsreichen Verflechtung von lobbyorientiertem Aktionismus der USA auf der einen und teilweise destruktiv anmutender Abwehrhaltung unterentwickelter Staaten auf der andern Seite die EU ihre wirtschaftspolitischen Überlegungen heute anstellen muss.

Auch wenn auf diese hochkomplexe Aufgabenstellung der EU an dieser Stelle nicht weiter einzugehen ist, erscheint ein entsprechendes Problembewusstsein doch unabdingbare Kulisse dafür zu sein, um überhaupt Entwicklungsperspektiven für den Bereich des Geistigen Eigentums skizzieren zu können. Um deutlich zu machen, dass sich dieses Problembewusstsein in der bisherigen Gesetzgebung der EU noch wenig spiegelt, seien im Folgenden nochmals drei Beispiele herausgegriffen, die erhellen mögen, wie zweifelhaft der Nutzen von Regulierungen sein kann – wenn sie nicht sogar Gefahr laufen, die wirtschaftspolitischen Zielsetzungen der EU in ihr Gegenteil zu verdrehen.

1. Beispiel Urheberrecht in der Informationsgesellschaft[87]

Für das Jahre 2000 sind im Bereiche der Entertainmentindustrie folgende Zahlen zur Kenntnis zu nehmen[88]:

---

84 Vgl. dazu näher auch Art. 153 EG.

85 Quelle: http://europa.eu.int/comm/eurostat/, Stand 4. Februar 2004.

86 Die Erreichbarkeit der Zielsetzung erscheint aus heutiger Sicht eher fraglich; vgl. dazu die ernüchternden Vergleiche zur US-amerikanischen Wirtschaft im Bericht der EU-Kommission vom 21. Januar 2004 (http://europa.eu.int/eur-lex/de/com/cnc/2004/com2004_0022de01.pdf, Stand 4. Februar 2004).

87 Vertiefter zur ökonomischen Analyse der Richtlinie zum Urheberrecht in der Informationsgesellschaft (Fn. 44) *Koelman*, demnächst in IIC.

88 Quelle: www.obs.coe.int/about/oea/pr/desequilibre.html (Stand 2. Februar 2004); vgl. zu weiteren Zahlen und Hinweisen *Hilty*, GRUR Int. 2003, 202 f.; vgl. für die laufende Entwicklung dieser

- Das Handelsbilanzdefizit der EU gegenüber den USA beträgt 8.200.000.000 $.
- Die Lizenzeinnahmen allein der US-Majors aus dem EU-Markt belaufen sich auf 2.570.000.000 $.
- Im Europäischen Fernsehen erreichen sog. Fiktionsprogramme (Spiel- und Fernsehfilme) aus den USA einen Marktanteil von rund 70 %; der Anteil deutscher Filme in den USA liegt bei 1,6 %, jener französischer Filme bei 2,4 %.
- Im Europäischen Kino erreichen Filme aus den USA ebenfalls einen Marktanteil von rund 70 %, während die Filme aus der EU insgesamt auf ca. 4 % kommen.

Die EU ist im audiovisuellen Bereich in wirtschaftspolitischer Hinsicht mit andern Worten ein ausgeprägtes Importland. Wieso aber verhält sich die EU dann nicht entsprechend? Worin liegt bei dieser Sachlage ihr Interesse, sich schon im Zuge der WIPO-Verträge von 1996 auf die Seite der USA zu schlagen und für einen Rechtsschutz technischer Schutzmaßnahmen stark zu machen? Sicher – der eine oder andere europäische Produzent wird auch davon profitieren. Ein europäischer Urheber aber wohl nur in seltenen Fällen. Im Resultat hat sich die EU damit – und nun v.a. mit der Richtlinie zum Urheberrecht in der Informationsgesellschaft[89] – geschlossenen Auges vor den Karren jener spannen lassen, denen es jetzt „dank“ technischer Sperren gelingt, den kaufkräftigen Europäischen Markt gegenüber den USA deutlich verspätet und zudem überteuert einer Auswertung zuzuführen. Denn die Mitgliedstaaten sollen nunmehr verpflichtet werden, gegen ihre eigenen Bürger strafrechtlich vorzugehen[90], die sich dies nicht gefallen lassen wollen und Mittel dafür schaffen, damit z.B. ein in den USA legal gekaufter Datenträger auf einem ebenfalls legal erstandenen Abspielgerät im Interesse der Entfaltung der kulturellen Vielfalt (Art. 3 Abs. 1 Bst. q EG) seinem eigentlichen Zweck – dem Werkgenuss – zugeführt werden kann. Solche Gesetzgebung mit der „Unabhängigkeit und Würde“ von Kreativen zu begründen[91], grenzt an Ironie.

Zahlen www.obs.coe.int/news/index.html.de. Aufschlussreich ferner die vom Bundesamt für Wirtschaft und Ausfuhrkontrolle erstellte Filmstatistik, wonach im Jahr 2002 von deutschen Unternehmen insgesamt 680.206.027 Euro Lizenzentgelte an ausländische Lizenzgeber gezahlt wurden (davon 533.235.235 Euro an Lizenzeber aus den USA). Dem stehen Lizenzerlöse für die Filmausfuhr in Höhe von insgesamt 332.308.379 Euro gegenüber, davon stammten aber lediglich 29.645.925 Euro von Filmen deutschen Ursprungs (und von letzteren wiederum ganz 5.725.676 Euro Lizenzerlöse von US-amerikanischen Lizenznehmern; Quelle: www.bafa.de/1/de/service/statistik/daten/pdf/film statistik _2002.pdf, Stand 3. Februar 2004).

89 Vorn Fn. 44.

90 Art. 20 des Richtlinienvorschlags über die Maßnahmen und Verfahren zum Schutz der Rechte am geistigen Eigentum (Fn. 45); dazu nachstehend D.III.2.

91 Vorn B.II.1.

2. Beispiel Halbleiter

Zahlen sprechen auch im Bereich des Halbleiterschutzes für sich – jenem Schutz, der in der EU auf Druck der USA als erste Maßnahme im Bereiche des Geistigen Eigentums überhaupt durch eine Richtlinie aus dem Jahre 1986 eingeführt worden war[92]. Hauptargument war, dass die Halbleiter aus Europa in den USA nicht geschützt wären, wenn ein Schutz der amerikanischen Halbleiter in Europa nicht gewährleistet würde[93].

- Von den weltweit umsatzstärksten 40 Produzenten von Halbleitern sitzen ganze 5 in einem Mitgliedstaat der EU[94].
- Bis zum Jahre 2001 kam es in den USA zu 16.000 Anmeldungen, in Japan zu 8.600 Anmeldungen[95], in Deutschland demgegenüber zu knapp 1.200 Anmeldungen[96]. Bezogen auf Deutschland machen deutsche Anmeldungen insgesamt 10 % aus, japanische Anmeldungen demgegenüber 77 %.
- In den USA erreichen deutsche Anmeldungen einen Anteil von insgesamt 0,03%.

Im Gegensatz zum vorstehenden Beispiel kann man der EU gewiss nicht den Vorwurf machen, sie hätte diese Entwicklungen im Einzelnen voraussehen müssen. Gleichwohl zeigt das Beispiel zweierlei:

Liest man heute die Begründung für die Halbleiterrichtlinie, so fällt die blanke, durch nichts belegte Behauptung auf, nationale Unterschiede beim Rechtsschutz wirkten sich „bei diesen Erzeugnissen unmittelbar nachteilig auf das Funktionieren des Gemeinsamen Marktes aus“[97]. Es werden also keinerlei ökonomische Sachverhalte hinterfragt, sondern es wird eine vermeintliche „Gewissheit“ fingiert, ohne Überlegungen zu einer eigenen Europäischen Wirtschaftspolitik anzustellen.

Sodann gibt es kaum ein treffenderes Exempel für die Frage, was mit Gesetzgebungsleichen eigentlich geschehen soll. Werden jetzt z.B. die 10 Beitrittsländer im Europäischen Osten gegen jede ökonomische Logik gezwungen, diesen Schutz EU-konform einzuführen, nur weil ein Mechanismus fehlt, falsch angelegte Europäische Gesetzgebung wieder aus der Welt zu schaffen? Oder ist es der Druck der USA, welcher nach wie vor so groß ist, dass die EU ihre wirtschaftspolitischen Interessen nicht durchzusetzen vermag?

3. Beispiel Datenbanken

Umgekehrt verlief die Geschichte im Bereiche des Schutzes von Datenbanken. Bekanntlich ließ sich anlässlich der WIPO-Konferenz im Jahre 1996, aus welcher WCT und WPPT hervorgingen[98], kein Konsens für ein internationales Abkommen erwirken, durch welches ein eigenständiges Schutzinstrument geschaffen worden wäre. Namentlich in den USA ist ein solcher Schutz bis heute höchst umstritten – zunächst mehr aus

92 Vorn Fn. 4; zur Entwicklungsgeschichte *Heilein*, Die Bedeutung des Rechtsschutzes für integrierte Halbleiterschalkreise in der Praxis, Diss. 2003.

93 Dies folgt aus dem Reziprozitätsvorbehalt im Semiconductor Chip Protection Act 1984, vgl. hierzu *heilein* (Fn. 93), S. 85 ff.

94 *Heilein* (Fn. 93), S. 111.

95 *Heilein* (Fn. 93), S. 105 ff.

96 S. für den Zeitraum von 1987 bis 1995 Bl.f.PMZ 1996, 96; für den Zeitraum von 1996 bis 2001 Bl.f.PMZ 2003, 101. Im Jahre 2001 verzeichnete Deutschland schließlich noch 59, im Jahre 2002 noch 41 Anmeldungen (Quelle: Jahresbericht 2002 des Deutschen Patent- und Markenamtes, S. 33).

97 Erwägungsgrund 2; vgl. schon Fn. 32.

98 Vorn Fn. 62.

sachlichen Gründen, nun vermehrt auch mit Blick auf die Frage der Zuständigkeit auf Bundesebene[99].

Die EU ließ sich von den sachlichen – durchaus beachtlichen[100] – Argumenten freilich nicht beirren. Im Wesentlichen auf unbestelltem Feld – nachdem es versäumt worden war, zunächst im nationalen Recht Erfahrungen zu sammeln[101] und damit auch nicht aus nationalen Kenntnissen erwachsener Widerstand zu befürchten war – und in freier Interpretation der ökonomischen Notwendigkeit[102] wurde den Mitgliedstaaten ein besonderer Rechtsschutz vorgeschrieben. Nicht hinterfragt wurden dabei insbesondere die rechtstheoretischen Zusammenhänge, welche z.B. darin zu sehen wären, dass es sich bei diesem „sui generis"-Ansatz nicht um einen Schutz der Kreativität handeln kann, sondern um den Schutz von Investitionen, weshalb die Schutzwirkung in ihrer dogmatischen Konzeption richtigerweise auch nicht einfach mit jener des absolutrechtlichen Urheberrechts gleichgesetzt werden darf. Mangels der notwendigen Durchdringung im Gesetzgebungsprozess konnte damit natürlich auch die Brücke zum wettbewerbsrechtlichen Investitionsschutz nicht hergestellt werden[103], womit das gewählte, durchaus interessante Schutzkonzept bedauerlicherweise eine unreflektierte Insellösung darstellt.

Natürlich könnte man diese Sachlage auch weit weniger kritisch darstellen – immerhin wurde in Europa etwas gemacht, nachdem die USA nicht mitziehen wollten. Nur – was hat es konkret gebracht? Die USA jedenfalls ließen sich vom Gegenrechtsvorbehalt in Art. 11 Abs. 3 anscheinend nicht beeindrucken, bzw. sie nehmen sich – nebst spezifischen Gründen für die Verzögerung[104] – dessen ungeachtet die nötige Zeit, um die Fragen nach den Zusammenhängen zu stellen. Dies offenbar ohne Schaden für die amerikanische Wirtschaft; jedenfalls ist nicht ersichtlich, dass der in Europa nun seit sechs Jahren bestehende[105] Schutz einen Aufschwung in der Produktion von Datenbanken in der EU gegenüber den USA bewirkt hätte. Mit Blick auf allgemeine liberale Grundsätze, eine nicht als notwendig nachgewiesene Regelung nicht zu erlassen[106], kommt man daher nicht umhin, die Berechtigung dieses erst durch die Richtlinie in der EU eingeführten Rechtsschutzes ohne dogmatische, ökonomische und internationalrechtliche Konsolidierung zunächst einmal in Frage zu stellen.

IV. Zweite Zwischenbilanz

Im Sinne einer zweiten Zwischenbilanz führen die vorstehenden Überlegungen zur Erkenntnis, dass es für eine nachhaltige Entwicklung eines Rechtsschutzsystems für Geistiges Eigentum in Europa unumgänglich sein wird, zunächst fundierte, tragfähige

99 Zur historischen Entwicklung in den USA zuletzt etwa *Lipton*, Balancing Private Rights and Public Policies: Reconceptualizing Property in Databases, 18 Berkeley Tech. L.J. 773, 803 ff. (2003); *Greenbaum*, Commentary: The Database Debate: In Support Of An Inequitable Solution, 13 Alb. L.J. Sci. & Tech. 431, 449 ff. (2003).

100 Ein typisches Beispiel für die ökonomisch unerwünschten Folgen eines (gegenüber dem traditionellen Urheberrecht ausgeweiteten) sui generis-Schutzes stellt der IMS Health-Fall dar; vgl. dazu in diesem Band *Andreas Heinemann*.

101 Vgl. dazu auch hinten 3.1.

102 Vgl. hierzu die in Fn. 30 zitierten Erwägungsgründe.

103 Vorn B.II.3; s. dazu aber auch noch nachstehend D.II.2.

104 Zur verfassungsrechtlichen Problematik nach US-Recht ebenfalls *Lipton* (Fn. 100), 806 ff.; *Greenbaum* (Fn. 100), 486 ff.

105 Die Umsetzung der Richtlinie ins nationale Recht hatte bis zum 1. Januar 1998 zu erfolgen (Art. 16 Abs. 1).

106 Vorn B.I.

ökonomische Abklärungen zu treffen. Es darf nicht gestützt auf überkommene Weltbilder einem Schutzideal nachgelebt werden, welches sich weder in der gelebten Realität noch in den primärrechtlich verankerten Zielsetzungen der EU spiegelt. Denn innerhalb der Europäischen Gesetzgebung ist der Schutz Geistigen Eigentums primär Wirtschaftsrecht; dessen Normierung ohne vertiefte Kenntnisse der wirtschaftlichen Zusammenhänge ist nicht seriös.

Wirtschaftliche Gesichtspunkte allein dürfen das Europäische Schutzsystem für Geistiges Eigentum freilich nicht prägen. Die involvierten, sich überlagernden Interessenpositionen sind vielmehr überaus vielschichtig. Über sie – und auch über die teilweise widersprüchlichen Zielsetzungen der EU – muss daher zunächst volle Transparenz geschaffen werden, bevor der politische Entscheidungsprozess für eine konkrete Regulierung eingeleitet werden kann.

Im Rahmen eines solchen Entscheidungsfindungsprozesses muss klar sein, dass es nicht nur um die Bestellung des Europäischen Hauses gehen kann. Die EU muss vielmehr mit ausreichendem Selbstbewusstsein eigene Interessen vertreten und damit – soweit für Europa ökonomisch sinnvoll und von den Zielsetzungen her geboten – auch eigene Wege zu gehen bereit sein. Will die EU ihr Ziel, 2010 der führende Wirtschaftsraum der Welt zu sein, verwirklichen, muss ihre Gesetzgebung gerade im Bereiche des Schutzes Geistigen Eigentums dabei aber noch deutlich nachvollziehbarer und konsistenter werden.

C. Formen der Europäischen Rechtssetzung

I. Zeitpunkt

Art. 5 EG verlangt – in etwas andere Worte gefasst –, dass es wahrscheinlich sein muss, dass ohne Erlass einer Maßnahme einer Verwirklichung des Binnenmarktes Hindernisse im Wege stehen. Als Konsequenz daraus muss wohl geschlossen werden, dass eine zeitliche Dringlichkeit für ein Handeln auf Stufe EU in Bereichen des Geistigen Eigentums – wo höchstens geteilte Zuständigkeit i.S.v. Art. 5 Abs. 2 EG bestehen kann – nur selten gegeben sein dürfte:

Wenn die nationalen Gesetzgeber (noch) keine Notwendigkeit für eine gesetzliche Regelung sehen, liegt die Vermutung nahe, dass sie auch nicht besteht[107]. Sehen die nationalen Gesetzgeber hingegen eine Notwendigkeit, so heißt dies nicht, dass die EU sogleich ebenfalls aktiv werden müsste; vielmehr dürfte es sich gerade in neuen Bereichen aufdrängen, quasi von der „Front“ Erfahrungen zu sammeln, den Mitgliedstaaten also eine Art „Laborfunktion“ zu belassen[108]. Ist die Notwendigkeit dagegen unklar, so hilft ein Beobachten der Rechtspraxis, insbesondere der Rechtsprechung, welcher sozusagen die Funktion eines „Frühwarnsystems“ zukommt, um zu ermitteln, ob der Zeitpunkt für eine gemeinschaftsweite Regulierung gekommen ist[109].

---

107 Als Beispiele genannt sein können die Regulierungen zum Halbleiterschutz sowie zum Datenbankenschutz (vorn Fn. 4 und Fn. 47).

108 Zu diesem Denkansatz auch schon *Ullrich* (Fn. 72), 484. In diesem Sinne ist etwa das "Vorauseilen" Deutschlands mit einem Urhebervertragsrecht für die gesamte EU ausgesprochen wertvoll.

109 Schön zu zeigen ist dies etwa an der Richtlinie 92/100/EWG v. 19. November 1992 zum Vermietrecht und Verleihrecht sowie zu bestimmten dem Urheberrecht verwandten Schutzrechten im Bereich des geistigen Eigentums, ABL. Nr. L 346 v. 27.11.1992 (mit einem Ursprung in der Rechtsprechung des EuGH i.S. „Warner Brothers and Metronome Video v. Frik Viuff Christiansen“, Slg.

Insgesamt spricht mit Blick auf die weit reichenden Implikationen Europäischer Gesetzgebung sehr vieles dafür, Erfahrungen womöglich nicht auf der Stufe der EU zu sammeln. Denn fehlen solche noch, werden künftig 25 nationale Gesetzgeber auf einen unsicheren Weg geschickt, was nicht nur einen volkswirtschaftlichen Leerlauf darstellt, sondern dem Anliegen notwendiger Harmonisierung im Resultat nicht gerecht zu werden vermag[110].

II. Instrumente

Die „klassischen" Instrumente Europäischer Rechtssetzung sind die Verordnung und die Richtlinie (Art. 249 EG). Erstere hat bekanntlich unmittelbare Wirkung, während die Richtlinie von den Mitgliedstaaten in nationales Recht umzusetzen ist. Dabei ist freilich zu sehen, dass der Weg der Harmonisierung gar nicht zwingend über eine formale Richtlinie – mithin die direkte Verpflichtung zu gesetzgeberischem Handeln auf der Stufe der Mitgliedstaaten – erfolgen muss. Die gleiche Wirkung kann auch dadurch erreicht werden, dass verschiedene optionale Rechtssysteme parallel nebeneinander bestehen, wobei die Wahl des Rechtsunterworfenen zu einem Wettbewerb innerhalb dieser Rechtssysteme führt. Auf diese Weise kann es zu einer freiwilligen – zu einer zuweilen „kalten" genannten – Harmonisierung kommen, indem der jeweilige Gesetzgeber im Interesse der Attraktivität seines eigenen Systems sich an eine günstigere Rechtsordnung anpasst.

Als Paradebeispiel für diese „kalte" Harmonisierung mag das Europäische Patentübereinkommen Erwähnung finden. Anlässlich der Münchner Konferenz von 1973 wurde von damals insgesamt 16 Staaten ein äußerst attraktives Patenterteilungssystem mit gewissen zwingenden Vorgaben für die materielle Wirkung eines solchen sog. „Europäischen Patents"[111] (bzw. dem sog. Bündelpatent) ins Leben gerufen, ohne dass damit die einzelstaatlichen Rechte für die Erteilung oder Wirkung nationaler Patente irgendwie tangiert worden wären. Dieses neue System wurde von den Schutzrechtsanmeldern ausgesprochen positiv aufgenommen – so positiv, dass auf die nationalen Gesetzgeber ein faktischer Druck entstand, hinsichtlich vergleichbarer Wirkungen nachzuziehen[112].

Wenn mit andern Worten nicht nur der Zwang zur Harmonisierung über eine Richtlinie zu einer Angleichung von Rechtsvorschriften führt, so wirft dies auf das Protokoll

---

1989, 668), der Richtlinie zum Satellitenrundfunk und Kabelweiterverbreitung (vorn Fn. 6; Ursprung „Coditel I", IIC 1981, 207) oder der Richtlinie zur Schutzdauer des Urheberrechts (vorn Fn. 41; Ursprung „EMI Electrola", Slg. 1989, 319).

110 Als eindrückliches Beispiel sei hierfür die Richtlinie zum Urheberrecht in der Informationsgesellschaft erwähnt (vorn Fn. 44), die anordnet, Schranken seien gegen den Einsatz von technischen Schutzmaßnahmen durchsetzungsfähig zu machen (Art. 6 Abs. 4; dazu auch nachstehend C.III, bei Fn. 168).

111 Zur geschichtlichen Entwicklung vgl. statt aller *Haertel*, in: Beier/Haertel/Schricker, Europäisches Patentübereinkommen, Münchner Gemeinschaftskommentar, 1. Lieferung 1984, Einführung, 1. Teil, N 4 ff., 62; *Beier*, in: Beier/Haertel/Schricker, Europäisches Patentübereinkommen, Münchner Gemeinschaftskommentar, 22. Lieferung 1998, Einführung, 3. Teil, N 1 ff., 18. Zum Harmonisierungseffekt auch *Kraßer*, in: Münchner Gemeinschaftskommentar, 22. Lieferung 1992, 122; *Ullrich* (Fn. 72), 482 f.

112 So z.B. in Deutschland in Form des Patentgesetz 1981, in Frankreich mit dem Gesetz vom 13. Juni 1978, JO 14.07.1978, 2803 oder in England in Form des Patents Act 1977.

über die Anwendung der Grundsätze der Subsidiarität und der Verhältnismäßigkeit[113] freilich ein etwas diffuses Licht. Dessen Ziff. 6 besagt nämlich, unter sonst gleichen Gegebenheiten sei eine Richtlinie einer Verordnung vorzuziehen[114]. Mag dies auf den ersten Blick noch einleuchten, weil eine Verordnung direkt anwendbares Recht schafft, ohne den Mitgliedstaaten – diesbezüglich – Freiraum zu belassen, so muss man sich bei genauerer Betrachtung doch die Frage stellen, ob dies so stehen bleiben kann. Denn im Grunde bedeutet eine Gesetzgebung auf dem Verordnungswege – zumindest bei geteilter Zuständigkeit wie im Bereiche des Schutzes Geistigen Eigentums – ja nicht, dass dem nationalen Gesetzgeber damit etwas für sein nationales Recht vorgeschrieben würde. Insoweit greift eine Verordnung, welche paralleles Gemeinschaftsrecht schafft, im Grunde weniger in die nationale Rechtsordnung ein, als eine formelle Harmonisierungsrichtlinie. Hingegen schafft sie genau jenen Effekt, welcher als Vorteil der „kalten" Harmonisierung zu sehen ist: Es entsteht ein Wettbewerb zwischen dem Gemeinschaftssystem und den nationalen Schutzsystemen. Im Rahmen dieses Wettbewerbs entstehen dann faktische Anreize – nicht aber rechtliche Pflichten – zur Anpassung des nationalen Rechtssystems, wenn das Gemeinschaftsrecht wirklich attraktiv ist. Ist es das nicht, d.h. bleiben die Rechtsunterworfenen im nationalen System, so kann bzw. muss konsequenterweise der Gemeinschaftsgesetzgeber die Konsequenzen einer Rechtsoptimierung ziehen.

Dass diese Überlegung nicht nur in der Theorie richtig ist, mögen ein paar Beispiele aus der bisherigen Rechtssetzung zum Geistigen Eigentum in der EU zeigen:

1. Beispiel Markenrecht

Fünf Jahre nach dem Erlass der Markenrechtsrichtlinie[115] wird für die Gemeinschaftsmarkenverordnung[116] aus dem Jahre 1993 in Erwägungsgrund 3 festgehalten: „Im Wege der Angleichung der Rechtsvorschriften kann das Hindernis der territorialen Beschränkung der Rechte, die den Markeninhabern nach den Rechtsvorschriften der Mitgliedstaaten zustehen, nicht beseitig werden". Diese Erkenntnis mag man noch hinnehmen – sie ist bezogen auf die angesprochene Problematik soweit einsichtig, auch wenn sie im Einzelnen durchaus Fragen aufwirft.

2. Beispiel Designrecht

Für das Gemeinschaftsgeschmacksmuster[117] aus dem Jahre 2001 wird – drei Jahre nach Erlass der Harmonisierungsrichtlinie für Muster und Modelle[118] – dann jedoch in

113 Protokoll (Nr. 30) über die Anwendung der Grundsätze der Subsidiarität und der Verhältnismäßigkeit (1997). Die Protokolle sind nach Art. 311 EG Bestandteil des EG-Vertrages.

114 „Für Maßnahmen der Gemeinschaft ist eine möglichst einfache Form zu wählen, wobei darauf geachtet werden muss, dass das Ziel der Maßnahme in zufriedenstellender Weise erreicht wird und die Maßnahme tatsächlich zur Anwendung gelangt. Die Rechtsetzungstätigkeit der Gemeinschaft sollte über das erforderliche Maß nicht hinausgehen. Dementsprechend wäre unter sonst gleichen Gegebenheiten eine Richtlinie einer Verordnung und eine Rahmenrichtlinie einer detaillierten Maßnahme vorzuziehen. Richtlinien nach Maßgabe des Artikels 249 des Vertrags, die für jeden Mitgliedstaat, an den sie gerichtet sind, hinsichtlich des zu erreichenden Ziels verbindlich sind, überlassen den innerstaatlichen Stellen die Wahl der Form und der Mittel."

115 Vorn Fn. 40.

116 VO (EG) Nr. 40/94 v. 20.12.1993 über die Gemeinschaftsmarke, ABl. Nr. L 011 v. 14.1.1994, S. 1.

117 VO (EG) Nr. 6/2002 v. 12.12.2001 über das Gemeinschaftsgeschmacksmuster, ABl. Nr. L 3 v. 5.1.2002, S.1.

Erwägungsgrund 4 festgehalten: „Der auf das Gebiet der einzelnen Mitgliedstaaten beschränkte Geschmacksmusterschutz kann – unabhängig davon, ob deren Rechtsvorschriften aneinander angeglichen sind oder nicht – ..., zu einer Spaltung des Binnenmarktes führen und stellt damit ein Hindernis für den freien Warenverkehr dar". Hier offenbaren sich nun freilich ernstere Probleme. Denn wenn diese Aussage zutrifft, so kommt man um zwei Fragen nicht herum:

- Wozu wurden die nationalen Rechte nur kurz zuvor (die Umsetzung der Richtlinie musste bis zum 28.10.2001 erfolgen – neue Erfahrungen zu sammeln, die dann zu dieser Feststellung berechtigt hätten, war in der dazwischen liegenden Zeit nicht möglich) denn noch einer „Zwangsharmonisierung" zugeführt?
- Müsste dann konsequenterweise nicht gleich die Abschaffung der nationalen Designschutzrechte gefordert werden?

Tatsächlich wäre letzteres politisch natürlich undurchführbar, womit die EU mit dem Gemeinschaftsgeschmacksmuster nolens volens in einen Systemwettbewerb mit den nationalen Rechten getreten ist. Das macht auch durchaus Sinn: Wenn es ihr gelingt, ein attraktives Schutzsystem zu etablieren, so wird sich ein nationaler Gesetzgeber, der sein eigenes Designrechtssystem nicht marginalisiert sehen will, nicht einer geeigneten Anpassung entziehen können – es kommt also zu einer „kalten" Harmonisierung. Nur: wäre es unter diesem Gesichtspunkt nicht ausreichend gewesen, sich von vornherein auf das Gemeinschaftsrecht zu beschränken? Besteht ein übernationaler Schutzbedarf und taugt das Gemeinschaftsschutzsystem aus der Sicht der Anmelder, so wird dieses System auch gewählt werden; besteht ein bloß beschränkter, nationaler Schutzbedarf, braucht es die EU nicht zu kümmern, wenn die Schutzwirkungen von Land zu Land unterschiedlich sind – ja, es darf sie unter dem Gesichtspunkt von Art. 5 Abs. 2 und 3 EG gar nicht kümmern. Die Vorstellung, welche Ziff. 6 zum Protokoll über diese Bestimmungen vermittelt[119], nämlich dass eine Harmonisierung mittels Richtlinie einer Verordnung vorzuziehen seien, zielt also genau in die falsche Richtung.

Das Designrecht gibt freilich auch ein positives Beispiel her: Inspiriert vom britischen Recht, wo ein „unregistered design" besteht[120], sieht Art. 1 Abs. 2 Bst. a i.V.m. Art. 11 der Geschmacksmusterverordnung das nicht eingetragene Geschmacksmuster vor. Genutzt wurde hier also quasi das „Laborsystem"[121], indem ein offenbar erfolgreicher Baustein aus einer nationalen Rechtsordnung aufgegriffen wird, und gleichzeitig im Verhältnis der übrigen Mitgliedstaaten der Systemwettbewerb eröffnet wird. Denn erweist sich dieser formlose und damit überaus schnelle und letztlich kostenlose – z.B. für Mode also bestens geeignete – Schutzansatz als Erfolg, werden die nationalen Gesetzgeber unter einen „de facto"-Zugzwang geraten.

3. Beispiel Gemeinschaftspatent

Diese Überlegungen können im Grunde – wiewohl bloß noch hypothetisch – auch auf das Patentrecht übertragen werden. Hypothetisch deswegen, weil die ersten Schritte, ein Gemeinschaftspatentsystem zu schaffen, bekanntlich mehr als vier Jahrzehnte zu-

118 Richtlinie 98/71/EG v. 13. 10.1998 über den rechtlichen Schutz von Mustern und Modellen, ABl. Nr. L 289 v. 28.10.1998, S. 28.

119 Vorn Fn. 114.

120 Part III des Copyright, Designs and Patents Act 1988; s. hierzu *Cornish/Llewellyn* (Fn. 66), N 14-37 ff., und *Cornish*, GRUR Int. 1998, 368.

121 Vorn C.I.

rückliegen[122] und das Scheitern letztlich weniger auf sachliche als vielmehr auf politische Gründe zurückzuführen war. Außerdem hätte es sich erst noch weisen müssen, ob der im März 2003 zunächst gefundene – jüngst mangels Einigung des Ministerrates am 11. März 2004 nun aber doch wider Erwarten nicht zu Stande gekommene – Kompromiss[123] letztlich attraktiv genug gewesen wäre, um im Wettbewerb mit dem Europäischen Bündelpatent zu bestehen.

Auch wenn die Zukunft eines Gemeinschaftspatents damit weiterhin ungewiss bleibt, drängt sich die Frage in der Vordergrund, ob es denn – hätte ein solches rechtzeitig zur Verfügung gestanden – erforderlich gewesen wäre, z.B. den Schutz von biotechnologischen Erfindungen vorzuschreiben[124], eine Vorgabe, welche etlichen Mitgliedstaaten größte (innenpolitische) Probleme bereitet und deren Umsetzung keineswegs plangemäß erfolgt[125]. Wäre es nicht ausreichend gewesen, wenn zuhanden jener – relativ wenigen – Konzerne, welche in diesem Bereiche Forschung betreiben, ein entsprechendes Gemeinschaftspatent zur Verfügung gestanden hätte? Das Gleiche mag man sich nun für den Patentschutz für Software fragen[126]. Hätte es nicht gereicht, einerseits der Europäischen Patentorganisation die Freiheit zu lassen, Art. 52 Abs. 2 Bst. c EPÜ selbständig abzuändern, andrerseits (falls es denn sachlich wirklich richtig ist) auf Gemeinschaftsebene die Patentierbarkeit von Software einzuführen? In beiden Fällen wären die nationalen Gesetzgeber im Rahmen ihrer eigenen Bedürfnisse und Möglichkeiten wohl rasch gefolgt, falls die Notwendigkeit erkannt worden wäre.

Gewiss mögen solche Fragen gerade im Patentrecht, wo die Geschichte andere Wege beschritt, reichlich provokativ wirken. Gleichwohl ist der Gedanke der „kalten" Harmonisierung nicht nur theoretisch auch im Patentrecht reizvoll, sondern er öffnet auch mit Blick auf die hier interessierenden Entwicklungsperspektiven den Blick auf Alternativen zu zwanghafter Rechtsharmonisierung durch weitere Richtlinien.

4. Beispiel Urheberrecht

Im Urheberrecht stellt sich die Frage an sich natürlich schon deswegen anders, weil das Recht hier ohne Formalakt entsteht (Art. 5 Abs. 2 RBÜ). Insoweit kann die EU nicht einfach ein paralleles, optionales Rechtssystem auf die Beine stellen, weil dies im Resultat zu einem Doppelschutz führen müsste, der sich in der Rechtswirklichkeit wohl wenig heilvoll auswirken würde. Gleichwohl darf die Vorgabe, die Richtlinie sei eher das der Subsidiarität zuträgliche Harmonisierungsinstrument als die Verordnung, auch am Beispiel des Urheberrechts hinterfragt werden.

---

122 Die vorbereitenden Arbeiten für ein Gemeinschaftspatent begannen bereits 1958. Die Arbeiten sollten dann unmittelbar nach der Unterzeichnung des Europäischen Patentübereinkommens abgeschlossen und das Abkommen zum Gemeinschaftspatent auf einer für Mai 1974 geplanten Konferenz unterzeichnet werden, s. im Einzelnen *Haertel*, GRUR Int. 1976, 188.

123 Vorschlag für eine Verordnung des Rates über das Gemeinschaftspatent, KOM(2000) 412 endgültig v. 1.8.2000; vgl. hierzu auch die Entschließung des Ministerrats zum Gemeinschaftspatent vom 3. März 2003, 2000/0177 (CNS).

124 Richtlinie 98/44/EG v. 6. Juli 1998 über den rechtlichen Schutz biotechnologischer Erfindungen, ABl. Nr. L 213 v. 30.7.1998, S. 13.

125 Da fast drei Jahre nach Ablauf der Umsetzungsfrist acht Mitgliedstaaten die Richtlinie noch nicht umgesetzt hatten, entschloss sich die Kommission gegen diese ein Verfahren beim EuGH einzuleiten; vgl. Mitteilung der Kommission vom 10. Juli 2003, IP/03/991, im Internet abrufbar unter http://europa.eu.int/comm/internal_market/de/indprop/invent/index.htm (Stand 4. Februar 2004).

126 Dazu schon vorn B.II.2.

Ausgangspunkt dafür mag eine These bilden: Die bisherigen sieben Richtlinien zum Urheberrecht erreichen mit Blick auf den Binnenmarkt (Art. 14 EG) – dessen Errichtung zum Kern der Aufgaben der EU gehört[127] – letztlich zu wenig. Hingegen greifen sie mit Blick auf die Kulturförderung, d.h. einen der Bereiche, der von einer Rechtsharmonisierung durch die EU explizit ausgeschlossen ist (Art. 151 Abs. 5 EG[128]), zu weit. Zumindest teilweise den Zielen zur Errichtung des Binnenmarktes verpflichtet sind zwar noch die Richtlinien aus der ersten Hälfte der 90er Jahre, so jene zur Harmonisierung der Schutzdauer[129], zum Satellitenrundfunk und zur Kabelweiterverbreitung[130], zum Vermiet- und Verleihrecht[131] oder auch (vorbehaltlich der durch die Richtlinie obsolet gewordenen Frage der sachlichen Gebotenheit) zum Urheberrechtsschutz von Computerprogrammen[132]. Bereits die Richtlinie zum Schutz von Datenbanken wirft aber grundsätzliche Fragen auf[133], die Richtlinie zum Urheberrecht in der Informationsgesellschaft ist mit besonderen Problemen beladen[134], und die Notwendigkeit der Folgerechtsrichtlinie[135] darf man vor dem Hintergrund der beschränkten Zuständigkeiten der EU und den Vorgaben von Subsidiaritäts- und Verhältnismäßigkeitsprinzip wohl auch in Frage stellen.

Hintergrund dafür, dass die bisherige Stossrichtung im Bereiche des Urheberrechts nicht so recht zu überzeugen vermag, ist das bereits angesprochene Problem, dass die EU der kontinentaleuropäischen – nationalen – „droit d'auteur"-Tradition folgend ihren Fokus bis heute nicht wirklich auf die wirtschaftlich relevanten Faktoren des Urheberrechts ausrichtet[136]. Auf der Basis des heutigen Primärrechts müsste es der EU indessen allem voran um den freien Waren- und Dienstleistungsverkehr von Gütern gehen, deren freie Handelbarkeit durch das Bestehen von Urheberrechten beeinflusst wird. Hingegen dürfte sie heute im Grunde – solange ihr die entsprechenden Kompetenzen nicht eingeräumt sind – nicht in „Konkurrenz" zu den Mitgliedstaaten treten, wenn es um das Wohl des einzelnen Kreativen geht. Mit Blick auf die anstehenden Fragen zum Binnenmarkt für urheberrechtlich geschützte Güter fragt es sich vor diesem Hintergrund freilich, ob es der EU gelingen kann, mittels einer Verlängerung des Katalogs punktueller Richtlinien die Wettbewerbsfähigkeit des Wirtschaftsstandorts Europa – zu dem auch die Kulturindustrie gehört – nachhaltig zu stärken (so aber Art. 3 Abs. 1 Bst. m EG). Eher angezeigt wäre hier wohl eine Gesamtsicht unter wirtschaftlichen Gesichtspunkten, deren Ergebnisse möglicherweise mit einer direkt anwendbaren Verordnung für den übernationalen Handel besser aufgehoben wären. Auf die Frage, worum es im Einzelnen gehen könnte, ist zurück zu kommen[137].

---

127 Vorn, insb. A.II.1.

128 Dazu vorn A.II.2.

129 Richtlinie zur Schutzdauer des Urheberrechts (Fn. 41), S. 9.

130 Richtlinie zum Satellitenrundfunk und Kabelweiterverbreitung (vorn Fn. 6), S.15.

131 Richtlinie zum Vermietrecht und Verleihrecht (vorn Fn. 110), S. 61.

132 Computerrichtlinie (Fn. 5), S. 42.

133 Dazu vorn Fn. 47.

134 Vorn Fn. 44.

135 Folgerechtsrichtlinie (Fn. 5), S. 32.

136 Vgl. schon vorn B.III.1. *Röttinger* (Fn. 7), 27, mit der Erkenntnis, dass die Gemeinschaft im Urheberrecht nur über den „Umweg der Wirtschaftsgesetzgebung im Hinblick auf den Binnenmarkt" tätig werden kann.

137 Nachstehend D.I.1.

III. Dichte

Hinter der Frage der „Dichte" der Europäischen Gesetzgebung steht die Entscheidung im Einzelfall, wie weitreichend eine Harmonisierungsmaßnahme erforderlich ist. In Betracht kommen eine vertikale oder eine horizontale Harmonisierung, eine Voll- oder eine Teilharmonisierung, es können bloße Mindeststandards (mit Abweichungsmöglichkeiten „gegen oben") geschaffen werden, oder es mag eine optionale Harmonisierung – wie sie z.B. für die Schrankenbestimmungen in der Richtlinie zum Urheberrecht in der Informationsgesellschaft letztlich gewählt wurde[138] – reichen[139]. Die Beantwortung dieser Frage hängt selbstredend von den Umständen ab.

Die Gefahren, denen es in diesem Zusammenhang zu begegnen gilt, sind jedoch genereller Natur. Sie liegen dann, wenn die adäquate Dichte einer Regelung nicht erreicht wird, in einer Überreglementierung oder – umgekehrt – in einer Verwässerung, oder aber es kann eine zu große Unbestimmtheit den Zweck einer Regelung vereiteln. Als prominentes Beispiel für eine wenig sinnvolle Überreglementierung darf die vorgeschlagene Richtlinie über die Maßnahmen und Verfahren zum Schutz der Rechte an geistigem Eigentum angeführt werden[140]. Für jene hat die EU-Kommission die schärfsten nationalen Rechtsvorschriften zusammen gesucht, um daraus einen Erlass zu kumulieren, freilich – und zum Entsetzen etlicher (keineswegs europafeindlicher) Wissenschaftler[141] – ohne die zwingend erforderliche (ökonomische) Gesamtsicht der Problematik und ohne die in verschiedener Hinsicht unumgänglichen Differenzierungen. Dem – im Grundsatz wahrlich berechtigten – Anliegen, bestimmte Rechtspositionen im Verhältnis zu bestimmten verpönten Handlungen besser zu schützen, wird damit ein Bärendienst erwiesen[142]. Als typisches Beispiel einer Verwässerung auf der andern Seite mag erneut die Richtlinie zum Urheberrecht in der Informationsgesellschaft herhalten, wo die bloß optionale Statuierung von Schrankenvorschriften im Resultat ebenso wenig eine Harmonisierung herbeiführt wie überhaupt kein Erlass. Hingegen hindert der abschließende Charakter des Schrankenkatalogs heute die nationalen Gesetzgeber, als "Versuchslabors" auf neu erkannte Probleme – z.B. betreffend Mehrwertdienste in der Informationsgesellschaft – gesetzgeberisch zu reagieren. Dieselbe Richtlinie liefert aber auch ein Beispiel für die Gefahr der Unbestimmtheit. Der in Art. 6 Abs. 1 und 2 verlangte Rechtsschutz für technische Schutzmaßnahmen, kombiniert mit der Auflage, den Schrankenbegünstigten die Nutzung der betreffenden Schranken zu ermöglichen (Art. 6 Abs. 4), stellt im Grunde eine Quadratur des Kreises dar. Der Europäische Gesetzgeber hat sich hier aber um die heikle Aufgabe herum gedrückt, zu klären, wie der – gerade auch unter dem Gesichtspunkte der Waren- und Dienstleistungsfreiheit erforderliche – Interessenausgleich zugunsten der Nutzer von technisch gesicherten Produkten sichergestellt werden kann. Stattdessen geht nun jeder nationale Gesetzgeber etwas andere Wege, womit das Ziel einer Harmonisierung mit Blick auf den Binnenmarkt (Art. 14 EG) abermals verfehlt werden dürfte[143].

---

138 Dazu vorn B.II.1, a.E.

139 Vgl. zur Flexibilität der Richtlinie als Angleichungsinstrument auch *Taschner*, in: von der Groeben/Schwarze (Fn. 2), EG 94 N 42 ff.

140 KOM(2003) 46 endg. v. 30.1.2003.

141 S. etwa *Hoeren*, MMR 2003, 299; *Drexl/Hilty/Kur*, GRUR Int. 2003, 605.

142 S. dazu auch hinten 4.3 b.

143 S. dazu auch hinten Fn. 168.

Gewiss ist es nun leichter, diese Gefahren aufzuzeigen, als ihnen im Einzelfall wirkungsvoll zu begegnen. Umso aufschlussreicher scheint die Erkenntnis, dass diese Gefahren jedenfalls eher minimiert werden können – weil mehr Sorgfalt darauf zu verwenden ist –, wenn der Weg der „kalten" Harmonisierung beschritten werden kann. Denn diese bewirkt quasi von selbst, dass die „richtige" Dichte einer Regelung gesucht werden muss, weil im Wettbewerb der Systeme eine „falsche" Dichte durch Nichtannahme seitens der Rechtsunterworfenen „sanktioniert" würde. Wenn der Europäische Gesetzgeber diesen Systemwettbewerb aufnimmt, kommt er mit Blick auf die Notwendigkeit einer „wertegleichen" Optimierung seiner eigenen Systeme also gar nicht darum herum, sich über die wünschbare Wirkung seines Erlasses möglichst präzise Rechenschaft abzulegen.

Selbst wenn der Weg der „kalten" Harmonisierung – also ein optionales Nebeneinander von Gemeinschafts- und nationalem Recht – aber nicht beschritten werden kann, drängt es sich mit Blick auf künftige Erlasse zur formellen Harmonisierung im Zweifel auf, einer „funktionalen" Rechtssetzung den Vorzug zu geben, also nur (aber immerhin) die Ziele einer vom nationalen Gesetzgeber zu erlassenden Bestimmung vorzugeben, mithin die Funktion der Regelung zu definieren[144]. Dies verlangt mit der Wendung der „Rahmenrichtlinie" in Abgrenzung zur „detaillierten Maßnahme" letztlich auch Ziff. 6 des Protokolls über die Anwendung der Grundsätze von Subsidiarität und der Verhältnismäßigkeit[145]. Die Richtlinie zum Urheberrecht in der Informationsgesellschaft enthält in dieser Hinsicht ein überzeugendes Beispiel, indem sie in Art. 5 Abs. 1 eine lange Zeit ungeklärte und die Rechtspraxis damit behindernde Frage nach der urheberrechtlichen Relevanz der ephemeren Vervielfältigung durch Vorgabe des Resultats (nicht aber des Weges) beantwortet: Vervielfältigungshandlungen ohne eigenständige wirtschaftliche Bedeutung, die die Voraussetzungen des Art. 5 Abs. 1 erfüllen, sind danach von dem in Art. 2 der Richtlinie vorgesehenen Vervielfältigungsrecht ausgenommen[146].

IV. Dritte Zwischenbilanz

Im Überblick betrachtet kann damit festgehalten werden, dass eine Maßnahme zur Europäischen Rechtsharmonisierung ohne nachgewiesene Not nicht überstürzt ergriffen werden darf. Übereilte Gesetzgebung schadet der Qualität, der Glaubwürdigkeit und letztlich oft auch der Erreichung der der EU durch das Primärrecht gesteckten Ziele.

Wenn reguliert wird, so reicht wohl in einer Mehrzahl der Fälle eine auf die Resultate fokussierte, d.h. „funktionale" Gesetzgebung aus. Mit noch größerem Vorteil setzt die EU jedoch soweit als möglich auf den Wettbewerb der Rechtssysteme. Zunächst verbietet es schon das Subsidiaritätsprinzip, in rein nationale Fragestellungen hinein harmonisierend einzugreifen (Abs. 5 Abs. 2 EG). Wenn hingegen übernationale Fragen zur Harmonisierung anstehen, so erscheint es im Lichte des Verhältnismäßigkeitsprinzips adäquater, in einem ersten Schritt entsprechendes – attraktives – Gemeinschaftsrecht zu schaffen. Erst wenn dieses dann aus nicht beeinflussbaren Gründen von den Rechtsunterworfenen nicht angenommen wird – z.B. weil die Verfolgung partikulärer

144 Diesen Begriff der „funktionalen" Rechtssetzung verwendet auch *Taschner*, in: von der Groeben/Schwarze (Fn. 2), EG 94, N 39: „Rechtsangleichung ist ausschließlich funktional zu verstehen. Sie ist nicht um der Rechtsangleichung willen zu betreiben. Sie ist nicht Selbstzweck."

145 Vorn Fn. 114.

146 Der deutsche Gesetzgeber hat die Bestimmung im neuen § 44 a UrhG als Urheberrechtsschranke umgesetzt.

Interessen durch ein Ausweichen auf nicht harmonisiertes nationales Recht individuelle Vorteile verspricht – rechtfertigt es sich gegebenenfalls, einzelstaatliches Recht durch Zwangsmaßnahmen zu harmonisieren.

In eine einfache Formel gebracht: Gemeinschaftsrechte harmonisieren durch die minimale, auf bloßen Anreizen beruhende Einflussnahme auf das nationale Recht und die maximale, direkte Auswirkung auf den Gemeinsamen Markt am nachhaltigsten.

D. Schwerpunkte der Europäischen Rechtssetzung

I. Traditionelle Gebiete des Geistigen Eigentums

1. Urheberrecht

Die Generaldirektion Binnenmarkt denkt, wie bekannt ist, darüber nach, welche weiteren Bereiche einer Europäischen Regulierung zugeführt werden könnten. Die Rede ist von einer Richtlinie über Rights Management Systems[147], von einer solchen zum Urheberpersönlichkeitsrecht (![148]) oder auch von einer Konsolidierung der in sich selbst nicht durchwegs kohärenten bestehenden Richtlinien durch eine Art „Umbrella"-Richtlinie.

Tatsächlich ist nicht von der Hand zu weisen, dass die Wirkungen des Urheberrechts in Europa noch nicht wirklich zukunftsweisend erfasst worden sind. Eine wichtige Ursache dafür liegt sicherlich im Umstand, dass das traditionelle Urheberrecht heute – generell, aber auch mit Blick auf die neuen Formen der Verwertung, Verbreitung und Nutzung von Werken – neue Fragen aufwirft, welche freilich auch von der EU nicht einfach in freier Rechtsfindung zu beantworten sind. Vielmehr bestehen gewisse Grundfesten des internationalen Urheberrechts, allen voran der RBÜ, die – wenn schon – zu überdenken wären. Gleichwohl finden sich bereits de lege lata an Zahl und Wichtigkeit ausreichend Fragen, die vor dem Hintergrund der Ziele und Kompetenzen der EU – und namentlich mit Blick auf die Errichtung des Gemeinsamen Marktes (Art. 14 EG) – einer konsistenten Beantwortung harren.

Im Wesentlichen dürften es vier große Felder sein, die zu bestellen sind, und die auch in der Literatur zuweilen in der einen oder andern Weise (teilweise mit etwas anderen Grenzziehungen[149]) aufgegriffen werden:

- *Inhaberschaft des Urheberrechts.* Selbst innerhalb des Schöpferprinzips, das als Errungenschaft als solches – gerade auch mit Blick auf das frühere Copyrightsystem der USA mit Registrierungszwang (entgegen Art. 5 Abs. 2 RBÜ) – nicht zur Disposition stehen kann, darf nicht übersehen werden, dass heute noch ganze

147 Vgl. hierzu nun auch den Entwurf einer Entschließung des Europäischen Parlaments betreffend Verwertungsgesellschaften vom 11. Dezember 2003, Final A 5-0478/2003, abrufbar unter www2.europarl.eu.int/omk/OM-Europarl?PROG=REPORT&L=EN&PUBREF=-//EP//NONSGML+REPORT+A5-2003-0478+0+DOC+WORD+V0//EN&LEVEL=2, Stand 4. Februar 2004.

148 Was im Lichte der bestehenden – und v.a. der fehlenden – Kompetenzen der EU eine bemerkenswerte Vorstellung erscheint (vgl. vorn A.II.2).

149 S. insb. auch *Dietz*, Die fünf Säulen des Urheberrechtssystems und ihre Gefährdung, in: Dümling (Hg.), Musik hat ihren Wert. 100 Jahre musikalische Verwertungsgesellschaft in Deutschland, 2003, 336 ff. Zu weiteren Aspekten auch *Röttinger* (Fn. 7), 64 ff.

22 % des Werkschaffens durch Selbständigerwerbende erfolgt[150]. Die Vorstellung des wirklich freien Werkschaffens, auf welcher unsere Gesetze vom Konzept her nach wie vor beruhen, gehört damit weitgehend ins Reich der Fiktion verbannt. Falls der Europäische Gesetzgeber den Realitäten des heutigen Kulturschaffens Rechnung tragen will, so kommt er folglich nicht umhin, Fragen der derivativen Berechtigung – die sich wirtschaftlich gesehen in den meisten Fällen bereits im Zusammenhang mit der originären Rechtsentstehung stellen – aufzugreifen. Denn der Gedanke ist doch schwer erträglich, dass das Hochhalten überkommener Vorstellungen das Europäische Urheberrecht jener Rechtssicherheit beraubt, die durch klare gesetzliche Regelungen (wie sie z.B. in den USA mit dem – in seiner Radikalität sicherlich diskutablen – „work made for hire" bestehen[151]), durchaus zu erreichen wäre. Dies nota bene nicht nur zulasten der Verwerter – jener Werkmittler also, die den meisten Urhebern überhaupt erst zu einem gewissen Einkommen verhelfen und die mit Blick auf die erforderlichen Investitionen mit Recht ausreichende Sicherheiten hinsichtlich der Rechtssituation erwarten können –, sondern letztlich damit auch der Kreativen selbst.

Effektiv aufgegriffen wurde diese Fragestellung in der EU bislang nur mit Bezug auf eine Konstellation: den Film. Hier ordnen Art. 2 Abs. 2 der Vermiet- und Verleihrichtlinie[152] bzw. Art. 1 Abs. 5 der Satelliten- und Kabelrichtlinie[153] an, als (einer der) Filmurheber sei der Hauptregisseur anzusehen. Eine Klärung der bestehenden komplexen – und deutlich weiter reichenden – Probleme ist damit aber natürlich nicht erreicht.

- *Urhebervertragsrecht.* In engem Zusammenhang mit der Entstehung des Urheberrechts ist die Frage der vertragsrechtlichen Erfassung der verschiedenen Rechtseinräumungen zu sehen. Hierin steckt denn auch der Schlüssel, um die Kreativen wirkungsvoll zu schützen. Denn es mögen die Gesetzgeber dieser Welt noch so weit reichende und immer neue Verwertungsbefugnisse schaffen (so etwa das neue „right of making available to the public"[154]) – davon profitieren werden in erster Linie die Verwerter. Also ist das Verhältnis zwischen den Verwertern und den Kreativen (oder auch den Interpreten) der entscheidende Angelpunkt dafür, letztere mittels zwingender Vertragsrechtsnormen vor ungleichgewichtigen Vereinbarungen zu schützen. Darüber hinaus spielen vertragsrechtliche Fragen aber noch in ganz anderen Domänen der Werkverwendung eine zunehmend wichtigere Rolle. Denn auch der Verbraucher kann vom Verwerter mittels technischer Maßnahmen bzw. dem sog. „conditional access" oft ohne bestehende (legale) Ausweichmöglichkeiten in zweifelhafte Vertragsbedingungen hineingezwungen werden. In den Bereich des Urhebervertragsrechts gehört beispielsweise

150 *Rehbinder*, Urheberrecht, 12. Aufl. 2002, Rn. 327, m.H. auf *Hummel*, Die volkswirtschaftliche Bedeutung des Urheberrechts, 1989, 7.

151 17 U.S.C. § 201 (b): "In the case of a work made for hire, the employer or other person for whom the work was prepared is considered the author for purposes of this title, and, unless the parties have expressly agreed otherwise in a written instrument signed by them, owns all of the rights comprised in the copyright."

152 Vorn Fn. 110.

153 Vorn Fn. 6.

154 Art. 8 WCT bzw. Art. 10 WPPT; Art. 3 der Richtlinie zum Urheberrecht in der Informationsgesellschaft (vorn Fn. 44).

aber auch das gesamte Recht der kollektiven Verwertung, welches in Europa noch überhaupt nicht einer Überprüfung mit Blick auf den Gemeinsamen Markt zugeführt worden ist[155].Fragen mag man sich freilich, ob es sich rechtfertigt, das Urheberrecht isoliert einer gemeinschaftsweiten vertragsrechtlichen Regelung zuzuführen[156]; dies dürfte jedenfalls dann nicht der Fall sein, wenn es um Fragen geht, die im Kontext zum allgemeinen – in Europa aber ebenfalls noch fehlenden[157] – Vertragsrecht stehen.

- *Schutzvoraussetzungen.* So wenig man sich dessen – aus dem nationalen Recht heraus schauend – auf den ersten Blick bewusst sein mag, so uneinheitlich sind heute noch die Vorstellungen darüber, unter welchen Voraussetzungen eine Kreation urheberrechtlichen Schutz genießen kann. Zwar könnte man dem etwas leichtfertig mit dem Argument der „kleinen Münze“ begegnen[158], welches besagen soll, dass die Schutzvoraussetzungen ohnehin sehr tief anzusetzen sind, womit die Frage aus praktischer Sicht weitgehend obsolet würde. Mit Blick auf die Folgen dieser Tendenz wäre ein solcher Denkansatz jedoch fatal. Es liegt überhaupt nicht im volkswirtschaftlichen Interesse – und schon gar nicht im Interesse der Urheber „großer“ Werke –, mit einer Verwässerung der Schutzvoraussetzungen das Urheberrechtssystem insgesamt in ein zweifelhaftes Licht zu stellen und damit der Kritik überzogener Wirkungen auszuliefern. Gilt es stattdessen Maß zu halten, so darf beim Versuch einer Grenzziehung freilich nicht übersehen werden, dass das Urheberrecht nicht etwa eine homogene Masse von Ergebnissen kreativschöpferischer Leistung schützt. Vielmehr unterliegt der Schöpfungsprozess in den verschiedenen Werkkategorien sehr unterschiedlichen tatsächlichen Bedingungen. Wo die Schöpfungshöhe beginnt, kann daher schwerlich mit den üblichen, pauschalen Lehrbuchfloskeln allein beantwortet werden. Vielmehr zeigt ein Blick in einschlägige Gerichtsurteile, welche sich ernsthaft um eine geeignete Grenzziehung bemühen[159], wie komplex diese Fragestellungen letztlich sind.

  Gehört es jedoch zu den Kernproblemen eines Binnenmarktes, dass in einem einheitlichen Rechtsraum einheitliche Vorstellungen darüber herrschen, was einem Rechtsschutz zugeführt werden kann und was nicht, so scheint es – auch mit Blick auf die Notwendigkeit, der Tendenz zur Nivellierung gegen unten Einhalt zu gewähren – unabdingbar, dass die EU hiezu Grundsätze

---

155 Vgl. schon *Hilty* (Hg.), Die Verwertung von Urheberrechten in Europa, 1995.

156 Vgl. hierzu insb. die Untersuchung von *Hugenholtz/Guibault*: Study On The Conditions Applicable To Contracts Relating To Intellectual Property In The European Union, S. 147 ff. (www.ivir.nl/publications/other/final-report2002.pdf; Stand 3. Februar 2004). Die Autoren raten angesichts der noch bestehenden Unterschiede des materiellen Urheberrechts von einer isolierten Harmonisierung des Urhebervertragsrechts ab. Sie plädieren jedoch für die Entwicklung von Standardverträgen und für die Berücksichtigung des Urhebervertragsrechts im Rahmen der geplanten Inkorporierung des Römischen Schuldrechtsübereinkommens in eine Verordnung.

157 Dazu nachstehend D.III.3.

158 Tendenziell in diesem Sinne etwa jüngst *Schulze*, in: Dreier/Schulze, Urheberrechtsgesetz, 2004, UrhG 2 N 32, unter Hinweis auf die geringen Schutzanforderungen der Richtlinie zum Schutz von Computerprogrammen (vorn Fn. 5).

159 Vgl. dazu die Analyse bei *Knöbl*, Die „kleine Münze“ im System des Immaterialgüter- und Wettbewerbsrecht, 2002, 59 ff.

entwickelt[160]. Denn es wäre kaum einsehbar, weshalb ausgerechnet im Urheberrecht für diese zentrale Frage kein Abstimmungsbedarf bestehen sollte, nachdem in allen andern (gewerblichen) Schutzrechten eines der Hauptanliegen gerade darin bestand, die Schutzvoraussetzungen zu harmonisieren. Tatsächlich wurde die Frage der Schutzvoraussetzungen auf der Ebene des Europäische Urheberrechts aber erst äußerst fragmentarisch angegangen, dies im Grunde in drei Sonderfällen: in der Computerrichtlinie[161] (Art. 1 Abs. 3), in der Datenbankrichtlinie[162] (Art. 3 Abs. 1) sowie – bezogen auf Werke der Fotografie – in der Richtlinie zur Schutzdauer[163] (Art. 6).

- *Schutzwirkungen.* Ein vierter wichtiger Bereich ist – wie in allen Schutzrechten – jener der Schutzwirkungen des Urheberrechts, quasi also das Pendant zu den Schutzvoraussetzungen. Hier geht es im Grunde um die Kernfrage schlechthin, nämlich darum, wie weit die Befugnisse des Schutzrechtsinhabers – auch des derivativen – im Verhältnis zu weiteren involvierten Parteien (namentlich den Nutzern) reichen können, bzw. wo die Grenzen zu ziehen sind, sei dies durch Schrankenbestimmungen, gesetzliche Lizenzen oder dergleichen. Zum Bereich der Schutzwirkungen können aber auch Fragen der Sanktionen bei Rechtsverletzungen gezählt werden.

  In dieser Hinsicht ist die Europäische Gesetzgebung zwar am weitesten gediehen, was mit Blick auf die Implikationen für den Gemeinsamen Markt (Art. 14 EG) auch gerechtfertigt erscheint. Gleichwohl wirken die bestehenden sieben Richtlinien zum Urheberrecht mit Blick auf die Schutzwirkungen insgesamt eher bruchstückhaft. Das negative Beispiel der Richtlinie über das Urheberrecht in der Informationsgesellschaft, in der es nicht gelang, die Schrankenbestimmungen einer echten Harmonisierung zuzuführen, wurde bereits besprochen[164]. Positiv hervorzuheben ist hingegen namentlich etwa die Richtlinie über die Schutzdauer. Auch die Richtlinien zu speziellen Fällen von Werkkategorien behandeln die Schutzwirkungen naturgemäß vertiefter. Über das gesamte Urheberrecht hinweg betrachtet fehlt indessen ein eigentliches Konzept, welches es vor allem erlauben würde, Antworten auf die immer schwieriger werdenden, die EU jedoch zunehmend als Gesamtheit – als Wirtschaftsraum[165] – betreffenden Fragen hinsichtlich der Neuaustarierung des Interessenausgleichs zu liefern[166].

Es braucht kaum der vertieften Begründung, dass es schwierig werden dürfte, diese Fragestellungen, die in sich selbst und mit vielen weiteren Faktoren verknüpft sind, weiterhin durch ein Hinausgreifen von Einzelproblemen zu behandeln. Ebenso muss der Tatsache ins Auge gesehen werden, dass die einzelnen Mitgliedstaaten immer weniger in der Lage sein werden, mit vertretbarem Aufwand Vorgaben aus Brüssel in ihr nationales Recht umzusetzen; die Richtlinie zum Urheberrecht in der Informationsgesell-

160 Vgl. zum Fehlen auch *Röttinger* (Fn. 7), 45.
161 Vorn Fn. 48.
162 Vorn Fn. 47.
163 Vorn Fn. 41.
164 Vorn Fn. 44; s.a. Fn. 168.
165 Vgl. dazu auch vorn B.III.
166 Vgl. dazu vertieft *Hilty*, Urheberrecht in der Informationsgesellschaft: "Wer will was von wem woraus?" – Ein Auftakt zum "zweiten Korb", ZUM Sonderheft 2003, 983-1005.

schaft mag man dafür als prominentes Beispiel nehmen[167]. Vor diesem Hintergrund scheint die Frage so abwegig nicht, ob es nicht an der Zeit wäre, gewisse Kernfragen des Urheberrechts auf Europäischer Ebene direkt zu regeln. Natürlich erlaubt es die außerhalb eines Registerrechts zweifelhafte Praktikabilität einer parallelen Geltung von nationalem und europäischem Schutzrecht[168] zwar kaum, ein optionales Europäisches Schutzrechtssystem aufzuziehen, wie dies etwa im Markenrecht oder im Patentrecht – wo sich der Anmelder für eines der Systeme entscheiden muss – sogar mit Vorteil der Fall ist[169]. Vielmehr würde das Europäische Urheberrecht das nationale Urheberrecht in dem Umfange, wie Fragen durch direkt anwendbares Recht geklärt sind, wohl verdrängen müssen[170].

Gleichwohl spricht einiges dafür, diesen großen Schritt zu wagen, weil sich das Urheberrecht als Wirtschaftsfaktor auf Dauer wohl nur auf diese Weise binnenmarktkompatibel erfassen lassen wird. Dafür in Frage käme am ehesten eine Verordnung, wobei mit Bezug auf die Frage der Rechtsgrundlage – im aktuellen Primärrecht – eine Abstützung auf Art. 308 EG prima vista nicht mehr Kopfzerbrechen zu bereiten braucht als bei den bestehenden Gemeinschaftsrechten. Denn in der Tat „erscheint ein Tätigwerden der Gemeinschaft erforderlich, um im Rahmen des Gemeinsamen Marktes eines ihrer Ziele zu verwirklichen“ – eben: den Binnenmarkt –, und es sind auch im EG-Vertrag „die hierfür erforderlichen Befugnisse nicht vorgesehen“. Als Damoklesschwert über einem solchen Vorhaben hängt freilich die Notwendigkeit der Einstimmigkeit des Rates, die bei einer Verdrängung nationalen Rechts – mag solches von der Sache her auch noch so gerechtfertigt sein – schwerlich zu erreichen sein wird. Und auch das Europäische Parlament, dessen Kompetenz damit nach heutigem Recht auf ein bloßes Anhörungsrecht schrumpfen würde, dürfte am Erlass weiterer Richtlinien weit mehr Interesse bekunden. Anders wird sich die Rechtslage gestalten, wenn im „Vertrag für eine Verfassung für Europa“ mit Art. III-68 eine Kompetenz zur „Schaffung europäischer Rechtstitel über einen einheitlichen Schutz der Rechte des geistigen Eigentums in der Union“ geschaffen wird[171]. Zumindest insoweit erscheint der skizzierte Weg einer derogativ wirkenden Urheberrechtsverordnung nicht nur von der Sache her die überzeugendste Alternative

167 Die Richtlinie war zum 22. Dezember 2002 in nationales Recht umzusetzen; tatsächlich umgesetzt haben bisher (Anfang 2004) aber nur fünf Staaten: Österreich, Italien, Griechenland, Dänemark und Deutschland. Dabei hat Österreich zu Art. 6 IV gar nichts geregelt, Italien und Griechenland haben ein Mediationsverfahren vorgesehen, Dänemark ein Anspruchssystem, das mit dem deutschen zumindest im Ansatz vergleichbar ist. Entsprechende Informationen finden sich unter www.fipr.org/copyright/guide/ (Stand 4. Februar 2004). Gegen die säumigen Mitgliedstaaten – einschließlich Deutschland – geht die EU-Kommission seit Juli 2003 wegen der Nichtumsetzung in einem formellen Verfahren vor (s. dazu die Pressemitteilung vom 14. Juli 2003, ip/03/1005, Binnenmarkt: Nichtumsetzung von EU-Rechtsvorschriften – Kommission geht gegen 13 Mitgliedstaaten vor, abrufbar über www.europa.eu.int/comm/internal_market/de/intprop/infr/index.htm (Stand 4. Februar 2004).

168 Dazu vorn C.II.4.

169 Vgl. dazu C.II vor 1., sowie C.II.2 und C.II.3.

170 Vgl. demgegenüber aber immerhin das bereits erwähnte nicht eingetragene Gemeinschaftsgeschmacksmuster (Art. 1 Abs. 2 Bst. a bzw. Art. 11 der VO, Fn. 13; vorn C.II.2, Fn. 121), welches – obwohl wie das Urheberrecht ohne Formalakt entstehend – bei paralleler Existenz einer solchen Schutzmöglichkeit im nationalen Recht (wie derzeit dem britischen „unregistered Design“) ebenfalls parallel besteht. Was dies praktisch bedeutet – insbesondere ob damit eine Art „forum shopping“ zugunsten des „günstigeren“ Rechts möglich ist – mag sich weisen, obwohl die wirtschaftliche Bedeutung dieses Spezialfalls mit jener des Urheberrechts in keiner Weise zu vergleichen ist.

171 Vgl. schon vorn A.I.

für eine sinnvolle Europäische Rechtsentwicklung, sondern er könnte auch durchaus begehbar werden.

2. Technologierecht

Das Patentrecht erlebte immer dann einen Boom, wenn es für neue Schutzgegenstände als tauglich befunden wurde; als Beispiel aus früherer Zeit mag der Einbezug des Stoffschutzes dienen[172]. Entsprechendes erleben wir nun seit einigen Jahren wieder, indem das Patentsystem heute - vorab in den USA - als Auffanggefäß für die unterschiedlichsten Schutzanliegen entdeckt wird. Erwähnt sei etwa die Zulassung des Patentschutzes für biotechnologische Entwicklungen, für Computerprogramme und, in jüngerer Zeit, nun auch für Geschäftsmethoden. Ob solches von der Sache her zu begrüßen sei, oder ob den – in vielen Fällen gewiss berechtigten – Begehren nach Schutz vor Imitation nicht anderweitig (z.B. wettbewerbsverträglicher bzw. „maßgeschneiderter") Rechnung getragen werden könnte, sei an dieser Stelle dahin gestellt[173].

Um die Frage hingegen, inwieweit die EU solche Erweiterungen ihrerseits rezipieren soll, kann sich kaum herumdrücken, wer die Entwicklungsperspektiven im Bereiche des Schutzes Geistigen Eigentums thematisieren will. Grundlage für eine Antwort darauf muss wohl primär die allgemeine, bereits ausgeführte Erkenntnis bilden, dass es im Kern wirtschaftspolitische Gesichtspunkte sein müssen, welche zur Entscheidung führen, ob und wie gesetzgeberisch zu handeln ist[174]. Folglich gilt es gerade im Patentrecht – einer Schlüsseldisziplin zur „Förderung der Forschung und technologischen Entwicklung" (Art. 3 Abs. 1 Bst. n EG) – in ganz besonderem Maße, neue Gegenstände, bei deren Schutz die Auswirkungen noch kaum abschätzbar sind, nicht ohne grundlegende ökonomische Abklärungen zuzulassen.

Vor diesem Hintergrund muss jedenfalls dem Versuch, mittels punktueller Europäischer Rechtsvereinheitlichung der nationalen Patentrechte den neusten Entwicklungen rasch die Spitze zu brechen, mit größter Skepsis begegnet werden. Denn immerhin greift damit ein Gesetzgeber ohne ausreichende Erfahrung im Bereiche des Patentsrechts in im Prinzip funktionierende Rechtssysteme ein – seien es die nationalen oder auch das Bündelpatent der Europäischen Patentorganisation. Leider bleibt es dem Europäischen Gesetzgeber einstweilen – nachdem das Gemeinschaftspatent nach wie vor nicht realisiert werden kann – verwehrt, in Bereichen, für die auf gesamteuropäischer Ebene Handlungsbedarf gesehen wird, sinnvolle Erweiterungen des derzeitigen Schutzsystems vorzunehmen. Tatsächlich wäre es indessen weit sinnvoller, dem Europäischen Schutzrechtssystem die Chance zu gegeben, sich in eigenständiger Form und in jener Weise, wie es für den Gemeinsamen Markt erforderlich erscheint, zu entwickeln. Wird dies von den Schutzrechtsanmeldern angenommen, so wird der Wettbewerb der parallelen Systeme rasch genug zu einer allgemeinen Angleichung gegen "oben" führen. Verfehlen solche Ausdehnungen jedoch die erwünschte Wirkung, wäre es fatal, die nationalen Patentsysteme bereits vorgängig – und später kaum mehr korrigierbar – unter dem Vorwand der Rechtsharmonisierung auszudehnen.

Insgesamt kommt man für das Technologierecht nicht um die Erkenntnis herum, dass der Handlungsbedarf im Grunde eigentlich sehr beschränkt ist. Fast wäre man geneigt,

172 Zur Entwicklung eindrücklich *Kurz*, Weltgeschichte des Erfindungsschutzes, 2000, 375.

173 Vgl. dazu aber auch schon vorn B.II.2.

174 Vorn B.III.

nach einem „Moratorium“ auf der Ebene der Rechtsharmonisierung zu rufen. Dies hätte namentlich dann seine Richtigkeit gehabt, wenn das Gemeinschaftspatent nunmehr hätte realisiert werden können; denn es hätte sich erst noch erweisen müssen, wie es von der Wirtschaft denn letztlich aufgenommen worden wäre. Eine Denkpause rechtfertigt sich aber gewiss auch vor dem Hintergrund des nun angerichteten Scherbenhaufens. Zusätzliche Nahrung erhält der Ansatz, auf EU-Ebene vorerst mal abzuwarten, durch das Kompetenzgerangel, in welches sich die EU-Kommission im Verhältnis zur Europäischen Patentorganisation mit Bezug auf das vorgesehene EPLA in den letzten Jahren verstrickt hat[175]. Man kann sich des Eindruckes nicht erwehren, dass es der Kommission weniger um die Sache, als vielmehr um so etwas wie einen Übernahmeversuch geht – was, ungeschminkt gesagt, nichts anderes als ein beängstigendes Defizit an sachpolitischem Verantwortungsbewusstsein offenbart.

3. Kennzeichenrecht und Designrecht

Weiter fortgeschritten als Urheber- und Technologierecht ist die Europäische Rechtssetzung in den Bereichen des Kennzeichen- und des Designrechts. In beiden Bereichen wurde das nationale Recht – notwendigerweise oder nicht[176] – in zentralen Einzelfragen harmonisiert, und beide Bereiche wurden einer Regelung auf Gemeinschaftsebene zugeführt. Die Gemeinschaftsmarke wurde dabei zu einer Erfolgsgeschichte[177]; ob es das Gemeinschaftsgeschmacksmuster auch wird, muss sich noch weisen.

Aus dieser Perspektive heraus betrachtet scheint es kaum angebracht, weitere wesentliche Harmonisierungsinitiativen zu starten. Vielmehr muss den Gemeinschaftsrechten nun die Chance gegeben werden, mittels ihrer Attraktivität auf die nationalen Rechte auszustrahlen bzw. die allfällige weitere Anpassung der nationalen Rechte auf der Basis faktischer Anreize zu bewirken. Für diese „kalte“ Harmonisierung[178] wird auch die Rechtsprechung eine zentrale Rolle spielen; denn es ist unschwer erkennbar, dass die Spruchpraxis zum Gemeinschaftsrecht auch die nationalen Gerichte beeinflussen wird[179].

Wenn namentlich der Bereich des Kennzeichenrechts gleichwohl nicht ganz zur Ruhe kommen kann, so deswegen, weil auch seine jüngere Vergangenheit durch wichtige Schutzausdehnungen gekennzeichnet war. Auch diese sind hier nicht im Einzelnen zu kommentieren, doch führten sie jedenfalls zur Verschärfung von Abgrenzungsfragen, die dem Kennzeichenrecht schon von seiner Natur her immanent sind. Erwähnt sei an dieser Stelle nur etwa das Recht an der Herkunftsangabe, welches nun vorab im inter-

175 Dazu B.II.2, insb. Fn. 72.

176 Vorstehend C.II.1 und C.II.2.

177 Die Statistik des HABM weist für den Zeitraum bis Ende Oktober 2003 insgesamt mehr als 342.000 Anmeldungen und über 197.000 eingetragene Gemeinschaftsmarken aus (Quelle: Statistiken der Gemeinschaftsmarken, http://oami.eu.int/de/mark/stats.htm, Stand 4. Februar 2004).

178 Vgl. im Einzelnen auch schon vorn C.II.

179 In diesem Sinne lehnt sich etwa der Entwurf eines deutschen Geschmacksmusterreformgesetzes ausdrücklich soweit wie möglich an den Regelungen über das Gemeinschaftsgeschmacksmuster an, um eine einheitliche Rechtslage und einheitliche Rechtsprechung zu ermöglichen, s. Entwurf des Geschmacksmusterreformgesetzes, Begründung, S. 16, abrufbar im Internet unter www.bmj.bund.de/images/11580.pdf (Stand 4. Februar 2004). Vgl. zum Markenrecht (wo die Beeinflussung durch die Gemeinschaftsmarke aus zeitlichen Gründen allerdings noch umgekehrt verlief) auch *Kur*, GRUR 1997, 241 ff. Zur zunehmenden Annäherung in der Beurteilung der Schutzfähigkeit von Marken auf Gemeinschaftsebene und nationaler Ebene auch *Gabrucker*, GRUR 2001, 373.

nationalen Kontext neu entdeckt wird[180] und auf welche Entwicklung auch das Europäische Recht – über den bestehenden „acquis communtaire" hinaus[181] – in geeigneter Weise wird reagieren müssen. Ein weiteres Feld dürfte sich – wenn die EU den Schritt in jene Richtung denn unternehmen sollte[182] – durch die Abgrenzung zum Wettbewerbsrecht auftun. Damit werden gegebenenfalls bekannte Fragen erneut ins Zentrum der Diskussion gerückt werden, insbesondere etwa jene, welche Rechtsobjekte und welche Rechtssubjekte von welchem Schutzrechtsystem geschützt werden und inwieweit diese Schutzsysteme komplementär zur Anwendung gelangen können.

Insgesamt betreffen solche Entwicklungen aber Fragen in einem größeren Kontext, und es ist nicht ersichtlich, inwieweit solche auf der Ebene von bloßen Harmonisierungsrichtlinien befriedigenden Antworten zugeführt werden könnten. Vielmehr wird es sich aufdrängen, eine Weiterentwicklung des bestehenden Europäischen Schutzrechtssystems fortan auf der Gemeinschaftsebene voranzutreiben und damit ein attraktives, im Vergleich zu den nationalen Rechten kompetitives System zu erarbeiten, dessen Ausstrahlung die notwendige („kalte") Harmonisierung von selbst zustande bringen wird.

II. Wettbewerbsrecht

Das Wettbewerbsrecht wird gemeinhin in die beiden Teilaspekte Kartellrecht und – wie immer im nationalen Recht verwirklicht – Recht gegen unlauteren Wettbewerb aufgeteilt. In beiden Aspekten schlummert mit Blick auf die Schutzrechte an Geistigem Eigentum noch einiges Entwicklungspotential. Zum einen geht es um die „Korrektur" überschießender Wirkungen dieser Rechte, zum anderen um mögliche – wettbewerbsverträgliche – Schutzalternativen gegenüber dem stetigen Ausbau absolutrechtlicher Rechtspositionen.

1. Kartellrecht

Für das Kartellrecht stellt bereits das Primärrecht mit Art. 81 und 82 EG die wesentlichen Grundlagen bereit. Für den hier interessierenden Kontext mit dem Rechtsschutz Geistigen Eigentums ist v.a. die Schnittstelle zwischen den einschlägigen, im Grunde den Handelswettbewerb beeinträchtigenden Schutzrechtsnormen und dem spezifisch darauf ausgerichteten Kartellrecht, die oft „grünes" Kartellrecht genannt wird. Für jenes ist nicht zuletzt die Rechtsprechung des EuGH von großer Bedeutung, welche namentlich der gemeinschaftsweiten Erschöpfung an Schutzrechten den Weg geebnet hat, die in Produkten verkörpert sind, welche mit Willen des Schutzrechtsinhabers rechtmäßig

180 Bereits jetzt enthält das TRIPS Abkommen in Abschnitt 3 Regelungen, die geografische Herkunftsangaben betreffen. Nach der Doha Agenda sollte der Schutz jedoch noch ausgebaut werden. Dabei geht es zum einen um die Schaffung eines multilateralen Registers für Wein und Spirituosen, zum anderen darum, den höheren Schutzstandard, der gem. Art. 23 TRIPS bereits jetzt für Wein und Spirituosen gilt, auf andere geografische Herkunftsangaben auszudehnen; vgl. hierzu die Internetseiten der WTO unter www.wto.org/english/tratop_e/trips_e/gi_e.htm#top (Stand 4. Februar 2004). Bei der letzten Konferenz in Cancún im September 2003 konnte freilich keine Einigung erzielt werden; s. hierzu unter www.wto.org/english/thewto_e/minist_e/min03_e/min03_e.htm (Stand 4. Februar 2004).

181 Vgl. dazu nachstehend Fn. 198 ff.

182 Dazu gleich nachstehend D.II.2.

in Verkehr gebracht wurden[183]. In diesem Bereich hat die Rechtsprechung mit andern Worten die wichtige Funktion eines „Frühwarnsystems“ übernommen[184].

In den Bereich des „grünen“ Kartellrechts gehört aber auch spezifisches Sekundärrecht, allen voran die noch in Kraft stehende Technologietransferverordnung[185]. Diese soll bekanntlich vorzeitig abgelöst werden durch eine weiterreichende, d.h. nicht nur im engeren Sinne Technologieverträge erfassende Verordnung, welche den neuen kartellrechtlichen Grundprinzipien der EU Rechnung trägt. Die Arbeiten hiefür sind vergleichsweise weit fortgeschritten; nach verschiedenen Konsultationen liegt seit Oktober 2003 nun auch ein Entwurf vor[186]. Auf die damit zusammenhängenden Fragestellungen ist hier nicht weiter einzugehen.

Mit Blick auf die Entwicklungsperspektiven ist das Augenmerk aber kurz auf ein besonderes Problem zu lenken, welchem im Rahmen des weiteren Ausbaus des Schutzrechtssystem wohl vermehrt Beachtung geschenkt werden sollte: Zwar nicht im Normalfall, aber wohl in besonderen Konstellationen haben Schutzrechte Wirkungen, welche aus wettbewerbsrechtlicher Sicht nicht erwünscht sein können, weil die Vorstellung der Ankurbelung des Substitutionswettbewerbs oder auch nur des Ansporns an fehlender Substituierbarkeit eines bestimmten geschützten Gegenstandes scheitert[187]. Von solchen Konstellationen betroffen sind v.a. Schlüsseltechnologien im Informationsinfrastrukturbereich, gewisse Sparten des Softwareschutzes[188], aber auch z.B. (direkt oder indirekt geschützte) Informationen als solche, die anderweitig nicht erhältlich, für Nachfrager jedoch unabdingbar sind[189]; ein ähnlich gelagerter Problembereich ergibt sich aber auch etwa im Gesundheitsmarkt[190].

Dem Kartellrechtler ist diese Problematik – die anlehnend an frühere Fälle von Infrastrukturengpässen (wie Hafenanlagen oder Brücken, die ihrer Wesentlichkeit für alle Benützer wegen in den USA schon ab den 10er Jahren des 20. Jhd. zu einer besonderen Entwicklung der Rechtsprechung führten[191]) häufig mit der „essential facilities-

183 Vgl. statt aller *Conde-Gallego*, IIC 2003, 478 ff. Zum Markenrecht vgl. ferner den Bericht der Kommission vom 21. Mai 2003, SEK(2003) 575 http://europa.eu.int/comm/internal_market/en/indprop/tm/docs/sec-2003-575/sec-2003-575_de.pdf, Stand 4. Februar 2004.

184 Vgl. auch vorn C.I.

185 VO (EG) Nr. 240/96 v. 31. Januar 1996 zur Anwendung von Artikel 85 Absatz 3 des Vertrages auf Gruppen von Technologietransfer-Vereinbarungen, ABL. Nr. L.31 v. 9.2.1996, S. 2.

186 Entwurf einer Kommissionsverordnung über die Anwendung von Art. 81 Absatz 3 des EG-Vertrages auf Gruppen von Technologietransfer-Vereinbarungen, ABl. Nr. C 235 v. 1.10.2003, S. 11.

187 Vgl. dazu schon vorn Fn. 68.

188 Alarmierend erscheinen muss beispielsweise die Situation, dass Microsoft mit seinem PC-Betriebssystem Windows einen Weltmarktanteil von 90 %, bei Browsern sogar von 95% erreicht (vgl. vorn Fn. 74), was zu weit reichenden Konsequenzen für die abgeleiteten Märkte (mithin die vom Betriebssystem abhängigen Anwenderprogramme) führt.

189 Exemplarisch dazu der Magill-Fall (EuGH, Urt. vom 06.04.1995 – Verb. Rs. C-241/91 P und C 242/91 P, GRUR Int. 1995, 490); vgl. zur Problematik im Zusammenhang mit dem IMS-Health-Fall auch *Andreas Heinemann* in diesem Band.

190 An dieser Stelle greift denn auch vermehrt das „patentrechtsimmanente“, in seinem Kern wettbewerbsrechtlich gefärbte Instrumentarium der konditionalen Lizenzen (insb. Art. 30 f. TRIPS; zu den Zusammenhängen im Einzelnen *Hilty*, Lizenzvertragsrecht, 2001, 199 ff.; vertiefter auch *Heinemann*, Immaterialgüterschutz in der Wettbewerbsordnung, 2002, 588 ff.).

191 In den Ansätzen (aber einen Zusammenschluss von Unternehmen betreffend, was für die „essential facilities-Doktrin“ nicht typisch ist) schon United States v. Terminal Railroad Association, 224 U.S.

Doktrin“ in Verbindung gebracht wird – im Grunde bewusst. Problematisch ist freilich, dass das vorhandene Instrumentarium zur Eindämmung überschießender Wirkungen von Schutzrechten in der konkreten Anwendung viel zu träge ist, womit sich konkrete Missstände zulasten eines Einzelnen kaum mit vertretbarem Aufwand und innert nützlicher Frist mit Hilfe des Kartellrechts beseitigen lassen werden. Richtig betrachtet ist das geltende Kartellrecht für solche Probleme im Grunde auch nicht das geeignete Instrumentarium. Ins Auge zu fassen sind vielmehr zwei Ebenen, welche in der künftigen Rechtsentwicklung eine tragende Rolle spielen sollten:

- Die Schutzrechte selbst sind es, welche die überschießende Schutzwirkung in Einzelfällen zulassen. Es ist daher primär Aufgabe des Gesetzgebers dieser Schutzrechte, die möglichen negativen Wirkungen positivrechtlich zu antizipieren, mithin ausgleichende Instrumentarien direkt in die Schutzrechtserlasse aufzunehmen, um gestützt auf sie, also ohne Umweg über das Kartellrecht, im notwendigen Umfange gegensteuern zu können. Ein wichtiges Beispiel dafür sind die Zwangslizenzen im Patentrecht[192], wobei sich dieses nicht sehr leicht zu handhabende (je nachdem gerichtlich durchzusetzende) Instrumentarium nicht für jede Konstellation einer immaterialgüterrechtlichen „essential facility“ gleichermaßen eignen wird. Ein weiteres Beispiel – das freilich weitgehend singulären Charakter behalten hat – stellt das Recht zur Dekompilierung in Art. 6 der Computerrichtlinie[193] dar. Insgesamt finden sich solche wettbewerbsrechtlichen „Interfaces“ aber erst in Ansätzen, und es drängt sich auf, mehr Sorgfalt auf die Frage der Wettbewerbsverträglichkeit von Schutzrechten zu legen. Dazu muss freilich auch die Erkenntnis Platz greifen, dass eine Schutznorm je nach Sachlage sehr unterschiedlich wirken kann, weswegen die Vorstellung einheitlicher Schutzvoraussetzungen und Schutzwirkungen innerhalb eines Schutzrechts mit Blick auf die wirtschaftlichen Realitäten weltfremd erscheint. Mit andern Worten drängt es sich auf, bereits bei der Konzeption eines Schutzrechts mit Blick auf seine wettbewerbsrechtlichen Konsequenzen stärker zu differenzieren[194].
- Trotz antizipierter Berücksichtigung wettbewerbsbeeinflussender Faktoren in den Schutzrechtserlassen werden immer wieder Konstellationen anzutreffen sein, welche nicht mit den dem Schutzrecht selbst inhärenten Instrumentarien korrigiert werden können. Für diese Fälle ist ein Rückgriff auf das Kartellrecht – und damit ein komplexer Abgleich zwischen gewollten und nicht gewollten Konsequenzen der Zuerkennung von Sonderrechten an einzelne Rechtssubjekte – unabdingbar. Ohne dass die Seriosität solcher Untersuchungen leiden darf, ist es kaum vorstellbar, mit dem heutigen, trägen Kartellrechtsinstrumentarium – das eher auf die Prüfung der Kooperation wichtiger Konzerne oder das Verhalten von marktmächtigen Unternehmen ausgerichtet ist – zu operieren. Es drängt sich mithin auf, effizientere, einfachere und v.a. auch kostengünstige Modelle zur schnellen

---

383 (1912); grundlegend v.a. dann Associated Press v. United States, 326 U.S. 1 (1945); vgl. zur Entwicklung zuletzt etwa *Heinemann* (Fn. 191), 93 ff. und 503 ff., m.w.H.

192 Gleich vorstehend Fn. 191.

193 Art. 6 der Computerrichtlinie (Fn. 5). Auf diese Konstruktion als wichtiges Beispiel aus kartellrechtlicher Sicht verweist regelmäßig auch etwa *Heinemann* (Fn. 191), insb. 515 ff.

194 Vgl. zum Ganzen auch *Hilty*, demnächst in RabelsZ 2004.

Klärung und nötigenfalls Durchsetzung der möglicherweise berechtigten Marktposition eines betroffenen Dritten zu entwickeln[195].

2. Recht gegen unlauteren Wettbewerb

Im Zusammenhang mit der Frage, wie verschiedene Interessenpositionen im Rahmen der Europäischen Gesetzgebung Berücksichtigung finden sollen, wurde das Recht gegen den unlauteren Wettbewerb bereits als Beispiel thematisiert[196]. Gezeigt wurde insbesondere, dass Art. 3 Abs. 1 Bst. g EG, der die EU anhält, ein „System, das den Wettbewerb innerhalb des Binnenmarktes vor Verfälschungen schützt", zu entwickeln, richtigerweise nicht nur als Basis für ein Europäisches Kartellrecht aufgefasst werden sollte. Daraus folgte schon in diesem Beispiel die Konsequenz, einen tragfähigen Mitbewerberschutz aufzubauen.

Mit Blick auf die Schnittstelle zum Schutz des Geistigen Eigentums von besonderer Bedeutung ist dabei der sog. „wettbewerbsrechtliche Leistungsschutz". Dieser recht unpräzise und wohl auch in gefährlicher Bandbreite mit divergierenden Vorstellungen gefüllte Begriff ist natürlich schon an sich im Einzelnen erklärungsbedürftig, was den Rahmen dieses Überblicks sprengen würde. Festgehalten sei hier daher bloß, dass die Idee eines solchen Leistungsschutzes nicht etwa darin liegen kann, letztlich weitere Schutzrechte in die Welt zu setzen, die zusätzliche absolutrechtliche Positionen verschaffen. Vielmehr muss es um Bereiche gehen, in denen der Schutz eines Leistungsergebnisses – eines Werks, einer Erfindung etc. – als solcher gerade nicht in Frage kommt (oder kommen sollte). Hier ist die Frage zu stellen, ob die Tatsache allein, dass jemand in Produkte oder in einen Markt investiert hat, ihn berechtigen kann, sich gegen die Ausnutzung seiner Investitionen durch Dritte – die selbst keine adäquaten Investitionen tätigten – zur Wehr zu setzen. Richtig dürfte dies etwa dann sein, wenn der Umstand, dass Dritte von fremden Investitionen unangemessen profitieren, dergestalt zu einer Wettbewerbsbeeinflussung führen, dass die ursprünglichen Investoren künftig von weiteren Investitionen abgehalten werden. Dies verdreht die Zielsetzung, den Wettbewerb durch Konkurrenz zu beleben, ins Gegenteil und erscheint damit im Gesamtkontext nicht mehr wünschbar.

Dieser – nota bene rein wettbewerbsrechtliche und nicht etwa „eigentumsrechtliche" (auf einen Schutzgegenstand bezogene) – Gedanke mag in einzelnen nationalen Rechtsordnungen zwar bruchstückhaft entwickelt sein, beruht zuweilen aber noch auf diffusen, hier nicht zu diskutierenden, unterschiedlicher Wurzeln wegen noch kaum konsensfähigen Vorstellungen. Wenig reflektiert ist auf der anderen Seite die Erkenntnis, dass der Gedanke des wettbewerbsrechtlichen Leistungsschutzes auch auf Europäischer Ebene – wiewohl undogmatisch und konzeptlos – bis zu einem gewissen Grade bereits Verwirklichung fand. Zu denken ist (ohne hier in die Tiefe gehen zu können) an den Schutz geografischer Angaben bzw. Ursprungsbezeichnungen[197], an die urheberrechtlichen

195 Siehe hierzu etwa den – inzwischen durch Vergleich beendeten – "T-Prozess", in dem die Deutsche Telekom der Agentur Team-Konzept die Verwendung des „T" in ihrer Werbung verbieten lassen wollte heise online news, www.heise.de/newsticker/meldung/38576 und www.heise.de/newsticker/meldung/41697, Stand 4. Februar 2004.

196 Vorn B.II.3.

197 VO (EWG) Nr. 2081/92 v. 14.7.1992 zum Schutz von geografischen Angaben und Ursprungsbezeichnungen für Agrarerzeugnisse und Lebensmittel, ABl. Nr. L 208 v. 24.7.1992, S.1, geändert durch die VO (EG) Nr. 692/2003 v. 8.4.2003, ABl. Nr. L 99 v. 17.4.2003, S. 1.

Leistungsschutzrechte[198] bzw. an das Datenbankenrecht „sui generis“[199] – nomen est omen! –, aber man darf ganz unverblümt auch die Frage stellen, ob nicht sogar weitere, heute als „Eigentumsrechte“ verstandene Schutzrechte (z.B. das Markenrecht) im Grunde gar nicht ein überragend gelungenes Ergebnis einer Investition zum Gegenstand des Schutzes haben, sondern die Sicherung der Investition als solche (nämlich in eine Marke bzw. das von ihr erfasste Marktsegment), weil wertende Gesichtspunkte zur Annahme berechtigten, dass eine völlige Übernahmefreiheit wettbewerbspolitisch unerwünschte Ergebnisse zeitigen würde.

Fehlt der EU in diesem Bereich noch jegliches Konzept, so besteht hier ein sehr akuter Handlungsbedarf. Denn solange die Erkenntnis fehlt, wie mit jenen Sachverhalten umzugehen ist, wo in Tat und Wahrheit die Investition als solche einem gewissen Schutz vor Ausbeutung durch Trittbrettfahrer zugeführt werden müsste, ohne dass damit die Schaffung neuer Monopolrechte verbunden sein müsste, solange wird neuen Schutzbegehren – wie etwa mit Bezug auf Geschäftsmethoden[200] – nicht adäquat begegnet werden können. Mit der Folge, dass die fragwürdigen Rechtsentwicklungen aus den USA unreflektiert abgebildet werden, z.B. durch eine laufende weitere Öffnung des Patentrechts. Derartigen Entwertungen der Schutzsysteme für Geistiges Eigentum zu „Trivialschutzsystemen“ kann nur Einhalt geboten werden, wenn eine wettbewerbsrechtlich ausgebildete Schutzalternative zwischen dem „Vollschutz“ durch eigentumsähnliche Rechte und dem Nichts etabliert wird. Solches ist auf einzelstaatlicher Ebene heute nicht mehr sinnvoll denkbar; es ist Sache der EU, hier tragfähige und konsensfähige Modelle zu entwickeln.

III. Flankierende Gebiete

Ist der Handlungsbedarf für den Europäischen Gesetzgeber im Bereiche der klassischen Schutzrechte vor dem Hintergrund des Erreichten markant zurückgegangen, so ist in einem letzten Unterkapitel aufzuzeigen, welcher wichtige Handlungsbedarf – über

---

198 Die Existenz dieser Rechte basiert dabei nicht auf Europäischem, sondern auf Internationalem Recht (insb. dem Internationalen Abkommen über den Schutz der ausübenden Künstler, der Hersteller von Tonträgern und der Sendeunternehmen vom 26. Oktober 1961, sog. „Romabkommen“); das Europäische Recht setzte ihre Existenz aber voraus, was sich schon aus den Titeln der jeweiligen Richtlinie ergibt, z.B. bei der Richtlinie „zur Koordinierung bestimmter urheber- und leistungsschutzrechtlicher Vorschriften zum Satellitenrundfunk und zur Kabelweiterverbreitung“ (Fn. 6), der Richtlinie „zum Vermietrecht und Verleihrecht sowie zu bestimmten dem Urheberrecht verwandten Schutzrechten im Bereich des geistigen Eigentums“ (Fn. 110), der Richtlinie „zur Harmonisierung der Schutzdauer des Urheberrechts und bestimmter verwandter Schutzrechte“ (Fn. 41), oder der Richtlinie „zur Harmonisierung bestimmter Aspekte des Urheberrechts und der verwandten Schutzrechte in der Informationsgesellschaft“ (Fn. 44). Die Anstöße für die Einrichtung urheberrechtlicher Leistungsschutzrechte entwickelten sich aber selbstredend aus dem Schoße nationaler Rechte. Gerade im deutschen Recht weist die Entwicklungsgeschichte dabei deutlich auf den lauterkeitsrechtlichen Hintergrund dieser Leistungsschutzrechte hin; im Einzelnen etwa *Krüger*, in: Schricker, Urheberrecht, 2. Aufl., 1999, UrhG vor §§ 73 ff. N 4 (ausübende Künstler); *Vogel*, ebd., UrhG 81 N 3 (Veranstalter) bzw. UrhG 85 N 2 (Tonträgerhersteller); *Vogel/v. Ungern-Sternberg*, ebd., UrhG 87 N 3 (Sendeunternehmen); *Katzenberger*, ebd., UrhG 94 N 4 (Filmhersteller). Zum wettbewerbsrechtlichen Bezug insgesamt auch VOGEL, ebd., UrhG 85 N 10.

199 Zum lauterkeitsrechtlichen Schutz von Datenbanken auch etwa *Wiebe*, in: Wiebe/Leupold, Recht der elektronischen Datenbanken, Teil 2 C. I. N 2 ff.; *Leistner*, in: Bettinger/Leistner, Werbung und Vertrieb im Internet, Teil 1 B. N 57 ff.; *THUM*, in: Wandtke/Bullinger, Urheberrecht vor §§ 87a N 29 ff.; *Vogel*, in: Schricker (Fn. 199), vor UrhG 87a ff. N 36.

200 Vorn D.I.2.

das Wettbewerbsrecht hinaus – an den weiteren Schnittstellen zum Recht am Geistigen Eigentum besteht.

1. Kollisionsrecht

Seit 1980 besteht in Europa auf der Basis eines völkerrechtlichen Vertrages mit dem inzwischen so genannten „Rom I"-Abkommen[201] eine Rechtsgrundlage dafür, vertragliche Schuldverhältnisse kollisionsrechtlich einordnen zu können. Dieses Regelungswerk findet sich derzeit im Umbau; in einem Grünbuch von 2003 wurde eine Verordnung in Aussicht gestellt[202]. Ziel der Neuregulierung ist es dabei im Wesentlichen, zum einen das Rom I Abkommen in ein Gemeinschaftsinstrument umzuwandeln und es zum anderen inhaltlich zu modernisieren.

Was aktuell fehlt, ist ein Regelungsinstrument für außervertragliche Schuldverhältnisse („Rom II"), wie sie namentlich im Bereiche immaterialgüterrechtlicher Rechtsverletzungen relevant werden, um das anwendbare Recht festzulegen. Dazu liegt seit 2003 ein Vorschlag für eine Verordnung vor[203], welche im Allgemeinen vom Grundsatz des Auswirkungsprinzips ausgeht[204], jedoch Ausnahmen vorsieht. Z.B. enthält Art. 8 des Verordnungsentwurfs eine spezielle Kollisionsnorm für außervertragliche Schuldverhältnisse, die aus der Verletzung von Rechten an Geistigem Eigentum entstanden sind. Dessen Abs. 1 bestätigt dabei den schon bisher anerkannten Grundsatz der lex loci protectionis, (das sog. Schutzland- oder „Territorialitätsprinzip")[205]. Außerdem ist in Abs. 2 eine spezielle Regelung für die Verletzung einheitlicher gemeinschaftsrechtlicher Schutzrechte enthalten. Auch für den Ersatz eines Schadens aus unlauterem Wettbewerbsverhalten sieht der Verordnungsvorschlag in Art. 5 eine eigene Anknüpfungsregel vor[206].

---

201 Übereinkommen von Rom über das auf vertragliche Schuldverhältnisse anzuwendende Recht von 1980 (konsolidierte Fassung), ABl. Nr. C 027 v. 26.1.1998, S. 34.

202 Grünbuch der Kommission der Europäischen Gemeinschaften über die Umwandlung des Übereinkommens von Rom aus dem Jahr 1980 über das auf vertragliche Schuldverhältnisse anzuwendende Recht in ein Gemeinschaftsinstrument sowie über seine Aktualisierung, KOM(2002) 654 endgültig v. 14.1.2003.

203 Vorschlag der Kommission der Europäischen Gemeinschaften für eine Verordnung des Europäischen Parlaments und des Rates über das auf außervertragliche Schuldverhältnisse anwendbare Recht („Rom II") KOM(2003) 427 endgültig v. 22.7.2003; dazu jüngst statt aller *Leible/Engel*, Der Vorschlag der EG-Kommission für eine Rom II-Verordnung, EuZW 2004, 7 ff., insb. 12 ff., m.w.H.

204 Art. 3 Abs. 1 des Verordnungsvorschlags enthält die allgemeine Kollisionsnorm: „Auf ein außervertragliches Schuldverhältnis aus unerlaubter Handlung ist unabhängig davon, in welchem Staat das schädigende Ereignis eintritt und in welchem Staat oder welchen Staaten die indirekten Schadensfolgen festzustellen sind, das Recht des Staates anzuwenden, in dem der Schaden eintritt oder einzutreten droht."

205 Art. 8 Abs. 1 des Verordnungsvorschlages lautet: „Auf außervertragliche Schuldverhältnisse, die aus der Verletzung von Rechten an geistigem Eigentum entstanden sind, ist das Recht des Staates anzuwenden, in dem der Schutz beansprucht wird."

206 Art. 5 des Verordnungsvorschlages:
„1. Auf außervertragliche Schuldverhältnisse, die aus einem unlauteren Wettbewerbsverhältnis entstanden sind, ist das Recht des Staates anzuwenden, in dessen Gebiet die Wettbewerbsbeziehungen oder die kollektiven Interessen der Verbraucher unmittelbar und wesentlich beeinträchtigt worden sind oder beeinträchtigt werden können.
2. Beeinträchtigt ein unlauteres Wettbewerbsverhalten ausschließlich die Interessen eines bestimmten Wettbewerbers, ist Artikel 3 Absätze 2 und 3 anwendbar."

In der Lehre werden die Möglichkeiten einer passenden Anknüpfung vor dem Hintergrund, dass die allgemeine Kollisionsregel des Auswirkungsprinzips mit den besonderen Anforderungen im Bereich des Geistigen Eigentums unvereinbar erscheint, kontrovers diskutiert. Der Verordnungsvorschlag nimmt mit der genannten speziellen Kollisionsnorm in Art. 8 eine denkbare Variante auf; möglich wäre es aber auch, den Bereich des Immaterialgüterrechts ganz vom Anwendungsbereich der Verordnung auszunehmen. Der Handlungsbedarf in diesem Bereich steht aber im Prinzip außer Frage; gemäß Zeitplan der EU sollte die Rom II Verordnung am 1. Januar 2005 in Kraft treten[207].

2. Rechtsdurchsetzung

Es liegt auf der Hand, dass das beste materielle Recht wertlos ist, wenn die Instrumente für seine Durchsetzung fehlen. So ist in einigen Bereichen – insbesondere etwa im Urheberrecht – in der Tat nicht zu übersehen, dass der stete Ausbau der Schutzrechte nicht notwendigerweise mit einer effektiven Verstärkung der Rechtsposition der jeweiligen Rechteinhaber einherging, weil illegale Handlungen oft nicht sinnvoll sanktioniert werden konnten. Vor diesem Hintergrund leuchtet es unschwer ein, wenn die EU-Kommission der Auffassung ist, die Möglichkeiten zur Durchsetzung der Rechte an Geistigem Eigentum seien zu verbessern. Insoweit scheint der am 30. Januar 2003 vorgelegte Vorschlag einer Richtlinie über die „Maßnahmen und Verfahren zum Schutz der Rechte an geistigem Eigentum"[208] vom Grundsatz her sinnvoll. Wenn der Vorschlag im Einzelnen gleichwohl harsche Kritik auf sich zog, so deswegen, weil er gewissen Rahmenbedingungen nicht gerecht zu werden vermochte. Vor diesem Hintergrund war denn wohl auch die Mehrzahl der nicht weniger als 52 Änderungsanträge des Europäischen Parlaments zu verstehen[209]. Als Folge dieser Reaktionen ist nun zu erwarten, dass eine um wesentliche Spitzen entschärfte Harmonisierung angestrebt wird[210]. Doch selbst wenn die Richtlinie in einer derart reduzierten Fassung angenommen werden wird, bleiben wesentliche Grundsatzfragen im Raume stehen, weshalb hier – primär noch mit Blick auf den ursprünglichen Vorschlag – einige allgemeine Problemschwerpunkte aufgegriffen seien[211].

- Zunächst ist festzuhalten, dass die Reichweite des ursprünglichen Richtlinienvorschlags derart ausgedehnt war – z.B. in das Strafrecht hinein –, dass schwer er-

207 Siehe Art. 25 des Verordnungsvorschlages.

208 Vorschlag für eine Richtlinie des Europäischen Parlaments und des Rates über die Maßnahmen und Verfahren zum Schutz der Rechte am Geistigen Eigentum, KOM(2003) 46 endgültig v. 30.1.2003; s. zum Vorschlag im Einzelnen den Beitrag von *Henning Harte-Bavendamm* in diesem Band.

209 S. Entwurf einer legislativen Entschließung des Europäischen Parlaments, enthalten im Bericht des Europäischen Parlaments über den Vorschlag für eine Richtlinie des Europäischen Parlaments und des Rates über die Maßnahmen und Verfahren zum Schutz der Rechte an geistigem Eigentum, A5-0468/2003 endgültig v. 5.12.2003

210 Aktuell (März 2004) findet sich einzig ein Vorschlag des „Comité des Représentants Permanents" („coreper") vom 16. Februar 2004, der aber noch nicht konsolidiert ist.

211 Vgl. vertiefter *Drexl/Hilty/Kur*, GRUR Int. 2003, 605 ff.; *Cornish/Drexl/Hilty/Kur*, E.I.P.R. 2003, 25(10), 447-449. Skeptisch zum Richtlinienvorschlag auch *Hoeren*, MMR 2003, 299. Trotz starker Kritik in Einzelfragen eher positiv *Harte-Bavendamm*, in: FS Tilmann, 2003, 793, 804 ff. Nach Ansicht von *Metzger/Wurmnest*, ZUM 2003, 922 ff., geht der Vorschlag zwar einen Schritt in die richtige Richtung, bedarf aber in zentralen Punkten einer konzeptionellen Überarbeitung. Positiv äußert sich *Galloux*, PI 2003, 149 ff. Als in die richtige Richtung gehend, jedoch nicht weitgehend genug, bewertet den Richtlinienvorschlag *Benczek*, E.I.P.R. 2003, 25 (8), 126-128.

sichtlich gewesen wäre, worauf die Kommission die notwendigen Kompetenzen stützen wollte. Der Vorschlag erwähnte als Rechtsgrundlage Art. 95 EG, allerdings ohne den Konnex zwischen dem (materiellen) Schutz Geistigen Eigentums und dem Bereich von Sanktionen zu ergründen, insbesondere den negativen Einfluss fehlender Harmonisierung auf den freien Waren- und Dienstleistungsverkehr nachzuweisen. Hat die Richtlinie jedoch primär die Bekämpfung von Produktpiraterie im Fokus – welche ohnehin in erster Linie in den Aufgabenbereich der Polizei- und Zollbehörden fällt –, so stellen sich vorrangig Fragen des Zusammenhangs einer solchen eigenständigen Richtlinie mit der geltenden Produktpiratierie-VO (EG) 3295/94[212] (geändert durch VO (EG) 241/1999[213]), welche zum 1. Juli 2004 durch die VO (EG) 1383/2003 ersetzt werden wird[214]. Jener Erlass erschiene jedenfalls dann viel eher das geeignete Umfeld für einen Einbezug von Pirateriesachverhalten, wenn diese – wie in der Begründung des Richtlinienvorschlags – in den Kontext des organisierten Verbrechens gestellt werden.

- Noch mehr als jene nach der Rechtsgrundlage stellt sich die Frage nach dem Subsidiaritäts- bzw. dem Verhältnismäßigkeitsprinzip[215]. Ihren hauptsächlichen Niederschlag findet die Problematik hier in der Abgrenzung von eigentlicher Schutzrechtspiraterie und sonstigen – „gewöhnlichen“ – Schutzrechtsverletzungen. Beispielsweise wies zwar Art. 2 Nr. 1 des ursprünglichen Vorschlags auf eine Einschränkung auf Tatbestände hin, in denen die Verletzung zu gewerblichen Zwecken begangen oder dem Rechtsinhaber ein erheblicher Schaden zugefügt wurde (eine Einschränkung, die nun fallen gelassen werden soll). Mit Blick auf die Praxis dürfte aber auch eine solche Differenzierung kaum geeignet sein, eine wirksame Eingrenzung der Maßnahmen auf den engen Bereich der betrügerischen Formen der Produktpiraterie herbeizuführen. Sollen die Mitgliedsländer nun zu einer vollständigen Anpassung ihrer Sanktions- und Verfahrensvorschriften im Bereich des Geistigen Eigentums gezwungen werden, so schießt die Richtlinie über das Ziel hinaus. Dass dazu Alternativen denkbar wären, welche dem Subsidiaritätsprinzip eher gerecht würden, wurde in Stellungnahmen bereits aufgezeigt[216].
- Zweifel werfen aber auch die juristischen Abklärungen der Kommission auf. Nicht nur wurde die Rechtslage in den Mitgliedstaaten wenig präzise aufbereitet; die Unterschiede der bestehenden gesetzlichen Möglichkeiten in den Mitgliedstaaten erweisen sich aus der Nähe betrachtet auch als weniger einschneidend als

212 VO (EG) 3295/94 des Rates vom 22. Dezember 1994 über Maßnahmen zum Verbot der Überführung nachgeahmter Waren und unerlaubt hergestellter Vervielfältigungsstücke oder Nachbildungen in den zollrechtlich freien Verkehr oder in ein Nichterhebungsverfahren sowie zum Verbot ihrer Ausfuhr und Wiederausfuhr, ABl. Nr. L 341 v. 30.12. 1994, S. 8.

213 ABl. Nr. L 027 v. 2.2.1999, S. 1.

214 Siehe Erwägungsgrund 1 und Art. 24 der VO (EG) 1383/2003 des Rates vom 22. Juli 2003 über das Vorgehen der Zollbehörden gegen Waren, die im Verdacht stehen, bestimmte Rechte geistigen Eigentums zu verletzen, und die Maßnahmen gegenüber Waren, die erkanntermaßen derartige Rechte verletzen, ABl. Nr. L 196 v. 2.8.2003, S. 7.

215 Vorn A.II.2.

216 Vgl. z.B. *Drexl/Hilty/Kur* (Fn. 211), 607 (Ziff. 10).

von der Kommission skizziert[217]. Im Übrigen bestehen schon jetzt relativ weit reichende Verpflichtungen der Mitgliedstaaten aus dem TRIPS, ohne dass die Kommission geltend macht, jene würden innerhalb der EU nicht eingehalten. Will die Kommission deutlich über diesen Stand hinausgehen, läuft sie Gefahr, die Mitgliedstaaten zu Änderungen ihrer Sanktions- und Verfahrensregeln zu zwingen, welche mit den sonstigen Delikts- und Prozessrechtsvorschriften teilweise nicht mehr im Einklang stehen. Denn das Etablieren von Sonderrecht im Bereiche des Geistigen Eigentums kann den Grundsatz der Einheit der nationalen Rechtsordnungen durchaus stören, was just jene Zersplitterung der Rechtslage im Sekundärrecht provoziert, welche die Kommission in anderem Zusammenhang beklagt. Auch wenn für das Gebiet des Geistigen Eigentums in der Tat gewisse Besonderheiten gelten, darf jedenfalls nicht über das sachlich Angemessene, d.h. zur Erreichung eines förderungswürdigen Zieles Notwendige hinaus gegangen werden.

- Eine besondere Schwachstelle offenbart der ursprüngliche Richtlinienvorschlag aus der Optik seiner ökonomischen Begründung. Insbesondere stammt das verwendete Zahlenmaterial weit überwiegend von einschlägigen Verbänden und Berufsorganisationen, die ein erhebliches Interesse an einer Verschärfung der Maßnahmen zum Schutz des Geistigen Eigentums verfolgen[218]. Eine vorgängige neutrale Überprüfung hätte sich damit aufgedrängt, ist jedoch offenbar unterblieben. Unhaltbar ist zudem die pauschale Behauptung, die Verbraucherinteressen würden durch Produktpiraterie nachhaltig geschädigt. Wenn dieser Aspekt eine Rolle spielen soll, so wäre er jedenfalls differenziert zu betrachten. Denn solange Verbraucher keiner Täuschung unterliegen, wirken sich Nachahmungen zumindest dann gewiss nicht unmittelbar nachteilig aus, wenn das Nachahmerprodukt qualitativ vergleichbar, aber zu einem deutlich günstigeren Preis als das Original erstanden werden kann. Hingegen könnte die in der Richtlinie vorgesehene Einziehung gefälschter Produkte bei jedem Besitzer – also auch Privatpersonen – Verbraucher offenkundig nachteilig treffen. Aus ökonomischer Sicht fehlt auf der andern Seite aber auch der Nachweis für die Auffassung, die unterbliebene Rechtsangleichung auf Stufe der Rechtsdurchsetzung – so, wie sie auf der Stufe des materiellen Rechts stattgefunden hat – würde die Standortwahl von „Produktpiraten" zum Nachteil der EU beeinflussen. Schließlich sei darauf hingewiesen, dass die Implementierung des Rechtsschutzes für technische Schutzmaßnahmen im Urheberrecht eben erst vollzogen ist[219], ohne dass die – hochkomplexen – Konsequenzen in ihrer Tragweite bis heute zu überblicken wären. Klar ist immerhin schon jetzt, dass die Reichweite des Urheberrechts schon rein faktisch massiv verschoben wurde, was die Suche nach einem neuen Interessenausgleich

217 Beispielsweise erscheint die Bemerkung, in Deutschland würde eine einstweilige Verfügung nur bei „offenkundigen Markenrechtsverletzungen" erlassen (so die Begründung, KOM(2003) endgültig v. 30.1.2003, 15. f.), jedenfalls in dieser Allgemeinheit nicht haltbar und zu undifferenziert.

218 Als besonders brisant erwies sich in diesem Zusammenhang denn auch, dass die Federführung für den Rechtsakt im Europäischen Parlament in den Händen von Janelly Fourton liegt, nota bene die Ehefrau des Konzernchefs von Vivendi-Universal. Aufgedeckt wurde dies von Paul Meller in der New York Times vom 20. Oktober 2003.

219 Art. 6 der Richtlinie 2001/29/EG zum Urheberrecht in der Informationsgesellschaft (vorn Fn. 44).

unausweichlich macht[220]. Wenn der ursprüngliche Richtlinienvorschlag diesen neuen Weg nun in genereller Weise fruchtbar zu machen versuchte[221], so erstaunt dies, weil jeder Versuch fehlt, die damit verbundenen faktischen Auswirkungen zu hinterfragen.

- Besonders auffällig ist – jedenfalls in der zunächst vorgelegten Fassung des Richtlinienvorschlags –, dass die faktischen Unterschiede zwischen den einzelnen Rechten des Geistigen Eigentums überhaupt nicht thematisiert werden. Der Erlass einer Richtlinie kann sich aber nur dann rechtfertigen, wenn in jedem der betroffenen Schutzrechtsbereiche die Probleme getrennt untersucht und nachgewiesen werden, mögen die gefundenen Lösungen – z.B. ein allfälliger Verletzerzuschlag – dann auch unter gewissen Voraussetzungen flächendeckend vorgesehen werden. Es wäre aber kaum vorstellbar, wenn beispielsweise die im Streitfall von einem Gericht als nicht ausreichend erachtete Distanzierung von einem geschützten Markenzeichen durch einen Dritten – als typisch markenrechtliche Problematik – rechtlich gleich behandelt würde wie die systematische Imitation des Markenzeichens zum Zwecke der Irreführung.

Mit mehr perspektivischem Blick muss sich die EU-Kommission der Frage stellen, warum sie überhaupt den Ansatz wählte, mit einer Richtlinie in die sensible Materie des nationalen Sanktionsrechts einzugreifen, wo doch noch nicht einmal die bestehenden Gemeinschaftsrechte einer Harmonisierung zugeführt worden sind. Denn die Gemeinschaftsmarkenverordnung und die Geschmacksmusterverordnung enthalten nur sehr rudimentäre Sanktionsvorschriften[222], jedoch für die – heute vor den nationalen Gerichten geführten Verfahren – keine einheitlichen prozessualen Regeln, was aus praktischer Sicht zu kaum befriedigenden Lösungen führt. Für das geplante, nun aber doch vorerst gescheiterte Gemeinschaftspatentsystem[223] hingegen wäre ein im Wesentlichen vollständiger Sanktionsteil vorgesehen gewesen, auch wenn er mit dem hier diskutierten Richtlinienvorschlag – nota bene! – nicht abgestimmt wurde. Zudem sollte bis 2010 ein gemeinsames Patentgerichtssystem (Community Patent Courts) mit einheitlichen Verfahrensregelungen geschaffen werden[224].

Jener jüngste Vorstoß könnte trotz derzeit fehlender Einigung Modell dafür sein, auch die übrigen Gemeinschaftsrechte entsprechend anzupassen bzw. auszubauen. Zu beachten ist dabei, dass die positiven Auswirkungen über die betroffenen Schutzrechte hinaus entstehen dürften. Denn gerade – aber nicht nur – im Markenrecht werden es die

220 Zu den diesbezüglichen Bemühungen der deutschen Bundesregierung ZUM Sonderheft 2003, 979 ff., mit diversen Beiträgen.

221 Art. 21 des ursprünglichen Richtlinienvorschlages sieht den Rechtsschutz technischer Schutzvorrichtungen vor. Abs. 1 lautete: „Unbeschadet der besonderen Vorschriften ... sehen die Mitgliedstaaten einen Rechtsschutz gegen die Herstellung, den Import, den Vertrieb und die Nutzung ungesetzlicher technischer Schutzvorrichtungen vor.“; soweit ersichtlich soll dieser Ansatz nun aber fallen (so jedenfalls der Vorschlag des „coreper“; vorn Fn. 211).

222 S. die Regelungen der Sanktionen und einstweiligen Maßnahmen in Art. 98 und 99 der VO (EG) 40/94 des Rates vom 20. Dezember 1993 über die Gemeinschaftsmarke, ABl. Nr. L 11 v. 14.1.1994, S. 1 bzw. Art. 89 und 90 der VO (EG) 6/2002 des Rates vom 12. Dezember2001 über das Gemeinschaftsgeschmacksmuster, ABl. Nr. L v. 5.1.2002, S. 1.

223 Vorn C.II.3.

224 So jedenfalls noch der Vorschlag für einen Beschluss des Rates zur Errichtung des Gemeinschaftspatentgerichts und betreffend das Rechtsmittel vor dem Gericht erster Instanz KOM(2003) 828 endgültig v. 23.12.2003.

„wichtigen“, d.h. (geografisch) weit reichenden Rechte sein, welche durch gemeinschaftsrechtliche Sanktionsregeln erfasst werden, was auf die nationalen Gesetzgeber, in deren Territorium sich die Wirkung der Gemeinschaftsrechte ebenfalls entfaltet, dann nicht ohne Einfluss bleiben wird, wenn das gemeinschaftsrechtliche System zu überzeugen vermag. Mit andern Worten können auch auf der Ebene der Rechtsdurchsetzung selbst dann, wenn – wie in Art. 5 Abs. 3 EG grundsätzlich vorgesehen – eine Konzentration auf die zentralen Probleme Beachtung findet, durchaus Effekte der „kalten“ Harmonisierung nutzbar gemacht werden[225].

Überzeugen kann solches Gemeinschaftsrecht aber nur, wenn es die nötigen Differenzierungen vorsieht, insbesondere also „wahre“ Piraterie bzw. volkswirtschaftlich schädliches Verhalten präzisiert und dort eine Grenze zu ziehen vermag, wo – z.B. im Interesse der Verbraucher – der Sinn der Rechtsdurchsetzung endet. Zu differenzieren sein dürfte mit andern Worten hinsichtlich der einzelnen Verletzungshandlungen, aber auch mit Bezug auf die unterschiedlichen Schutzrechte. Zugleich kann sich der Gemeinschaftsgesetzgeber der Aufgabe freilich nicht entziehen, Grenzverschiebungen, welche durch verstärkte Durchsetzungsmöglichkeiten (z.B. auf dem Wege technischer Schutzmaßnahmen) bewirkt werden, einem neuen Interessenausgleich zuzuführen[226]. Anzufügen bleibt, dass dieser internen gemeinschaftsrechtlichen Harmonisierung dann auch das Urheberrecht zugänglich wäre, wenn der zuvor skizzierte Weg einer direkt anwendbaren Verordnung beschritten würde[227].

3. Vertragsrecht

Das Vertragsrecht ist schon für die Verwertung von Schutzrechten an sich existentiell. Seine Bedeutung reicht aber deutlich weiter, indem – die absolute Wirkung zwischen den Parteien quasi überlagernd – auf der Basis schuldrechtlicher Vorschriften auch etwa ein Schutz der schwächeren Vertragspartei erwirkt werden kann. Prominentes Beispiel hierfür ist das Urhebervertragsrecht, welches in etlichen Rechtsordnungen (zuletzt vor allem in Deutschland) massiv in die Vertragsfreiheit eingreift[228]. Dieser wesentlichen Bedeutung des Vertragsrechts steht freilich das Problem gegenüber, dass in Europa sehr unterschiedliche Schuldrechtstraditionen aufeinander prallen. Zudem ist die Durchdringung immaterialgütervertragsrechtlicher Fragen auch in den nationalen Rechten noch sehr bescheiden, was etwa die deutsche Schuldrechtsmodernisierung belegt, wo wohl das Kauf- und das Werkvertragsrecht teilweise neuen Regelungsmechanismen zugeführt werden, die Erweiterung des entsprechenden Gedankengutes auf Immaterialgüterverträge – seien es Übertragungs- oder Lizenzverträge – aber sehr an der Oberfläche bleibt[229].

225 Dazu vorn C.II.

226 Zur unzureichenden Beachtung dieser Problematik bei der Richtlinie zum Urheberrecht in der Informationsgesellschaft (Fn. 44) vorn B.I, bei Fn. 54, sowie B.II.1, aber auch B.III.1.

227 Vorn D.I.1.

228 In Deutschland §§ 32 f. UrhG (dazu auch schon vorn B.II.1, bei Fn. 63); z.B. Frankreich kennt auch Vorschriften zur angemessenen Beteiligung des Urhebers, etwa Art. L. 131-3 Abs. 4 CPI (audiovisuelle Bearbeitung), Art. L. 131-4 Abs. 1 CPI (allgemeine Norm) oder Art. L. 131-6 CPI (unvorhersehbare bzw. unvorhergesehene Nutzungsart); darüber hinaus finden sich zahlreiche weitere Einschränkungen der Vertragsfreiheit (so Art. L. 121-4, 122-7 Abs. 2-4, 122-8, 131-1, 131-2 Abs. 1, 131-3 Abs. 1 und 3 CPI).

229 Vgl. zur diesbezüglichen Analyse *Hilty*, Leistungsstörungsrecht beim Technologietransfer, in: FS Rey, 2003, 217 ff., insb. 222 ff., m.w.H.

Die Folge dieser Situation ist fatal: Der Binnenmarkt wird durch die bestehenden Unsicherheiten weit mehr beeinträchtigt als dies in etlichen Bereichen des materiellen Immaterialgüterrechts der Fall war, um sie mit eben diesem Argument einer Harmonisierung zuführen zu können. Schon ein Blick auf Art. 3 Abs. 1 Bst. c i.V.m. Art. 14 EG könnte also ein gesetzgeberisches Aktivwerden der EU rechtfertigen. Aber auch die Tatsache, dass eine extrem heterogene, schwer vorhersehbare Rechtslage für Europa einen bedeutenden Standortnachteil bedeutet, mahnt im Lichte von Art. 3 Abs. 1 Bst. m und n EG dazu, die Probleme nicht zu ignorieren.

Wenn in diesem Sinne ein Handeln geboten erscheint, dürften sich im Wesentlichen zwei Wege anbieten: Entweder es findet eine (partielle) Harmonisierung nationaler Rechte statt; oder aber es wird versucht, eine Art Europäisches „Alternativrecht" aufzubauen. Ersteres hat prima vista bestechende Vorteile – birgt aber auch ganz offensichtlich große Probleme. Zunächst könnte das Anliegen einer gewissen Harmonisierung der nationalen Vertragsrechte an die Bemühungen der EU-Kommission anknüpfen, welche in einem „Aktionsplan" vom 12. Februar 2003 in verschiedenen Handlungsoptionen skizziert worden sind[230]; insoweit wäre eine „Insellösung" für den Bereich der Immaterialgüterverträge also wohl vermeidbar. Sodann könnte ein solches Vorhaben auf einer klaren Rechtsgrundlage aufbauen, indem im Sinne von Art. 3 Abs. 1 Bst. i.V.m. Art. 14 EG bzw. gestützt auf Art. 95 EGV eine Angleichung der Rechtsvorschriften insoweit vorgenommen werden könnte, als dies zur Verwirklichung des Binnenmarktes erforderlich wäre. Dagegen spricht freilich, dass ein solches Unterfangen einem Herkulesakt gleichkäme, indem ein schwerwiegender Eingriff in gewachsene nationale Traditionen schon politisch enorm komplex werden dürfte; davon abgesehen, dass der EU die Erfahrungen für eine solche bis heute weitgehend fehlen.

Etwas anders liegen die Probleme eines „alternativen" Europäischen Immaterialgütervertragsrechts. Der entscheidende Vorteil eines solchen Systems liegt in seiner Freiwilligkeit – das Europäische Recht könnte von den Parteien entweder gewählt werden, oder aber es würde (ähnlich dem Wiener Kaufrechtsabkommen[231]) solange z.B. im gewerblichen Bereich Geltung haben, als es von den Parteien nicht abbedungen wird. Für ein solches Vorhaben könnte die EU denn auch durchaus auf Erfahrungen der Uncitral (United Nations Commission on International Trade Law) zurückgreifen, welche aus heutiger Sicht auf eine wahre „Erfolgsstory" zurückblicken darf. Vor allem aber hätte dieser Weg dann wiederum den positiven Effekt einer „kalten" Harmonisierung, wenn das Europäische „Alternativrecht" zu überzeugen vermöchte. Auch hiefür mag das Wiener Kaufrechtsabkommen als Modell gelten: Kein Staat, welcher das Kaufrecht modernisiert, kommt heute darum herum, den Kerngehalt jenes Abkommens zu reflektieren. Die Schwachstelle dieses Weges liegt in der wenig deutlichen Rechtsgrundlage; es bliebe wohl nur der Rückgriff auf Art. 308 EG (bzw. künftig Art. 17 des Verfassungsentwurfs), falls nicht ein völkerrechtlicher Vertrag ins Auge gefasst werden sollte (welcher je nachdem wiederum den Vorteil hätte, auch Drittstaaten zu erfassen). So oder anders ist die Langfristigkeit eines derartigen Projekts nicht zu übersehen, und es

230 Mitteilung der Kommision an das Europäische Parlament und den Rat: Ein kohärenteres europäisches Vertragsrecht – Ein Aktionsplan, KOM(2003) 68 endgültig v. 12.2.2003, ABl. Nr. C 036 v. 15.3.2003, S 1.

231 Art. 6 des Wiener UN-Übereinkommens über Verträge über den internationalen Warenkauf vom 11. April 1980.

steht auch außer Diskussion, dass es ohne entsprechenden politischen Willen nicht durchsetzbar sein wird.

Die letztgenannten Argumente sollten die EU freilich nicht davon abhalten, die vor dem Hintergrund der Verwirklichung des Binnenmarktes unhaltbare Situation aufzugreifen und – wohl vorzugswürdig – den zweiten Weg zur Schaffung eines optionalen Europäischen „Alternativrechts" zu beschreiten zu versuchen. Dass dafür verschiedene Abstufungen denkbar sind, liegt auf der Hand. Hier Einzelheiten auszubreiten, ist nicht der Ort. Immerhin sei – quasi als Maximallösung – skizziert, dass ein solches „Alternativrecht" zum einen allgemeine Grundsätze enthalten könnte, welche die typischen Probleme namentlich von Dauerschuldverhältnissen erfassen, so etwa Leistungsstörungen, die (gewillkürte) Vertragsbeendigung oder auch das Verhältnis der Vertragsparteien zu Dritten. Sinnvollerweise ergänzt würden solche Grundsätze durch Bestimmungen für typische Vertragskonstellationen, wie z.T. Technologieverträge (wo etwa Geheimhaltungspflichten eine besondere Rolle spielen), urheberrechtliche Nutzungsverträge oder auch Verträge zur Nutzung von Kennzeichen, Konzepten und dergleichen. Selbstredend müsste ein solches Europäisches Vertragswerk nicht auf Sachverhalte beschränkt bleiben, welchen ein Schutzrecht zugrunde liegt, sondern es könnte insbesondere auch etwa Know-how erfasst werden – so denn eine wirtschaftliche Notwendigkeit dafür erkannt werden sollte.

E. Thesen

- Der EG-Vertrag vermittelt im Grund recht klare Vorstellungen darüber, welches die wirtschaftlichen Ziele der EU sind. Insbesondere ist – jedenfalls bezogen auf den Schutz von Geistigem Eigentum – eindeutig, dass die Europäische Rechtssetzung letztlich dem Wirtschaftsstandort Europa als solchem dienen soll. Insoweit ist Europa als Wirtschaftsraum noch zu stärken, und zwar im Inneren, vor allem aber auch im Verhältnis zu anderen global agierenden Wirtschaftsräumen.
- Systeme zum Schutz von „Geistigem Eigentum" sind für die wirtschaftlichen Zielsetzungen Europas zentral. Vor diesem Hintergrund erstaunt es, wie wenig kohärent die bisherigen IP-Erlasse zu einem beachtlichen Teil noch wirken. Was fehlt – und für die Zukunft dringend Not tut –, sind klare Strategien, wobei die EU in erster Linie das Bewusstsein entwickeln sollte, dort eigene Europäische Interessen durchzusetzen, wo die Europäische Industrie ihre Stärken hat.
- Entgegen den zuweilen anzutreffenden Begründungen in Europäischen Erlassen verlangt es der Europäische Binnenmarkt nicht per se, nationale IP-Rechte umfassend zu harmonisieren. Dies namentlich vor dem Hintergrund, dass längerfristig der Auf- und Ausbau einer optionalen europäischen Gemeinschaftsrechtsordnung effizienter und nachhaltiger wirken dürfte. Soweit eine Harmonisierung auf der Stufe des nationalen Rechts erforderlich ist, wird diese auf der Basis eines gesunden Systemwettbewerbs von Europäischem und nationalem Recht in vielen Fällen von selbst einsetzen.
- Die traditionellen, materiellen Fragen des Schutzes von „Geistigem Eigentum" stellen derzeit nicht die großen Herausforderungen des Europäischen Gesetzgebers dar. Vermehrt zu bereinigen sind stattdessen die Schnittstellen zu den angrenzenden Rechtsgebieten. Im Zentrum stehen dabei Fragen des Kollisionsrechts (soweit solche Fragen nicht durch die Schaffung von Gemeinschaftsrech-

ten mit zentralen Gerichten obsolet werden), des Rechts der Sanktionierung von Schutzrechtsverletzungen sowie Vertragsrechtsfragen.

Die anstehenden Fragen sind von extrem hoher, insbesondere auch ökonomischer Komplexität. Mit dem rein fachspezifischen Wissen der Kommission ist die EU den aktuellen Herausforderungen daher nicht durchwegs gewachsen; denn sie steht – gerade bei Schutzrechtsfragen – im Wettbewerb mit andern Wirtschaftsräumen, welche (wie etwa die USA) außerordentlich professionell und vor allem mit klarer Fokussierung auf eigene Interessen agieren. Entsprechend sind vermehrt interdisziplinär zusammengesetzte Expertengruppen einzurichten, deren Erkenntnisse für die Europäische Kommission sowie anschließend den Europäischen Gesetzgeber ausreichendes Gewicht haben sollten.

Autorenverzeichnis*

Prof. Dr. Peter Behrens, M.C.J (New York), Universität Hamburg, Fachbereich Rechtswissenschaft; Geschäftsführender Direktor des Instituts für Integrationsforschung des Europa-Kollegs Hamburg.

Dr. Henning Harte-Bavendamm, Rechtsanwalt, Allen & Overy, Hamburg.

Prof. Dr. Andreas Heinemann, Université Lausanne/Schweiz, Faculté de Droit.

Prof. Dr. Reto Hilty, Direktor am Max-Planck-Institut für Geistiges Eigentum, Wettbewerbsrecht und Steuerrecht, München.

Dr. Alexander von Mühlendahl, Vizepräsident, Harmonisierungsamt für den Binnenmarkt (Marken, Muster und Modelle), Alicante/Spanien.

Dr. Dietrich Ohlgart, Rechtsanwalt, Lovells, Hamburg.

Prof. Dr. Winfried Tilmann, Rechtsanwalt, Lovells Boesebeck Droste, Düsseldorf.

Prof. Dr. Hanns Ullrich, Universität der Bundeswehr, München, Europäisches Hochschulinstitut Florenz/Italien.

---

* Autoren der Beiträge und des Vorwortes.

Schriftenreihe des EUROPA-KOLLEGS HAMBURG zur Integrationsforschung

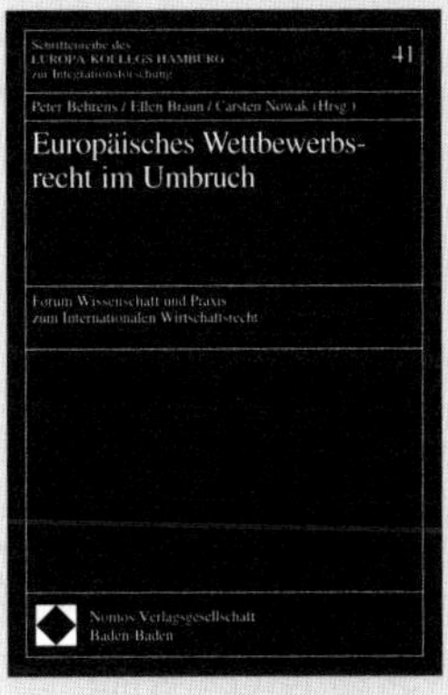

Europäisches Wettbewerbsrecht im Umbruch

Forum Wissenschaft und Praxis zum Internationalen Wirtschaftsrecht

Herausgegeben von Prof. Dr. Peter Behrens, Universität Hamburg, RAin Dr. Ellen Braun und Dr. Carsten Nowak

2004, Band 41, 277 S., brosch., 52,– €, ISBN 3-8329-0734-3

Der Tagungsband »Europäisches Wettbewerbsrecht im Umbruch« enthält die für die Veröffentlichung überarbeiteten und aktualisierten Referate des rechtswissenschaftlichen Symposiums zum »neuen« Europäischen Wettbewerbsrecht, das am 24. Januar 2003 in der Universität Hamburg stattfand. Im Vordergrund stehen Fragen des Grundrechtsschutzes von Unternehmen im EG-Wettbewerbsrecht sowie die neuesten Entwicklungen in den aktuell reformierten Einzelbereichen des EG-Kartell-, Vergabe-, Beihilfen- und Fusionskontrollrechts.

Harmonisierung des ungarischen Gesellschaftsrechts mit dem Recht der Europäischen Union

Gründung und Kapitalschutz ungarischer Kapitalgesellschaften im Spannungsfeld zwischen Niederlassungsfreiheit und Gläubigerschutz

Von Andrea Gyulai-Schmidt

2004, Band 40, 420 S., brosch., 74,– €, ISBN 3-8329-0456-5

Die Arbeit untersucht den Stand der Rechtsangleichung des ungarischen Gesellschaftsrechts in den Bereichen der Gesellschaftsgründung und der Kapitalverfassung. Im Mittelpunkt des Rechtsvergleichs steht die Frage, wie effektiv das harmonisierte ungarische Gesellschaftsrecht im Spannungsfeld zwischen Gläubigerschutz und Niederlassungsfreiheit funktioniert.

Nomos

Bitte bestellen Sie bei Ihrer Buchhandlung oder bei:

Nomos Verlagsgesellschaft
76520 Baden-Baden
Telefon 07221/2104-37/-38
Telefax 07221/2104-43
sabine.horn@nomos.de
www.nomos.de